A CONCORDANCE TO THE TARGUM OF ISAIAH

Society of Biblical Literature

═══════ARAMAIC STUDIES═══════

NUMBER 3

A CONCORDANCE TO THE TARGUM OF ISAIAH
Based on the Brit. Mus. Or. MS. 2211
by
J. B. van Zijl

A CONCORDANCE
TO THE TARGUM
OF ISAIAH

J. B. van Zijl

SCHOLARS PRESS

Distributed by
Scholars Press
PO Box 5207
Missoula, Montana 59806

A CONCORDANCE TO THE TARGUM OF ISAIAH
Based on the Brit. Mus. Or. MS. 2211
J. B. van Zijl

Library of Congress Cataloging in Publication Data

Van Zijl, J B
 A concordance to the Targum of Isaiah.

 (Aramaic studies ; 3) ISSN 0145-2703
 Added t.p. : Ḳonḳordantsyah le-Targum Yonatan li-
Yesha‘yah.
 1. Bible. O.T. Isaiah. Aramaic. Targum Jonathan—
Concordances. 2. Aramaic language—Dictionaries—
Hebrew. I. Title. II. Title: Ḳonḳordantsyah le-
Targum Yonatan li-Yesha‘yah. III. Series.
BS1514.A7J664   224'.1'042   78-25832
ISBN 0-89130-273-5

Printed in the United States of America
 1 2 3 4 5
Printing Department
University of Montana
Missoula, Montana 59812

7778—UM Printing Services

TO MY FRIEND AND TUTOR

HANS KOSMALA

PREFACE

The words listed in this Concordance have been arranged alphabetically and not according to
roots. For verb forms the order is : peʿal, iṯpeʿel, paʿʿel, iṯpaʿʿal, ap̄ʿel, ittap̄ʿal,
palpel, itpalpal/pel, shap̄ʿel, ishtap̄ʿal. Within each conjugation the sequence is: perfect,
imperfect, imperative, infinitive, active participle masc. sg. absolute state, determined
state, construct state, suffixed state, followed by the masc. pl. and the fem. sg. and pl.
forms in the same order. Then follows the passive participle in its different forms. In the
case of nouns, the determined state precedes the absolute, construct, and suffixed states.
Personal pronouns, particles (including prepositions), numerals and the verb, הוה, are not
listed in context. In the case of the inseparable prepositions (ב,ל), only suffixed forms
are entered. When the preposition is an independent word unit, it is given in full, e.g.
מן. Variant forms in spelling are indicated thus : אולפן/אלפן. In the same way certain
well-known inconsistencies in the supralinear vocalization are treated thus : פּוּרקָן/קָן.
So too is the interchange of hireq and paṯah, that is, variants rather than mistakes to be
corrected. With great reluctance and only when absolutely necessary have readings of the
MS. been corrected. A correction based on readings of other MSS. is marked with one aste-
risk. For information on such variant readings, one of the two printed editions of the
Brit. Mus. Or. MS. 2211 may be consulted, viz., J.F. STENNING, The Targum of Isaiah (Oxford,
1953[2]) or ALEXANDER SPERBER, The Bible in Aramaic, (Leiden, 1962), III. 1 - 132. Emendations
or corrections not based on textual witnesses are marked with two asterisks. In a few
instances extraordinary forms have not been tampered with, but are followed by an excla-
mation mark thus : וְלִקִירנָא ! It has been necessary for practical reasons to shorten
contextual phrases. Three periods indicate that one or more words have been left out of
the sentence, e.g. סליק...לי' (רושלם).

As far as possible the Hebrew equivalent underlying the Targum is given. When the Aramaic
has more than one word for the original, such a phrase is underlined, thus :
בדיתעביד בה ד' (ינא). The reverse is also possible : 51:2 אל אברהם - באברהם.
1:27 במשפט - Where the Aramaic represents each time the same Hebrew word, the Hebrew is written only once
at the head of the column, thus : אבוך - אביך.

The book was typed by Mrs Tersia Zwiegelaar. She is sincerely thanked for her skill and
patience.

א

אב
לאָב - לאב
ויהי לא' ל... 22:21
יי דאמר לא' 45:10
מאָב - אבינו
דרחמך עלנא סגיאין מא' על בנין
63:16(2×);64:7
אאָב - אבי
עד לא ידע...מקרי א' 8:4
אַבֹּיר - אביר
בית א' 7:17
יור אלהיה דדויד א' 38:5
א' קדמאה חטא 43:27
יעקב א' 58:14
אבוֹהֹי - אבין
בית א' 3:6;22:24
לבית א' 22:23
אבֹרָנא
אברהם א' 10:32
אבֹוֹרֹון
לאברהם א' 43:12
אברהם א' 48:15
באברהם א' - אביכם 51:2
אבֹהָן - אב
א' לבניהון יחוון 38:19

אבֹהתֹי - אבותי
דחלת עממיא דחבילו א' 37:12
אבֹהתֹך
ודגנזו א' - אבתיך 39:6
עובדי א' צדיקיא 62:6
אבֹהתֹנא
עובדי א' צדיקיא 64:4
בעובד א' צדיקיא
דפלחו...א' - ארחינו 64:10
אבֹהתֹכון
כל דא בדיל א' 43:7
וחובי א' - אבותיכם 65:7
אבֹהתֹהון
בחובי א' - אבותם 14:21
קים א' 27:3
אבא
אבֹו
ולא א' לקבלא - אבוא 28:12
דלא א' לקבלא - אבו 30:9

ולא א' למהר - אבו 42:24
אבֹיתֹון - אביתם
ולא א' 30:15
תֹיבֹון - תאבו
אם תי' 1:19
אבד
אבֹדו - נבל
א' עשתונותהי 40:8
אבֹדנא - היינו
דכאנס סדום פון א' 1:9
תֹהֹיבֹד - ואבדה
ות' חכמתא 29:14
ליבֹדון - יאבדו
עם ומלכו...יי 60:12
דליבֹדון - ויאבדו
וי' אנש דינך 41:11
זאֹבֹדונון - ויאבדום
ומוקדין ית...ווא' 37:19
תֹהֹובֹיד - ותאבד
ות' כל דכרנהון 26:14
אבֹדֹנֹא
בית א' 14:15,19;38:18

דְֹאבְדָֹנָא

וימסר...במותא דא' 53:9

אבובא

ובחֹאבֹובֹא - בחליל

בתודתא ובא' 30:29

וֹאבֹובֹא - וחליל

קתרוס וא' 5:12

אבילא

אבֹילֹיֹא - אבלים

לנחמא כל א' 61:2

לֹאבֹילֹי - לאבלי

ליאשא לא' ציון 61:3

אבל

אתֹאבֹלת

א'...ארעא - אבלה 24:4

א'...ארעא - אבל 33:9

אתֹאבֹלו - אבל

א' כל שתי חמר 24:7

וֹיתֹאבֹלון - ואבלו

ויי כל דהוו רמן 19:8

מתֹאבֹלין - המתאבלים

כל דהוו מ' עלה 66:10

וֹלדמתֹאבֹלין - ואבליו

וֹלדמֹי עליהון 57:18

אֹבלֹא

משח דחדוא חלף א' - אבל 61:3

לֹאֹבלֹא

הפוכי כינריך לא'

אֹבליך - אבלך 23:16

וישלמון יומי א' 60:20

אבנא

דֹאֹבנֹא - ואבן

עובד...אנשא אעא וא' 37:19

אֹבֹן

א' שעיא - המעלות 38:8

בצורת א' שעיא - במעלות

בֹאֹבֹן

כא' משקולתא - למשקלת 28:17

דהוא כא' תקלא- מאבן 62:10

ולֹאֹבֹן - ולאבן

ולא' מחי 8:14

אֹבֹנֹיֹא - האבנים

וחלף א' ברזלא 60:17

בֹאֹבנֹין - בספירים

ואשכלליניך בא' טבן 54:11

זֹאֹבנֹין - ואבן

וא' דברד 30:30

אֹבֹנֹי

כל א' איגורא - אבני 27:9

א' רצפתיך - אבניך 54:11

בֹאֹבנֹי - כאבני

כא' גיר מנפצן 27:9

לֹאֹבֹנֹי - לאבני

לא' גמר 54:12

לא' צרוך

אבקא

בֹאֹבקֹא - כאבק

כא' דפרח 5:24

בֹאֹבֹק - כאבק

ויהי כא' דקיק 29:5

אֹברֹהם

וכין אתו על א' אבונא 10:32

יוי...דפרק ית א' - אברהם 29:22

טבות א' 29:23

א' בחיר צדקא 41:2

בני א' בחירי - איש עצמו 46:11

א' אבוכון 48:15

א' קריבתיה לפלחני 48:16

ארי חד הוה א' 51:2

א' לא אסקנא - אברהם 63:16

בֹאֹברֹהם - אל אברהם

אסתכלו בא' אבוכון 51:2

דֹאֹברֹהם

זרעיה דא' רחמי 5:1

זרעיה דא' רחמי - אברהם 41:8

לֹאֹברֹהם

אנא חויתי לא' אבוכון 43:12

אֹגלים

עד א' מיללין - אגלים 15:8

אגמא

זֹאֹגמֹין - ואגמים

וא' איביש 42:15

לֹאֹגמֹין

לא' דמיין - לאגם 35:7

לא' דמיין - לאגם 41:18

אגמון

בֹאֹגמֹון - כאגמן

כא' כפיף 58:5

אגנא

אֹגנֹין - ממסך

וממזגן לדחלתכון א' 65:11

אגר

אֹגרֹין - ישכרו

א' קינאה 46:6

אֹגירֹא - שכיר

כשני א' 16:14;21:16

אֹגֹר

אית א' לצדיקיא - בקר 21:12

א' לצדיקיא 24:16

א' עבדי מימריה - שכרו

א' עובדיהון 40:10;62:11

פעלתם

61:8;65:7

לֹאֹגֹר

וא' עובדיהון - ומעלליהם 3:8

וא' עובדי - ופעלתי 49:4

אֹגרה - סחרה

לדמשמשין...יהי א' 23:18

דֹאֹגרה - ואתננה

ותהי...וא' קדישא 23:18

אֹדום

על אי תתגלי - אדום 34:5
מחא על אי - מאדום 63:1
באדום - אדום
באי ומואב 11:14
דאדום - אדום
בארעא דאי 34:6

אדמתא
מעפר אי - אדמה 45:9

אדרמלך
ואדרמלך - ואדרמלך
ואי ושראצר...קטלוהי 37:38

או
או - או
7:11;27:5;41:22;50:1

אובא
כאוב - כאוב
ויהי כאי מארעא 29:4

אודא
כאודיא האודים
דאינון כאי מתנניא 7:4

אודאה
כתב אי על נסא 38:9

אודן
לא שמעת אי 64:3
אודנך - אזנך
לא ארכינתא אי 48:8
אדנכון - אזנכם
ארכינו אי 55:3
ובאודנהון - ובאזניו
ובאי ישמעון 6:10
אודנין
הלא אי לכון 42:18
ואדנין - ואזנים

ואי להון 43:8
אודני/אדני
אוי חייביא 28:24
אי חייביא - אזן 50:4
ואדני - ואזני
ואי מקבלי אולפן 32:3
באודני - באזני
באי היתי שמע 5:9;22:14
ואדנך - ואזניך
ואי ישמעון 30:21
אודנוהי
ולא למשמע אי - אזניו 11:3
מטמטים אי - אזנו 33:15
ואודנוהי - ואזניו
ואי יקר 6:10
אדניכון - אזנים
אתפתחא אי 42:20
ואודניהון - ואזני
ואי דכחרשין 35:5

אוזמילא
באוזמילא - במקצעות
מגזי ליה באי 44:13

אוחיתא
אוחין - אחים
ויתמלון בתיהון אי 13:21

אוחרי
לארע אי 28:2

אוחרנא
שמא אי - אחר 65:15
אחרן - לאחר
לעם אי 42: 8;48:11
ואוחרנין/ואח' - ואחר
ואוי יתבון 65:22
ואחי ייכלון

אולא

כיד מן אי - כבתחלה 1:26
מן אי - מראש
40:21;41:26;48:16
ודמן אי - וקדמניות 43:18
מן אי - מראשית 46:10

אומא
אומיא
עממיא אי ולישניא 66:18

אומן
נגר אי בעי ליה - חכם 40:20
דאומן
כאיכרא דאי למדש 21:10
דאומנין
מלכין דאי לאגחא קרבא 21:10
ואומנין - וחרשים
ואי עבדונין 44:11

אונא
אונין
ועבד תלת אי 10:32

אונסא
חקל אי = שדה 5:8
חמר אי - יין 5:11
ובאונסא - ובגלוז
ואתרחיצתון ב...ובאי 30:12
ואונסא - בעולה
מרחק קדמי שקרא ואי 61:8
אונים
לית...אתר דנקי מן אי 28:8
ובלבהון...אי - און 32:6
עובדי אי - און 59:6
עשתוני אי - און 59:7
מתנתהון מתנת אי - און 66:3
דאונים
מלין דאי - און 58:9;59:4
מלין דאי 58:13
אונסהון
וממון אי - ופרחם 5:24

אופיר
דאוֹפִיר - אופיר
אחביב...ממסננא דא'　13:12

אוֹצָר
א' טוביה עתיד - אוצרו　33:6
אוֹצָרִין - אוצרות
ואתין לך א' דחשוך　45:3
דבאוֹצָרֵיהוֹן - אוצרתם
מא דבא'　30:6

אוֹרְחָא
א' דתקנא דיהכון בה　28:26
הדא א' דתקנא - הדרך　30:21
א' דקודשא - ודרך　35:8
יפסקון עדי א' - דרך
פנו א' - דרך　40:3
מקיים א' דתקנא - פרץ　58:12
באוֹרְחָא - בדרך
ואתיבינך בא' ד...　37:29
בא' דאתא בה　37:34
מאוֹרְחָא - מני דרך
אסטונא מא' דתקנא　30:11

אורח
הלא כין א' עממיא　8:19
א' כבישא - מסלה　11:16;19:23
כיבש א' - ודרך　35:8
א' דדין - בארח　40:14
חילת א' - ארח　41:3
דאתקין בימא א' - דרך　43:16
אשוי במדברא א' - דרך　43:19
שויתי...א'. - דרך　51:10
א' תיובתהון - דרכין　57:18
א' שלמא לא ידעין - דרך　59:8
באורח
בא' עמא הדין - הדרך　8:11
כיד בא' מצרים　10:24,26
בא' דרומא　21:1
בא' דרומא - נגב　30:6
ואדברינון בא' תקנא　41:18
בא' דלא ידעו - בדרך　42:16

בא' דתהך - בדרך　48:17
בא' טובב - בדרכיך　64:4
בא' לא תקנא - הדרך　65:2
ואוֹרח - ודרך
וא' שבילך קלקילו　3:12
וא' דסכלתנו　40:14
באוֹרח
ואשוי...כא' - לדרך　49:11
כא' טובי - דרכי　55:8
לאוֹרח
לא' דינך...סברנא- ארח　26:8
לא' תקנא - דרך　57:14;62:10
מאוֹרח - מדרך
מא' כנשתא דעמי　57:14
אוֹרחי - דרכי
מטמרא א' מן קדם יוי　40:27
אוֹרחֵך - דרכיך
מלמעבד א'　58:13
אוֹרחיה
ואצלחית א' - דרכו　48:15
גבר לקביל א' - לדרכו　53:6
א' דרשעא - דרכו　55:7
לקביל א' - לדרכם　56:11
אורחון
פסקו עדי א' - ארח　33:8
על א' ישרון - דרכים　49:9
א' דתקנן קדמי- דרכי　58:2
באוֹרחון - בדרכיו
בא' דתקנן קדמוהי　42:24
מאוֹרחון
מא'...קדמוהי - מדרכיו　2:3
מא'... קדמן - מדרכיך　63:17
אוֹרחת
א' צדיקיא כיונן - ארח　26:7
עובדי א' צדיקיא - מעגל
א' טובי - דרכי　55:9
אוֹרחַתֵך - דרך
בסגיאות א'　57:10
אוֹרחָתֵיה - דרכיו
וכל א' אתקין　45:13
אוֹרחַתְהוֹן - דרכיכם
ולא א' תקנן　55:8

מאוֹרחַתְכוֹן - מדרכיכם
כין תקנן אורחת...מא'　55:9
אוֹרחַתְהוֹן
וחבילו א'　1:4
דהוו מגנבין א'　33:14
באוֹרחַתְהוֹן - בדרכיהם
אף אנון אתרעיאו בא'　66:3

אוֹרלָא
א' דמרוהי - אבוס　1:3

אוֹרִיָה
בנבואת א' כהנא - אוריה　8:2

אוֹרָיתָא
ודעבדו א' יתובון לה　1:27
...ושביה
ודשבקו א'...ישתיצון　1:28
מציון תיפוק א' - תורה　2:3
באלפן א' דיוי - באור　2:5
ועבדו א' - ופרי הארץ　4:2
ודעבד א' יתקיים ב...-והנותר　4:3
בית ישראל מרדו מן א'　5:3
מידלא ידעו א' - דעת　5:13
פתגמי א'　5:20;29:21
חתום וטמר א' - תורה　8:16
וקביל א' עלוהי - המשרה　9:5
לעבדי א' - המשרה　9:6
ועבדו א' - ואדם　13:12
על דעברו על א'　24:1
ארי עברו על א' - תורת　24:5
דנטרו א' בלבב שלים　26:2
למעבד א'　27:4;28:10,13,25;35:4
למן דאתיהיבת א' - דעה　28:9
לעממיא דלא ידעו א'　28:13
אולפן א'　29:10;48:8
אולפן א' דיוי - תורת　30:9
לא תלפון...א'- נכחות　30:10
ופתגמי א'　32:6
דאנון כסמן מן א'　35:5;42:7
מקיימי א'　37:32
לעבדי א'　38:17

ויהב לבניהון אי - דעת 40:14
דעבד אי בעקא 50:10
אי מן קדמי תיפוק - תורה 51:4
ועבדי אי דיוי - וחפץ 53:10
כד עבדת ליך אי 57:9

באוריתא

קצו באי דיוי - את תורת 5:24
יהון אלפין באי דיוי 54:13

ובאוריתא - ואת פעל

ובאי דיוי לא אסתכלו 5:12

לאוריתא

אציתו לאי דאלהנא - תורת 1:10
תובו לאי 1:16;31:6
כד תתובון לאי 1:18
לאי דאתיהיבת - לתורה 8:20
ודעו תביא דתבו לאי 33:13
דאם יתובון לאי 42:14
בדיל לשעבדא...לאי 53:11
וית מרודיא שעביד לאי 53:12
מתיב רשיעיא לאי 58:12
ולאתבא מרודיא...לאי 59:20

אוריתי

כד יהבית אי לעמי 1:2
דעברו על אי - עברתי 10:6
אם יתקפון בפתגמי אי 27:5
צדיקיא דנטרו אי 33:13
אולפן אי 43:12;65:1
ארי לאיתון באלפן אי 43:22
עמא דאולפן אי - תורתי 51:7
לצדיקיא דנטרו אי 57:19

לאוריתי

עמי לא אסתכל למתב לאי 1:3
אמרית דתתובון לאי 30:15
לתביא דתבו לאי 57:19

אוריתך

אלפן אי - מוסרך 26:16
לעבדי אי 26:19
באלפן אי 63:17
לא לעממיא יהבת אי 63:19

לאוריתך

דאם יתובון לאי 26:10

אוריתיה

ונהך באלפן אי - בארחתיו 2:3
לעבדי אי 31:9
דיהב לנא אלפן אי 33:22
לפתגמי אי 40:29;50:4
ירבי לעבדי אי - תורה 42:21
אלפן אי -בתורתו 42:24
עבדי אי - נכחו 57:2

ולאוריתיה - ולתורתו

ולאי נגוון יכתרון 42:4

אורכא

אי דמשריתיה 10:32

אורנא

נצב אי - ארן 44:14

אורן

אי ברי 40:20

אזא

אף אי - ישיק 44:15

אזן

אי במני זינא 33:4

דאזן

כמא דאי בזריקתא 33:4

אזגדא

אזגדיא - המלאכים

ונסיב חזקיה...מיד אי 37:14

אזגדין

די משלח...אי - צירים 18:2
אי קלילין - מלאכים 18:2
ושלח אי - מלאכים 37:9

אזגדי - מלאכי

אי עממיא 14:32;33:7

אזגדיך - ציריך

ושלחת אי 57:9

ואזגדוהי - ומלאכיו

ואי עד...מטו 30:4

אזינא

אזנין - באשפתו

דבבית אי מסתר 49:2

אזל

ואזל - וילך

ונטל ואי דתב סנחריב 37:37

אזלו - הלכה

ופלחיהון בשביא אי 46:2

דאזלו

דאי לבסרא שלם 33:7

ייזיל - ילך

ומן יי לאלפא 6:8

תיזיל - תלך

דלא תי ביה 33:21

איזיל

אי ותימר - לך 6:9
אי ותיסר - לך 20:2
אי אקים סכואה - לך 21:6
איתא אי לות... - בא 22:15
אי עמי - לך 26:20
אי ותימר - הלוך 38:5

איזילו - לכו

אי אזגדין קלילין 18:2
אי פילו באשא 50:11

אזיל - הלך

אי פתח ויחיך 20:2

אזלין

בנמוסי...אי - ישפיקו 2:6
אי וסגן עד דתקפין 5:18
אי למיבהת - הבאיש 30:5

דאזלין - ההלכים

דאי למיחת למצרים 30:2
דאי באורח לא תקנא 65:2

אזלא - והתנודדה

ותהי אי ואתיא 24:20

אזלן

אי מרימן צואר - ותלכנה 3:16
ומסרבקן עינין אי-הלוך 3:16

אח

ואמר אי - האח 44:16

אחא

אחוהי - אחיו

גבר על אי 9:18

באחוהי - באחיו

גבר באי 3:6;19:2

ולאחוהי - ולאחיו

ולאי יימר תקוף 41:6

אחיכון - אחיכם

אי סנאיכון 66:5

וייתון ית כל אי 66:20

אחד

ואחדינון - ויתפשם

סליק סנחריב...ואי 36:1

אחדתנא - הרינו

אי* עקא 26:18

אחדתנדן

דחלא אי - אחזוני 21:3

דחלא אי - אחזה 33:14

אחדונון

עקא ו...אי - בעתתני 21:4

ייחוד - יתפש

יי גבר באחוהי 3:6

ויחוד

ויי ביזא - ויאחז 5:29

ויי ולית דפתח- וסגר 22:22

איחוד - ואכרת

ואף אי בית מקדשיהון 37:24

אחדינך - תמכתיך

אי בימין קושטי 41:10

ייחדונונון - יאחזון

עקא וחבלין יי 13:8

אחיד

דלא אי רקבא - ירקב 40:20

דאחיד

ולית דאי - סגר 22:22

דאי ביה רקבא - יאכלם 51:8

אחדי

אי סיפין 10:32

אי נבליא 22:24

דאחיד

כסוסיא דאי 38:14

דאחידין

כמא דאי קבריא 59:10

אתאחידו - סגר

אי כל בתיא 24:10

יתאחד - ילכד

יי בסריגתא 24:18

מאחיד

קינאה מאי ליה 40:19

ובנצורין מאי ליה 44:13

אתאחד

אי עלמא באפנא 59:10

יתאחדון - יסגרו

לא יי 45:1;60:11

ויתאחדון - ונלכדו

ויתצדון ויי 8:15;28:13

אחורא

ואחורי - ואחר

ואי דשא 57:8

לאחורוהי - אחרנית

דנחתת...שמשא לאי 38:8

אחז - אחז

ביומי...אי 1:1

ביומי אי 7:1

לקדמות אי 7:3

מליל עם אי 7:10

ואמר אי 7:12

מלכא אי 14:28

דאחז - אחז

במסקנא דאי 38:8

אחסנתא

אחסנא

יהבית להון אי 5:1

אחסנת

אי בית ניחא - המרגעה 28:12

דא אי עבדיא - נחלת 54:17

פירי אי יעקב - נחלת 58:14

אחסנתי - נחלתי

אפיסית אי 47:6

ואחסנתי - ונחלתי

מתקרן עמי ואי ישראל 19:25

אחסנתך - נחלתך

שבטי אי 63:17

אחר

דמאחר - בודד

ולית דמי בזמנוהי 14:31

מאחרין - מאחרי

מי למפטר 5:11

לאחרא

והוו לאי - אחור 1:4

ויתקלון לאי - אחור 28:13

יסתחרון לאי - אחור 42:17

מתיב...לאי - אחור 44:25

לאי לא אסתחרית- אחור 50:5

ואסתחרנא לאי - מאחר 59:13

ואסתחר לאי - אחור 59:14

אטונא

אטונוהי - חבליו

וכל אי לא יתפסקון 33:20

אטרון

ואטרון/ואיטי - ואגמון

שלטון ואי 9:13;19:15

איבא

איבהון - פרים

ואכולו אי 37:30

איביהון - פרים

וייכלון אי 65:21

איגורא

על אי - המזבחות 17:8

אבני אי - מזבח 27:9

איגורוהי - מזבחתיו

דאעדי...ית...וית אי 36:7

איגרא

איגריא

וכעסב אי - גגות 37:27

לאיגריא - לגגות

סליקתון...לאי 22:1

איגריהון - גגותיה
על אי...מיללין 15:3

איגרתא
איגרת - ספר
אידא היא אי פיטורין 50:1
איגרתא - הספרים
ונסיב...ית אי 37:14
איגרן - ספרים
שלח...אי וקורבנין 39:1

אידא
אי היא - אי זה 50:1
אי* פרסא קלעהא 60:9

אידין
אידין - אי זה 66:1
ואידין - ואי זה 66:1

אידרא
למדש ית אי 21:10

איכא
איכא - איה(2×) 33:18
איכא - איפה 49:21
ואיכא - ואנה 10:3

איכדין
איכדין - איכה 1:21
איכדין, - איך 14:4,12;19:11
ואיכדין - ואיך 20:6;36:9

איכרא
כאיכרא
הא כאי דאומן למדש 21:10
איכריכון - אכריכם
ובני עממיא אי 61:5

אילא
כאילין - כאיל
כאי קלילין 35:6

אילו
אי לא פון - לולי 1:9
אילו - לוא 48:18
כאילו/כאלו
כאי היא - בעודה 28:4
כאילו/כאלו
40:2,12(3×);58:2(2×)

אילים
ראה באר אילים

אילנא
אי לאפרחא 18:5
אילן
תחות כל אי עבוף - עץ 57:5
כיומי אי חייא - העץ 65:22
כאילן
כאי דמשלח שרשוהי 37:31
כאי דמשלח שרשוהי- כערבים 44:4
וכאילן
וכאי דמשלח שורשוהי על 53:2
אילניא
וכל אי - עץ 44:23
אילני - עצי
אי חורשא 7:2
וכל אי חלקא 55:12
ואילני - ולבנון
ואי לבנן 40:16
מאילני - מאילים
מאי טעותא 1:29

אימרא
דיבח עם אי - כבש 11:6
ואימרא - וטלה
דיבא ואי ירעון כחדא 65:25
כאימרא - כשה
כאי לנכסתא ימסר 53:7
אמר - השה
דבח אי 66:3
אימרין
מכניש אי - טלאים 40:11
אי לעלא - שה 43:23

ואמרין - וכבשים
ודם תורין ואי 1:11

אימתא
אימת
אי הדיוט 53:2
אימתיה
ולא אי 53:2

אימתי
אי יוחי יגלי 5:19
עד אי יוי - מתי 6:11

ואימתן
גיבר ואי 28:16

איפודא
לבשי אי 22:24

אישתא/אשתא/אשתא
אף אשי - אש 26:11
כמא דמשיציא אשי 27:4
ושלהובי אי - אש 30:30
אשי דלקא בה - אש 30:33
מיא מלחכא אשי - אש 64:1
בשלהובית אשי - אש 66:15
באישתא/באשתא
כקשא באי -לשון אש 5:24
כד שלחת...באי - אש 64:1
יוי באשי מתגלי - באש 66:15
באשי...למדן - באש 66:16
דאשתא - אש
דאי דלקא בה 65:5
כאישתא/כאשתא
דתקיפין כאי - אש 9:4 ;47:14
תדלק כאי - כאש 9:17
תקיף כאי - לאש 10:17
דתקיפין כאשי - אש 43:2
אישא/אשא - אש
כיקידת אי 10:16
ושלהובי אשי דמשיציא 29:6

באשא

מגרן באי - אש 50:11
פילו באי - אשכם

דאישא

ותנור בער ליה דאי 31:9

כאישא/כאשא

כאי שלהובי - אש 4:5
כאשי אכלא - כאש 30:27
כאשי אכלא - אש 33:14

ואשתהון - ואשם

ואי לא תטפי 66:24

אית

אית 1:9;3:6;21:12;33:23
דאית 37:19;41:23
האית - היש 44:8
ואית 21:12

איתתא/אתתא

אי לחברתה - אשה 34:16
כתשבחת אי - אדם 44:13
האפשר דתתנשי אי - אשה 49:15

לאתתא

לאי דרחימתא על... 57:8

ולאיתתא - ולאשה

יי דאמר לאב...ולאי 45:10

כאיתתא/כאתא

כאתי דיתבא על מתברא 37:3
כאתי עקרא 54:1
כאי דלא עדיאת
כאי שביקא - כאשה 54:6

וכאיתת - ואשת

וכאי עלומין 54:6

נשיא - נשים

ני עלן 27:11

כנשיא - כנשים

חלשין כני 19:16

נשין - נשים

שבע ני 4:1

ונשיהון - ונשיהם

וני ישתכבן 13:16

אכזרי

יומא...אתי אי- אכזרי 13:9

אכל

בסרא אי - יאכל 44:16

ואכלית - ואכל

טוית בסרא ואי 44:19

ייכול

שמן ודבש יי - יאכל 7:15
יי שמן - יאכל 7:22
ואריא...יי תבנא - יאכל 11:7;65:25
ולא יי 44:12

דאכול - לחם

ובביתי לית מא דאי 3:7

ייכלון

בליל מפטם יי - יאכלו 30:24
עבדי...יי - יאכלו 65:13
ואחרנין יי - יאכל 65:22

דייכלון - ואכלו

ויי איביהון 65:21

ייכלוניה - יאכלהו

דכנשוהי לעבורא יי 62:9

תיכלון - תאכלו

טובא דארעא תי 1:19
נכסי עממיא תי 61:6

ניכול

מדילנא ני - נאכל 4:1
ני בשר - אכל 22:13
ני ונשתי - אכול

איכול - אכול

אי בשתא הדא 37:30

אכולו - אכול

אי שתו 21:5

ואכולו

ואי גבר - ואכלו 36:16
ואי איבהון - ואכול 37:30
ואי דטב - ואכלו 55:2

מיכל

כל סמך מי - לחם 3:1
מי בסים 28:7
מי מגעל - קיא 28:8
מי לכל עופא 49:26
יהון מי ל... - לאכל 56:9
אם אתין...מי - מאכל 62:8

למיכל

יהי אגרה למי - לאכל 23:18
למי ית... - לאכל 36:12
בלא למי - לחם 55:2

אכיל

והא אי - אוכל 29:8
דעשא אי ליה - יאכלם 50:9

דאכיל

דאי ליה עשא - יאכלם 51:8
דמן דאי - האכל 59:5

לאכיל - לאכל

ולחמא כמסת לאי 55:10

אכלא

כאשא אי - אכלת 30:27
כאישא אי - אוכלה 33:14

אכלין

ממא דאתון אי - בלחמו 21:14
איבסר חזירא - האכלים 65:4

אכלי - אכלי

אי בסר חזירא 66:17

ויוכילנך - והאכלתיך

ויי פירי אחסנת יעקב 58:14

יתאכלון - כאכל

יי כקשא באישתא 5:24

אל

עמנו אל - אל 7:14
למדן קדם אל - אל 40:18

אלא

8:20;27:3(2×);42:19;45:21

אלהא

אי גיברא - אל 9:5;10:21
אי דישראל - אלהי 17:6; 21:10,17;24:15;29:23;37:1,16, 21;41:17;45:3,15;48:2;52:12
אי עביד דינא - אלהי 30:18
ואנא אי - אל 43:12

בקושטא ביך א' - אל 45:14
בקושטא את א' - אל 45:15
אנא א' - אל 45:22;46:9
א' דישראל - ובאלהי 48:1
אנא א' 66:9

באלהא - באלהי

באי קיימא 65:16(2×)

דאלהא

עמיה דא' - אל 14:13
דא' מחוי ל... - אלהיו 28:26

ואלהא - והאל

וא' קדישא 5:16

אלה

מימר א' - אל 12:2
א' פורקניך - אלהי 17:10
א' עלמא יוי - אלהי 40:28
ובר מני לית א' 41:4;48:12
א' עלמא יוי - האל 42:5
ובר מני לית א'- אל 43:10
ובר מני לית א'- אלהים 44:6;45:5
האית א' בר מני- אלוה 44:8
ולית עוד א' בר- אלהים 45:14,21;46:9
א' דזכו - אל 45:21
א' כל ארעא - אלהי 54:5

אלהי

פתגמי א' - אלהי 7:13
יוי א' את - אלהי 25:1
ומן קדם א' - ומאלהי 40:27
קדם א' - אלהי 49:4
דמימר א' - ואלהי 49:5
אמר א' - אלהי 57:21

דאלהי - באלהי

בפורקנא דא' 61:10

אלהך - אלהיך

יוי א' 7:11;37:4(2×);41:13;43:3;48:17;51:15;55:5
לא יטעינך א' 37:10
אנא א' 41:10
לשמא דיוי א' 60:9

אלהיך - אלהיך

מן קדם א' 51:20
אמר א' 54:6;66:9
קדם א' 62:3
יחדי עלך א' 62:5

ואלהיך - ואלהיך

כדנך אמר...יוי וא' 51:22
וא' לתשבחתיך 60:19

דאלהיך - אלהיך

מלכותא דא' 52:7

אלהיה

א' דיעקב - אלהי 2:3
א' דדויד - אלהי 38:5
ומדין א' - אלהיו 58:2

דאלהיה - באלהיו

על פורקנא דא' 50:10

אלהנא

בסעדנא א' - אל 8:10
הא א' דין - אלהינו 25:9
יוי א'- אלהינו 26:13;37:20
דיוי א' - אלהינו 36:7
קדם א' - לאלהינו 61:2
קדם א' - אלהינו 61:6

דאלהנא

לאוריתא דא' - אלהינו 1:10
תשבחתיה דא' - אלהינו 35:2
קדם כנשתא דא' - לאלהינו 40:3
ופתגמא דא' - אלהינו 40:8
פורקנא דא' - אלהינו 52:10
ולדחלתיה דא' - אלהינו 55:7
פולחנא דא' - אלהינו 59:13

אלהכון - אלהיכם

הא א' 35:4
אמר א' 40:1
בינכון לבין א' 59:2

דאלהכון - אלהיכם

מלכותא דא' 40:9

אלהים - יהוה

א' צבאות 3:15;10:23,24;22:5,12,14,15;28:22
כדנן אמד יוי א' 7:7;28:16;30:15;49:22;52:4;65:13
וימחי יוי א' 25:8
יוי א' בתקוף מתגלי 40:10
יוי א' שלחני 48:16;50:5
יוי א' יהב לי לישן 50:4
ויוי א' סעיד לי 50:7
הא יוי א' סעיד לי 50:9
אמר יוי א' 56:8
מן קדם יוי א' 61:1
יוי א' יגלי זכותה 61:11
וימיתנכון יוי א' 65:15

אלהים - האלהים

הוא א' 45:18

אלהין

אלהין - כי 30:16
אלהין - כי אם 33:21;37:19;55:10,11;59:2;65:6,18
אלהין ; 9:4;10:15;44:8;45:18;51:19

אליא

לאליא

הפוכי...וזמריך לא' 23:16

אלין

אלין - אלה 28:7;40:26;42:16;44:21;45:7;47:7,9;48:14;49:12(2×),15,21(2×);57:6;60:8;64:11;65:5;66:2(2×).
אלין ; 28:26;29:24;35:2;38:19;40:12;41:4
באלין 28:16
האילין/האלין - האלה 7:4;36:12,20;39:3
דאלין - ואלה 49:12,21
כאלין 58:4
כאלין - כאלה 66:8
דכאלין 1:11
ומאלין- ומאלה 41:28

אליקים

א' בר חלקיה - אליקים 36:3
ואמר א' - אליקים 36:11
ואתא א' - אליקים 36:22
ושלח ית א' - אליקים 37:2

לאליקים - לאליקים

ואירבי לעבדי לא' 22:20

אלעלא

דאלעלא - ואלעלה
יהבי חשבון ואי 15:4
חשבון ואי 16:9

אלף

אילפו
דלא אי - תעי 29:24
ודלא אי 35:8
דלא אי - ידעו 42:16
דיילף
יתי ויי 55:1
דיילפון
לא צבן די בה 8:16
אילפו
אי לאיטבא - למדו 1:17
דאילפו
שמעו ואי - ואכלו 55:1
שמעו ואי
למילף
כל דצבי למי 55:1
אלפין- למודי
אי באוריתא דיוי 54:13
דאלפני- ויסרני
ואי מלמהך 8:11
דאליפנון - וילמדהו
ואי אורח דדין 40:14
דילפינגא - וירנו
ויי מאורחן 2:3
תלפון - תחזו
לא תי לנא 30:10
אליפו - סלו
ויימר אי 57:14
לאלפא
ומן יידיל לאי 6:8
מתנבן...לאי - לזרע 28:24
לאי לצדיקיא - לעות 50:4
מליף
וספר מי שקר - מורה 9:14
מי לך - מלמדך 48:17
מלפנא - מחקקנו
יוי מי 33:22

מלפין
הוו מי אלפן אוריתך 26:16
דהוו מי לכון - החזים 29:10
גברין מי - מלמדה 29:13
דמלפין - למודים
לישן דמי 50:4
ומלפן - מאירות
ומי יתהון 27:11
מלפיא - ראשיכם
וית מי 29:10
ולמלפיא - ולחזים
ולמי לא תלפון 30:10
ומלפך - ומליציך
ומי מרדו במימרי 43:27
יתאלפון/יתאלפון
ולא יתאלפון - ילמדו 2:4
יתאלפון למעבד- למדו 26:9
אוליף
לא אי למידע 1:3

אלפא
אי חדא - אלף 30:17
לאלפא - לאלף
יהי לאי 60:22
אלף
אי גופנין - אלף 7:23
אי מנן כסף - באלף
אלפין
ארבעין אי 10:32
מאתן ושתין אי (2×)
מאתן אי
מאה אי
תרין אי - אלפים 36:8
וחמשה אי - אלף 37:36

אלפנא

לאלפנא
דמחמדין לאי 32:6;41:17
אולפן/אלפן/פן
אלי חדת - מים 12:3
אלי אוריתך - מוסרך 26:16
ולא אבו לקבלא אי 28:12

ויקבלון אי 28:24;50:4
אי דדין 28:26
אי אוריתא 29:10;48:8
יקבלון אי - לקח 29:24
אי אוריתא דיוי - תורת 30:9
מקבלי אי - שמעים 32:3
אלי אוריתיה 33:22
ולא קבילתון אלי 42:20
אלי אוריתיה - בתורתו 42:24
אי אוריתי 43:12;65:1
דבען אלי מן קדם יוי 51:1
אלי דטב מי... 55:1
אלי תבעין 58:2
באלפן
באי אוריתיה - בארחתיו 2:3
באי אוריתא דיוי- באור 2:5
באי אוריתי 43:22
באי אוריתך 63:17
דאולפן
דאי אוריתי - תורתי 51:7
דאולפן/דאלפן/פן
ואי פתגמא דיוי- ודבר 2:3
ואי מן קדם יוי 9:12
ואלי מן קדם יוי 31:1
ובאלפניה - מוסר
ובאי שלמיה יסגי עלנא 53:5
אלפנהון
ויתקבל אי בפריע 32:2

אלתא

אלות - אמות
אי סיפי היכלא 6:4

אם

אם - אם 1:18(2×),19;4:4;5:9;7:9;10:9,15,22;14:24;21:12;22:14;27:7;28:25;30:17;36:8;40:28;42:19;58:9,13;62:8;66:8
אם - כי 41:23
מא אם - אולי 37:4;47:12
מא אם 23:16;28:24;50:4
אם 27:4,5;33:18;41:23,28;42:19;43:26;49:15;57:13.

דָאם - דאם   44:12
דאם   5:30;8:18;26:10;28:4,10;
29:11;36:6;42:14;57:11.
וָאם - ואם   1:20;49:24;50:2;62:8
ואם   8:14;44:12

אמא
אָמִי - אמי
ממעי א' אדכר שמי   49:1
וָאמָא - ואמי
מקרי אבא וא'   8:4
דאָמֹיה - אשר אמו
כגבר דא' מנחמא ליה   66:13

אמא
אָמִין
מאה אלפין א'   10:32

אָמוֹץ
ישעיה בר א' - אמוץ   1:1;2:1;
13:1;20:2;37:2;38:1

אָמֹהָא
ויהי...א' כמרתה - כשפחה   24:2
וללאָמהָן - ולשפחות
לעבדין ולא'   14:2

אָמִיטֹהָא
ורבית...אתמלי א' - עשן   6:4
וָאמִיטֹהָא - ועשן
ואי כאישא שלהובי   4:5

אמן
הֵימִין - האמין
מן ה' לבסורתנא   53:1
דהֵימִינוּ - המאמין
וצדיקיא דה' באלין   28:16
תהֵימְנוּן - תאמינו
אם לא ת'   7:9
ותהֵימְנוּן - ותאמינו
ותי קדמי   43:10
מהֵימָן

אמרכל מ'   22:23
- התקועה   22:25
דמהֵימָן - אשר נאמן
בדיל יוי דמ'   49:7
מהֵימְנהָא - נאמנה
קרתא מ'   1:21,26
מהֵימְנָן - נאמנים
סהדין מ'   8:2
דמהֵימְנִין - הנאמנים
טבות דויד דמ'   55:3

אָמַר
- ויאמר   1:11,18;
33:10;41:21;66:9
א' רבון עלמא - נאם   1:24;19:4
א' יוי - נאם   3:15;14:
22(2x),23;17:3,6;22:25;30:1;
31:9;37:34;41:14;43:10,12;49:
18;52:5(2x);54:17;55:8;56:8;
59:20;66:2,17,22.
א' נבייא/נביא   5:1,9;6:1;8:17;
9:5;21:2,7,8,10;22:14;28:16,
23;33:15;35:3;48:16;61:1;63:7
א' יוי - אמר   7:7;8:11;
10:24;18:4;21:16;22:14,15;28:
16;29:22;30:15;31:4;37:6,21,
33;38:1,5;39:6;43:1,14,16;44:
2,6,24;45:1,11,13,14,18;48:17,
22;49:5,7,8,22,25;50:1;52:3,
4;54:1;56:1,4;57:19;59:21(2x);
65:7,8,13,25;66:1,12,20,21,23
א' בליביה - בלבבו   10:7
ארי א'   10:13
יוי א' במימריה   12:2
ארי רבא א'   12:6
כדנן א' לי יוי- אמר   21:6
א' נביא - אמר   21:12
ארי א' מערבאה - אמר   23:4
א' נביא - ואמר   24:16
א' קדישא דישראל - אמר   30:12
כדנן א' - אמר   36:4,14,16
יוי א' לי - אמר   36:10
כדנן א' חזקיה - אמר   37:3
יוי למפרקנא א'   38:20
א' אלהכון - יאמר   40:1
מן א' אלין   40:12;41:4

א' מלכיה ד... - יאמר   41:21
כדנן א' אלה - אמר   42:5
עלי א' - אמר   45:24
א' מלכי יתקיים - אמר   46:10
א' רבוניך יוי - אמר   51:22
א' לכנשתא דציון - אמר   52:7
א' אלהיך - אמר   54:6;66:9
א' פרקיך יוי - אמר   54:8
א' דעתיד לרחמא - אמר   54:10
א' יוי
א' רמא ומנטלא - אמר   57:15
א' למפרק
דברא ממלל ספון א'...   57:19
א' אלהי - אמר   57:21
א' האנא מתגלי   63:1
דאָמַר
יוי דא'   8:17
ית כל דא'   10:12
דא' למללי ציון   33:5
אָמֹר - ויאמר
ואי יוי   3:16;7:3;8:1,3;20:3;29:13
וסדר פומי וא'   6:7
וא' איזיל ותימר   6:9
וא' עד...   6:11
וא' אחז   7:12
וא' שמעו   7:13;36:13
ואתיב וא'   21:9
וא' לא תיספון עוד   23:12
וא' להון   36:4;37:6
וא' לאנש יהודה   36:7
וא' אליקים   36:11
וא' רב שקי   36:12
וא' ליה   38:1;39:3
וא' קביל בעותי   38:3
וא' ישעיה   38:21;39:5
וא' חזקיה   38:22;39:3,4,8
וא' מא חזו   39:4
וא' ארי יהי שלם   39:8
וא' אח - ויאמר   44:16
וא' שיזבני - ויאמר   44:17
וא' לי   49:3

ואי הזעיר לכון 49:6
ואי ברם עמי אינון 63:8

אמרת

אי ירושלם 61:10

דאמרת - ותאמר

<u>על דאי</u> ציון 49:14

אמרת/אמרתא

ואת אי בליבך - אמרת 14:13
יוי על כל מיתיא אי 38:16

דאמרתא

דאי לאיתאה 25:1
מא דאי 33:6

ואמרתא

ואי מלין דלא כשרין 37:23
ואי...אנא - ותאמר 37:24

אמרת - אמרת

אי לית דחזי לי 47:10
אי למתב 57:10

ואמרת - ותאמרי

ואי לעלם אהי 47:7
ואי בלביך 47:10

אמרית

אי דיעבדון - ויקו 5:2,7
אי למעבד 5:4
אי דיעבדון - קויתי
על כין אי - אמרתי 22:4
אי דתתובון לאוריתי 30:15
אי ברם בממלל - אמרתי 36:5
אנא אי - אמרתי 38:10
אי לא איתחזי - אמרתי 38:11
לא אי - אמרתי 45:19
ואנא אי - אמרתי 49:4
אי האנא - אמרתי 65:1

דאמרית

לוטיא דאי לאיתאה 8:2
נחמתא דאי לאיתאה
דאי לך - האמר 41:13
דאי לכון 61:7

ואמרית - ואמר

ואי וי לי 6:5
ואי האנא 6:8
ואי עד אימתי 6:11

ואי לך 41:9
ואי דלא לחבלותיה 65:8

אמרו - אמרו

מא אי גבריא האלין 39:3

ואמרו - ויאמרו

ואי ליה 37:3

אמרתון - אמרתם

ארי אי 28:15

ואמרתון - ותאמרו

ואי לא 30:16

יימר - יאמר

ארי יי 10:8
יי קדישא 40:25
ולאחוהי יי תקוף 41:6
דין יי 44:5
ולא יי 44:20;56:3(2×)

דיימר

לכל דיי עמא הדין - יאמר 8:12
האפשר דיי - יאמר 29:16
<u>האפשר</u> <u>דיי</u> - היאמר 45:9

ויימר- ואמר

ויי יתיב ניסא הדין 20:6
ויי בעדנא ההוא 25:9
ויי לית אנא יכיל 29:11
ויי לית אנא ידע 29:12
ויי אליפו ואזהרו 57:14

דתימר - אמר

ובריתא דתי לברהא 29:16

תימר - תאמר

למא תי יעקב 40:27
דלמא תי 48:5,7

ותימר

איזיל ותי -ואמרת 6:9;38:5
ותי ליה - ואמרת 7:4
ותי איכדין - ואמרת 14:4
ותי ליה 22:16

אימר - אמר

אי לצפונא 43:6

ואימר - ואמר

ואי קדמוהי 38:15

יימרון

יי דבית יעקב 2:5

יי לכון עממיא- יאמרו 8:19
יי הדין גוברא 14:16
בליבהון...יי 15:5
יי ברם כבישין 16:7
ועל אלהא...יי תקיף 29:23
ולא יי - יאמר 33:24
מכען יי - יאמרו 49:20
דלמא יי 63:11

דיימרון

עד דיי עליהון 66:24

ויימרון

ויי איתו - ואמרו 2:3
ויי לכון - יאמרו 8:20
ויי לך - ויאמרו 14:10
ויי קדיש קדישא דיעקב 29:23
ויי קשוט - ויאמרו 43:9

תימרון

לא תי - תאמרון 8:12
לא תי
יתיה תי קדיש 8:13
כדין תי להון 8:20
איכדין תי - תאמרו 19:11
וארי תי לי - תאמר 36:7
כדין תי - תאמרון 37:6,10

ותימרון

ותי בעידנא - ואמרת 12:1
ותי בעידנא - ואמרתם 12:4

ותימרין - ואמרת

ותי בלביך 49:21

ונימר - ונאמר

וני קשוט 41:26

אימר/אמר

נביא אי להון 5:3;58:3
אמי כען 43:26

אמרו/אימרו/אמורו

אי לצדיקיא - אמרו 3:10
איי לדמוחן ב..- אמרו 35:4
אי כען לחזקיה - אמרו 36:4
אמוי לקרויא - אמרי 40:9
איי פרק יוי - אמרו 48:20
אי ל...דציון - אמרו 62:11

למימר - לאמר

3:7;4:1;7:2,5,10;8:5,11;9:8;
14:24;16:14;19:25;20:2;23:4;
29:11,12;30:21;36:15,18,21;
37:9(2×),10(2×),15,21;38:4;
44:19;49:9;56:3

בדרכי הבאור

1:5;3:6;10:15(2×);38:19;45:
14;47:13

ולמימר - ולאמר 51:16

אמר

אי ועביד 40:12;41:4

אי על דבקא - אמר 41:7

דאמר

קל...דיוי דאי - אמר 6:8

קל דאי - אמר 40:6

ולית דאי - אמר 42:22

דאי לירושלם - האמר 44:26

דאי על בבל - האמר 44:27

דאי על כורש - האמר 44:28

יי דאי לאב - אמר 45:10

דאי לכנשא - קרא 46:11

ולדאמר - ולאמר

ולדאי לירושלם 44:28

ואמר

ואי ומשתמע 3:3

עני ואי 10:32

ומתיב ואי - ואמר 40:6

דאמרא - האמרה

דאי בליבה 47:8

אמרין

לא אי 1:5

אי גבר לחבריה 1:23

אי עד דנחסין כל אתר 5:8

ולענותניא אי 5:20

עתירי נכסיא אי 14:8

אי נקטיל תורין 22:13

דאתון אי 28:15

ודהוו אי 29:24

אי מן ידור לנא בציון 33:14

דהוו אי 34:12

דהוו אי - אמרו 51:23

אי איתו 56:12

אי למא אנחנא צימין 58:3

אי אחיכון - אמרו 66:5

דאמרין

דאי אימתי - האמרים 5:19

יי דאי לרשיעיא 5:20

דאי להון - אמר 28:12

דאי לנבייא - אשר אמרו 30:10

דאי לצילם - האמרים 42:17

קרתא דאי עלה עממיא 54:11

דאי רחק - האמרים 65:5

ואמרין

ומקבלין...ואי - ואמר 6:3

דמדמן...ואי - ויאמרו 29:15

אמרי

אי תושבחתיה 42:10

אמיר

אי על ידי נבייא 43:22

דאמיר

דאי לאיתאה 4:5

כמא דאי עליהון 5:17;34:4

עמא דאי עליהון 51:16

כנשתא דאי עליהון

דאמירין

דאי למיתי על ישראל 8:18

אמירן

דילהון אי אלין 35:2

ואתאמר

ואי להון 1:4

יתאמר

קדיש יי ליה - יאמר 4:3

יי היא...מנהון - יאמר 19:18

לא יי עוד - יקרא 32:5

לא יי תקיפין - יאמר

יי לכון - יאמר 61:6

לא יי ליך עוד - יאמר 62:4

לא יי עוד - יאמר

מתאמר

מי דכרן טבותיך 62:6

אמרכל

אי מהימן משמיש - יתד 22:23

אי מהימן משמיש - היתד 22:25

אן

אן - אים אפוא 19:12

אן - איה 36:19(2×);37:13;
51:13(ואיה);63:11(2×),15

אן 63:11

לאן - על מי 10:3

אנא

אנא - אני/אנכי 6:5(2×);10:14;
13:3;21:8(2×);27:3;37:24,25;
38:10;41:4,10,13,17;42:6,8,9;
43:3,10,11(2×),12,13,15,25
(2×);44:5,6(2×),24;45:3,5,6,7
8,12(2×),13,18,19,21,22;46:4
(2×),9;47:8,10;48:12(2×),13,
15(2×),17;49:18,23,25(2×),26;
51:12(2×);52:6;57:11,12,16;
60:16,22;61:8;66:4,9(2×)

אנא - ואני 46:4

אף אנא - ואני 46:4

אנא; 1:24;3:7;8:2;10:13,15(2×);
12:2;27:3;29:11,12;38:12;
43:10(N°2),12(2×);45:21;49:8
(2×);51:19;57:16;63:7;65:5;
66:9(2×)

דאנא - אשר אני
5:5;65:18;66:22

עד דאנא קיים - אנכי 8:18

האנא ראה הא

ואנא - ואני/ואנכי 43:4,12;
49:4,21;50:5;51:15;54:16;
59:21

אנון

אנון/אינון - הם/המה 24:14;
35:2;44:9;57:6;61:9;63:8;
65:23;66:3

אנון - הוא 27:11;30:9

אנון/אינון 1:21,31;5:7;6:13;
19:12;26:10,14;28:10;33:23;
40:17;41:4,23;43:10;44:6;48:
12;51:6;63:13

דאנון/דאינון 7:4,18;27:3;28:25
32:6;35:5;42:7(3×),18(2×);
43:8;57:12

האינון - ההם 38:1

ואנון/ואינון - והם/והמה 1:2;
37:38;56:11;63:10;66:5

ואינון - הוא 32:7

ואנון - והוא 32:8

אנושא

ואנון/ואינון - און   5:2,4;15:1(2×);
26:19;46:1;57:3

אֱנוֹשָׁא

אֱנוֹשָׁא - הבוגד
א' מתאנסין   21:2
לאֱנוֹשָׁא - בגדים
רי לא'   24:16

אֱנוֹסין

והא א' - משפח   5:7
מרחיק נפשיה מן א'   33:15

אנח

אֲנָחִית

א' להון   21:2
אתאֲנָחוּ - נאנחו
א' כל חדי ליבא   24:7
מתאֲנָחִין - אנחתה
כל דהון מ'   21:2

אֲנַחְנָא

אנחנא - אנחנו   20:6;36:11;64:7
אנחנא - אני   19:11
אנחנא   8:20;26:13(2×);34:12;
58:3;59:9;63:19;64:4,8
לאֲנַחְנָא - ואנחנו   53:4

אֲנִין

אנין - הנה   41:22;48:7
אנין - המה   37:19

אנס

אֲנֶסיה - עשקו

ואתוראה בלמא א'   52:4
דאֲנְסוּ
עתירי נכסיא דא'   53:9
בחובי ממונהון דא'-בצעו   57:17
אֲנַסְתְּהוֹן - בערתם
ואתון א' ית עמי   3:14
דִינַסְתּוּן - בגדו
ויתר לא יי'   33:1
דִינַסְתּוֹנֵך - יבגדו בך
כד תלאי למינס יי'   33:1

דָּמִינַס - און
רשמין דמ'   10:1
לְמִינַס
דהוו משחרין למ'- און   29:20
ודאתי למ' - ובוגד   33:1
כד תלאי למ' - לבגד
ולמינַס - ולגזל
ולמ' מא דרען   10:2
אָנִיס - און
וגבר א' עשתונוהי   55:7
אֲנִסין - המעשקה
דהויתון א' לעמא   23:12
לאֲנָסֵא - שוסינו
דין חולק לא'   17:14
דאֲנִיס - חמוץ
זכו דא'   1:17
לאֲנִיס - ושסוי
והוא עם בזיז וא'   42:22
אֲנִיסָא
עמא א' - ממשך   18:2
עמא א' - קו קו   18:2,7
לעמא א' - ממשך   18:7
אֲנִיסִין - רצוצים
ופטרו דהוו א'   58:6
אֲנִיסָא
מנחא א' - שוא   1:13
מתאֲנָסִין - בוגד
אנוסיא מ'   21:2
דמתאֲנָסִין - בגדו
רי לאנוסיא דמ'   24:16

אֱנָשָׁא

וימאך א' - אדם   2:9;5:15
עיני רמות א' - אדם   2:11
ותמאך רמות א'- האדם   2:17
בני א' - האדם   2:20;6:12
מנלי א' - אדם   6:11
בני א'   13:12;14:12;24:21;
45:18;65:4
יסתמיך א' - האדם   17:7
ואשתאר א' כ..- אנוש   24:6
בני א' - אדם   29:19,21

בני א' - אנוש/   33:8;51:7
עובד ידי א' - אדם   37:19
מבני א' - מאדם   44:11
כל א' -   46:4;57:19;66:9
מבני א' - אדם   47:3
ומבר א' - אדם   51:12
מבני א' - אדם   52:14
טובי א' - אנוש   56:2
דמסגיף א' נפשיה - אדם   58:5
דאֱנָשָׁא - אנוש
וכל ליבא דא יתמסי   13:7
דאֱנָשָׁא - ואדם
עבדית ארעא וא' עלה   45:12
לאֱנָשָׁא
מלאשתעבדא לא' - האדם   2:22
והוי לא' ל... - לאדם   44:15
מאֱנָשָׁא - מאנוש
מא' דמאית   51:12

אֱנָשׁ

א' יהודה - יהודה   1:1;2:1
א' גבעת שאול - גבעת שאול   10:29
א' בת גלים - בת גלים   10:30
א' מדמנה - מדמנה   10:31
על א' כרך - לאישי   16:7
על א' כרך   16:11
טען א' מפיס - שרי   19:13
רתך א'   21:7
רתך א' - איש   21:9
ברתך א' - אדם   22:6
ומצראי א' - אדם   31:3
בחרב לא א' - איש   31:8
וחרב לא א' - אדם
א' דינך - אנשי   41:11
ובר א' -אדם   56:2
ולית א' ד... - איש   57:1
א' דיקום ויבעי עליהון-מפגיע   59:16
א' דיקום ויבעי עליהון- סומך   63:5

דאֱנָשׁ

וא' יהודה - ויהודה   3:8
וא' יהודה - ואיש   5:3,7

כאנש - איש

הא כאי כיבין 53:3

דכאנש

דכאי סדום - כסדם 1:9

לאנש

לאי יהודה - ליהודה 36:7

לאי מצותך - אנשי 41:12

אסא

יסי - ירפא

ומרע מחתיה יי 30:26

ויסי - ורפאם

ויי יתהון 19:22

ויסינון - ורפוא

וימחי ירי...ויי 19:22

ואתסי/ואיתסי

ואי ממרעיה - ויחי 38:9

ארי מרע ואיי - ויחזק 39:1

ויתסי - ויחי

וישטרון על שטרא ויי 38:21

אסותא

ואסות - וארכתך

ואי מחתך 58:8

אסטיות

עובדע אי חובוהי - הסר 27:9

אי דין - מוטה 58:9

אסף

ויואח בר אי - אסף 36:3,22

אסר

ואסרו - וחגורה

ואי על חרצין 32:11

ותיסר - ופתחת

ותי שקא בחרצך 20:2

יסרון - חגרו

יי שקין 15:3

יסרן - מחגרת

יי סקין 3:24

ולמיסר - ולחגר

ולמי שקין 22:12

אסרן - חגורה

ואתר דהואה אי פסיקיא 3:24

אסירין - אסיר

אי תתאסרון 10:4

לדאסירין

לדאי בינֵי עממיא - לאסורים 49:9

למקרי...לדאי - ולאסורים 61:1

לאסירין - אסיר

דאנון דמן לאי 42:7

אסירי - אסיר

לבית אי 24:22

כאסירי - ישבי

כאי קבל 42:7

לאסירוהי - אסירין

לאי לא פתח תרעא 14:17

תתאסרון

אסירין תי 10:4

אסר חדן

ומלך אי חי - אסר חדן 37:38

אעא

אי ואבנא - עץ 37:19

אי דלא אחיד רקבא - עץ 40:20

אע - עץ

לבלי אי אסגוד 44:19

אי צלמהון 45:20

כאע - עץ

האנא כאי יביש 56:3

אעיא - העצים

וחלף אי 60:17

אעין - עצים

נגרא אי נפיץ בחוטא 44:13

באעין - ועצים

באי סגיאין 30:33

ואעין - ועץ

ואי דמשח 41:19

באעי - בעצי

באי חרשא 44:14

אעך - שמשתיך

ואשוי כמרגולין אי 54:12

אף

אף - אף 26:8,9,11;33:2;35:2; 41:10(2×),26(3×);42:13;43:7, 19;44:15(2×),16;45:21;46:6,7, 11(3×);48:12,13,15

אף - גם 1:15;7:13;13:3;14:8, 10;23:12;28:29;30:33;43:13; 47:3;48:8(3×);49:15,25;57:6,7; 66:3,4

אף 8:2;26:7,10,15,18;28:28; 33:23;41:4;43:2,10;44:6;47:14; 51:6;57:6;63:13;64:4;66:9

ואף - ואף 44:19

ואף - וגם 5:2;7:20;28:7;30:5; 31:2;40:24;45:16;66:21

ואף לא - ולא 1:6

ואף 17:11;21:9;22:2;37:24, 26(2×);60:19

אפא

אפיא - פנים

מעל כל אי 25:8

אפין - פנים

ונסיב אי 3:3;9:14

אפי

אי שרינתי - עיני 1:15

אי שלהובין - בני 13:8

אי תבל - פני 14:21;27:6

על אי מיא - פני 18:2;19:8

אי ארעא - פני 23:17

אי רברבהא - פניה 24:1

אי רבא - פני 25:7

אי חד מ... - פני 36:9

אי שכינתא - פנים 53:3

אי שכינתי - פני 54:8

אי שכינתי - פנים 59:2

אי שכינתך - פניך 64:6

באפי

עם באי עם - אל 2:4

באי מיתיא 59:10

ואפי

ואי חשיכיא - ופני 3:15

Right column

וא' מלכא   - והמסכה   25:7

דאֹפִי

לא צהיא   - לקראת   21:14

אֹפִי   - פני

אי לא טמרית   50:6

שריתי אי תקיפין   50:7

אֹפוֹהִי

בתרין מכסי אי - פניו   6:2

ואסחר חזקיה אי - פניו   38:2

גבר לקביל אי גלו   47:15

בֹאֹפוֹהִי   - באפו

דנשמת רוח חיין בא'   2:22

בֹאֹפָא

אתאחר עלמא בא'   59:10

אֹפֵיהוֹן

אשתמודעות א' - פניהם   3:9

ולקביל א'   - פניהם   5:21

אפי שלהוביא א' - פניהם   13:8

אם ישרון בית ישראל א'   27:4

אם ישרון...א'   - פניה   28:25

אי ישתנין   - פניו   29:22

על א'...ישתחון - אפים   49:23

אפא

לֹאֹפָּא - ואפה

וא' לחים   44:15

אֹפִיתִי - אפיתי

אי על גמרוהי לחים   44:19

אפלו/אֹפִילו

אפלו/אפילו - אף(3×)   40:24

דֹאֹפֹלו   33:23

אֹפְרִים

אי ובר רמליה - אפרים   7:5

וריש א' שמרון - אפרים   7:9

אי ויתבי שמרון - אפרים   9:8

דבית א'   - אפרים   9:20;11:13

ודבית א'   - ואפרים   9:20

מדבית א'   - אפרים   11:13

בדבית א'   - אפרים   11:13

מֹאֹפֹרֹים - מאפרים

Middle column

ויבטל שלטן מא'   17:3

אפרש

לאֹפְדֹש - לנצח

ולא לא' יהי רוגזי   57:16

אֹפְשֹר

ולא א'   33:23

לא א'   46:7;55:10,11

הֹאֹפְשֹר

הא' ד... ה...   10:15;45:9;49:15,24;66:8

הא' דיימר   29:16

אצבעא

בֹאֹצֹבֹע - אצבע

מרמז בא'   58:9

אֹצֹבֹעָתֹיה - אצבעתיו

ודאתקינא א'   17:8

דֹאֹצֹבֹעֹתֹהֹוֹן - ואצבעותיכם

וא' בחובין   59:3

אֹצֹבֹעֹתֹהֹוֹן - אצבעתיו

לדאתקינא א'   2:8

אצר

יֹתֹאֹצֹר - יאצר

לא י'   23:18

אֹרֹבֹע

אי מאה פרסין   10:32

כיד אי ייתין עלך   51:19

בֹאֹרֹבֹע - בארבע

בא' עסרא שנין   36:1

מֹאֹרֹבֹע - מארבע

מא' רוחי ארעא   11:12

אֹרֹבֹעָה - ארבעה

אי חמשה בסוכא   17:6

אֹרֹבֹעֹין

אי אלפין   10:32

אי פרסין

תלת מאה אי ותלחה   30:26

אֹרֹבֹעָה

Left column

לבית א'   - למשלח   7:25

לבית א'   - לרבץ   65:10

ארזא

אֹרֹזֹין

אתין במדברא א' - ארז   41:19

למקץ ליה א'   - ארזים   44:14

ארי

אֹרֹי - כי   1:2,20,29,30;2:3,
6(2×),12,22;3:1,6,8(2×),9,10,
11,24;4:5;5:7,10,24;6:5(3×);
7:5,8,9,13,16,22,24;8:4,10,11,
21,23;9:3,4,5,16,17;10:7,8,12,
13(2×),22,23,25;11:9;12:1,2,4,
5,6;13:6,10;14:1,20,27,29(2×),
31,32;15:1,5(2×),6(2×),8,9
(2×);16:4,8,9,12(2×);17:10;
18:4,5;19:20;21:6,15,16,17;
22:1,5,9,16,25;23:1,4,14,18;
24:3,5,13,18,23;25:1,2,4,8,10;
26:3,4,5,9,12,19,21;27:10,11;
28:8,11,15(3×),18,19,20,21,
22,27(2×),28;29:10,11,20,23;
30:4,5,9,15,18,19,31,33;31:1
(2×),4,7;32:6,10,13,14;33:22;
34:2,5,6,8,16;35:6;36:5,11,14,
16,20,21;37:3,8(2×),19,20,32;
38:1,17,18,22;39:1,8;40:2(3×),
5,7;41:10(2×),13,20;43:1,3,5,
10,20,22;44:3,17,18,21,22,23
(2×);45:3,6,18,22,23;46:9;
47:1,5;48:2,8;49:10,13,18,19
(2×),23,25,26;50:7;51:2,3,4,
6,8;52:1,3,4,5,6,8,9,12(2×),
15;53:8;54:1,3,4(3×),5,6,10,
14(2×);55:5,7,8,9,10,12;56:1,
4,7;57:1,11,15,16(2×);58:7,14;
59:3,12(2×),14,15,19;60:1,2,5,
9(2×),10,12,16,20;61:8,9,10,
11;62:4(2×),5,9;63:4,16(2×);
64:6;65:5,16,17,18,20,22,23;
66:8,12,15,16,22,24.

אֹרֹי   6:13;8:16,22;
24:7;31:6;50:1;64:3

דֹאֹרֹי - וכי   8:19;36:7,19;65:16

אריא

דֹאֹרֹיֹא/דֹאֹרֹיֹה

ועגל וא'   - וכפיר   11:6

וא' כתורא ייכול תבנא -אריה   11:7;65:25

בֹאֹרֹיֹה/בֹאֹרֹיֹא

ניהומי ליה כא'- כלביא   5:29

כאי דנהים - כארי 38:13
אַרְיֵי - אריה
כמא דמכלי אי 31:4
דְּאַרְיֵי - לביא
אתר דאי 30:6
מֵאַרְיֵי - אריה
דאתין בסיטונהון מאי 21:8

אַרְיָוָן
ינהום כבר אי - ככפירים 5:29
בר אי - וליש 30:6
בר אי - והכפיר 31:4

אֲרִיכוּת
דבה אי חייא 38:11

ארך
יֵירְכוּן - יאריך
יי יומין 53:10

אַרְכָא
יהבתא להון אי - יחן 26:10
יהבית...אי - תחשיתי 42:14
יהבית* ליך אי - מחשה 57:11
ואת יהיב אי - תחשה 64:11
לא אתין להון אי- אחשה 65:6

ארם
אֲרָם - ארם
מלך עלך אי בישא 7:5
ריש אי דמשק 7:8
אי ממדנחא 9:11
דַּאֲרָם - ארם
מלכא דאי 7:1,2
וַאֲרָם - וארם
רצין ואי 7:4
מֵאֲרָם - ארם
ושאר יחידאין מאי 17:3

אֲרָמִית
מליל...אי - ארמית 36:11

ארמלו
אַרְמְלוּ - אלמנה
לא איתיב אי 47:8
וְאַרְמְלוּ - ואלמן
תכל ואי 47:9
אַרְמְלוּתִיךְ - אלמנותיך
וחסודי אי לא תדכרין 54:4

ארמלתא
אַרְמַלְתָּא - אלמנה
עבידו קבילת אי 1:17
וקבילת אי לא עלת 1:23
דְּאַרְמְלָן - אלמנות
למהוי דאי עדיהון 10:2
אַרְמְלָתֵיה - אלמנתיו
ועל אי לא ירחים 9:16

ארנון
לְאַרְנוֹן - לארנון
מגיזין להון לאי 16:2

אַרְעָא
ואציתי אי - ארץ 1:2
רשיעי אי - הארץ 2:19,21;10:23;13:5
מסיפי אי - הארץ 5:26;42:10;43:6
מיתבי אי - לארץ 5:30
קדיש על אי 6:3
כל אי - הארץ 6:3; 7:24;14:7,26;25:8;54:5
על אי - שאלה 7:11
תתרטיש אי - האדמה 7:16
מסיפי אי דאתור- בארץ 7:18
כל דבסיפי אי - ארץ 8:9
מיתבי אי - ארץ 8:22
חרובת אי - ארץ 9:18;24:6;33:9
כל דיירי אי - הארץ 10:14
אי דישראל 10:34;52:7
וימחי חייבי אי- ארץ 11:4
ארי תתמלי אי - הארץ 11:9
מארבע רוחי אי - הארץ 11:12
בכל אי - הארץ 12:5
לשואה אי לצדו - הארץ 13:9
ותזוע אי מאתרה- הארץ 13:13
גוברא אזיע אי - הארץ 14:16
ויחסנון אי - ארץ 14:21
כל...דישין אי - הארץ 16:4
יי אי - ארץ 18:1
אי דבית יהודה - אדמת 19:17
בגו אי דמצרים - ארץ 19:19
יקירי אי - ארץ 23:8,9
דעל אפי אי - האדמה 23:17
יוי מביז ית אי- הארץ 24:1
אתבזזא תתבזיז אי - הארץ 24:3
חרובת אי - הארץ 24:4
יתבי אי - ארץ 24:6
גלא ביע מן אי - הארץ 24:11
לכל יתבי אי - הארץ 24:16
יתיב אי - הארץ 24:17;26:21
יסודי אי -ארץ 24:18;44:23
מזע תזוע אי - הארץ 24:19
מנד תנוד אי - ארץ
פירוק תתפריק אי - ארץ
אשתדאה תשתדי אי - ארץ 24:20
דדירין על אי - האדמה 24:21
עד אי ימטינה - ארץ 26:5
על אי - בארץ 26:10
לא איתיאו אי - ארץ 26:18
ותגלי אי - הארץ 26:21
על כל יתבי אי - הארץ 28:22
דתזרע ית אי - האדמה 30:23
דמפלחין...ית אי - האדמה 30:24
תשמע אי ומלאה - הארץ 34:1
אי הדא - הארץ 36:10(2×)
לכל מלכוות אי - הארץ 37:16
את עבדתא...וית אי - הארץ
כל מלכות אי-הארץ 37:20
לכל יתבי אי - חדל 38:11
יסודי אי -הארץ 40:21,28
וכל יתבי אי - הארץ 40:22
דייני אי - ארץ 40:23
דבסיפי אי - הארץ 41:5
מזרעית אי - הארץ 41:9

שכליל אי - הארץ 42:5
שכלילית אי - הארץ 44:24
תפתח אי - ארץ 45:8
עבדית אי - ארץ 45:12
דשכליל אי - הארץ 45:18
כל דבסיפי אי - ארץ 45:22;52:10
שכלילית אי - ארץ 48:13
סיפי אי - הארץ 48:20;49:6
ובוע? אי - ארץ 49:13
על אי - ארץ 49:23
ושכליל אי - ארץ 51:13
על אי - הארץ 54:9
מן אי - מארץ 55:9
מרוי ית אי - הארץ 55:10
יחסין אי - ארץ 57:13
תקפי אי - ארץ 58:14
חשוכא יחפי אי - ארץ 60:2
יחסנון אי - ארץ 60:21
לסיפי אי - הארץ 62:11
דתתעביד אי - ארץ 66:8

בארעא

באי דבית יהודה- ביהודה 7:6;8:8
ויעדי תקלא באי 8:21
יסגי שלמא באי 11:6
ודשרן באי - ארץ 18:3
באי דמצרים - בארץ 19:18,20
באי דבית יהודה- בארץ 26:1
יסגי באי - האדמה 30:23
באי דאדום - בארץ 34:6
יתרבון באי - בארץ 40:24
עד דיתקין באי - בארץ 42:4
ואסתכלו באי - אל הארץ 51:6
באי דהות צריכה- מארץ 53:2
תשבחא באי - בארץ 62:7
דמבריך באי - בארץ 65:16
ודמקיים באי - בארץ

דארעא

טובא דאי - הארץ 1:19
בגוה דאי - הארץ 5:8;6:12;7:22;19:24
ולבעירא דאי - הארץ 18:6
וכל בעירא דאי - הארץ
עמא דאי - הארץ 24:4
ועפרא דאי - הארץ 40:12
כעפרא דאי - ארץ 51:16

וארעא

ואי תחרוב - והאדמה 6:11
ואי חבת - והארץ 24:5
ואי כבסותא - והארץ 51:6
ואי חדתא - וארץ 65:17
ואי כיבש קדמי - והארץ 66:1
ואי חדתא - והארץ 66:22

כארעא - כארץ

ואמאיכת כאי יקריך 51:23
כאי דמפקא צמחה 61:11

לארעא

אתרטישתא לאי - לארץ 14:12
ייתיניה...לאי - אל מקום 18:7
ידקדקון לאי - לארץ 21:9
ימטי לאי - לארץ 25:12
כמא דדינך..לאי- לארץ 26:9
לאי דאתור - בארץ 27:13
לאי דמצרים - לארץ 27:13
לאי דישראל 37:28
תיבי לאי - לארץ 47:1
לאי ארעיתא - לארץ 68:6

מארעא

וייתינון מאי דמצרים 7:18
מאי דמצרים - מארץ 11:16
ואתן...מאי - מארץ 21:1
מאי תמללין - מארץ 29:4
ויהי כאוב מאי קליך - מארץ
מאי דישראל - מארץ 53:8

ארע

אי זבולון - ארצה 8:23
אי נפתלי - וארצה
אי שכינתא דיוי- אדמת 14:2?
אי כסדאי - ארץ 23:13
אי עמי - אדמת 32:13
אי גיהנם - ארץ 33:17
אי עיבור וחמר - ארץ 36:17
אי תקלין וכרמין - ארץ
ובכל אי שלטניה 39:2
אי בית צהונא - צמא 44:3
באתר אי קבל - ארץ 45:19
אי כסדאי - מכסדים 48:20

בארע

באי שמינא 5:1
באי טולי מותא - בארץ 9:1
באי דרומא - ארץ 21:14
באי צהיא 25:5;32:2;35:1
באי משלהיא 25:5
באי טבא 27:2
באי עקא ועיק - בארץ 30:6
באי משלהיא - בארץ 32:2
באי בית שכינתא- בארץ 38:11

ובארע - ובחומתי

ובאי בית שכינתי 56:5

וארע - וארץ

ואי בית צהוונא 41:18
ואי מפגרותיך 49:19

לארע

לאי בית שכינתי 17:11;48:15
ויגלינך לאי - אל ארץ 22:18
לאי אוחרי - לארץ 28:2
לאי טבא - אל ארץ 36:17
לאי קרדו - ארץ 37:38

מארע

מאי רחיקא - מארץ 13:5;39:3;46:11
מאי רחיקא 18:1;23:7
מאי כיתאי אתו - מארץ 23:1
מאי דרומא - מארץ 49:12

בארעי - בארצי

למתבר אתוראה באי 14:25

ארעך - ארצך

ויהי...מלי...אי ישראל 8:8
ארי אי חבילתא 14:20

ארעיך - משכנותיך

וקרוי אי 54:2

בארעיך - בארצך

לא ישתמע...באי 60:18

וארעיך - וארצך

ואי תתיתב 62:4

ולארעיך - ולארצך

ולאי לא יתאמר עוד 62:4
ולאי יתבא

מארעיך - ארצך

גלא מאי 23:10

ארעיה - ארצו

דבזו עממיא אי 18:2,7
השידיבא...ית אי 36:18

בארעיה - בארצו

ואפליניה בחרבא באי 37:7

לארעיה - אל ארצו

וגבר לאי יערקון 13:14
ויתוב לאי 37:7

ארעה

ותתרוקן אי - לארץ 3:26
ותהי אי לזפא - ארצה 34:9

ארעכון

אי צדיא - ארצכם 1:7
אי לקבלכון - אדמתכם
אתמליאת אי טעון 2:6
בר מן אי 10:4

כארעכון - כארצכם

לארע טבא כאי 36:17

לארעכון

לא תתובלון לאי 52:12
ובשלמא תתובלון לאי 55:12

ארעהון

ואתמליאת אי - ארצו 2:7(2×),8
על אי - אדמתם 14:1
על אי 29:23
ועל אי - ובמשכנות 32:18
ותרוי אי - ארצם 34:7
דשידיבא ית אי - ארצם 36:20
וית אי - ארצם 37:18

בארעהון - בארצם

באי על חד תרין יחסנון 61:7

דארעהון - אדמה

ולמיבז שארא דאי 15:9

לארעהון

ויתובון לאי 6:13;27:6
וסלקן לאי 35:6
ואתן לאי 60:8

מארעהון

ויגלונון מאי 28:2

ארעיתא/ארעיתא

בריכתא אי -התחתונה 22:9
וארמי לארעא אי 63:6

ארפד

דארפד

כמא דאי מסירא - כארפד 10:9
אן...ומלכא דאי - ארפד 37:13

וארפד - וארפד

אן דחלת חמת ואי 36:19

אשא

ראה אישא

אשד

אשדי

וית אי דם זכי 4:4

באשדי

באי דם זכי 33:15

דאתאשיד

על דם זכאי דאי בה 26:21

אשדוד

באשדוד - באשדוד

ואגיח קרבא באי 20:1

לאשדוד - אשדודה

דאתא תרתן לאי 20:1

אשיות

עם אי ידוהי - ארבות 25:11

אשירתא

אשיריא - אשרים

לא יתקיימון אי 27:9

ואשיריא - והאשרים

לא יתקים ואי וחנסניא 17:8

אשכרא

אשכראין - צמדי

בית עשר אי דכרם 5:10

אשכרעא

דאשכרעין - ותאשור

מורנין ואי 41:19;60:13

את

את - אתה 7:3;14:10;25:1;37:11,16(2×),20;38:1;41:9;43:1,26;44:17,21(2×);45:15;49:3;63:16(2×).
את 26:15,19(2×);36:9;49:16
דאת - אשר אתה 7:16;37:10
דאת 17:10
דאת - אתה 48:4
מדאת 43:4
ואת - ואתה 14:13,19;37:11;38:17;41:8,16;64:7
ואת 19:11;38:17;57:12;64:11

אתא

שאל לך אי - אות 7:11
יתין יוי...אי - אות 7:14
זקופו אי - נס 13:2
תחזון אי 18:3
ודין לך אי - האות 37:30;38:7
ארימו אי - נס 62:10
ואשוי בהון אי - אות 66:19

וכאתא - וכנס

וכי על רמתא 30:17

את

ויזקוף אי - נס 5:26;11:12
תיתחזי לך אי בשמיא 7:11
דיקום אי ל... - לנס 11:10
כמזקף אי - נס 18:3
אי ומופת - אות 20:3
מא אי* - אות 38:22

לאת - לאות

ויהי לאי ולסהיד 19:20
ויהי...לאי עלם 55:13

אתין - לאתות

אי ומופתין דאמירין 8:18

אֵהֱוֵת - אתות
מבטיל א' בדין   44:25

אֵבָא
א' על עית - בא   10:28
סנחריב...א' -   10:32
והא דין א' - בא   21:9
וֵאֵבָא - בא
בשתא דא' תרתן   20:1
באורחא דא' בה יתוב   37:34
וֵאֵבָא - ויבוא/ויבא
וא' אליקים בר חלקיה   36:22
וא' לותיה ישעיה   38:1
וא' ישעיה נביא   39:3
אֵהֵת
מלותכון א' עלנא   33:24
וֵאֵהֵיתָא - באת
באורחא דא' בה   37:29
אֵתָו
יומין דלא א' - באו   7:17
הא א'   8:2;41:27
וכין א' על אברהם   10:32
א' עליהון - נגלה   23:1
ומנן א' לותך - יבאו   39:3
מארע רחיקא א' - באו
וֵאֵתֹו - ויבאו
וא' עבדי מלכא חזקיה   37:5
אֵאֵתֵה
קדמיתא הא א' - באו   42:9
תרתין עקן א' - קראתיך   51:19
וֵאֵאֵתָאה - ותבאנה
בתכיף עבדתינון וא'   48:3
   לֵיתֵי
בפריע מלך...י' - יבוא   5:26
י' עלוהי עקא ופפן   8:22
דמרחיק י' - תבוא   10:3
מן קדם שדי י' - יבוא   13:6
י' תברה - יבוא   30:13
י' ויילף - לכו   55:1
ופרקן י' במימריה   59:17
ועד לא י' לה - יבוא   66:7
   דֵלֵיתֵי
כל די' לאעקא להון   8:23

עד די' לנא רוח - יערה   32:15
זקפתי עיני די' לי   38:14
   דֵלֵיתֵי
וי' מלכיה - ותבואה   5:19
וי' מרא לרשיעיא   5:20
וי' כמפק שמשא - ויאת   41:25
וי' וידוש - ויבא
וי' עלך - ותבא   47:11
וי' לציון פריק- ובא   59:20
   אֵיתֵי
ארי ת' עליכון   28:15,18
לא ת' עלנא   28:15
כד ת' למיגד יבזונך   33:1
   דֵאֵיתֵי
ארי גרמו דת' להון בשתא   3:9
   דֵאֵיתֵי - ובא
ותי' עלך בשתא   47:11
   דֵיתֹון
כין י' עליהון   9:4;28:2
מלכין...י' עלה   21:10
י'די אם יכלון   33:18
עד לא ת' י' - תצמחנה   42:9
אלין מרחיק י' - יבאו   49:12
י' כשפע נהר - יבאו   59:19
בנך מירחיק י' - יבאו   60:4
כלהון משבא י' - יבאו   60:6
י' כל בני בסרא- יבוא   66:23
   דֵלֵיתֹון
וי' וישרון - ובאו   7:19
וי' דגלו ל... - ובאו   27:13
יתקרבון וי' - ויאתיון   41:5
וי' בנך בצבין - והביאו   49:22
וי' ויחזון - ובאו   66:18
   דֵיֵתֵן
יי' עלך - באו   47:9
עד לא י' - תבוא   48:5
כיד ארבע יי' עלך   51:19
   דֵיֵתֵן - ותבאנה
וי' עלך תרתין אלין   47:9
   אֵיתָא - לך
א' איזיל לות פרנסא   22:15
   אֵיתֹו

א' וניסק לטור - לכו   2:3
א' ונהך - לכו   2:5
א' בנייא - הביאי   43:6
א' שמעו - לכו   55:1
א' שמעו - ולכו
א' ונסבי חמר - אתיו   56:12
   וֵאֵתֹו - ובאו
אתכנשו וא'   45:20
   מֵיֵתֵי
עד לא מ' עקא לה   66:7
   בֵמֵיֵתֵי
הלא במ' נהורא   5:20
במ' נהורא לצדיקיא   24:15
במ' עקא   28:16
   לֵמֵיֵתֵי
מן תבע דא מידכון למי   1:12
יומא עתיד למי   2:12
אתחבד...למי עלוהי   7:2
דאמרין למי על ישראל   8:18
למי על דבית יהודה   9:20
וכין עתידין למי   10:32
יומא דעתיד למי   13:6
וקריב למי - לבוא   13:22
מא דעתיד למי   21:11;43:12
דעתיד למי - הבאות   41:22
ודעתידן למי -ואשר תבאנה   44:7
דעתידן למי - האתיות   45:11
כין עתיד למי - יבאו   47:13
קריב פרקני למי- לבוא   56:1
בשתא דעתידא למי   57:1
   מֵלֵמֵיֵתֵי - מבוא
אתבזיזו מחוזיהון מלמי   23:1
   מֵיֵתֵא - באי
עד מי   63:17
   מֵיֵתֵר - בואך
זעת לך לקדמות מי   14:9
   וֵמֵיֵתֵר - ובואך
ומ' לארעא דישראל   37:28
   מֵיֵתֵיהֹון
ודקם יום מי   48:7
   אֵתֹו - בא
יומא מן ק יוי א'   13:9

14:31	מציפונא פורענא א' דאֹתֿי	43:23	לא א' קדמי - הביאת דֿאֹֿיתֿֿֿיתֿֿי	1:13	לא' מנחא אניסא- הביא
33:1	יי דא' למבז וֹדאֹתֿי	16:9	כמא דא' משרין - אבכי אֿיתֿֿאֿה - הבאתיה	4:5	דאמיר לא' עלוהי
33:1	ודא' למינס אֹתֿֿלא	37:26	כען א' אֿיתֿֿאֿו - נעשה	8:2(2×)	דאמרית לא'
33:8	דבשתא א' עליהון וֹאֹתֿלא - והתנודדה	26:18	פורקן לא א' ארעא אֿֿיתֿֿי	25:1	דאמרתא לא'
24:20	ותהי אזלא וא' אתֿן	7:17	יי* יוי עלך - יביא דֿאֹֿיתֿֿי	45:24	לא' זכרון ותקיף
1:12	דאתון א' - תבאו	10:26	ויי* עלוהי יוי - ועורר	46:11	לא' בגלי
13:5	א' מארע רחיקא - באים	66:14	ויי* לוט לבעלי דבבוהי דֿֿאֿיתֿֿֿינֿון	60:9	לא' בנך מרחיק - להביא
21:1	א' באורח דרומא	7:18	ויי מארעא דמצרים	63:1	עתיד לא' מחא על - בא
39:6	הא יומא א' - באים דֿאֹתֿן		ויי מיסיפי ארעא דאתור דֿֿאֹֿיתֿֿֿון - כאשר יביאו	63:9	לֿֿאֹֿתֿֿאֿה עליהון עקא מֹֿיתֿֿֿי/מֿֿוֹתֿֿֿי
18:1	יי ארעא דא' לה	66:20	כמא די* בני ישראל דֿֿאֿיתֿֿֿון - והביאו	8:7	יוי מו' עליהון
60:8	מן אלין דא' בגלי וֹדֿאֹתֿן	66:20	ויי*...קרבנא דֿֿֿיתֿֿֿוֹנֿֿיה - יובל	13:17	האנא מֿעליהון - מעיר
60:6	ודא' עמהון דֿאֹתֿן	18:7	יי* בתוקרבא אֹֿיתֿֿי	38:17	ואת מ' מרא לרשיעיא
21:1	ואי ממדברא - בא	16:9	כן אי קטולין על סבמה	66:12	האנא מ' לה - נטה וֹמֹֿיתֿֿֿי
49:18;60:4	ואי לגויך - באו	18:4	ברכן ונחמן אי להון	10:32	מוביל ומ' בידיה מֿֿיתֿֿֿן - יבלוה
60:8	ואי לארעאהון אֹתֿֿלן	30:7	זמנין אי עליהון	23:7	הוו מ' לה קרבנין וֹמֹֿיתֿֿן
21:7	משרין סגיאן א'	41:25	אי בגלאי מלך - העירותי	3:15	ומ' בדינהון
28:2	מחן תקיפן וחסֿינֿן א' דֿאֹֿתֿֿֿֿלן	60:17	אי דהבא - אביא		
21:1,8	משרין דא'		אי כספא - אביא		אֿֿתֿֿֿון
41:23	חרו דא' לטופא - האתיות וֹדֿאֹֿתֿֿֿֿלן - ואתיות	61:7	אי לכון דֿאֹֿיתֿֿי	41:23,24;42:17;43:10;57:4	אתון - אתם
44:7	ודא' ודעתידן חמיתי אֹֿיתֿֿֿי	28:13	בעדן דא' עליהון עקא	51:12	אתון - את
5:30	עקא אי עליהון	62:1	ועד דא' נחמא לירושלם אֿֿיתֿֿֿנֿֿיה - העירתהו	51:16	אתון - אתה
31:2	אי בשתא על דעבדה - ויבא	45:13	אנא אי בגלאי אֿֿֿיתֿֿֿנֿֿה	1:13,15;3:15;5:20(2×);21:12;29:16(2×);40:18;45:11;57:4;58:3(2×),4,5;59:1	אתון
41:2	מן אי...אברהם - העיר	46:11	אף אי - אביאנה	1:12,29;3:15;7:13;8:19;21:12,14;28:15;32:20;40:18;43:12;49:6,8;55:6(2×)	דֿֿאֿֿֿתֿֿֿון
42:25	ותקוף אי עליהון	60:22	אנא יוי...אי - אחישנה דֿֿאֿיתֿֿֿֿינֿֿון - והביאותים	3:14;27:12;43:12;44:8;48:6;57:3;61:6;65:11,13(3×),14	דֿֿֿאֿֿֿתֿֿון - ואתם
43:5	ממדנחא אי בנך - אביא דֿאֹֿיתֿֿי	56:7	ואי לטורא דקודשא אֿֿיתֿֿֿֿא - תני		
9:12	מן דאי עליהון מחא אֿֿיתֿֿֿֿא	43:6	אימר לצפונא אי לֿֿאֿֿֿיתֿֿֿֿאֿֿה/לֿֿֿֿאֿֿֿֿאֿֿֿֿה		אֿֿֿתֿֿֿון
25:1	בכין אי וקיֿמתא			10:32	כד רמו יתיה לגו אי
33:6	מא דאמרתא...אי וקיֿמתא				אֿֿֿֿֿתֿֿֿור
				37:11,18	מלכי אי - אשור דֿֿאֿֿֿֿֿתֿֿֿור
				7:17;8:4;7:10:12;20:1,4,6;36:1,2,4,8,	מלכא דאי - אשור

13,15,16,18;37:4,6,8,10,21,33,
37;38:6
ארעא דא' - אשור 7:18
במלכא דא' - אשור 7:20
מלכא דא' 10:16,32
דגלו לארעא דא'- אשור 27:13
לאתור
ממצרים לא' - אשורה 19:23
אגליתי יתהון לא' - אשור 19:25
מאתור - מאשור
דישתאר מא' 11:11

אתוראה

אתוראה - אשור
יי א' 10:5
למתבר א' 14:25
לא הוה א' 23:13
מתבר א' 30:31
ויפול א' 31:8
וקטל במשרית 37:36
ואתוראה - ואשור
וא' בלמא אנסיה 52:4
מאתוראה - מאשור
לא תדחל...מא' 10:24
דישתאר מא' 11:16
אתוראי - אשור
ויגיחון א' במצראי 19:23
ויפלחון מצראי ית א'
באתוראי - באשור
ומצראי בא' 19:23
ולאתוראי - ולאשור
תליתאי למצראי ולא' 19:24

אתרא

א' לבנת נעמין - חציר 34:13
עק לי א' - המקום 49:20
אתר
א' דהואה יהבן 3:24
א' בית שכינתא 4:5
כל א' - מקום 5:8;7:23
בכל א' - פה 9:11
א' בית משרוהי 11:10
א' בית שתי מהא 19:10
א' דהוו עבדין
א' בית רוחצננא 20:6
א' בית רוחצנהון 21:4
אתקינת לך כא א'- קבר 22:16
לית להון א' - מקום 28:8
א' דארי' 30:6
א' דהוה בית חדוא 32:14
א' דהואה ירורין שרין 35:7
א' דהואה שרין ירורין 43:20
לא א' לאשתיזבא בה 47:14
א' בית משרך - מקום 54:2
א' ושום טב - יד 56:5
א' בית משכבהון 57:2,8
א' בית משרך 57:7,8
א' בחרת - יד 57:8
א' בית מקדשי - מקום 60:13
א' דפלחו קדמך 64:10
ואידין א' בית - מקום 66:1
באתר
בא' דאתדדשתון - ביום 17:11
בא' קיים - במקום 22:23,25
בא' רם 33:16
בא' ארע קבל - במקום 45:19
ואתר
וא' דהואה אסרן 3:24
וא' בית - ומקום 60:13
מאתר
מא' בית שכינתיה- ממקומו 26:21
מא' נפקין - מקום 33:21
אתריה - קברו
אתקין ברומא א' 22:16
באתריה - תחתיו
ומחתין ליה בא' 46:7
לאתריה - לרגלו
קרביה לא' 41:2
מאתריה - ממקומו
מא' לא אפשר ליה דינוד 46:7
לאתרה - לאתננה
ותתוב לא' 23:17
מאתרה - ממקומה
ותזוע ארעא מא' 13:13
באתרהון - תחתיו
וידדשון מואבאי בא'* 25:10
לאתרהון
ויובלונון לא'- אל מקומם 14:2
ויתובון לא' 33:24

אתרגושא

מן קדם א' - תשאות 22:2
ויהי בתכיף א' 29:5
ויתי..א' - שאוה 47:11
קל א' - שאון 66:6
ואתרגושא - ושאיה
וא' בפיגור תרעין 24:12
אתרגושת
קל א' מלכוון - שאון 13:4
א' תקיפין - שאון 24:8;25:5
א'* תקיפין - המון 29:5
ואתרגושת - ושאון
וא' מלכון 17:12
כאתרגושת
כא' ימא - כנהמת 5:30
די כא' מיין - כשאון 17:12,13
כא' גלין - להשאות 37:26
ואתרגושתך - ושאננך
וא' סליקת לקדמי 37:29
ואתרגושתהון - ושאננה
ונחתו יקיריהון...וא' 5:14
ומאתרגושתהון - ומהמונם
ומא' לא מתעכב 31:4

ב

ב

בי - בי 36:5;65:5
בך - בך 14:3;41:11
בך - אליך 14:16
בך 22:3;41:8,9;49:7

דבך - אשר בך 49:3

ביך - בך 16:4;45:14;52:1;54:9;
62:4

ביך - לך 47:15

ביך 1:26;29:1

וביך - ועליך 60:2

ביה - בו 3:12;5:27;9:3;10:15;
13:17;15:5;17:6,13;24:2;33:21;
37:7,10;40:7;44:1,2;62:8

ביה 10:15(2×);11:15;28:12;
30:29;32:14;42:1,11;43:10,20;
44:12;51:8;52:5;53:2;58:5;
66:2

דביה 40:16

דביה - בו 44:23

בה - בה 1:21;6:13;24:6;30:33
34:10,11,17;37:29,34;42:5;
51:3;56:2;62:4;65:19;66:10

בה - בו 30:21

בה 1:27;6:1;8:16;9:4;13:15;
21:1;24:1;26:21;27:8,10;28:26;
29:1,2,7;30:33;33:15;34:1;35:
8;47:14;58:5,6;60:14;65:5,19

דבה 10:11;33:14(2×);38:11

ובה - ובה 14:32

בנא - בנו 59:12

בנא 8:18;26:13;64:8,11

בכון - בכם 42:23;43:12;50:10

בכון 8:14;14:29(2×)

בהון - בהם/בם 8:4,9;8:15;19:4;
40:24;43:9;48:14;63:10;64:4;
66:19

בהון - בו 1:6;42:25

בהון - בה 5:14;27:4:59:8

בהון 1:11,29;7:20;8:16;10:20,
32;25:6;30:24;33:19,23;37:19,
26;41:23;42:21,25(2×);47:12,
15;57:13;60:22

בא

ראה ביתא

באיש

ובאיש - וירע

ובי קדמוהי 59:15

יבאשון - ירעו

לא י' 11:9

אבאישו - ויעש באשים

ואינון אי עובדיהון 5:2,4

דאבאישו - מרעים

אתכניו בזרעא רחימא ואי 1:4

יבאשון - ירעו

לא י' 65:25

ולאבאשא - ותרעו

אם יכלן אינון...ולאי 41:23

מלאבאשא - הרע

אתמנעו מלאי 1:16

מבאיש - אריה

לא יהי תמן מלך מי 35:9

מבאשין

זרע מי - מרעים 14:20

בית מי - מרעים 31:2

ואנון מי - רעים 56:11

באר אילים

ובאר אלים - ובאר אלים

ובי אי מצוחין 15:8

בבל

לאשקאה ית בי - בבל 13:1

ותהי בי...כ...- בבל 13:19

עתידא למיפל בי- בבל 21:9

דאמר על בי - לצולה 44:27

בבבל - בבבל

יעביד רעותיה בבי 48:14

דבבל

תברה דבי 13:22

מלכא דבי - בבל 14:4;39:1
מלכא דבי 21:2

דמלכא דבי - בבל 39:7

מלכות כנשתא דבי- בבל 47:1

לבבל

ואשיצי לבי - לבבל 14:22

ויתובל לבי - בבל 39:6

איתגליתון לבי - בבלה 43:14

מבבל - מבבל

אתו לותי מבי 39:3

פוקו מבי 48:20

ומבבל - ומשנער

דישתאר מאתור...ומבי 11:11

בדיל

בדיל - למען 5:19;28:13;30:1;
41:20;42:21;43:10;44:9;45:3,
4,6;48:9;49:7;55:5;63:17;65:8
66:5,11(2×)

בדיל דלא - לבלתי
44:10;48:9;65:8

בדיל - על כן 17:10

בדיל מימרי - למעני
37:35;48:11

בדיל חוביכון - למענכם 43:14

בדיל שמי - למעני 43:25;48:11

בדיל 1:4;33:11;38:17;43:7;
53:9,10,11;63:11;65:8

ובדיל - ולמען 37:35

בדליך 51:9,10

בדליה 53:4,6

בדין

תבעו מן בי - האבות 8:19

ומן בי - האבות 19:3

מבטיל אתות בי - בדים 44:25

בדר

בדרית

אנא בי יתהון 46:4;66:9

בי גלותהון 57:17

יבדר

יי יתהון - תשאם 40:24

יי יתהון - תפיץ 41:16

יי עממין סגיאין- יזה 52:15

ויבדר - והפיץ

ויי ית דיתבין בה 24:1

ומבדריא - נדד

ומי לא תקרבין 16:3

מבדרין - והפיץ

דאנון מי ביניהון 28:25

מבדרי/מבדרי

מי ישראל -נדחי 11:12;56:8

מי עמך 26:15

מבדרך - זריך

המון מי 29:5

אתבדרו
אי עם משריתיך - גלי 47:2
אתבדרא - נפצו
אי מלכוותא 33:3
אתבדרנא - תעינו
כולנא כענא אי 53:6

בהילו
בבהילו - בחפזון
לא בבי תיפקון 52:12

בהל
ויתבהלון - ונבהלו
וי' עקא..ייחדונונון 13:8

בהת
בהיתו - בושו
בי ואף אתכנעו 45:16
ובהיתו - ובשו
איתברו ובי 37:27
דבהיתתון - בשתכם
חלף דבי 61:7
בהיתו - בושי
בי צידונאי 23:4
למיבהת - הבאיש
כולהון אזלין למי 30:5
איבהת - אבוש
ארי לא אי 50:7
יבהתון
י' בעובדיהון 27:11
לא מכען י' - יבוש 29:22
הלא י' בעובדיהון 41:7
הא י' - יבשו 41:11
י' בהתא - יבשו 42:17
כל פלחיהון י' - יבשו 44:11
דלא י' צדיקיא - יבשו 49:23
ואנון י' - יבשו 66:5
דיבהתון - יבשו
בדיל די' 44:9
ויבהתון
וי' פלחי כיתנא - ובשו 19:9
וי' מכוש - ובשו 20:5
וי' דפלחין ל..- וחפרה 24:23
יחזון...וי' - ויבשו 26:11
ישלח...וי' - ויבשו 40:24
וי' כחדא - יבשו 44:11
וי' בטעותהון - ויבשו 45:24
וי' עממיא 61:7
תבהתון/תיבהתון
ארי תי מ... - יבשו 1:29
לא תי' - תבשו 45:17
ואתון תי' - תבשו 65:13
תבהתין
לא תי' - תבושי 54:4

בהתא
ותחפינך בי' - עטה 22:17
ותחפי בי' אפי רברבהא 24:1
יבהתון בי' - בשת 42:17
אתחפיאו בי' 42:22
לבהתא - לבשת
ויהי...תקוף פרעה לבי' 30:3
ארי לבי' 30:5
בהתת - בשת
בי' עולימותיך תתנשן 54:4
בהתתיך - ערותך
תתגלי בי' 47:3
בהתתנא - חרפתנו
כנוש בי' 4:1

בוחשי
הוו...מלפין בי'- לחש 26:16

בוטמא
כבוטמא - כאלה
ארי תהון כבי' 1:30
ויהון לצרבא כבי' 6:13

בוסרא
ובוסרא - ובסר
ובי' מיניה 18:5

בוסרנא
לבוסרן - נבזה
בכין יהי לבי' 53:3

בוע
תבוע
תי' נפשי - תגל 61:10
תבוע
ואת תי' ב... - תגיל 41:16
ואבוע - וגלתי
ואי' בירושלם 65:19
יבוען
י' כמא דיבעו על... 24:14
במימר...י' - יגילו 29:19
טוריא ורמתא י'- יפצחו 55:12
י' ב... - שישו וגילו 65:18
ויבוען - ותגל
וי' דשרן במישרא 35:1
נבוע - נגילה
נ'...בפורקניה 25:9
בועי
בי'...כנשתא ד..- צהלי 12:6
בי' תשבחא - פצחי 54:1
ובועי - וגילי
ובי' ארעא 49:13
בועו - פצחו
בי' טוריא תשבחא 44:23
בי' ושבחו כחדא 52:9
ובועו - וגילו
ובי' בה 66:10

בוערא
כבוערא - כתרן
כבי' על ריש טורא 30:17

בוצינא
דכבוצין - ופשתה
וחשיכיא דכי' עמי 42:3
ראה ביצינא

בוצרתא
בשני בי' - בצחצחות 58:11

בבוצרתא - צחה
מיתו...בבי בצהותא 5:13

בורא
ובור
להובאי ובי יהי- ולשית 7:23
הובאי ובי - ושית 7:24,25
הובאי ובי - שית 27:4
דהובאי ובי - שמיר 32:13

בוריתא
בבוריתא - כבר
ואבריר כמא דמנקן בבי 1:25

בורני
ובורני - וצי
ובי רבתא לא תגוזיניה 33:21

ובז
סגיות עדי ובי (2×)33:23

בזא/ביזא
ויחוד ביי - טרף 5:29
למיבז ביי - שלל 8:1,3;10:6
בי ותברא - רוח 41:29
בי ותברא - השד 51:19
ביי ותברא - שד 59:7
בי ותברא - שד 60:18
כביזא - כשד
כבי מן קדם שדי ייתי 13:6
לבזא - משסה
ולית דמשיזיב לבי 42:22

בזא
דיבזי - וקלל
ויי שום פתכריה 8:21

בזוזא
דלבזוז - ובגד
ולבי בזוזין 24:16

בזוזא

ובזוזיא - והשודד
ובי מתבזזין 21:2
בזוזין
מן קדם בי - שודד 16:4
בי נפלו - הידד 16:9
ולבזוז בי - בוגדים 24:16
לבזוזין - לבזזים
מן מסר...וישראל לבי 42:24

בזז
ובז - ויגזר
ובי מן דרומא 9:19
בזית - שושתי
וקרוי תושבחתהון בי 10:13
דבזו
דבי עממיא ארעיה - אשר בזאו 18,2,7
חלף נחשא דבי מניך 60:17
ובזו - ויאכלו
ובי ית נכסי ישראל 9:11
יבזון/יבזון
גבר נכסי קריביה יי -יאכלו9:19
וית נכסי...יבי - יבזו 10:2
כחדא יבי - יבזו 11:14
ויתך לא יבי - שדוד 33:1
דיבזון
ויי נכסהא 27:10
יבזונך- תושד
כד תיתי למיבז יי 33:1
מיבז - מרעה
כדו הוה מי למשרין 32:14
למיבז/למבז
ויהון למי - לבער 5:5
למי ביזא - שלל 8:1,3
למי ביזא - לשלל 10:6
יי דאתי למבי - שודד 33:1
כד תיתי למי - שודד 33:1
למי ממוניה דישראל- לבצעו56:11
ולמיבז - ולשארית
ולמי שארא דארעהון 15:9
למיבזה
ייתון עלה למי 21:10

בזזא
אשתיצי בי - שד 16:4
ואשתיצי בי* - לץ 29:20
בזזוהי
עמי דסרכוהי בי 3:12
לבזזנא
ועדב לבי - לבזזינו 17:14
בזיז - בזוז
והוא עם בי 42:22
ובזיזא
עמא אניסא ובי - ומורט 18:2,7
עמא אניסא ובי - ומבוסה 18:2,7
אתבזיז - שדד
ארי אי מחוזי תקפכון 23:14
אתבזיזת - שדד
אי לחית מואב 15:1
אתבזיזו
נכסיא אי - גדעו 9:9
אי מחוזיהון - שדד 23:1
אתבזיזא
אי משרית חשבון 16:8
תתבזיז - תבוק
אתבזזא תי ארעא 24:3
אתבזזא - הבוק
אי תתבזיז ארעא 24:3
מתבזיז - בגדו
דהא מי 24:16
מביז - בוקק
הא יוי מי ית ארעא 24:1
יתבזזון
יי בתיהון - ישסו 13:16
שאר נכסיהון דקנו יי 15:7
במימרא..יי - נסטה בו 59:19
מתבזזין
ובזוזיא מי - שודד 21:2
ודסטן מביש מי - משתולל 59:15

בזע
אתבזעו - נבקעו
ארי אי במדברא מיא 35:6
בזע - בוקע
בי מי ימא דסוף 63:12

ובזע

ובי ית לבושוהי- ויקרע 37:1

ובי טינרא - ויבקע 48:21

ויבזעינה - ונקבה

וייעול בידיה ויי 36:6

יבזען - תרטשנה

וקשתתהון עולימין יי 13:18

מבזעין - קרועי

כד מי לבושיהון 36:22

בחר

בחרת - חזית

אתר בי 57:8

בחרתך

וממלכותא בי - קראתיך 41:9

בי בדחוק מסכינו -בחרתיך 48:10

בחר - יבחר

אעא...בי 40:20

בחיר

אברהם בי צדקא בקשוט 41:2

דשויני כגיר בי- ברור 49:2

בחירי

בי דאתרעי ביה - בחירי 42:1

וישראל בי - בחירי 45:4

בני אברהם בי - איש עצתו 46:11

לבחירי - לבחירי

ותשבקון...לקימא לבי 65:15

מבחירי - ממעיני

ותקבלון...מבי צדקא 12:3

בחירי/בחירי - בחירי

ויחסנונה בי 65:9

יבלון בי 65:22

בחירא

כנשא בי - עם 1:4

כמיצף גפן בי - שרק 5:2

נצבא בי - נעמנים 17:10

אתבחרו - הברו

אי נטלי מני בית... 52:11

בטל

בטילת - שבת

איכדין בי 14:4

בי חדות תופין 24:8

יבטל - ישוב

ולא יי 45:23

ויבטל

ויי שלטן מ... - ונשבת 17:3

ויי קימכון - וכפר 28:18

תבטל

תי גזירתא 8:18

לא תי עוד - יבוא 60:20

ותבטל - ונכרת

ותי מטל נבואתא 22:25

יבטלון

יי בית ישראל - יחת 7:8

ביך חגין יי - ינפקו 29:1

בטיל - הסיר

וית פתגמוהי לא בי 31:2

ואבטיל - והשבתי

ואי רבות רשיעין 13:11

לבטלא

מדמן לבי - יחסיר 32:6

אבטילית - השבתי

עיצור אי 16:10

אבטילו - חלפו

אי מועדיא 24:5

אבטלונא - הטו

אי ממסרתא 30:11

מבטיל - מפר

מי אתות בדין 44:25

בידורא

ובידור - מנדח

ייתי עלוהי...קבל ובי 8:22

ביזתא

בפלגותהון בי - שלל 9:2

ביזת

בי עממין סגיאין 53:12

ובביזת - ושד

ובבי מלכיהון תתפנקין 60:16

וביזת - ומים

ובי מעיקא 30:20

מבזת/מביזת

יסבעון מבי מלכיהון 53:11

ותסבעון מבי תנחומהא-משדו 66:11

בין

בין - בין 2:4;22:11

בין 14:12;43:12

בין - ב... 63:13

לבין - לבין 59:2

ביני - בתוך 24:13

ביני 17:6;28:13;49:7(2×),9(2×);52:14

לביני 8:20;46:4;66:9

לביני - במו 43:2

לביני - אל 66:19

מביני 27:6;28:25;35:10;40:31;41:18;42:7;51:11;52:12;55:12

מבינך - מתוכך 58:9

בינכון - עליכם 29:10

בינכון - בינכם 59:2

ביניהון - בתוכו 5:2

ביניהון - בקרבה 19:14

ביניהון - בקרבו 25:11;29:23;63:11

ביניהון - אתם 30:8

ביניהון - עליו 30:32

ביניהון 8:19;28:25;63:17

ביעא

האנא ברי...בי - גילה 65:18

ביע

בי וחדוא - שמחה 16:10

בי וחדוא - ששון 22:13;35:10;51:3,11

גלא בי - משוש 24:11

בי וחדוא - גילת 35:2

ביעורא

כביעור - כנקף

כבי זיתא 17:6;24:13

ביעותא

וביעותין - בעתתני

עקא ובי אחדונון 21:4

ביעתא

ביעין - ביצים

בי שביקן 10:14

כביעי - ביצי

כבי חיוון חרמנין 59:5

מביעיהון - מביציהם

דמן דאכיל מבי 59:5

ביצא

ביצין - ואגמי

ואשוינה...בי דמיין 14:23

ביצינא

כביצין - כפשתה

דעיכו כבי עמי 43:17

בירא

בירין

חפרו בי 10:32

בירנתא

בבירנית - שכיות

בבי שפרא 2:16

בירניתהא - ארמנותיה

פגרו בי 23:13

ויסקן בי סירין 34:13

בבירניתהון - באלמנותיו

וינצפון חתולין בבי 13:22

בישא

לרחקא בי - ברע 7:15,16

ביש

בעבדי בי - ברע 33:15

וברי בי - רע 45:7

כל בי - רע 56:2

דביש

למעבד דבי - לרע 59:7

ועבדתון דבי - הרע 65:12

ועבדו דבי קדמי- הרע 66:4

מביש

ודסטן מבי - מרע 59:15

בישא

בדיל עובדיהון בי 1:4

אנון ועובדיהון בי 1:31

בדיל עובדיכון בי 33:11

בישין

דעובדיהון בי 1:10;57:3

דעובדיהון בי - רע 3:11

דעובדיהון בי - רעים 32:7

עובדין בי 33:11;57:12

ובישין - ומרע

ארי כולהון חנפין ובי 9:16

בישות

אעדו בי עובדיכון - רע 1:16

בית

בתו - מלון

בגבע בי להון 10:29

יביתון - תלינו

ברמשא י׳ 21:13

באית - יציע

ועל סקא וקטמא בי 58:5

ביתא/בא

בא על בא - בית בבית 5:8

דממנא על בי - הבית 22:15;36:3,22;37:2

איתת יתבת בי - בית 44:13

אידין בי - בית 66:1

בית

בי ישראל 1:2;5:3;7:8,17;8:14;9:1,2;27:4,12;28:25;30;32;33:4,23,24;35:2,5;42:7;52:14;65:11

בי מקדשא דיוי - בית 2:2;38:20

בי מקדשא 2:3;10:32;22:22;28:12;33:16;38:2;52:11;53:5

בי אבוהי - בית 3:6;22:24

בי שכינתא 4:5;38:11

בי מקדשיהון - גדרו 5:5

בי ישראל בית 5:7;14:2

בי עשר אשכראין דכרם 5:10

בי שכינתיה 6:3;26:21

בי דויד -בית 7:13;22:22

בי אבוך - בית 7:17

בי יעקב 10:20;14:1;27:9

בי משרוהי 11:10;33:16

בי יעקב - בית 14:1;29:22;48:1

גוב בי אבדנא 14:15,19;38:18

בי צדו 14:23

ארע בי שכינתי 17:11;48:15;56:5

וכל בי מזרע - מזרע 19:7

בי שתי מהא 19:10

בי שמש 19:18

בי רוחצנהון - מבטם 20:5

אתר בי רוחצננא - מבטנו 20:6

אתר בי רוחצנהון- נשף 21:4

בי יהודה 22:8

בי גנזי מקדשא - בית 22:8

בי מדוריה 22:16

יקר בי רבונך - בית 22:18

בי דחלת עממיא 25:2

בי מקדשי 28:10(2×),13

בי ניחא 28:12

בי דינא - בשער 29:21

בי מבאשין - בית 31:2

בי מקדשא - ארמון 32:14

בי תוקפנא

בי חדוא

בי מקדשיהון 37:24

בי נסרוך - בית 37:38

בי גנזוהי - בית 39:2

כל בי מנוהי - בית

בי צהוונא 41:18;44:3

בי משריהון -מרעיתם 49:9

בי משרך - אהלך 54:2

בי מקדשי - ביתי 56:7

בי צלו - בית

בי משכבהון 57:2,8

בי משרך 57:7,8

בי מקדשי - מקדשי 60:13

בי אשריות שכינתי 60:13;66:1

בי דיץ 60:15

בי קדשנא - בית 64:10

בבית

בבי משרי תפנוקיהון 13:22
בבי עלמיה - בביתו 14:18
בבי דינא 28:6
בבי מקדשא 30:20;38:11
בבי מקדשי - בביתי 56:5
בבי צלותי - בבית 56:7

דבבית

דבבי אזנין - באשפתו 49:2

דבית

דבי יהודה 1:1;7:1,6,17,25;8:8,14;9:20;19:17;26:1;36:1;37:10;38:9;40:9;44:26
דבי יעקב -בית 2:5,6;46:3
דבי דויד 8:6
דבי מנשה 9:20(2×)
דבי אפרים 9:20;11:13
דבי יעקב 10:21,25;27:6;29:22;41:14;43:22;45:19;48:12,20;49:5;59:20
דבי ישראל 27:6;41:14
דבי מקדשא 28:1,4
דבי יהודה - בית 37:31
דבי ישראל - בית 46:3

בדבית

בדבי יעקב - ביעקב 9:7
בדבי יהודה 11:13
בדבי אפרים 11:13

ודבית

ודבי אפרים - ואפרים 9:20
ודבי יהודה 11:13

לדבית

לדבי יהודה 11:13

מדבית

מדבי יעקב - מבית 8:17
מדבי אפרים 11:13
מדבי ישראל 51:11

ובית

ובי כור זרע 5:10
ובי מקדשא - והבית 6:4
ובי צהונא 35:7
ובי גידודין 40:4
ובי עינך - ומצחך 48:4
ובי תושבחתי - ובית 60:7

לבית

לבי שכינת אלהיה -אל בית 2:3
לבי דויד - לבית 7:2
לבי ארבעה 7:25;65:10
לבי דויד 9:5
לבי טעותיה -אל מקדשו 16:12
לבי משרי עדרין 17:2;65:10
לבי אבוהי - לבית 22:23
לבי אסירי 24:22
לבי עגנא
לבי דחלתהון 27:11
לבי ישראל 28:9
לבי מקדשא דיוי - בית 37:1,14;38:22;66:20
לבי שכינתיה 40:22
לבי ישראל - לבית 63:7

ולבית

ולבי סתר 4:6
ולבי משרי עדרין 7:25
ולבי יהודה - ולבית 22:21
ולבי יעקב - ולבית 58:1

מבית

מבי מקדשא - מכנף 24:16
מבי מקדשא 30:20
מבי ישראל 35:10

ובביתי - ובביתי

ובבי לית מא דאכיל 3:7

דבבתי - אשר בביתי

ית כל דבבי חזו 39:4

ביתך - בית

לגו בי 58:7

בביתך - בביתך

מא חזו בבי 39:4

דבביתך - אשר בביתך

ויתנטיל כל דבבי 39:6

לביתך - לביתך

פקיד לבי 38:1

בביתיה - בביתו

לא אחזינון...בבי 39:2

בתיא

מבלשין בי 22:5
ותרעתון בי - הבתים 22:10
אתאחידו כל בי - בית 24:10

בבתיא - בקברים

דיתבין בבי 65:4

ובבתיא - ובתים

ובי מבלי אנשא 6:11

לבתיא - הבית

סליקו לבי דדיבון 15:2

בתין - בתים

בי סגיאין 5:9
ויבנון בי 65:21

בתי

בי תושבחתא 7:19
בי רברבי ישראל- בתי 8:14
בי ירושלם - בתי 22:10
בי דיץ - בתי 32:13

ובבתי - ובבתי

ובבי יסורין 42:22

מבתי

מבי עלמיהון 42:11

בבתיכון - בבתיכם

חטוף מסכיניא בבי 3:14

בתיהון - בתיהם

יתבזזון בי 13:16
ויתמלון בי אוחין 13:21

לבתיהון - שערה

לאתבותהון בשלם לבי 28:6

ביתא

בי חדא - בת 5:10

בכא

ובכא - ויבך

ובי חזקיה 38:3

תבכי - תבכה

מבכא לא תי 30:19

אבכי - בבכי

אי במרר 22:4

מבכא - בכו

מי לא תבכי 30:19

למבכי - לבכי

סליקו...לבמתא למי 15:2

ואכלי...למי ולמספד 22:12

בכן

כיד בי - בבכי 15:5

בי במרר נפש - יבכיון 33:7

דבכן - בכי

ולא ישתמע בה קל דבי 65:19

ובכן - בבכי

מיללין מצוחין ובי 15:3

בכי

בי סגיאה - בכי 38:3

בכרא

כבכרא - כבכורה

ויהי...כבי עד לא קיטא 28:4

בל

חמיט בי - בל 46:1

בלא

תבלי- תבלה

כין תי 51:6

יבלון - יבלו

ועובד ידיהון יי 65:22

דבלי - יבלו

הא כולהון כלבושא דבי 50:9

דבליא

ככסותא דבי 51:6

בלאדן

מרדך בי בר בי - בלאדן 39:1

בלוטא

וכבלוטא - וכאלון

כבוטמא וכבי 6:13

ובלוט - ואלון

ונסיב תורז ובי 44:14

בלי

לבלי - לבול

לבי אע אסגוד 44:19

מבלי - מאין

5:9;6:11(2×);50:2

בלילא

בליל - בליל

בי מפטם ייכלון 30:24

בלל

ומבלביל - והמס

ומי בגלגלי עגלתיה 28:28

בלע

יבלעינה - יבלענה

כאילו היא בידיה יי 28:4

אתבלעו - ישכבו

כחדא אי 43:17

בלש

מבלשין - מקרקר

מי בתיא 22:5

אתבליש

בית תוקפנא...אי 32:14

במתא

ילאי...על בי - הבמה 16:12

לבמתא- הבמות

סליקו...לבי 15:2

במתוהי - במתיו

דאעדי חזקיה ית בי 36:7

בנא

ובנית - ויבן

ובי מקדשי ביניהון 5:2

דבנו

יי מדבחא...דבי בקרתא 29:1

יבני

הוא יי קרתי - יבנה 45:13

והוא יי בית מקדשא 53:5

ואבני - וצרתי

ואי עלך כרקום 29:3

יבנון

יי חרבתיך - בניך 49:17

לא יי - יבנו 65:22

ויבנון - ובנו

ויי מנך חרבת עלם 58:12

ויי בני עממיא שורך 60:10

ויי חרבת עלם 61:4

ויי בתין ויתבון 65:21

דתבנון - אשר תבנו

אידין ביתא דת' קדמי 66:1

ולמבנה - ולסעדה

ולמי בדינא ובזכותא 9:6

דבנן

דיתבין בבתיא דבי 65:4

יתבני - יבנה

לעלם לא יי 25:2

תתבני - תבנה

ולדאמר לירושלם תי 44:28

יתבנין - תבנינה

ולקרויא דבית יהודה יי 44:26

בנינא

תקין כחוט בי - לקו 28:17

בסורא

וישמע בי - שמועה 37:7

לבסורתנא - לשמעתנו

מן הימין לבי 53:1

בסורן

בסרו בי טבן 62:10

בסם

ויבסמון - למתוק

ויי פתגמי אוריתא 5:20

בסים

אתפניאו בתר מיכל בי 28:7

בסימן - חלקות

בי מלילו עמנא 30:10

בסם

קני בי - קנה 43:24

בסמיא - הבשמים

בוסמין

וית ב'	39:2

בּוסמִין/בּוסמִין

דהואה יהבן בו'- בשם	3:24
וּמסקין בּ' - וּמקטרים	65:3
דאסירו בוּ' - אשר קטרו	65:7

בסר

בּסִירִין - נבזה

ב' ולא חשיבין	53:3

לּדבּסִירִין - לבזה

לדבי ביני עממיא	49:7

מבּסּרּא - בזה

מ' עלך	37:22

בּסּר

מן ב' דא - השמע	45:21

בּסּרּתּך - השמעתיך

הלא מבכין ב'	44:8
עד לא יתין ב'	48:5
ב' חדזן מכען	48:6

בּסּרּתּינּון - שמעתם

ולא ב'	48:7

וּבּסּרּתּינּון - ואשמיעם

וממימרי נפקא ובּ'	48:3

אבּסּר - אשמיע

א' יתכון	42:9

לּבּסּרּון

ומא י' - יענה	14:32
צוחא...י' - יעערו	15:5

לּבּסּרּונּנּא - ישמיענו

וקדמיתא י'	43:9

בּסּרּו

ב' בסרון טבן	62:10

וּבּסּרּו - השמיעו

ובי דא	48:20

בּסּרּונּא - השמיענו

דעתידן למיתי ב'	41:22

לּבּסּרּא

לבי שלם	33:7
דרבי...יתי לבי - לבשר	61:1

מּבּסּר/מּבּסּר - מבשר

ולירושלם מ' אתן	41:27

רגלי מ' משמע שלם	52:7

מי טב

דמּבּסּר - משמיע

אף לית דמ'	41:26

דמבּסּרִין - מבשרת

נבייא דמי לציון	40:9
דמי לירושלם	

בסרא

נּסּרּא - בשר

כל בני ב'	40:5;49:26;66:23
בי אכל	44:16
טוית ב'	44:19
כל ב'	66:16

בּסּר/בשר

ניכול בש' - בשר	22:13
ב' ולא רוח - בשר	31:3
ואתין ית ב' - בשרם	49:26
ב' חזירא -בשר	65:4;66:17

נּסּרּ - ומבשרך

ומקריב ב'	58:7

בעא

וּבעּא

ובי מניה - ויסגד	44:15
ובי מניה - ויתפלל	44:17

דּבעּיּתּא - אשר התפללת

דבי מן קדמי	37:21

וּבעּיּתּי - וקויתי

ובי מן קדמוהי	8:17

דּבעּו

להון דבי מן קדמוהי	40:14

לּבעּי

וסעיד מיתבי ארעא י'	8:22
אף י' מניה - יצעק	46:7
הוא י' - נשא	53:4
הוא י' - יסבל	53:11
והוא...י' - נשא	53:12

יּבעּי

וי' עליהון	59:16;63:5

יּבעּוּתּי

לית ליה מן דשחר וי'	8:20

תּבעּי - תשוע

תי מן קדמוהי	58:9

תּבעּינּון - תבקשם

תי ולא תשכחינון	41:12

יּבעּון

דאם י' רשיעיא סעיד - ונבט	5:30
מניך י' - יתפללו	45:14
ועד לא י'	65:24

תּבעּון

תי מן קדמי	1:18

בעּו - קראהו

ב' מן קדמוהי	55:6

וּבעּו - וקראו

תבעון...ובי'	34:16

לּמּבעּי

למי פורקן	8:21
וייעול...למי - להתפלל	16:12
למי עלה - שחרה	47:11
למי מניך - ישתחוו	49:23
למי מניך - והשתחוו	60:14

בּעּי

בי ליה - יבקש	40:20
בי והוא מיתותב - נגש	53:7

דּבעּי

דבי למנח	57:20

בעּו

אתון ב'	29:16
בי ליה תקלא	29:21

דּבעּון - מבקשי

דבי אלפן	51:1

וּבעּון - ומתפללים

ובי מן דחלא	45:20

תתבעּיתּו - תאיצו

לא תי	22:4

דּאבעּיּוּהּי

בתר דא'	1:8

בעורא

בּבעּור - כלפיד

ופרקנה כבי יבער	62:1

בעותא

בעותי

קביל ב' יוי 38:3

יוי...עבד ב' - ערבני 38:14

בעותך

ויעביד ב' 30:19;58:9

בעותכון

ואעביד ב' 1:18

בעותהון

אעביד ב' 65:24

בעט

דמתבעיט

כבעיט דמי ב... 10:33;63:3

בעיטא

כבעיט

כב' דמתבעיט 10:33;63:3

בעיל

מן ב' דיני - בעל 50:8

לבעיל

לב' דבבא - מאויבי 1:24

לב' דבב - לאויב 63:10

בעלה

לאתתא דרחימתא על ב' 57:8

בעלי

ב' דבבוהי - אויביו 9:10

ב' דבב - ערים 14:21

ויקפינך ב' דבב 22:18

ב' דבבוהי - איביו 42:13

מן קדם ב' דבבנא 59:11

ב' דבבנא - צרינו 63:18

לבעלי

לב' דבבן - צריך 26:11

נקמא לב' דבבוהי 59:17

לב' דבבוהי - לאיביו 59:18;66:6

לב' דבביך - לאיביך 62:8

לב' דבבוהי - איביו 66:14

בעירא

וכל ב' דארעא - בהמת 18:6

כבעירא - כבהמה

כב' דבמישרא מדברא 63:14

ולבעירא - ולבהמת

ולב' דארעא 18:6

ובעיר - ולבהמה

צלמניהון דמות...וב' 46:1

בעירהון - בהמות

נטלין על ב' 30:6

בער

יבער - יבער

ופרקנה כבעור י' 62:1

בער

ותנור ב' ליה 31:9

בערא - בערה

ותהי ארעה לזפא ב' 34:9

בצרה

פורענא...על ב'- מבצרה 63:1

בבצרה - בבצרה

קטלא קדם יוי בב' 34:6

בקעתא

לבקעא - לבקעה

ובית גידודין לב' 40:4

בקרא

בקרן

ב' דתורין - שור 7:25

ב' דתורין - בקר 65:10

ברא

בר - בן 1:1;2:1;7:1(3×),9,14;8:2,3;9:5;13:1;19:11;20:2;22:20;36:3(2×),22(2×);37:2,21;38:1;39:1;49:15;56:3;65:20(2×)

בר בריה דישי - שרש 11:10

ובר ובר בר - ונין ונכד 14:22

בר אריון 30:6*;31:4

בר זרעא - זרע 55:10

ובר - ובן 7:4,5;8:6;56:2

כבר אריון - ככפירים 5:29

ומבר - ומבן 51:12

בר בריה דישי - שרש 11:10

אסר חדן בריה - בנו 37:38

ברה - עולה

האפשר דתתנשי אתתא ב' 49:15

בניא/בנייא - בנים 13:18;30:1,9(2×);63:8

בניא ובני בנייא - הצאצאים 22:24

בנייא - בני 43:6

בנין - בנים 1:2,4;51:18(2×)

מבנין - מבנים 56:5

בני בנין - תנובה 27:6

יסגון בנין 53:10

דרחמך...סגיאין מאב על בנין 63:16(2×);64:7

בני - בני 11:14;17:3,9;31:6;49:20;54:1;60:10,14;62:8;66:20

בני אנשא 2:20;6:12;13:12;14:12;24:21;29:19,21;33:8;45:18;51:7;65:4

בני - בן 19:11

בני דדן - דדנים 21:13

בני לוי 22:24

בני בנין - תנובה 27:6

ב' חורין 34:12;58:6

בני בסרא - בשר 40:5; 49:26;66:23

בני בנך - צאצאיך 44:3

בני אברהם 46:11

כל בני עם גלותיך 49:18;60:4

בני בנך - זרע 59:21

דבני מלכין 10:32

ובני - ובני 11:14;37:12;56:6;61:5

בניא ובני בנייא- הצאצאים 22:24

ובני בנך - וצאצאי מעיך 48:19

ובני בניהון - וצאצאיהם 61:9;65:23

לבני בניהון 40:14

מבני - מבני 52:14;54:1

מבני בנוהי - משרשיו 11:1

מבני בנוהי - משרש 14:29

מבני דרי 38:12

מבני אנשא - מאדם 44:11
מבני אנשא - אדם 47:3
בנך - בניך 49:22,25;51:20; 54:13(2×);60:4,9
בנך-שרשך 14:30
בנך - זרעך 43:5;44:3;48:19; 59:21(2×)
בני בנך - צאצאיך 44:3
ובני בנך - וצאצאי מעיך 48:19
ובנך - וזרעך 54:3
ומבנך - ומבניך 39:7
בנכי - בניך 62:5
מבני בנוהי - משרשיו 11:1
מבני בנוהי - משרש 14:29
בנוהי - בניו 37:38
לבנוהי - ילדיו 29:23
מבנוהי - מגזע 11:1
בניהון - ילדיהן 11:7
לבני בניהון 40:14
בניהון - גזעם 40:24
בניהון - זרעם 61:9
ובני בניהון- וצאצאיהם 61:9;65:23
לבניהון - לבניו 14:21
לבניהון - לבנים 38:19
לבניהון 40:14

ברא

בי יתה - בראה 41:20

דברא

קדם מן דבי יסודי ארעא 40:21
קדם מן דבי אלין - ברא 40:26
יוי דבי - בורא 40:28
יוי דבי שמיא - בורא 42:5;45:18
דבי ממלל ספון - בורא 57:19

דברך- בראך

כדנן אמר יוי דבי יעקב 43:1

דברהי - בורא

אנא יוי...דבי ישראל 43:15

ברה - בראה

לא לריקנו בי 45:18

ודברה - וצרה

ודבי מלקדמין 22:11

ודברנון - ויצרו

ודבי לא יחוס עליהון 27:11

ברית/בריתי

אנא יוי בי עלמא 41:4
ואנשא עלה בי - בראתי 45:12
אנא בי כל אנשא 46:4 ;66:9
האנא בי נפחא - בראתי 54:16
ואנא בי מחבלא - בראתי
אנא אלהא בי עלמא 66:9

בריתינון - בראתיו

וליקרי בי 43:7
אנא יוי בי 45:8

ויברי - וברא

ויי יוי על 4:5

ברי

האנא בי - בורא 65:17,18
דאנא בי - בורא 65:18

וברי - ובורא

ובי חשוך 45:7
ובי ביש

ברוהי - יצרו

למקם לקביל פתגמי בי 45:9

לברהא - ליוצרו

ובריתא דתימר לבי 29:16

ברנא - יצרנו

ואת בי 64:7

אתבריאה - נבראו

כען אי 48:7

יתברי - יולד

אם יי עמה זמן חדא 66:8

ברא

ברי

אורן בי 40:20

ברא

נפקת בי - הזונה 23:15
כנפקת בי - זונה 23:16
חית בי 49:26
לחית בי 56:9
כשפר בי - כנגה 62:1

בברא - בחוץ

ולא ירים בבי קליה 42:2

בר

בר מן ארעכון 10:4
בר מנך - זולתך 26:13;64:3
לית בר מנך - לבדך 37:16,20
בר מני - מבלעדי 43:11;44:8; 45:21
לית בר מני - בלעדי 45:6
בר מניה 45:14
בר מני - ואפס 46:9
ולית בר מני - ואפסי 47:8,10

הבר - המבלעדי

הבר ממימרא דיוי 36:10

ובר

ובי מקרויכון 10:4
ובר מני 41:4;48:12
ובר* מני - ואחרי 43:10
ובר מני - ומבלעדי 44:6
ובר מני - זולתי 45:5

ברדא

ויחות בי - וברד 32:19

ברד - ברד

כזרמית בי 28:2

דברד - ברד

ואבנין דבי 30:30

ברזלא

לא במורגי בי מדרכין 28:27
וחלף בי - הברזל 60:17
וחלף אבניא בי - ברזל

בברזלא - בברזל

דמתגברין בבי 10:34

כברזלא - ברזל

וקשי כבי קדלך 48:4

מברזלא - ברזל

נפח מבי חצינא עביד 44:12

דברזל - ברזל

ועברין דבי אקציץ 45:2

בריכתא

בריכתא - הברכה

בי עליתא 7:3;36:2

בי ארעיתא 22:9

בי עתיקתא 22:11

בורישית

עובדי בי 28:29

עובד סדרי בי 40:21

מברישית

ברית עלמא מבי - ראשון 41:4

אנא...ברית עלמא מבי 66:9

בריתא

ובריתא - ויצר

ובי דתימר לברהא 29:16

ברך

בריך - ברוך

בי עמי 19:25

דבריכיה

דבי יוי - אשר ברכו 19:25

זרעא דבי יוי - ברך 61:9

זרעא דבי יוי - ברוכי 65:23

ובריכתיה - ואברכהו

ובי ואסגיתיה 51:2

יבריך - יתברך

יי באלהא 65:16

דמבריך - אשר המתברך

דמי בארעא 65:16

מברכא - אשחרך

אף רוחי במעי מי לך 26:9

ומברכין

יהון מודן ומי 24:15

ברכא

ברך - ברך

קדמי תכרע כל בי 45:23

ברכא

יהי...בי בגוה - ברכה 19:24

וברכתי - וברכתי

ובי על בני בנך 44:3

ברכן

לאטבא להון בי 18:4

לפתגמי בי 48:8

ברם

ברם - אך 14:15;16:7;19:11; 34:14,15;36:5;43:24;45:24; 63:8

ברם 1:24;5:30;42:19

ברם - לבד 26:13

ברם - אכן 49:4

ברר

ואבריר - ואצרף

ואי כמא דמנקן בבוריתא 1:25

ברתא

בירוון/בירון - בראש

בי מורנין ו... 41:19;60:13

בשר

ראה בסר

בשתא

דתיתי להון בי - רעה 3:9

יתכסון מן קדם בי 5:30

איתי בי על... - רע 31:2

ותיתי עלך בי - רעה 47:11

מן קדם בי - הרעה 57:1

דבשתא

דבי אתיא עליהון 33:8

בישא - רעה

מלך עלך ארם בי 7:5

ואסער על...בי 13:11

בבשתיך - ברעתך

ואתרחיצת בבי 47:10

בת

אנש בי גלים - בת גלים 10:30

ובנן

יסגון בנין ובי 53:10

טב מבנין ובי - ומבנות 56:5

בנת - בנות

בי ציון 3:16,17;4:4

בי נעמיין 13:21

בי מואב 16:2

ובנת - ובנות

ובי נעמין 43:20

לבנת - לבנות

לבי נעמין 34:13

ובנתך - ובנתיך

ובי על פירון יתנטלן 49:22

ובי על גססין יתנסבן 60:4

בתולה

עולים עם בי - בתולה 62:5

בתולן - בתולות

פניקית בי 23:4

בתר

בתר - אחרי 1:26

בתר - אם כלה 24:13

בתר - ב... 28:7

בתר פתגמך - אחריך 45:14

בתר - מאחר 59:13

בתר - אחר 65:2;66:17

בתר 1:8(2×);8:21;57:8,17

בתרך - אחריך 37:22

מבתרך - מאחריך 30:21

בתרוהי 29:23

בתרא

בתריא

דקיימית ליה בין בי 43:12

ג

גאא

דאתגאי

מלכא דאי כסנחריב 27:1

דמתגאן - גא

רברבי מואב דמי לחדא 16:6

גבא

גבי - גוי

ג' יהבית למחן 50:6

גבא

גבן - הזלים

הא עממיא ג' דהב מכיס 46:6

גבורתא

ודא ג' - היד 14:26

ג' דיוי - יד 19:16;25:10;41:20;66:14

ותתגלי ג' דיוי 19:21

תתגלי ג' דיוי 31:5;33:21

ותקוף דרע ג' דיוי -וזרוע 53:1

גבורא

די יהבתא להון ג' 26:19

ג' מן קדם יוי - זרוע 51:9

קל ג' 64:3

וגבורא - וגבורה

רוח מילך וג' 11:2

במילך וג' 36:5

גבורת

ג' ימא 8:23

גבורתי

מחת ג' - ידי 1:25

קריב ג' - גברתי 33:13

ועל עובד ג' - ידי 45:11

אגלי בעממיא ג'- ידי 49:22

ה...אתקפדת ג' מלפרק - ידי 50:2

ובתקיף דרע ג' - וזרעי 51:5

ולתקוף דרע ג' - ואל זרעי

ובטלל ג' - ידי 51:16

עובד ג' - ידי 60:21

ג' עבדת - ידי 66:2

שימע ג' - שמעי 66:19

בגבורתי

שכליליתארעא בגי - מיאתי 44:24

אנא בגי תלית שמיא - ידי 45:12

בגי תלית שמיא - וימיני 48:13

גבורתך

אבהן ל...יחוון ג' 38:19

ועובד ג' כלנא - ידך 64:7

בגבורתך

כד תתגלי בג' - ידך 26:11

לאתגלאה בג' 26:15

גבורתיה

ועובד ג' - ידיו 5:12

מחת ג' - ידו 5:25;11:15;31:3

עובד ג' 6:3

יוסיף יוי...ג'- ידו 11:11

ג' מרממא - ידו 23:11

ויפרש מחת ג' - ידיו 25:11

ותקוף דרע ג' - זרועו 30:30

פורענות ג' 30:32

ותקוף דרע ג' - וזרעו 40:10;48:14

בטלל ג' - ידו 49:2

בגבורתיה

דאפקנא בג' ממצרים 33:22

וייתי כמפק שמשא בג' 41:25

מתגלי בג' - יתגבר 42:13

וגבורתיה - וידו

וג' מרממא 14:27

גבורן

ג' דמתגברן - כליון 10:22

ויתעבדון לכון ג' 10:26

ארי ג' עביד - גאות 12:5

כמא דיבער ג' 24:14

ג' בשמיא אתעבידא- ארבות 24:18

הא ג' סגי קדמי 27:4

ג' דאתעביד לבנוהי 29:23

מיסגי ג' 33:3

מסגי ג' - אונים 40:26

למעבד ג' 42:13(2×)

יחזון ג' 52:8

ג' דעבד על ידי משה 63:11

גבים

יתבי ג' גלו - הגבים 10:31

בגבע

בג' בתו - גבע 10:29

גבעון

במישר ג' - בגבעון 28:21

גבעת שאול

אנש ג' ש' -גבעת שאול 10:29

גבר

אגברניה

אי בשמי - יקרא 41:25

מגבר

כנחל מי - שטף 8:8

כנחל מי - שוטף 28:15,18

כנחל מי - שוטף 30:28

כנחל מי 30:33

וכנל מי - שוטף 66:12

דמתגברין

דמי ברזלא 10:34

דמתגברן - חרוץ

גבורן דמי 10:22

גדיא

ונמרא עם ג' ישרי- גדי 11:6

וגדין - ועתודים

ואמרין וג' 1:11

גדילתא

כגדילת - וכעבות

כג' עגלתא 5:18

גדפא

גדפי - אבר

ג' נשרין 40:31

גו

בגו - בקרב 5:25;24:13

בגו - בתוך 16:3;19:19;61:9

בגו 14:12;17:6

ובגו - ובתוך 6:5;41:18

לגו - אל 24:18;60:8

לגו 10:32;58:7

מגו - מתוך 24:18
בגויך - בקרבך 12:6
בגויך - עליך 54:15
בגויך 49:18,20;56:9;62:5
לגויך - לך 49:18;60:4,5,7
לגויך - אליך 60:11,13,14
בגוה - בקרב 5:8;6:12;7:22;19:24
בגוה - בתוכה 7:6
מגוה - מקרבה 4:4
מגוה - מתוכה 52:11

גובא

גוב - גוב
לסיפי ג' בית אבדנא 14:15
נחתי ג' בית אבדנא 38:18
לגוב - אל אבני בור
נחתי לג' בית אבדנא 14:19
מגוב - בוד
מג' ריקן 51:1
גוביה - בורו
ושתי גבר מי ג' 36:16
גובין
אנא היתי חפר ג' 37:25

גוברא/גברא
הדין גו' - האיש 14:16
דאם יסתמיך ג' - איש 36:6
בגברא - באיש
ויתקפן...בג' חד 4:1
גבר
אמרין ג' לחבריה 1:23
ויתגרון...ג' בג' - איש 3:5
ג' באחוהי - איש 3:6;19:2
ג' חייב...אנא - איש 6:5
יקיים ג' - איש 7:21
ג' על אחוהי - איש 9:18
ג'...ייבזון - איש 9:19
ג' בחבריה יתמהון - איש 13:8
ג' לעמיה יתפנון - איש 13:14
ג' בבית עלמיה - איש 14:18
וכנשין מיא ג' לנפשיה 19:10
ירחקון ג' - איש 31:7
ואכולו ג' - איש 36:16
ושתי ג' מי גוביה - איש
ג' ית ארעיה - איש 36:18
ג' ית...יסעדון- איש 41:6
ולית ג' - איש 41:28;59:16
כדמות ג' - איש 44:13
ג' לקביל...גלו- איש 47:15
ג' לקביל אורחיה - איש 53:6
ג' לקביל אורחיה 56:11
ג' למיבז ממניה - איש 56:11
ולית ג' - עזר 63:5
כקטיל ג' - איש 66:3
בגבר - באיש
ויתגרון...גבר בג' 3:5
וגבר - ואיש
וג' עביד קרב 3:2
וג' בחבריה 3:5;19:2
וג' לארעיה יערקון 13:14
וג' פירי תינוהי 36:16
וג' אניס 55:7
כגבר
כג' דמהליך בקבלא 50:10
כג' דאמיה מנחמא ליה - כאיש 66:13

גוברין/גברין
תקוף ג' - איש 2:9;5:15
תקוף ג' - אנשים 2:11,17
גבי רשיעין - אנשי 28:14
גבי מלפין - אנשים 29:13
ג' דהוו מתגרן - אנשי 41:12
ג' דסחורא - אנשי 45:14
וגוברין - ואנשי
וג' מרי נכסין 5:22
וגוברי - ואנשי
וג' גמלי חסדא 57:1
גבריא - האנשים
הלא על ג' דיתבין 36:12
ג' האלין 39:3
בפגרי ג' חייביא 66:24

גוג
ג' ומגוג 10:32
משרית ג' 33:22

גוזן
ית ג' - גוזן 37:12

גוח

יגיחון
בה יי צדיקיא 27:10
ויגיחון
ויי קרב - ונלחמו 19:2
ויי אתוראי ב...- ובא 19:23
אגיח - נלחם
הוא אי בהון 63:10
ואגיח - וילחם
ואי קרבא 20:1
לאגחא
לאי קרבא - למלחמה 7:1
לאי עלה - להלחם
לאי קרבא 21:10;37:28
לאי קרבא - להלחם 37:9
מגיח - נלחם
מי קרבא 37:8

גויתא

גויתיה - רגליו
ובתרין מכסי ג' 6:2
וגויתכון - ועצמותיכם
וג' כדתאין יזהרן 66:14
גויתהון
ית ג' 65:6

וגומא
קני וג' - וסוף 19:6
קני וג' - וגמא 35:7

גופא

וגופך
וג' ייחי בחיי עלמא 58:11

גופנא

גפן - שרק
כמיצב ג' בחירא 5:2

מיגפן - מגפן

כמיתר טרף מיג׳ 34:4

גופניא - גפן

אתפריכו ג׳ 24:7

גופנין - גפן

אלף ג׳ 7:23

על ג׳ טענין 32:12

גפנוהי - גפנו

<u>פירי</u> <u>ג׳</u> 36:16

גופריתא

לגופריתא - לגפרית

ועפרה לג׳ 34:9

גפרית - גפרית

ג׳ דלקא בה 30:33

גזא

גזו

ג׳ עברו ירדנא 10:29

ג׳ עברו ימא - נטשו 16:8

יגוזינה - יעלנה

לא י׳ 35:9

תגוזיניה - יעברנו

לא ת׳ 33:21

מגזי - יעשהן

<u>מי</u> <u>ליה</u> באוזמילא 44:13

גזז

למגז - לעבר

למי משיזביא 51:10

גזזהא - גזזיה

וכרחלא דקדם ג׳ שתקא 53:7

גזירתא

ג׳ דגזירא עליהון 8:18

בתר דתתחתם ג׳ 8:21

גזר

ג׳ יוי - דבר 16:14;20:2

דגזר - <u>אשר</u> <u>דבר</u>

דין פתגמא דג׳ יוי 37:22

וגזרת - ותכרת

וג׳ ליך מנהון קים 57:8

גזרית - דברתי

אנא במימרי ג׳ קים 48:15

גזרנא - כרתנו

ג׳ קים 28:15

אגזר - אכרות

וקים עלם אי להון 61:8

ואגזר - ואכרתה

ואי לכון קים עלם 55:3

גזיר - דבר

במימרא דיוי ג׳ כין 1:20;22:25;25:8;40:5;58:14

במימרא דיוי ג׳...כין 21:17

דגזיר

דג׳ להון קים 48:1

דגזירא

גזירתא דג׳ עליהון 8:18

אתגזרת

כד אי דא 5:9;22:14

גיברא

אלהא ג׳ - גבור 9:5;10:21

מגיברא - מגבור

דיתנסיב מג׳ עדי 49:24

גיבר

ג׳ וגבר עביד קרב - גבור 3:2

מלך...ג׳ ואימתן 28:16

דגיבר

טלטול דג׳ - גבר 22:17

גיבריא

משרית ג׳ 7:18

במישר ג׳ - רפאים 17:5

משרית ג׳ - המגדלים 33:18

תברית ג׳ 51:9

גיברין

אערת לך ג׳ - רפאים 14:9

תהון ג׳ - גבורתכם 30:15

ויתקטלון ג׳ - ראמים 34:7

אף דשבו ג׳ - גבור 49:25

דגיברין - גבורים

יי דג׳ למשתי חמר 5:22

גיברי

ג׳ משריתיה - סבכי 10:34

ג׳ ערבאי - גבורי 21:17

גיברי - גבורי

אף ערעית ג׳ 13:3

גיברך - מתיך

<u>שפר</u> <u>ג׳</u> בחרבא יתקטלון 3:25

וגיברוהי - ובחוריו

וג׳ לתברהון 31:8

גיבריהון

שפר ג׳ - ארזיו 37:24

<u>קטילי</u> <u>ג׳</u> - נצחח 63:6

לגיבריהון - רפאים

לג׳ דלא יקומון 26:14

גיברותא

וגיברותך - וגבורתך

אן פורענותך וג׳ 63:15

גידודין

כנחל ג׳ 38:12

<u>ובית</u> <u>ג׳</u> - והרכסים 40:4

גידונין

פוקו <u>ג׳</u> <u>למיא</u> - מים 21:14

גיהנם

מסדרא...ג׳ - תפתה 30:33

ארע ג׳ - מרחקים 33:17

בגיהנם

פורענותהון בג׳ 65:5

ויהון מידדנין..בג׳ 66:24

לגיהנם

לרחקא כל...לג׳- ארץ 26:15

ורשיעיא...לג׳ תמסר - וארץ רפאים 26:19

לאתמסרא לג׳ 33:14

וימסר...לג׳ - קברו 53:9

גיוה

בגיוה - פתיגיל

דהואה מהלכן בג' 3:24

גיורא

גיורין - הגר

ויתוספון ג' עליהון 14:1

גיותנא

לגיותנא - גאות

יי דיהיב כתרא לג' 28:1

גיותניא - גאה

על כל ג' 2:12

דגיותניא - גאות

ברגלין יתדש כתרא דג' 28:3

גיותנותא

וגיותנותהון

וג' לקביל פורענותהון 16:6

גילוז

ג' ריש - קרחה 3:24

ולגילוז - ולקרחה

ואכלי...ל...ולג' ריש 22:12

גילוח

כל דקן ג' - גרועה 15:2

גין

ובגין

ובג' שקרין איטמרנא 28:15

גינתא

כגינתא - כגן

כג' דיוי 51:3

כגינת - כגן

כג' שקיא 58:11

וכגינת/וכגנת - וכגנה

וכג' שקיא 1:30;61:11

גיר

כאבני ג' - גר 27:9

גירא

גיר - חץ

ולא יקשית תמן ג' 37:33

כגיר - לחץ

כג' בחיר 49:2

גרין

מחצצי ג' 10:32

גיתא

מגיתיהון - מקניך

יתפרנסון צדיקיא מג' 30:23

גלא

לגלין - לגל

שויתא קרוי פצחין לג' 25:2

גלין - גלים

כאתרגושת ג' 37:26

כגלי - כגלי

וזכותך כג' ימא 48:18

גלוהי-גליו

והמן ג' 51:15

גלא

ג' ביע מן ארעא - גלה 24:11

ג' יוי ית דרע - חשף 52:10

גלינא - פנינו

גבר לקביל אורחיה ג' 53:6

גלו

ואנש יהודה ג' - נפל 3:8

בכין ג' עמי - גלה 5:13

ג' עם ארע זבולון 8:23

רשיא ג' - נפלו 9:9

יתבי גבים ג' - העיזו 10:31

מן קדם...ג' - אסרו 22:3

עם משריתיך ג' - גלי 47:2

גבר לקביל...ג' - תעו 47:15

גבר לקביל...ג'- פנו 56:11

דגלו - האבדים

וייתון דג' לארעא דאתור 27:13

וגלו - ונגלה

וג' מני 38:12

יגלי/יגלי

ושארהון מלך תקיף יי 8:23

ועותר יקריה יי- ירזה 17:4

יגלון - יצאו

מניך יי 49:17

דיגלון

די' מלאיתחזאה 8:18

ביני עממיא די' לתמן 28:13

תגלון

אלא ת' לביני עממיא 8:20

גלא - עברי

ג' מארעיך 23:10

גלא - גלי

ג' יקר מלכותיך 47:2

גלו

ג' למדינת ימא - עברו 23:6

לכתים קומו ג' - עברי 23:12

גליא

ג' דא - מידעת 12:5

הא ג' 23:7

ג' קדמי - ראיתי 38:5;57:18

ג' ומטלטלא - גלה 49:21

גלי

ג' קדמך יוי 37:17

ג' קדמך - ידעתי 37:28;48:8

קדמי ג' 37:28

מיקר מלכותי אנא ג' 38:12

ג' קדמי - מדעתי 48:4

דיני ג' קדם יוי 49:4

וקדמך ג' - ולא ראית 58:3

ג' קדמך - הבט 64:8

וגלי

וג' קדמי - וארא 41:28

וג' קדם יוי - וירא 59:15

וג' קדמוהי - וירא 59:16

וג' קדמי - ואביט 63:5

גלן

ג' קדם יוי 3:8

ג' קדמוהי 41:10;62:11

ג' לנא - אתנו 59:12

ג' קדמי 65:7

וקדמי ג' 66:18

דגלן

וג׳ עריא 20:4
אתגלי
א׳ לי 24:16
כד א׳ יקרא דיוי 28:21
אתגליאת
א׳ מלכותא דאלהכון 40:9
א׳ מלכותא דאלהיך - מלך 52:7
על מן א׳ - נגלתה 53:1
דאתגליאת
דא׳ לכון 48:6
האתגליאת
הא׳ לכל עם 48:6
אתגליתא
א׳ לכנשא מבדרי עמך 26:15
א׳ מן קדמך - ירדת 63:19;64:2
דאתגליתי
דא׳ עליכון 42:8;48:11
אתגלו
א׳ לניהור - הגלו 49:9
איתגליתון - שלחתי
א׳ לבבל 43:14
יתגלי
כין י׳ לאתפרעא 28:21
הוא י׳ - יבוא 35:4
י׳ דיני עליהון 42:14
י׳ כשפרפרא נהורך - יבקע 58:8
ויקרא דיוי עלך י׳ - זרח 60:1
ויקריה עלך י׳ - יראה 60:2
י׳ מלכה - והמליטה 66:7
דיתגלי
עד ד׳ - יצא 62:1
ויתגלי
וי׳ יקרא דיוי - ונגלה 40:5
וי׳ למעבד - וילבש 59:17
תתגלי
ת׳ מלכותא דיוי - מלך 24:23
ת׳ גבורתא דיוי - תנוח 25:10
כד ת׳ גבורתך - רמה 26:11
ת׳ מלכותא דיוי - ירד 31:4
ת׳ גבורתא דיוי - יגן 31:5
כד ת׳ להון 33:7
ת׳ גבורתא דיוי 33:21
ת׳ בשמיא חרבי - רותה 34:5
הא על אדום ת׳ - תרד
וכען ת׳ - תצמח 43:19
וזכותא ת׳ - תצמיח 45:8
ת׳ בהתיך - תגל 47:3
ותתגלי
ות׳ גבורתא דיוי - ונודע 19:21
ות׳ גבורתא דיוי - ונודעה 66:14
אתגלי/אתגלי
א׳ למעבד פורענות 1:24
כען א׳ אמר יוי - אקום 33:10
ואתגלי
וא׳ לאתפרעא מנהון - וקמתי 14:22
ואתגלי - וראה
וא׳ ממדור קדשך 63:15
אתגלו - פקח
א׳ לניהור 61:1
לאתגלאה
לא׳ בגבורתך 26:15
מוחי...לא׳ - להפתח 51:14
וזכותי לא׳ - להגלות 56:1
לא יכלין לא׳ - לבוא 59:14
באתגליותיה - בקומו
בא׳ למתבר 2:19,21
מתגלי
הא יוי מ׳ - רכב 19:1
הא יוי מ׳ - יצא 26:21
שמא דיוי מ׳ - בא 30:27
הא אלהכון...מ׳ - יבוא 35:4
הא יוי...מ׳ - יבוא 40:10
למעבד גבורן מ׳ - יצא 42:13
למעבד גבורן מ׳ - יעיר
מ׳ בגבורתיה - יתגבר
הא פריקך מ׳ - בא 62:11
האנא מ׳ 63:1
יוי באשתא מ׳ - יבוא 66:15
ומתגלי - ועמד
ומ׳ למעבד פורענות 3:13
וגלי - ויגל
וג׳ ית מטמורית 22:8
יגלי
י׳ פרישתיה - יחישה 5:19
דיני לעממין י׳ - יוציא 42:1
ותקוף דרע גבורתיה י׳ 48:14
י׳ זכותה - יצמיח 61:11
ותגלי - וגלתה
ות׳ ארעא 26:21
אגלי - אשא
הא א׳ בעממיא גבורתי 49:22
אתגלא - עורי
א׳ א׳ לבשי (2×) 51:9(2×);52:1(2×)
א׳ כיומי קדם 51:9
אגליתי
א׳ יתהון לאתור 19:25
ואגליתי - ואסיר
וא׳ עממיא 10:13
ואגליאונון - ועוה
הלא טלטילונון...וא׳ 37:13
יגלי
י׳ מגוה - ידיח 4:4
י׳ יתכון - יקח 28:19
ותקוף דרע גבורתיה י׳ - יראה 30:30
ויגלינך
וי׳ לארע פתיות ידין 22:18
יגלון
יתכון עממין י׳ 28:17
ויגלונון
וי׳ מארעהון 28:2

גלגלא
וכגלגלא - וכגלגל
וכג׳ קדם עלעולא 17:13
גלגלי
ג׳ עיני חוי 11:8
בגלגלי - גלגל
בג׳ עגלתיה 28:28
וגלגלי - ואופן
וג׳ עגלא 28:27
וגלגלוהי - וגלגליו
וג׳ קלילין 5:28

גלותא
גלות - גלות

ג' כוש 20:4

וגלות - ונפצות

וג' יהודה 11:12

גלותא/גלותא

ג' דישראל 6:13;35:6;60:8

לכנשא ג' 46:11

גלות/גלוות

ג' עמיה - שבר 30:26

ג' עמי 43:20

ג' עמיך 54:15

וגלות

וג' עמי 43:6

וג' עמי - וגלותי 45:13

וג' ישראל - ונצירי 49:6

גלותך - אקבצך

וממערבא אקריב ג' 43:5

גלותיך/גלוותיך

בני עם ג' 49:18;60:4

בני עם ג' - שכליך 49:20

אקריב ג' - אקבצך 54:7

לכנשא ג' 66:9

גלותהא

מעם ג' - צבאה 40:2

מעם ג' - בניה 66:8

גלותנא

יקריב ג' 53:8

גלותכון - ומאספכם

ועתיד לכנשא ג' 52:12

גלותהון/גלוותהון

לקרבא ג' 26:15

מביני ג' 27:6;35:10;40:31;51:11

אקריב ג' 41:18;56:8

לאפקא ג' 42:7

אתקינית ג' 43:7

בדרית ג' 57:17

גלי/גלאי

בגלי/בגלאי/בגלי

מן איתי בגלי 41:2

איתי בגלאי 41:25

אנא איתיניה בגלאי 45:13

לאיתאה בגלי 46:11

מן אלין דאתן בגלי 60:8

גלים

ראה בת גלים

גמירתא

גמירא

ג' יסופון - כליל 2:18

ובמימר ג' - בעיר 4:4

ג' ושיצאה - כלה 10 :23;28:22

ג' ושיצאה 40:17

פורענות ג' 47:3

גמל

דגמלנא - אשר גמלנו

כעל כל דג' יוי 63:7

דגמלינון - אשר גמלם

דג' כרחמוני 63:7

גמלא/גמלא

ג' דידיהון - גמול 3:11

ג' ישלים 59:18

ג' לבעלי דבבוהי - גמול

ג' ישלים - גמול

דמשלים ג' - גמול 66:6

גמליא/גמליא

מרי ג' יוי הוא 35:4

גמלי

וגבורתי ג' חסדא 57:1

גמלא

גמל - גמל

רכיב על ג' 21:7

גמלין - גמלים

ועל חטורית ג' 30:6

גמר

לגמרותהון - להחרימם

דעבדו מלכי אתור...לג' 37:11

גמרא

גמר - אקדח

לאבני ג' 54:12

גמרוהי - גחליו

אפיתי על ג' לחים 44:19

גניא

בגניאך - בגנות

דבחין בג' טעותא 65:3

לגניאך - אל הגנות

לג' טעותא 66:17

מגניאך - מהגנות

מג' טעותא 1:29

גנב

מגנבין

דהוו מי אורחתהון 33:14

גנבא

לגנבין - גנבים

ושותפין לג' 1:23

גנונא/גינונא

כגינון - חפה

תהי מגנא כג' 4:5

בגנוניה

כחתנא דמצלח בג' 61:10

גנז

דגנזו - ואשר אצרו

ודג' אבהתך 39:6

יתגניז - יחסן

ולא י' 23:18

גנזא

גנזי

בית ג' מקדשא 22:8

בגנזי - באוצרתי

דלא אחזיתנון בג' 39:4

גנזוהי - נכתה

בית ג' 39:2

בגנזוהי - באצרתיו

כל דאשתכח בג׳ 39:2

לגנזוהי - לאצרתיו

ולית סוף לג׳ 2:7

גנן

ויגוננון - וסגרו

וי׳ לבית עגנא 24:22

אגין - החביאני

אי עלי 49:2

אגינית - כסיתיך

אי עלך 51:16

יגין - גנון

י׳ וישיזיב 31:5

ואגין - וגנותי

ואי על קרתא הדא 37:35;38:6

דיגנון

די׳ עלך 26:20

לאגנא

לאי עליהון 1:6

ולאגנא- ולמסתור

ולאי מזרמית וממטר 4:6

מגין - אצרנה

מימרי מי עליהון 27:3

מגנא

שכינתא תהי מי עלוהי 4:5

גססא

גססין - צד

על ג׳ 60:4;66:12

גספנא

גספנין

ג׳ דדהב 10:32

געל

מגעל

מיכל מי 28:8

דמגעל - טמא

עמא דמי בחובין 6:5

אתגעלו

אתי בחובין 1:6;9:4

גפא

גפין - כנפים

שיתא ג׳ 6:2(2×)

גפן

ראה גופנא

גפרית

ראה גופריתא

גרא

דגריתון

איזילו פילו בשתא דג׳ 50:11

ואגרי - וסכסכתי

ואי מצראי במצראי 19:2

מגרן - קדחי

הא כולכון מי באשתא 50:11

ויתגרון - ונגש

ויתי עמא גבר בגבר 3:5

מתגרן

דהוו מי בך 41:11

גוברין דהוו מי 41:12

כל עממיא דהוו מי -הנחרים 45:24

דמתגרן

בעממיא דמי בהון 27:4

גרגרא

גרגרין - גרגרים

תרין תלתא ג׳ 17:6

גרונא

בגרונך - בגרון

נביא אכלי בג׳ 58:1

גרם

גרמו

ארי ג׳ דתיתי - גמלו 3:9

ג׳ לסלקא 59:2

גרמין

חוביהון ג׳ ל... 27:3

גרמא

גרמי

ג׳ נבילתהון 26:19

כל ג׳ חיותא 38:13

גרמי - עצמותי

כל ג׳* 38:13

גררא

בגררין - בחצים

בג׳ ובקשתן יהכון 7:24

דגררוהי - אשר חציו

דג׳ מחרפין 5:28

ד

דא

דא - זאת 1:12;5:25;9:6,11,16,20;10:4;12:5;23:8;28:29;37:32;41:20;42:23;43:9;45:21;46:8;47:8;48:1,16,20;50:11;51:21;54:9,17;56:2

דא - זה 58:6

דא 3:24;5:9;8:17;10:32;22:14;43:7;53:1

בדא - בזאת 27:9

הדא - ראה הדא

ודא - וזאת 28:12;14:26

ודא 37:26(2×)

דבבא

לבעיל די - מאויבי 1:24

דבב

בעלי די - ערים 14:21

בעלי די 22:18

לבעיל די - לאויב 63:10

דבבך - צריך

לבעלי די 26:11

דבביך - לאיביך

לבעלי די 62:8

דבבוהי

בעלי די - איביו 9:10;42:13

לבעלי די 59:17

לבעלי די- לאיביו 59:18;66:6

לבעלי די - איביו 66:14

דבבנא

בעלי די 59:11

בעלי די - צרינו 63:18

דבבא

כדבביא - לזבוב

לעם...דסגיאין כדי 7:18

דבח

דבח - זובח

די אמר כנקיף כלב 66:3

דבחין - זבחים

די בגניאר טעותא 65:3

לדבחא - לזבח

לתמן סלקת לדי דיבח 57:7

דבילתא

דבילת - דבלת

יסבון די תינין 38:21

דבק

דבקו - ערה

די תריסין 22:6

דבקא

אמר על די - לדבק 41:7

דבר

ודבר

ודי עמיה 10:32(2×)

דבריכון

בחרבתא די - הוליכם 48:21

מימרא...די - הניחנו 63:14

דדבריכון

אן דדי במדברא 63:11

דבר - מוליך

די לימינא דמשה 63:12

דבריכון - מוליכם

די בין תהומיא 63:13

דברתהי - נהגת

כין די לעמך 63:14

ידבר - ינהג

כין יי מלכא דאתור 20:4

לידבריכך - ונחך

ויי יוי תדירא 58:11

ידבריכון - ינהגם

דעתיד לרחמא...יי 49:10

ואדבר/ואדבר

ואי יתכון - ולקחתי 36:17

ואי דכסמן - והולכתי 42:16

ואדבריכון

ואי באורח תקנא 41:18

וידברונכון - ולקחום

ויי עממין 14:2

מדבר

ויניק...מי להון - נהג 11:6

מינקתא...מי - ינהל 40:11

מי קדמיכון יוי- הלך 52:12

מדברא - תרד

כבעירא דבמישרא מי 63:14

דמדברא

דמי להון בניח 8:6

ידברון - יקחו

ומבנך...יי 39:7

מידברין

מי ואתן מדברא 21:1

ומידברן - שוטף

ומי בזכו 10:22

דבירתא

כדבריתא - ולדבורה

ולעזיזי...תקיפין כדי 7:18

ודבש

שמן ודי - ודבש 7:15,22

דגוגיתא

ובדגוגין - ובכלי גמא

ובדי על אפי מיא 18:2

דדן

בני די - דדנים 21:13

דהבא

וית די - הזהב 39:2

איתי די - זהב 60:17

ודהבא - וזהב

ודי לא מתרען ביה 13:17

מדהבא - מפז

אחביב דחלי מדי 13:12

דהב - זהב

עממיא גבן די מכיס 46:6

די ולבונה יהון טעינין 60:6

בדהב - בזהב

בדי מחפי ליה 40:19

דדהב

גספנין דדי 10:32

ודהב - וזהב

כסף ודי 2:7

דהבכון - זהבך

מתכת די 10:22

דהבהון

טעות די - זהבו 2:20

וטעות די - זהבו 31:7

ודהבהון - וזהבם

ודי עמהון 60:9

דהינא

בדדהין - בדשן

דתתפנק בדדי נפשכון 55:2

דהן

דהינתא - הרויתני

לא די על מדבחי 43:24

אידהנת - הדשנה

חרבא...אי מתרב 34:6

ידהן - ידשן

ועפרהון מתרבהון יי 34:7

דוא

דוי

וכל לב די - דוי 1:5

דוון

וליבהון...די 16:11

דדוון

יהון חלשין ודי 53:3

דובא

ודובא - ודב

ותורתא ודי ירעין כחדא 11:7

כדובין - כדבים

דמתכנשין עלנא כדי 59:11

דונא

ויסוף מנהון...די - יגון 35:10;51:11

מן קדם די 38:13

בדוון - בדמי

בדי יומי אהך 38:10

דויד/דוד

ואתחוה לבית די- דוד 7:2

שמעו כען בית די - דוד 7:13

דקץ...במלכותא דבית די 8:6

אמר נביא לבית די 9:5

על כורסי די - דוד 9:6

ושלטן בית די - דוד 22:22

בקרתא דשרא בה די- דוד 29:1

ובדיל די עבדי - דוד 37:35

טבות די - דוד 55:3

דדויד - דוד

בקרתא דדי 16:5

קרתא דדי 22:9

יוי אלהיה דדי 38:5

דוכרן/דכרן

די טעותיך - זכרונך 57:8

די טבותיך 62:6

די טבותיה 63:11

דוכרני

על די 38:10

ולדוכרנך - ולזכרך

ולדי חמידת נפשנא 26:8

דוכרניך - תזכרי

מא אם ייעול די 23:16

דוכרנה - יפקד

ייעול די דצור 23:17

דוכרנכון

ייעול די - יפקדו 24:22

לא יפסקון די - יזכירו 48:1

דכרנהון

ותוביד כל די - זכר למו 26:14

ולא יפסוק די 62:7

דוכרניא - המזכיר

דממנא על די 36:3,22

דולא

מדול - מדלי

הא עממיא כטיפא מדי 40:15

דומה

לאשקאה ית די - דומה 21:11

דוץ

ידוצון

לא יי - ירנן 16:10

מדץ יי - תפרח 35:2

ודוצי - וצהלי

ודי כאיתא דלא עדיאת 54:1

דוצו - שישו

די עימה דיץ 66:10

ודוצו - יפצחו

ודי טוריא 49:13

מדץ - פרח

מי ידוצון 35:2

דוק

ידיקון - ישגיחו

חזך עלך יי 14:16

דוקא

ומפרח ית די 28:28

כדוקא - כדק

כדי דפרח 40:15

דור

ידור - יגור

מן יי לנא בציון 33:14

וידור - וגר

ויי דיבא עם אימרא 11:6

מלמדר

מלמי בירושלם 38:11

דדרין - ילינו

ועם פגרי בני אנשא די 65:4

דדירין

דדי בעניה ענתות 10:30

דדי בתבל - תבל 13:11

דדי על ארעא 24:21

דדי בתבל - ישבי 26:9,18

וכל דדי בה - צאצאיה 34:1

לדדירין - לציון

לדדי בציון 51:16

דיירי

כל די ארעא 10:14

ודירהא - וצאצאיה

ארעא ודי 42:5

דירהון

ויסופון די 32:19

דוש

וידוש

ויי שלטוני עממיא 41:25

ידושינה - תרמסנה

יי רגלין 26:6

תדושון - רמס

לא תי עזרתי 1:12

למדש

למי ית אידרא 21:10

דישין - רמס

כל דהוון די ארעא 16:4

דדישין - ירמס

כמא דדי ית עפרא 41:25

יתדש - תרמסנה

ברגלין יי כתרא 28:3

תתדש - תבוז

ואיתדשא תתי 24:3

ויתדשון - ונדוש

וי׳ מואבאי באתרהון 25:10

ואיתדשא

יום ריגוש ואי׳ - ומבוסה 22:5

ואי׳ תתדש - הבוז 24:3

דמדדש - כהדוש

כמא דמי תבנא בטינא 25:10

דושישו - בוססו

די מקדשך 63:18

אדושישניה - אבוסנו

ועל טורי עמי אי׳ 14:25

ואדושישנון

ואי׳ בחמתי - ואדרכם 63:3

ואי׳ בחמתי - ואשכרם 63:6

מדשדש - מובס

כפגר מי׳ 14:19

ומידשדש

ומי׳ בתוביה 19:14

דחא

ואדחינך - והדפתיך

ואי׳ ממקמך 22:19

בדחוק

בדי מסכינו - בכור 48:10

דחיל

ודחילתא - ותפחד

ודי תדירא כל יומא 51:13

דחילת - ותיראי

וקדם מן די 57:11

תדחל - תירא

לא תי׳ 7:4;10:24;37:6;41:10, 13;43:1;44:2

ידחלון - ייראוך

יי מן קדמך 25:3

וידחלון - וייראו

חזו נגותא וי׳ 41:5

וי׳ ממערבא ית שמא 59:19

תדחלון

לא תי׳ - תיראו 8:12;35:4;51:7

לא תי׳ - תיראי 40:9;41:14

לא תי׳ - תפחדו 44:8

תדחלין - תיראי

לא תי׳ 54:4,14

ותדחלין - ופחד

בכין תחזן...ותי׳ 60:5

למדחל

למי׳ מן קדם יוי 19:21

למי׳ קדם מן דברא 40:21,26

לדחלך

לאיטבא לדי׳ 26:11;33:6

לדחליא

לדי׳ דיוי 33:6

מדחליא

מדי׳ דיוי - ליהוה 44:5

מדי׳ דיוי - ירא 50:10

דחלין - ותיראי

ממן אתון די׳ 51:12

דחלי - הדס

די חטאה 55:13

דחלי - אנוש

אחביב די׳ מדהבא 13:12

לדחלוהי

ייתי במימריה לדי׳ 59:17

דחילא

מן קדם די׳ - פחד 2:10,19,21

תוקפי ותושבחתי די׳ - יה 12:2

במימר די׳ - ביה 26:4

קדם די׳ דיוי - יה 38:11

דחלתא

די׳ דיוי -יהוה 11:9;55:6

ודחלתא - ויראת

ודי׳ דיוי 11:2

לדחלתא

לדי׳ דיוי 58:2

דחלא

במעבדיה די׳ 2:22

די׳ אחדתנון - צירים 21:3

די׳...עלך - פחד 24:17

מן קדם די׳ - הפחד 24:18

מן קדם די׳ - ממגור 31:9

די׳ אחדתנון - רעדה 33:14

מן עבד די׳ - אל 44:10

אף עבדיה די׳ - אל 44:15

ובען מן די׳ - אל 45:20

ועביד ליה די׳ - אל 46:6

לדחלא

ותהי...לדי׳ - לחגא 19:17

ושאריה לדי׳ עבד - לאל 44:17

דחלת

די׳ תקיפא 2:6

די׳ הובאי ובור - יראת 7:25

בית די׳ עממיא 25:2

אן די׳ חמת ו... - אלהי 36:19

אן די׳ ספרוים - אלהי

די׳ עממיא - אלהי 37:12

בדחלת

בדי׳ קדישא דישראל 1:4

בדי׳ חטאין 60:5

ודחלת - וצור

ודי׳ תקיפא 17:10

דחלתי

למידע די׳ 1:3

וישוון די׳ על ליבהון 41:20

ארי די׳ את - אלי 44:17

לא תתנשי די׳ 44:21

לריקנו תבעו די׳ 45:19

די׳ עבדנון - עצבי 48:5

דמשוי די׳ על לב 57:1

לא שוית די׳ על לביך 57:11

לדלא תבעו די׳ 65:1

לעמי דתבעו די׳ 65:10

בדחלתי

דשלים בדי׳ 1:6

מדחלתי

וליבהון...מדי׳ - ממני 29:13

דאתפרשו עממיא מדי׳ 48:16

בדחלתך

לאיתקפא בדי׳ - בך 64:6

לדחלתך

הוו דכירין לדי׳ 26:16;64:4

מדחלתך - מיראתך

לא יתפני לבנא מדי׳ 63:17

דחלתיה

ולא שויאו די על לב 42:25
הא די 44:20

לדחלתיה

ויקרביניה לדי - ביראת 11:3
וישראל לדי יתקרב 49:5

ולדחלתיה

ולדי לא תדחלון- ואת מוראו 8:12
ולדי דאלהנא - ואל אלהינו 55:7

דחלתכון - מוראכם

והוא די 8:13

דחלתהון - יראתם

והות די קדמי 29:13

דחלת - אלהי

די עממיא 36:18
די מדינתא 36:20

דחלתהון

לבית די 27:11

לדחלתהון

וממזגן לדי אגנין 65:11

דחק

דחקיהון - לחצים

מן קדם די 19:20

תדחקין - תצרי

כען תי מיתיב 49:19

די

די - אשר 7:25;13:17;14:3;27:1
די - ה... 14:26;18:2
כמא די - כאשר 23:5
די 5:30;7:3;10:4,10,32;14:8;17:11,12,13;18:6,7;23:5;26:19
דילי את - לי 43:1
דילי 41:4;43:10;44:6;48:12;56:4
ודיליך - ולך 45:14
דליה 41:28;50:1;59:16;63:5
מדילנא 4:1
ומדילנא 4:1
דילהון 35:2

דיאתא

לתמן יתכנשן די- דיות 34:15

דיבא

וידור די - זאב 11:6
די ו...ירעון - זאב 65:25

דיבון

דיבון - ודיבון

סליקו לבתיא דדי 15:2

דיבח

לדבחא די - זבח 57:7

דיין

די וספר - ושופט 3:2
די ותבע דין - שפט 16:5

ודיין - ורב

פריק ודי 19:20

דיננא - שפטנו

יוי די 33:22

דיני

די קושטא - שפטיך 1:26
די ארעא - שפטי 40:23

דיינהא

טעו די - פליליה 28:7

דימון

מי די - דימון 15:9
על די - דימון

דין

דין - זה 6:3;16:13;17:14;21:9;23:13;25:9(2×);29:11,12;37:22;44:5
דין - זו 43:21
דין - זאת 14:26;28:12;59:21
דין 1:31(2×);2:22;5:4;38:19;56:12
הדין* - הזה 14:16
הדין - ראה הדין
ובדין - ואל זה 66:2
ודין - וזה 27:9;37:30;38:7;44:5(2×)
ודין 28:13
כדין - כה 24:13;37:6,10
כדין - אפוא 22:1
כדין - פה 22:16
כדין 8 :20;53:1;57:16
הכדין - הנה כה 20:6
מדין - אל זה 6:3

דין

ידין - יריב

מן יי עמי 50:8

וידין - ושפט

ויי בין מלכוותא 2:4
ויי בקושטא 11:4

נידון

ני כחדא - נשפטה 43:26

ונדין - ונרא

ונ' כחדא 41:23

ודין

גלי קדמך יוי ודי 37:17

דינו - שפטו

די דין יתמא 1:17
די כען 5:3

למדן

עתיד למי יוי - לריב 3:13
למי דין דקשוט 28:6
למי קדם אל 40:18
עתיד יוי למי - נשפט 66:16

דאין - ישפוט

יהי די 11:3

דינין - ישפטו

לא די 1:23

ידדנון - ישפטו

עממיא יי 51:5

לאידדנא

עתידין רשיעיא לאי 33:14

דמתדן - נשפט

ולית דמי בהימנותא 59:4

מידדנין

ויהון מיי רשיעיא 66:24

דינא

תבעו די - משפט 1:17
עבדי די - משפט 1:21
בדיתעביד בה די- במשפט 1:27
דינו כען די 5:3
דיעבדון די - למשפט 5:7
בבית די - המשפט 28:6
ואשוי די - משפט 28:17
בית די - בשער 29:21
אלהא עביד די - משפט 30:18
עבדי די - משפט 32:16
לקושטיה יפיק די-משפט 42:3
עד דיתקין...די- משפט 42:4
טרו די - משפט 56:1
ולית די - משפט 59:8
אתרחק די מננא - משפט 59:9
ואסתחר לאחרא די-משפט 59:14
ארי לית די - משפט 59:15
אנא יוי רחימנא די - משפט 61:8

בדינא

אשתמודעות אפיהון בדי 3:9
יוי בדי ייעול - במשפט 3:14
ותקיף יוי...בדי - במשפט5:16
ולמבנה בדי - במשפט 9:6
ולמינס...בדי - משפט 10:2
ופתגמי חשיכיא בדי 32:7

לדינא - למשפט

ועל עמא דחייבית לדי 34:5
לדי נתקרב 41:1
דיקום עמיך לדי 54:17
סברנא לדי 59:11

דין

פורענות די 1:24;32:1*;33:22;
34:8;35:4;51:22;63:1
די יתמא 1:17,23
למעבד פורענות די- לדין 3:13
במימר די - משפט 4:4
ותבע די - משפט 16:5
למדן די* 28:6
די זכאין 29:21
ליום די* - אחרון 30:8
עבדי די - משפט 33:5
די דקשוט - משפטי 58:2
די מסטי 58:6(2×)

אסטיות די 58:9

דדין

למימר קשוט דדי 28:6
אולפן דדי - למשפט 28:26
אורח דדי - משפט 40:14

מדין - מדין

לאסטאה מדי 10:2

ומדין - וממשפט

ומדי אלהיה 58:2

דיני

די יעדי - משפטי 40:27
די לעממין יגלי- משפט 42:1
יתגלי די עליהון 42:14
די גלי קדם יוי- משפטי 49:4
מן בעלי די - משפטי 50:8

בדיני

עביד לי בי 1:23

ודיני - ומשפטי

ודי כניהור 51:4

דינך

לאורח די - משפטיך 26:8
אנש די - ריבך 41:11

בדינך

דאשלים לך בדי 1:23

דדינך - משפטיך

כמא דדי תקינן 26:9

דיניך

ואשני די 47:3

דינכון - ריבכם

קריבו די 41:21

בדינהון

ומיתן בדי 3:15

דיצא

דיץ - משוש

בתי די 32:13
בית די 60:15
דוצו עימה די 66:10

דיקוק

בדיקוקיה - במכתתו

ולא ישתכח בדי 30:14

דיר

די רעין - מלא 31:4

לדיש

ויהון לדי - למרמס 5:5
ולשויותיה לדי - מרמס 10:6
ותהון ליה לדי - למרמס 28:18

דכא

דכינא - קדשתיך

אנא די מנך 65:5

דכן

דלא די רשמי...מניה 9:4

ולדכאה

ולדי ית שארא דעמיה 53:10

אדכו - הזכו

אי מחוביכון 1:16

ודמדכן - והמטהרים

ודמי לגניאך טעותא 66:17

דכי

במן די - טהור 66:20

דכן

כל די גילוח - זקן 15:2

דכר

תדכר - תזכר

ולא לעלמא תי 64:8

תדכרון - תזכרו

לא תי קדמייתא 43:18

תדכרין - תזכרי

לא תי עוד 54:4

דכירין

הוו די לדחלתך 26:16
הוו די לדחלתך - יזכרון 64:4

אידכרת - זכרת

לא אי 17:10

אידכרו

על דלא אי 8:23

אדכר/אידכר - זכר

אי כען 38:3
אי אלין 44:21

אדכרו/אדכרו - זכרו

אי דא 46:8
אי קדמיתא 46:9
ידכרון - אזכר
לא יי 43:25
ידכרן - תזכרנה
ולא יי קדמיתא 65:17
אדכר - הזכיר
אי שמי 49:1
אדכרת - זכרת
לא אי לסופא 47:7
ולפלחני לא אי 57:11
דידכר - אשר יזכיר
כל די יתה 19:17
אדכרו - הזכירו
אי ארי תקיף שמיה 12:4
מדכר - אזכיר
אנא מי 63:7

דכרא
דכרין
עלוות די - אילים 1:11
דכרי - אילי
די נבט 60:7

דלא
דלו
די עקבי סוסותא 10:32

דלמא
דלמא - פן
6:10;28:22;36:18;48:5,7
דלמא - בל 14:21
דלמא 63:11

דלק
וידלק - ויעה
ויי רוגזי 28:17
תדלק - בערה
תי כאישתא 9:17
דלקא
אשתא די בה 30:33
גפרית די בה - בערה
דאשתא די בה - יקדת 65:5

ודלקין - ובערו
ודי תרויהון כחדא 1:31
לאדלקא
לא יספקון לאי -בער 40:16
והוי לאנשא לאי- לבער 44:15

דם
די זכי - דמים 1:15
די זכי - דמי 4:4
די קטילין - דם 15:9
די זכאי - דמיה 26:21
די קטילין 29:2
די נכסת קודשיא 29:2
די זכי - דמים 33:15
אתמליאת די - דם 34:6
די זכי - דם 59:7
די חזירא - דם 66:3
בדם
ככסו דמלושא בדי - בדמים 9:4
בדי זכי - בדם 59:3
ודם - ודם
ודי תורין 1:11
מדם
מדי מלכין - מדם 34:6
מדי קטילין 63:2
מדמהון
ויתמסון...מדי - מדמם 34:3
ותרוי ארעהון מדי - מדם 34:7
מדי תתרוי - דמם 49:26

דמא
דמיתא - נמשלת
לנא די 14:10
דמיא
הוית די לאתתא 57:8
דמן
דעובדיהון די ל... 1:10
טרפיהון די ליבישין 6:13
דאתון די ל... 32:20
ויהון די ל... 33:23
דאנון די ל... 42:7
תדמון - תדמיוני

ולמן תי קדמי 40:25
למן תי קדמי 46:5
מדמי
והוא לא כין מי- ידמה 10:7
ואיכדין את מי 36:9
ואת מי לאשתיזבא 37:11
דמדמי
יי דמי למקם 45:9
מדמן
מי דהיא דיקר 25:6
מי לבטלא 32:6
אתון מי - תדמיון 40:18
דמדמן - המעמיקים
יי דמי לאטמרא עיצא 29:15
ומדמן
ומי דיתבון בלחודיהון 5:8

דמות
די עם סגי - דמות 13:4
ומא די - דמות 40:18
די חיון 46:1
כדמות - כתבנית
כדי גבר 44:13

בדמין
לא בדי - במחיר 45:13
בלא בדי - מחיר 55:1

דמך
ידמוך - יישן
ולא יי 5:27
למדמך - לנוס
רחמין למדי 56:10
דמיכין - נדמה
ואינון די 15:1

דמעתא
ארוינון די - דמעתי 16:9
דמעתי
שפכית די 38:17
דמעתך - דמעתך
גליא קדמי די 38:5

דְמַעְתָּא - דמעה
וימחי יוי...די 25:8

דַמֶשֶׂק
ריש ארם די - דמשק 7:8
וראש די רצין - דמשק
נכסי די - דמשק 8:4
ית די - דמשק 17:1
הא די - דמשק

לְדַמֶשֶׂק - כדמשק
כמא דעבדית לדי 10:9

מִדַמֶשֶׂק - מדמשק
ומלכו מדי 17:3

דְנָא
כל די 32:15

דנח
וִידְנַח - וזרח
וי' בחשוכא נהורך 58:10

דְעַדְקְיָא
מרברביא ועד די 22:24

דעיך
דְעִיכוּ - דעכו
די כביצין עמי טפו 43:17

דעתא
וְדַעְתִּיךְ - ודעתיך
חכמתיך ודי 47:10

דַעְתֵּיה
במחשבת די 28:29

וְדַעְתְּהוֹן - ודעתם
ודי מקלקיל 44:25

דְקִיק
כאבק די - דק 29:5

דקק
דְמִידְקַק - כתות
דמי לא בחיס 30:14

יַדְקְדְקוּן - שבר
וכל צלמי טעותהא י' 21:9

דְרָא
די דעובדיהון בישין 57:3

בְדְרָא - באשכול
בדי דטופנא 65:8

דָר
דָר וְדָר - דור ודור
13:20;58:12;60:15;61:4
לְדָר וְדָר - לדור ודור 34:17
לדר דרין - לדור דורים 51:8
מִדָר לדר - מדור לדור 34:10

דָרֵי - דורי
מבני די 38:12

דָרַיָא
דסדר די - הדורות 41:4
די דלמקדמין - דרות 51:9

דָרִין - דורים
לדר די 51:8

דרא
תְדְרֵינוּן - תזרם
ת' ורוחא תטילנון 41:16

דְיִדְרָא - זרה
די בריחתא 30:24

דָרוֹמָא
מן די - ימין 9:19
באורח די - בנגב 21:1
בארע די - תימא 21:14
באורח די - נגב 30:6
מארע די - סינים 49:12

לְדָרוֹמָא - ימין
לדי ולצפונא תתקפין 54:3

וּלְדָרוֹמָא - ולתימן
אימר לצפונא...ולדי 43:6

דריך
דְדָרֵיךְ - דרך
כל דדי בהון 59:8

מְדָרְכִין
לא ב... מי - יודש 28:27
ית עיבורא מי - יודק 28:28

אַדְרִיכִינוּן - אדריכם
בשבילן...אי 42:16

יְדָרְכוּנֵיה - ידושנו
אדרכא י' 28:28

אַדְרָכָא - אדוש
אי ידרכוניה 28:28

לְאַדְרָכָא
משלחין לאי בתוריא 32:20

דְרַע
די גבורתיה - זרעו 30:30
ותקוף די גבורתיה - וזרעו
40:10;48:14
ובתקוף די גבורתי - וזרעי 51:5
ולתקוף די גבורתי - זרעי
די קודשיה - זרוע 52:10
ותקוף די גבורתא - וזרוע 53:1
די תושבחתיה - זרוע 63:12

בִדְרַע
בדי תוקפיה - זרעו 59:16
בדי תקפי - זרעי 63:5

וּבִדְרַע - ובזרוע
ובדי תוקפיה 62:8

בִדְרָעֵיה - בזרעו
בדי מכניש אימרין 40:11

וּבִדְרָעֵיה
ובדי שובלין יחצוד 17:5

דרתא
בְדָרַת - בחצרות
בדי קדשי 62:9

דְשָׁא
ואחורי די - הדלת 57:8

דְשִׁין
לפתחא...די - דלתים 45:1
די דנחש אתבר - דלתות 45:2

דְתָאָה
סף די - דשא 15:6

וכירוק די - דשא 37:27

כדתאין - כדשא

כדי יזהרן 66:14

ה

ה/ה - ה/ה

7:13;8:19;10:8,9,11,15;14:16; 23:7;27:7;28:25;29:17;36:7,10, 12(2×),18;37:12,26;40:21(4×), 28;42:24;43:19;44:8(2×),20; 45:9,21;48:6;49:15,24;50:2; 51:9,10;57:4,6,11;58:5(3×),6, 7;64:11;66:8

בדרכי הבאור

5:20;10:15(2×),32;20:6;27:4; 28:9;29:16(2×);37:13;40:13; 41:7;42:18(2×),19;48:1,6; 49:6;66:2

הא

הא - הנה 3:1;6:7;7:14;8:7, 18;10:33;12:2;13:9;17:1;19:1; 22:17;24:1;25:9;26:21;28:2; 30:27;34:5;35:4;36:6;37:11; 38:17;39:6;40:10(2×);41:15, 27;42:9;47:14;48:10;49:12,22; 51:22;52:13;60:2;62:11(3×); 65:6,13(3×),14;66:15

הא - הן 23:13;32:1;33:7; 40:15(2×);41:11,24,29;42:1; 44:11;49:16;50:1,2,9(2×),11; 54:15;55:4,5;58:3,4;59:1; 64:4,8

הא 5:3,28;8:2;9:4;10:32; 21:3,10;23:7;27:4;28:25(2×), 26;29:16;32:6;35:6;40:12,19; 41:17;44:20;46:6;53:2,3;59:5, 6;60:8;62:6;63:3,19

האנא - הנני 6:8;13:17;28:16; 29:14;37:7;38:5,8;43:19;65:1, 17,18;66:12

האנא - הן אני 49:21;56:3

האנא - הנה אנכי 54:11

האנא - הן אנכי 54:16

האנא - אני 63:1

דהא 24:16

והא - והנה 5:7(2×),26;17:14; 21:9;22:13;29:8(2×);37:36; 49:12;59:9

והא 10:32;21:7;59:9

הגא

מיגי - הגה

מי עליהון במילא 27:8

הגמון

והגמון - וזנב

ריש והי 9:13;19:15

הדא

הדא - הזאת 3:6;36:10(2×),15; 37:33,34,35;38:6(2×)

הדא - הזה 14:28;26:1

הדא - זה 30:21

הדא 37:30

ההדא - הזאת 23:7

ההדא - הכזה 58:5

כהדא - כזאת 66:8

הלהדא - הלזה 58:5

הדיוט

ולא אימתיה אימת הי 53:2

הדין

הדין - הזה 6:9,10;8:6,11,12, 20;9:15;14:4;20:6;22:14,15; 24:3;25:6,7,10;28:11,14;29:13, 14;30:12,13;36:4,6,7;37:3; 38:7;39:6

הדין 5:20;9:8;37:4

הדסא

והדסין - והדס

אתין...שטין והי 41:19

הוא

הוא - הוא 2:22;7:14;9:14(2×); 29:11;31:2;33:16,22;35:4;36:7; 37:16,38;38:19;41:7;42:8; 43:10,13,25;45:13,18(2×);46:4; 48:12;50:9;51:12;52:6;53:4,11; 63:9,10

הוא - היא 1:13

הוא 2:22;26:19;30:18; 43:10;44:6(2×);48:12;59:18; 63:16

דהוא - אשר הוא 19:16,17

דהוא 62:10

ההוא - ראה בעידנא ההוא

ההוא - ההוא 22:12

והוא - והוא 8:13(2×);10:7; 34:17;38:15;42:22;53:5,7,12

והוא 29:8

הובאי

הי ובור - שמיר 7:24,25;27:4

דהובאי

דהי ובור - קוץ 32:13

להובאי

להי ובור יהי - לשמיר 7:23

הוגנא

הוגני - בכרי

הי מדין 60:6

הודו

לנהרי הי - כוש 18:1

ומהודו - ומכוש

דישתאר מאתור...ומהי 11:11

הוה

הוה - היה 1:22;10:14;14:28; 15:6;23:13;33:9;39:2,4;49:5; 64:10(2×)

הוה 1:21;12:1;17:11(2×), 14(2×);20:6;21:4;28:10(2×); 32:14;37:26;43:2;51:2;57:17

דהוה 2:6;9:3;14:6,29;16:1; 27:7;28:13;32:4,14;33:19

והוה - ויהי 7:1;9:18;12:2;22:7; 36:1;37:1,38;38:4;48:18,19; 63:8

ודא הות - ותהי 37:26

הות - היתה 50:11;64:9

הות 53:6,10

דהות מליא - מלאתי 1:21

כמא דהות - כאשר היתה 11:16

דהות 13:19;23:3,8,16;27:10;53:2;54:1;61:3

והות - ותהי 23:3;29:11,13

הויתא - היית 25:4

דהויתא 14:12(2×);27:8(2×)

הוית 57:8

דהוית - היותך 60:15

דהוית 47:12,13,15;53:3;57:13

והוית 51:23

הויתי 5:9;22:14;37:25;49:1

הוו - היו 1:14;30:4;37:27;42:22;46:1;47:14,15;59:2.

הוו 23:7;26:10,16(2×);28:11;49:21;64:4

דהוו 9:1,2;10:20,32;16:4;19:8,10;21:1;23:2;26:10,19;29:10,20;33:14;34:12;41:11,12;45:24;49:26:51:9,23(2×);52:14;54:9;58:6;60:14;61:7;66:10

ודהוו 29:24

לדהוו 49:7

והוו 1:4

והוו - ויהיו 9:15

והוו - ותהי 59:15

הואה - היו 46:9

הואה - ויהיו 66:2

והואה 3:24(3×);32:14;35:7;37:26;43:20;61:4

והואה - ותהי 5:25

והון - והיה 29:15

דהויתון 23:12

הוינא - היינו 26:17

דהוינא 20:6;25:9

והוינא 59:13

והוינא - ונהי 64:5

יהי - יהיה 2:2;4:2;5:24;7:23(2×);10:22;19:15,19,24;23:15,18;28:5;29:8;30:13,26;35:9;39:8;60:20,22;65:20

יהי 1:31;3:24;4:5;11:3(2×),4;18:6;23:12;28:13(2×);33:16;35:10;44:12;51:11;53:3;54:13;57:16;58:10;63:3;64:8;65:20

ויהי - והיה 1:31;2:2;3:24;4:3;7:18,21,22,23,25;8:8,14,21;10:12,17,18,20,27;11:10,11;13:14;14:3;16:2,12;17:4,5(2×);19:20;22:20,21,23;23:15,17;24:2,18,21;27:12,13;28:19;29:4,5(2×),7,8;30:3,23,25,26,32;32:15;33:6;35:7,8;40:4;55:13;60:19;65:10,24;66:23

ויהי - והיתה 11:10;28:4

ויהי 8:21;19:7;53:2

תהי - תהיה 4:6;7:7,24;19:23;51:6,8;61:7

תהי - היתה 14:24

תהי - יהיה 30:29

תהי/תהא 3:6;4:5;27:10(תהא);35:10;51:11;62:4

ותהי - והיתה 11:16;13:19;17:1,9;19:17;29:2(2×);34:9,13

ותהי - והיה 23:18;56:12

ותהי - ותהי 30:8

ותהי - והיית 58:11

ותהי 23:17;24:20;25:6

תהי - תהיה 3:6

לא <u>תהי</u> <u>כחד</u> - תחד 14:20

ותהן - והיית 62:3

איהי 14:14

אהי - אהיה 47:7

יהון - יהיו 1:18(2×);5:9;15:6;17:3;34:12;41:11,12;45:14

יהון - יהיה 19:16

יהון 5:30;16:1;24:15;30:16;43:21;51:20;53:3;54:1,13;56:9;57:13;60:6(2×),18

ויהון - והיה 5:5(2×),11:5;32:2,17

ויהון - והיו 14:2;19:10;33:12;39:7;49:23;66:24

ויהון - והיתה 6:13

ויהון 5:6;14:29;33:23

יהוין - תהיינה 16:2

יהוין - תהיינה 17:2

יהוין - יהיו 17:9;19:18

דיהוין - <u>אשר</u> <u>יהיה</u> 7:23

ויהוין - והיו 30:20

תהון - תהיו 1:30

תהון - תהיה 30:15

ותהון - והייתם 28:18

הוי - הוי 16:4

הוי - היה 33:2

למהוי - להיות 10:2;49:6;56:6

למהוי - אהיה 3:7

למהוי - יהיו 10:19

למהוי 1:21;17:11;26:13;29:17;33:7;37:27;44:21;49:5;66:21

הוי - יהיה 55:11

והוי - והיה 5:12;44:15

הוך

יהך - אלך

מימרי קדמך יי 45:2

ויהך - והלך

ויי על כל כיפוהי 8:7

דתהך - תלך

באורח דתי 48:17

אהך - אלכה

אי בתרעי שאול 38:10

יהכון

בגררין וב...יי- יבוא 7:24

יי ולא ישתלהון- ילכו 40:31

בתר פתגמך יי - ילכו 45:14

יי שלם - יבוא 57:2

דיהכון

בדיל דיי - ילכו 28:13

אורחא דתקנא דיי בה 28:26

ויהכון

ויי עממין - והלכו 2:3

<u>ויי</u> <u>ביה</u> - והדריך 11:15

ויי פריקין - והלכו 35:9

ויי עממיא - והלכו 60:3

ויי לגויך - והלכו 60:14

ויהכן - והלך

ויי קדמך זכותך 58:8

תהכון - תלך

כד תי לבני עממיא 43:2

ונהך - ונלכה

וני באלפן אוריתיה 2:3

איתו וני 2:5

למהך - הלוך

ולא אבו למי ב... 42:24

מלמהך - מלכת

ואלפני מלמי באורח 8:11

במהכהון- במעגלותם

ולית דינא במי 59:8

היא

היא - היא ;14:24;30:33;36:21 47:10

היא ;10:32(2×);19:18;28:4 40:16;50:1;51:13;58:5,6

דהיא 25:6;27:2

ההיא 5:30

היכלא

אתמלי ה' - ההיכל 6:1

אלות סיפי ה' 6:4

בהיכלא - בהיכל

ויהון רברבין בה' 39:7

והיכלא - והיכל

וה' ישתכלל 44:28

מהיכלא - מהיכל

קלא מה' 66:6

הימנותא

ועבדי ה' - והאמונה 11:5

ועבדי ה' - ונכחה 59:14

בהימנותא

ויוכח בה' - במישור 11:4

ולית דמתדן בה'- באמונה 59:4

הכין

ה' ימותון - כמו כן 51:6

הלא

יהלי

ויהי ארי י' - נראה 16:12

לא י' - יכהה 42:4

יהלון - ייגעו

לא י' לריקנו 65:23

תהלון - תלאו

ת' אף ית פתגמי אלהי 7:13

מהלן - הלאות

דאתון מ' ית נבייא 7:13

להלאה

רחק לה' 65:5

ולהלאה - והלאה

מבכין ולה' 18:2,7

הלך

דהליך - הלך

כמא דה' עבדי 20:3

הליכו

ה' ברעות נפשהון 28:10

כחדא ה' ב... - הלכו 45:16

דהליכו

ועל דה' ברעות נפשהון 28:13

הליכו

ה' בה - לכו 30:21

דמהליך

כל דמה' בזכו - הלך 33:15

כגבר דמה' בקבלא - אשר הלך 50:10

מהלכין

דהוו מ' - ההלכים 9:1

אנחנא מ' - נהלך 59:9

לדמהלכין

לדמה' בה - להלכים 42:5

מהלכן - פתיגיל

דהואה מ' בגיוה 3:24

הלכא

ואתון אתקרבו ה'- הנה 57:3

המא

המן

ככינרא ה' - יהמו 16:11

דכמהמי...ה' - יהמיון 17:12

והמן - ויהמו

וה' גלוהי 51:15

דכמהמי - כהמות

דכמי ימא המן 17:12

המון

קל ה' - המון 13:4

בכל ה' סוגיא - ההמון 16:14

ה' עממין - המון 17:12

ה' מבדרך - המון 29:5

ה' כל עממיא - המון 29:7,8

ה' קריא - המון 32:14

מקל ה' - המון 33:3

ה' טבותך - המון 63:15

המינא

והמינך - ואבטנך

וה' אזרזניה 22:21

הממ

ואהממנה - וטאטאתיה

וא' כמא דמהממין ב... 14:23

דמהממין

כמא דמ' במבינא 14:23

הנא

יהנון

דלא י' להון - יועילו 30:5,6

דלא י' להון - הועיל 44:9

דלא י' ליך - יועילוך 57:12

הנאה

לית ה' בעובדיהון ד... 59:6

להנאה

ולא לה' - להועיל 30:5

דלא לה' - הועיל 44:10

מאים תיכלין לה'- הועיל 47:12

מליף לך לה' - להועיל 48:17

הפיכתא

כהפיכתא - כמהפכת

כה' דהפך יוי ית סדם 13:19

הפך

דהפך

דה' יוי ית סדם 13:19

הפוכי

ה' כינריך לאבלא 23:16

הלמהפך - הפככם

הלמי עובדיכון 29:16

ואתהפיך - ויהפך

וא' מימריה לבעיל דבב 63:10

ויתהפכון 51 ויזוף

ויתהפכון - ונהפכו
וי נחלה דרומי ל... 34:9

הרהור/הרהור
הי לילי - חזון 27:9
הי ליבהון -דרך 57:17
הי יצרא 62:10

הרהר
מהרהרין
ולבב מי - נמהרים 32:4

ו

וי
וי על - הוי 1:4
וי ל... - הוי 1:24
וי ל... - אוי ל... 3:9,11;6:5;24:16

ולד
ועל וי מעיין - ופרי 13:18

ז

זבולון
עם ארע זי - זבלון 8:23

זבן
זבנא - כקונה
ויהי...זי כמזבנא 24:2
זבניה - קנהו
ידע תורא זי 1:3
זבינתא - קנית
לא זי קדמי 43:24
דזבינית - אשר מכרתי
דזי יתכון ליה 50:1
כמזבנא - כמוכר
ויהי...זבנא כמי 24:2
אזדבן - לקח
ארי אי עמי 52:5
אזדבנתון - נמכרתם
הא בחוביכון אי 50:1
מגן אי 52:3

זדונא
מזדונהון
לא שבקין מזי 1:6

זהוריתא
כזהוריתא - כתולע
אם יסמקון כזי 1:18

זהר
ויזהרון - ותפרח
ויי כשושניא 35:1
אזהר - נגה
נהורא אי עליהון 9:1
יזהר - יגיה
לא יי ניהוריה 13:10
יזהרון - יהלו
לא יי ניהוריהון 13:10
יזהרן - תפרחנה
וגויתכון כדתאין יי 66:14
ואזהרו
אליפו ואי 57:14
לאזהרא
יהי עתיד לאי 30:26

זוג
זי פרשין - צמד 21:7,9
זי פרשין 22:6

זוע
דזע
וזי לביה - וינע 7:2
זעת
שאול...זי לך - רגזה 14:9
זעו
זי כד שמעו - יחילו 23:5
זי דשרן ל... - רגזה 32:11
טוריא זי -נזלו 63:19;64:2
עממיא זי - ירגזו 64:1
דזעו
שמיא דזי 1:2
כמא דזי טוריא 28:21
וזעו
וזי טוריא - וירגזו 5:25
וזי אלות... - וינעו 6:4
וזי יסודי... - וירעשו 24:18
יזוע
וליבך לא יי - ירך 7:4
ליה יי - יפחד 19:17
תזוע - התרעעה
מזע תי ארעא 24:19
ותזוע - ותרעש
ותי ארעא 13:13
יזועון
זיע כ... יי - יחילון 13:8
יי דשרן ל... - תרגזנה 32:10
דבקיפי ארעא יי- יחרדו 41:5
ויזועון - וחרד
ויי ויתברון מן קדם... 19:16
מזע - רעה
מי תזוע ארעא 24:19
אזיע - מרגיז
אי ארעא 14:16
אזיע - ארגיז
שמיא אי 13:13
לאזעא - הרגיז
לאי מלכוותא 23:11
יזדעזעון - יחיש
וצדיקיא...לא יי 28:16
אזדעזע - אפחד
ולא אי 12:2

זוף
ויזוף - וגער

ויי ביה 17:13

איזוף - ומגער

ולא אי ביך 54:9

זחלא

כמא ד...ית זי- החסיל 33:4

זיהור

זי שכינתא 33:14

ולית זי ליה - נגה 50:10

דזיהור - אור

דזי ליה בציון 31:9

לזיהור

סברנא...לזי - לנגהות 59:9

ואף לזי... - ולנגה 60:19

זיהוריך - זרחך

לקביל זי 60:3

זיו

זי יקריה - כבודו 6:3

זי קל מימריה - הוד 30:30

זי כרמלא - הדר 35:2

זי תשבחתיה - הדר

ויהי זי קודשא זיויה 53:2

ומזיו

ומזי יקריה - ומהדר 2:10,19,21

ומזי יקריה - ושוליו 6:1

זיויה

ויהי זיו קודשא זי 53:2

דזיוהון - ותארו

חזויהון וזי 52:14

זיותן

דהויתא זי 14:12

זינא

וצחצחו זי - מגן 21:5

במני זי 33:4

זין

לא יטול...זי - חרב 2:4

ועילמאי נטלו זי - אשפה 22:6

על זי בית... - נשק 22:8

כל זי - כלי 54:17

זיעא

אתמליאו...זי - חלחלה 21:3

זי ומצוחא - תחיל 26:17

זיע

זי כילידתא יזועון 13:8

למלול זי 64:3

ועד לא ייתי...זי - חבל 66:7

בזיע

אף בזי - יצריח 42:13

ובזיע - וברעש

ברעם ובזי 29:6

זיפתא

לזיפא/לזפא - לזפת

ויתהפכון...לזיפא 34:9

לזפא בערא

זירועא

דזירועהא - זרועיה

דזי מרביא 61:11

זיתא

כביעור זי - זית 17:6;24:13

זכא

תזכי - תצדק

אם תיכול ותי 43:26

יזכון - יצדקו

במימרא דיוי יי 45:25

ויזכון - ויצדקו

ויי וישמעון 43:9

יזכי - יצדיק

יי זכאין 53:11

זכו - אשרו

זי דאניס 1:17

לזכאותיה - צדקו

בדיל לזי דישראל 42:21

מזכן - מצדיקי

מי ליה לחייבא 5:23

זכאה

עמא זי - צדיק 26:2

זכי/זכאי

דם זי 1:15;4:4;33:15

דם זכאי 26:21

בדם זי 59:3

דם זי - נקי 59:7

כמא דאשתכח נח זי 65:8

דזכי - צדיק

אלה דזי 45:21

זכאיא - צדיקים

וזכות זי 5:23

זכאין

דין זי - צדיק 29:21

ואם דשבו זי - צדיק 49:24

יזכי זי - צדיק 53:11

ועמיך...זי - צדיקים 60:21

זכורו

ומן זי - הידענים 8:19;19:3

זכותא

בזכותא - בצדקה

קדיש בזי 5:16

בזי תתקנין 54:14

ובזכותא - ובצדקה

ולמבנה בדינא ובזי 9:6

וזכותא - וצדקה

וזי כאבן משקולתא 28:17

וזי תתגלי כחדא 45:8

וזי מרחיק קמת 59:14

זכו

דיעבון זי - לצדקה 5:7

בזכו

יתובון לה בזי - בצדקה 1:27

ומידברן בזי - צדקה 10:22

כל דמהליך בזי - צדקות 33:15

נפק...בז׳ - צדקה 45:23
ואשוי...בז׳ - צדקה 60:17
כמא דמילית בז׳ - בצדקה 63:1

וֹבזכו

בקשוט ובז׳ - בצדקה 48:1
בקשוט ובז׳ 64:4

דֹזֹכֹו

דז׳ עבד - אשר צדקה 58:2
מעיל דז׳ - צדקה 61:10

דֹזֹכֹו

דין דקשוט וז׳ - וצדקה 33:5
וזכות - וצדקת
וז׳ זכאיא 5:23

זכותֹי

קריבא ז׳ - צדקתי 46:13
קריבא ז׳ - מצדקי 50:8
קריבא ז׳ - צדקי 51:5
זֹֹכֹותֹי/וֹזכֹי - וצדקתי
וז׳ לא תתעכב 51:6
וז׳ לעלם תהי 51:8
וז׳ לאתגלאה 56:1

זֹזכֹותֹך - וצדקתך

וז׳ כגלי ימא 48:18

זֹכֹותֹיך - צדקתך

ויחזון כל עממיא ז׳ 62:2

זֹלֹותֹה - צדקה

כין יוי...יגלי ז׳ 61:11

דֹזֹכֹותֹהֹון - וצדקתם

וז׳ מן קדמי 54:17

זֹכֹותֹא - מצדקה

דרחיקין מן ז׳ 46:12

זֹכֹֹו

ואף לא ז׳ להון 1:6
לאיתאה ז׳ - צדקות 45:24
דאינון ז׳ ליך 57:12
ולא מערען...ז׳- צדקה 59:9
למעבד ז׳ - צדקה 59:17

זֹכֹותֹך - צדקך

ויהכן קדמי ז׳ 58:8

זֹכֹותֹנא - צדקתינו

כל ז׳ 64:5

זֹכֹרֹה

ז׳ בר יברכיה - זכריהו 8:2

זלח

ולמזלח - ולהשף
ולמז׳ מיין מפציד 30:14

וֹזֹמֹם

וז׳ דטעו - ורסן 30:28
וז׳ בספותך - ומתגי 37:29

זמן

זֹמֹנֹין

ז׳ איתי עליהון 30:7

זֹמֹנֹי - קראני

עד לא הויתי ז׳ 49:1

זֹמֹינֹו - קדמו

ז׳ למערקיא 21:14

דֹמֹזֹמֹנֹין - אשר יקרא

דמ׳ עלוהי 31:4

מֹזֹמֹנֹי - מקראי

וישראל מ׳ 48:12

למֹזֹמֹנֹי - למקדשי

אנא פקידית למ׳ 13:3

וֹמֹזֹמֹן - וידוע

ומ׳ למרעין 53:3

יֹזֹדֹמֹנֹון - ארגיע

ליה עממין י׳ 51:4

דֹמֹזֹדֹמֹנֹין - המתקדשים

דמ׳ ודמדכן לגניאר 66:17

זֹמֹנֹא

ז׳ אמר על רבקא 41:7

זֹמֹן/זֹמֹן

בטור ז׳ - מועד 14:13
ז׳ חצדא 18:5
כזעיר ז׳ עד - רגע 26:20
ז׳ לוטא 28:19
עד ז׳ 32:14
ז׳ ביומא חד - רגע 47:9
ז׳ מניך - רגע 54:8

מטא ז׳ פרקניך - אורך 60:1
ז׳ חדא - פעם 66:8

בֹזֹמֹן

אלא בז׳ ד... - לרגעים 27:3
בז׳ מעדוהי - מדי 28:19

וֹזֹמֹן

שירו וז׳ 25:6

כֹזֹמֹן

כז׳ יירח ביירח - מדי 66:23

דֹכֹזֹמֹן

וכז׳ שבא בשבא - ומדי 66:23

בֹזֹמֹנֹה - בעתה

אנא יוי בז׳ איתינה 60:22

זֹמֹנֹא

מהודעין ז׳ 47:13

בֹזֹמֹנֹוֹהֹי - במועדיו

ולית דמאחר בז׳ 14:31

זֹמֹנֹא - מועדנו

קרית ז׳ 33:20

זֹמֹר

על יד ז׳ - בשיר 24:9

וֹזֹמֹרֹיך

הפוכי...וז׳ לאליא 23:16

זֹמֹרֹך - נבליך

תושבחת ז׳ 14:11

זֹנֹא

וֹמֹזֹנֹן - ותחזנה

ואנון מנאפין ומ׳ 57:3

זעיר

יֹזֹעֹרֹון - ימעטו

גיברי עדבאי י׳ 21:17

זֹעֹירֹא

בשעא ז׳ - קצף 54:8

זֹעֹיר

ויניק ז׳ - קטן 11:6
ועל דהוה ז׳ - זעיר 28:13
ברגז ז׳ - קטן 54:7
ז׳ דיריתו עמא - למצר 63:18

דְזְעֵיר
דזי בהון - הקטן 60:22
הֲזְעֵיר
הזי דאתון מהלן- המעט 7:13
הזי לכון ד... 49:6
כְזְעֵיר
ציב חד כזי - מזער 10:25;16:14;29:17
ואשתאר...כזי - מזער 24:6
כזי זמן - כמעט 26:20
כזי הוה - זעיר(2×) 28:10
ישתארון כזי - זעיר 28:13
דמתח כזי שמיא - כדק 40:22
זְעֵירַיָא - הקטנים
חד משלטוני רבנני זי 36:9

זקף
וּזְקָפְתָא - ותשא
וזי לרומא עינך 37:23
זְקָפִית - דלו
זי עיני 38:14
יִזְקוֹף - ונשא
ויי את לעממיא 5:26;11:12
זְקוֹפִי - שאי
זי...עינך 49:18;60:4
זְקוֹפוּ - שאו
זי אתא 13:2
זי לרומא עיניכון 40:26
זי לשמיא עיניכון 51:6
כְמִזְקַף - כנשא
כמזי את 18:3

זקק
זְקִיקִין - נהוגים
ומלכיהון זי 60:11

זרז
אֲזָרְזִנֵיה - אחזקנה
והמינך אי 22:21
מְזָרְזֵי - חלצי
מי מואב 15:4

זָרָז
זי חרציה - אזור 5:27

זריקתא
בִזְרִיקְתָא - שוקק
כמא דאזן בזי 33:4

זְרָמִית
מן קדם זי - מזרם 25:4
מן קדם זי - זרם 32:2
וּזְרָמִית - וזרם
וזי ואבנין דברד 30:30
כִזְרָמִית - כזרם
כזי דשקפא בכתול 25:4
כזי ברד 28:2
כזי מיין תקיפין שטפין
מִזְרָמִית - מזרם
ולאגנא מזי 4:6

זרע
דְתִזְרַע - אשר תזרע
דתי ית ארעא 30:23
זְרוֹעוּ - זרעו
זי וחצודו וצובו 37:30
לִזְרַע - לזרע
ויהיב בר זרעא...לזי 55:10
לִדְזָרְעִין - זרעי
לדזי על שקיא 32:20

זַרְעָא
לקיימא מינהון זי 6:13
זי דקודשא נצבתהון - זרע
כל זי דישראל - זרע 45:25
בר זי - זרע 55:10
זי שקרא - זרע 57:4
זי דברכיה יוי - זרע61:9;65:23
ואפיקית מיעקב זי - זרע 65:9
בְזַרְעָא - זרע
אתכניו בזי רחימא 1:4
לְזַרְעָא - לזרע
לא אמרית לזי ד... 45:19
זְרַע/זְרַע
ובית כור זי - וזרע 5:10
זי מבאשין - זרע 14:20
זַרְעָך - זרעך
ויתין מטר זי* 30:23
זַרְעֵיה
זי אברהם רחמי 5:1
זי דאברהם רחמי- זרע 41:8
לְזַרְעֵיה
לזי בתרוהי 29:23
זַרְעֲכוֹן - זרעכם
כין יתקיים זי זי 66:22
כְזַרְעֵי
הא כזי חטין 28:25

זרעיתא
מִזַרְעִית
מזי בית אבוהי 3:6
זַרְעִיתָא
זי דבית ישראל - מתי 41:14
זַרְעִין
ויקריב יתהון זי זי 28:25
מִזַרְעִית
מזי ארעא - מקצות 41:9
וּמִזַרְעִית
ומזי* יהודה 48:1

זרק
דִמְזָדְרִיק - יזרק
וככמונא דמי 28:25

זרתא
בְזַרְתָא - בזרת
כאלו בזי מתקנין 40:12

ח

חבב
חֲבִיבְתִּינוּן - גדלתי
חי ויקרתנון 1:2
אַחֲבִיב - אוקיר

חבט

13:12   א' דחלי מדהבא

חבט
חֻבְטִין - יחבט
28:27   בחוטרא ח' קצחא

חֻבִיב
43:4   מדאת ח' קדמי - יקרת
חֻבִּבִי
5:1   עמי ח' ישראל
חֻבִּיבִין
1:4   בנין ח'
46:3   ח' מכל מלכותא
דחֻבִּיבִין
28:9   וח' מכל מלכותא

חבל
חֻבִּילָא - שחת
14:20   ארי ארעך ח'
דחֻבִּילוּ - אשר השחיתו
37:12   דח' אבהתי
דחֻבִּילוּ - משחיתים
1:4   וח' אורחתהון
דחֻבְּלוּן - ישחיתו
11:9;65:25   ולא י'
דחֻבִּילָהָא - והשחיתה
36:10   סק על ארעא הדא וח'
דחֻבְלָא
13:5   לח' כל רשיעי - לחבל
32:7   לח' ענותניא - לחבל
38:17   בדיל דלא לח' נפשי
51:13   כמא דמתקנין לח'- להשחית
54:16   ואנא ברית מחבלא לח' - לחבל
65:8   דלא לח' כולא - השחית
לחֻבָּלוּתֵהּ - תשחיתהו
65:8   דלא לח'
לחֻבָּלוּתֵהּ - להשחיתה
36:10   על ארעא הדא לח'
חֻחְבְּלָא
14:8   לא סליק מי עלנא - הכרת

28:15   ועם מ' - שאול
28:18   ושלמכון דעם מ'- שאול
54:16   ואנא ברית מ' - משחית

חבלא
לחֻבֵּל - לשחת
51:14   ולא...צדיקיא לח'

חבלא
דחֻבְּלִין - וחבלים
13:8   עקא וח' ייחדונונון
בחֻבְלִין
21:3   כח' לילידתא - כצירי
42:14   כח' על ילדא
66:7   כח' על ילדא - חבל
בחֻבְלָהָא - בחבליה
26:17   ומצוחא בח'

חבלא
בחֻבְלִי - בחבלי
5:18   נגדין חובין בח' למא
חֻבְלָהָא - חבליך
33:23   דאתפסיקו ח'

חבר
וְנַחְבִּירִינוּן - ונקיצנה
7:6   ניסק ב...רנ'
אתְחֻבַּר - נחה
7:2   א' מלכא דארם עם...
לתְחֻבָּרוּן
9:20   כחדא י'
דיתְחֻבְּרוּן - ועפו
11:14   וי' כתף חד
אתְחֻבָּרו - רעו
8:9   א' עממיא

חברא
חֻבְרֵיהּ - רעהו
34:14   חד עם ח'
41:6   גבר ית ח' יסעדון
דחֻבְרֵיהּ

3:5;19:2   וגבר בח' -ברעהו
13:8   גבר בח' יתמהון- אל רעהו
    לחֻבְרֵיהּ
1:23   גבר לח'

חברתא
חֻבְרַתֵּהּ - רעותה
34:15   חדא לות ח'
לחֻבְרַתֵּהּ - רעותה
34:16   אתתא לח' לא עכיבת

חָגָּא
30:29   דאתקדש ביה ח' - חג
דחָגָּא
29:2   ביומא דח'
חָגִּין - חגים
29:1   ח' יבטלון

חגר
דחָגִּירִין - פסחים
33:23   אית בהון עוירין וח'

חד
חָד - אחד
4:1;6:6;9:13;10:17;23:15;
27:12;30:17;36:9;47:9;51:2;
66:8
27:12   ח' לטטר ח' - אחד
5:18;6:13;10:25,32;11:14;
16:14;29:17;30:26;34:14;40:2,
26;49:20(2×);61:7(2×)
14:20   לא תהי לָחָד - תחד
6:2   לחָד - לאחד

חדא
5:10;34:16;66:8   חָדָא - אחת
19:18   היא חדא מנהון - לאחת
30:17   חדא - אחד
34:15;37:14   חדא
    כחדא ראה כחדא
    לחדא ראה לחדא

חדא

וחדי

וחי עליהון - וישמח 39:2

חדיאו - שמחו

חי קדמך 9:2

שלטונין חי עלך 14:8

דחדיאו

דחי למעבד רעותך 64:4

יחדי

יי עלך אלהיך - ישיש 62:5

ויחדי - ושש

ותחזון ויחי 66:14

אחדי - אשוש

מחדא אי במימרא דיוי 61:10

יחדון

יי דיתבין במדברא - ישׂשום 35:1

עבדי צדיקיא יי - ישמחו 65:13

ויחדון

ויי חשיכי עמיה 14:32

מדע ידוצון ויי - ותגל 35:2

ויי בה - וישמחו 65:19

תחדון

לא תי - תשמחי 14:29

ונחדי - ונשמחה

וני בפורקניה 25:9

חדו - שמחו

חי בירושלם 66:10

מחדא - שוש

מי אחדי 61:10

חדי

כל חי ליבא - שמחי 24:7

ועמה חי - משוש 65:18

דחדי - ומשוש

וכמא דחי 62:5

חדאה

כרכא חי - עליזה 22:2

חדן

דהוו חי ב... - יגילו 9:2

יחדי - ישמח

לא יי יוי 9:16

ואחדינון - ושמחתים

ואי בבית צלותי 56:7

חדותא

כל חי - שמחה 24:11

דחדותיה - שעשועיו

נצבא דחי 5:7

חדותה - צבי

כל חי 23:9

חדוא/חדוא

אסגיתא חי - השמחה 9:2

עתיד למפק חי 24:16;38:11

ויוספון...חי - שמחה 29:19

בית חי 32:14

בחדוא

ותקבלון...בחי - בששון 12:3

בחי תיפקון - בשמחה 55:12

דחדוא

לכליל דחי - - צבי 28:5

משח דחי -ששון 61:3

כליל דחי - תפארת 62:3

וחדוא

ביע וחי - וגיל 61:10

ביע וחי - ושמחה 22:13;35:10;51:3,11

ביע וחי - ורנן 35:2

לחדוא - לצבי

יהי משיחא דיוי לחי 4:2

חדות

חי מלכוון - צבי 13:19

חי תופין - משוש 24:8

חי כינרא - משוש

חי עלם - שמחה 61:7

וחדות

וחי ליבא - ושמחת 30:29

וחי עלם - ושמחה 35:10;51:11

כחדות - כשמחת

כחי נצחי קרב 9:2

דחדותי

נצבא דחי 60:21

בחדותכון - בשמחתכם

ונחדי בחי 66:5

חדת

ויתחדתון

ויי לעולימותהון 40:31

ויי קרוין - וחדשו 61:4

חדתא

תשבחא חי - חדש 42:10

האנא עביד חי - חדשה 43:19

שמא חי - חדש 62:2

וארעא חי - חדשה 65:17;66:22

חדת

אלפן חי - מים 12:3

למורג תקיף חי - חדש 41:15

חדתין - חדשים

(ד)שמיא חי 65:17;66:22

חדתן - חדשות

בסרתך חי 48:6

וחדתן - וחדשות

וחי אנא מחוי 42:9

חוא

חוי - הגיד

מן חי 41:26

מן בהון חי ית אלין 48:14

חויה - הגידה

מבכין חי 45:21

חויתי

חי לכון - הגדתי 21:10

אנא חי לאברהם - הגדתי 43:12

קדמיתא מבכין חי - הגדתי 48:3

אנא חי לך - אגיד 57:12

וחויתי

בסרתך וחי - והגדתי 44:8

וחי לך - ואגיד 48:5

וחויאו - ויגידו

וחי ליה 36:22

יחוי - יגיד

דיחזי יי 21:6

מן בהון יי דא 43:9

ויחויגה - ויגידה

דיערעינה ויי 44:7

אחוי - אודיעה

וכען אי כען לכוון 5:5

יחוון

אבהן לבניהון יי -יודיע 38:19

בנגוון יי - יגידו 42:12

יי לנא - יגידו 44:7

ויחוון

ויי כען לך - ויגידו 19:12

ויי לנא - ויגידו 41:22

ויי ית יקרי - והגידו 66:19

תחוון - תגידו

ואתון הלא תי 48:6

וחוי - והגד

וחי לעמי 58:1

חוו

חי בעממיא - הודיעו 12:4

קדמיתא...חי - הגידו 41:22

חי דאתין לסופא- הגידו 41:23

חי ואתקרבו - הגידו 45:21

חי ובסרו - הגידו 48:20

מחוי

דאלהא מי להון - יורנו 28:26

אנא מי - מגיד 42:9

אנא..מי כיונן - מגיד 45:19

מי מן אולא - מגיד 46:10

מי לך 48:17

דמחוי - מגיד

אף לית דמי 41:26

אתחוה - הגד

אי לי 21:2

הלא אי מן אולא 40:21

ואתחוה - ויגד

ואי לבית דויד 7:2

חוב

חבת - חנפה

וארעא חי 24:5

חבית - נדמיתי

ויי לי ארי חי 6:5

דחבית

ארי על דחי קדמך 12:1

דחבו

דעל דחי קדמי 19:25

הלא ייי...דחי קדמוהי - חטאנו 42:24

חובין דחי עמי - מפשע 53:8

בכל עדן דחי קדמוהי 63:9

דחבנא

מן קדם דחי קדמך ייי 26:17

על דחי - ונחטא 64:4

דחאיב

ארי דחי עולים 65:20

חייבנון - החרימם

חי מסרבון לקטלא 34:2

דחייבית - חרמי

דחי לדינא 34:5

דיחייביבני - ירשיעני

מן הוא דחי 50:9

תחייביניה - תרשיעי

דיקום עמיך לדינא תי 54:17

מחייבין - מחטיאי

מי בני אנשא במיליהון 29:21

חובא

וכרמי חי 3:12

חי הדין - העון 22:14;30:13

מן דליה חי קדמי- מנושי 50:1

בחובא

בחי דלא יחבו מעשריא 5:10

חוב - עון

חי יתיב ארעא 26:21

חובה - פשעה

ויתקפון עלה חי 24:20

בחוביא

בחי דבידיהון 28:2

חובין

אסגיאו חי - עון 1:4

אית עממיא חי 1:9

ויגון מסגן חי - צעקה 5:7

נגדין חי - העון 5:18

עד דתקפין...חי- חטאה

לאוספא חי - חטאת 30:1

חי דחבו עמי - מפשע 53:8

על חי סגיאין יבעי - חטא 53:12

ולא לעלמא תדכר חי - עון 64:8

בחובין

אתגעלו בחי 1:6;9:4

כמא דמגעל בחי - טמא 6:5

ואצבעתכון בחי - בעון 59:3

מחובין

לנקאה מחי נפשהון 53:10

חובי

חי בית יעקב - עון 27:9

על חי נפשהון - חטאת 30:1

חי כולנא - עון 53:6

בחובי - בעון

בחי אבהתהון 14:21

בחי ממונהון 57:17

וחובי - ועונת

וחי אבהתכון 65:7

חובך

ויעדון חי - עונך 6:7

מחיתי כעיבא חי- פשעיך 44:22

בחובך - בחטאותיך

ברם אסגיתא קדמי בחי 43:24

לחובך - פשעיך

אנא אנא הוא שביק לחי 43:25

חובוהי - חטאתו

עובדי אסטיירות חי 27:9

חובהא - עונה

ארי אשתביקו לה חי 40:2

חובנא

על חי הוא יבעי- חלינו 53:4

חי ישתבקון לנא 53:5

סגיאין חי - פשעינו 59:12

חי גלן לנא - פשעינו

ומן קדם חי - ועונינו 64:5

ומסרתנא ביד חי- עונינו 64:6

בחובנא - מפשענו

דאיתחלל בחי 53:5

מחובנא - מעשינו

חסוך מחי 26:12

חוביכון

לא שבקין חי - און 1:13

אם יהון חי - חטאיכם 1:18

דיסערון עליכון חי 10:3

בדיל חי איתגליתון 43:14

חי הוו מפרשין - עונתיכם 59:2
חי...גלן קדמי - עונתיכם 65:7
בחוביכון - בעונתיכם
הא בחי אזדבנתון 50:1
ובחוביכון
ובחי צדיאת מנכון 1:7
מחוביכון
אדכו מחי 1:16

חוביהון
פורענות חי - רשעה 9:17
ועל רשיעיא חי - עונם 13:11
כד תסער עליהון חי 26:14
אלא חי גרמין 27:3
לקביל חי 30:33
פורענות חי 42:19;65:6
ועל חי הוא יבעי- ועונתם 53:11
ולבית יעקב חי - חטאתם 58:1
לחוביהון
שביק לחי - עון 33:42
אנא אשבוק לחי 46:4
מחוביהון
לא תבו מחי 5:25;9:11,16,20;10:4

חוחא
דחוחין - דחוח
ויסקן...סירין...וחי 34:13

חוטא
בחוטא
פליג להון בחי - בקו 34:17
נפיץ בחי - קו 44:13
חוט - קו
חי דחורבנא 34:11
כחוט - לקו
כחי בנינא 28:17

חוטרא
כארמא חי - שבט 10:15
לא חי מחי
בחוטרא - במטה
בחי חבטין קצחא 28:27

חוך
ויחייך - ושעשע
וי׳ ינקא 11:8
יחייכון
ושידין י׳ - ירקדו 13:21
ולא י׳ - ירעע 16:10
ושידין...י׳ - יקרא 34:14

חול
יחול
דלא י׳ רוגזי עלך 54:9

חולא
לא חיזו חי חזויה 53:2

חולד
וחולד - ועיפה
הוגני מדין וחי 60:6

חולילא
דישתבח חי - הגרזן 10:15

חולקא
חולק/חולק
דין חי - חלק 17:14
דלית להון חי ב... 63:17
חולקיך - חלקך
בשעיעות כיף נחלא חי 57:6
חולקהון
בקרתא דקודשא חי 48:2
בחולקהון - חלקם
דהוו משתבחין בחי 61:7

חולשא
לחולשא - לאין
דמסר שלטונין לחי 40:23

חוס
וחס - ויזכר
וחי על יקר שמיה 63:11

יחוס - יחננו
לא י׳ עליהון 27:11
תחוס - תחוס
לא תי עיניהון 13:18
למחס - לחננכם
עתיד יי׳ למי עליהון 30:18
חייסין - יחלמו
גבר על אחוהי חי 9:18

חור
חי חיוי פתן - חר 11:8

חור
יחורון - ילבינו
כתלגא י׳ 1:18

בחורב
ואקימית עמכון בחי 48:8

חורבנא
דחורבנא - תהו
חוט דחי 34:11

חורונים
במחותית חי - חורנים 15:5

חורין
בני חי - חריה 34:12
בני חי - הפשים 58:6

חורמנא
חרמן - צפעוני
גלגלי עיני חוי חי 11:8
חורמנין/חרמנין
וחיוון חי 30:6
כביעי חיוון חי 59:5
ומפקן חיוון חי

חורשא/חרשא
אילני חי - יער 7:2

באעי חי - יער 44:14
חי וכל אילניא - יער 44:23
חית חי - ביער 56:9

בחורשא - ביער

בחי ברמשא יביתון 21:13

חזא

מן חי כאלין - ראה 66:8

חזת - ראתה

עין לא חי 64:3

חזיתי

חי ית יקרא דיוי- ואראה 6:1
חי נורא - ראיתי 44:16

וחזית

אמר נביא...וחי 21:7

חזו - ראו

לא חי 5:12
מא חי בביתך 39:4
ית כל דבבתי חי
חי נגותא 41:5
דלא אשתיאו להון חי 52:15
ולא חי 66:19

דחזו

מא דחי עמך 64:3

חזאה - ראו

חי עיני 6:5

חזיתון

וית פלוגת קרתא...חי-ראיתם 22:9
לא חי - ראיתם 22:11
חי סגיאן - ראית 42:20

חזינא

מיסת חי 66:42

יחזי

יי בנחמת ירושלם 4:3
ארי יי כפן - ירעב 8:21
דאם יי - יראה 28:4

דיחזי - אשר יראה

דיי יחוי 21:6

ויחזי - וראה

ויי רתך אנש 21:7

דיחזיניה

דכל דיי 53:2

תחזי

תי במפלתהון - חזה 33:20
תי ערטילאה - תראה 58:7

ותחזי - תראינה

ותי בנחתי ארע גיהנם 33:17

תחזן - תראי

בכין תי 60:5

יחזון

דלמא יי בעיניהון - יראה 6:10
דאם יי 8:18
לא יי - יראה 26:10
יי רשיעיא - יחזו 26:11
יי יקרא דיוי - יראו 35:2
מלכין יי - יראו 49:7
בעיניהון יי - יראו 52:8
יי במלכות משיחהון - יראה 53:10
יי בפורענות - יראה 53:11

דיחזון

בדיל דיי - יראו 41:20

ויחזון - וראו

ויי כל בני בסרא 40:5
ויי כל דבקיפי ארעא 52:10
ויי כל עממיא 62:2
ויי ית יקרי 66:18
ויפקון ויי 66:24

יחזיין/יחזין

עיני סמן יי - תראינה 29:18
יי עינך - תחזינה 33:17
עינך יי - תראינה 33:20

תחזון - תראו

תי אתא 18:3

ותחזון - וראיתם

ותי ויחדי לבבון 66:14

דנחזי - נראה

בדיל דני 5:19

ונחזי - ונראה

וני בחדותכון 66:5

וחזא - וראי

וחי כל בני עם 49:18;60:4

וחזו

זקופו...וחי - וראו 40:26
אסתכלו וחי - לראות 42:18

מחזא

וחזן מי - ראו 6:9

למחזי

נפקו למי - ראו 9:1
לא תוסיף למי - תראה 33:19

מלמחזי - מראות

טעו מלמי 21:3
מלמי בעבדי ביש 33:15
מטמטמן מלמי עיניהון 44:18

במחזוהי - בראתו

במי גבורן 29:23

במחזיהון

במי גלותא דישראל 35:6

חזי

דילא חי 6:2
חוה חי לכון למפלח 17:11

דחזי

דחי יתה - הראה 28:4
לית דחי לנא - ראנו 29:15
לית דחי לי - ראני 47:10

חזיא

ודא הוה לך חי 37:26

חזן

דלא חי - יראו 44:9
חי בכוכביא - החזים 47:13

וחזן - וראו

וחי מחזא 6:9

חזך - ראיך

חי* עלך ידיקון 14:16

חזיך - ראות

ויהוין עינך חי 30:20

לאתחזאה - לראות

דאתון אתן לאי קדמי 1:12

אחזינון - הראם

לא אי 39:2

ואחזינון - ויראם

ואי בית גנזוהי 39:2

אחזינכון - הראיתם

דלא אי 39:4

איתחזי

אי לי 24:16

יתחזי - תראה

י' קלניך 47:3

תיתחזי

או ת' לך את 7:11

איתחזי - אראה

לא א' 38:11

לאתחזאה

לא' קדם תקיפא דישראל 30:29

מלאיתחזאה

דיגלון מלא' קדם יוי 8:18

מתחזי

דילא מ' 6:2

חזוא

חזואיהון - ראיהם

כל ח' 61:9

חזוא

חיזו

ועל ח' - מאורת 11:8

לא ח' חולא חזויה 53:2

לחיזו - למראה

ולא לח' ענוהי 11:3

חזויה

לא חיזו חולא ח' 53:2

חזויהון - מראהו

דהוו חשוך...ח' 52:14

חזירא

בסר ח' - החזיר 65:4;66:17

דם ח' - חזיר 66:3

חזיתא

חזיתהא - בחיניו

אקימו ח' 23:13

חזיתכון - עצמותיכם

אעילו ח' 41:21

חזקיה

חזקיה - חזקיהו

למלכא ח' 36:1

מלכא ח' 36:2;37:1,5

דאעדי ח' ית במתוהי 36:7

לא יטעי לכון ח' 36:14

ולא ירחיץ יתכון ח' 36:15

מן ח' 36:16

דלמא יטעי יתכון ח' 36:18

לות ח' 36:22;37:9,21;39:1,3

כדנן אמר ח' 37:3

ונסיב ח' ית איגרתא 37:14

ופרסיה ח' קדם יוי

וצלי ח' 37:15

מרע ח' 38:1

ואסחר ח' אפוהי 38:2

ובכא ח' 38:3

ואמר ח' 38:22;39:3,4,8

וחדי עליהון ח' 39:2

לא אחזינון ח'

לחזקיה

לח' - אל חזקיהו 36:4;37:10;38:5;39:5

לח' - לחזקיהו 38:9

חזר

מחזרין - יוסב

על כמונא מ' 28:27

חטא

חטין - חטה

כזרעי ח' 28:25

חטא

אבוך קדמאה ח' - חטא 43:27

חטו

(ו)שאר דלא ח' 7:3;10:21,22

וחטו

עם קדיש וח' - גוי חטא 1:4

למחטי

עוד מוספין למ' - סרה 1:5

למ' ציב חד - העון 5:18

אסגיתון למ' - סרה 31:6

ודחטי - החוטה

ודח' בר מאה שנין 65:20

חטאה

מריר ח' 5:20

עבדי ח' 53:9

דחלי ח' 55:13

מחטאה

ודתבו מח' 7:3;10:21,22

חטאין/חטין

עיצת חטין 32:7

בדחלת ח' 60:5

חטאי - חטאי

כל ח' 38:17

חטאך - חטאותיך

כל ח' 44:22

וחטאך/וחטאך

וח' יתכפרון - וחטאתך 6:7

וח' לא ידכרון - וחטאתיך 43:25

חטאהא - חטאתיה

בכל ח' 40:2

וחטאנא - וחטאותינו

וח' אסהידו בנא 59:12

וחטאיכון - וחטאתיכם

וח' גרמו לסלקא 59:2

חטאיהון

לכפרא על ח' 5:2

וחטאיהון - וחטאתם

וח' כסדומאי 3:9

חטאה

חטאיא - שמיר

ח' וחייביא 9:17

חטוף

ח' מסכיניא - גזלת 3:14

חטוריתא

חטורית - דבשת

ועל ח' גמלין 30:6

חטם

חטים - חטום

ח' היא 29:11

וחטים - החטום

ספרא דח' 29:11

חטפא

עוד חי בארעיך - חמס 60:18

חידו
חי למלכיא - משוש 32:14

חיותא
כל גרמי חי 38:13
וחיותא - וחיתו
וחי דביה 40:16
חיון - לחיה
דמות חי 46:1

חיוי/חוי
חור חי פתן 11:8
גלגלי עיני חוי
כחיוי - שרף
כחי מפרית 14:29
וחויא - ונחש
וחי עפרא מזוניה 65:25
חיוון
חי חרמנין 59:5(2×)
וחיוון - אפעה
וחי חרמנין 30:6

חייבא
סף תקוף חי - מדהבה 14:4
לחייבא - רשע
מזכן ליה לחי 5:23
חייב - טמא
גבר חי 6:5
חייביא
אודני חי 28:24;50:4
וחלף חי - הסרפד 55:13
גברא חי - הפשעים 66:24
וחייביא
חטאיה וחי - שית 9:17
וחי דאנון כסמן 42:18
וחי דנביי שלחית עליהון 42:19
חייבין
שלטן חי - משלים 14:5
אתברו...חי - חטאים 33:14
עולימין חי - נערים 40:30

וחייבין - וחטאים
מרודין וחי 1:28
חייבי - ארץ
וימחי חי ארעא 11:4
חייבך - בדיליך
ואעדי כל חי 1:25
וחייבהא - וחטאיה
וחי ישיצי מינה 13:9

חיא
ייחי
יי בחיי עלמא 58:11
תיחי - תחיה
ולא תי 38:1
ייחון
דלא יי - יחיו 26:14
יי וישבחון קדמך 26:19
יי יבנון חרבתיך - מהרו 49:17
וייחון
ויי מיתיא 45:8
ניחי
ולא ני 22:13
אחיתא - חייי
וקדם כולהון אי 38:16
ואחייתני
ואי וקיימתני 38:16
לאחאה
אמרת לאי 38:16
מחי - יחיו
מי מיתין 26:19

חיא
חי - חי
דחי חי הוא 38:19
דחי - חי
דחי חי הוא 38:19
חייא
תבעין חי מן מיתיא-החיים 8:19
אריכות חי - החיים 38:11
אילן חי 65:22
בחייא
לא אתין להון ארכא בחי 65:6

חיין
רוח חי 2:22
עד דאתון חי 55:6
בחיי
בחי עלמא - לחיים 4:3
בחי עלמא 58:11
חיי
כבחל גידודין חי- חי 38:12
על חי 38:15
בחיי
אתרעיתא בחי 38:17
חיינא - חיינו
כל יומי חי 38:20

חייתא
חית
חי ברא 49:26
חי חורשא - חיתו 56:9
לחית - חיתו
לחי ברא 56:9

חילא
בחילא - בכח
ארימו בחי קלכון 40:9
חיל - כח
ותקיף חי 40:26
ויוספון חי 40:31
יוספן חי 41:1
לא יהי ביה חי 44:12
ואם לית קדמי חי 50:2
סגי קדמי חי למפרק 63:1
וחיל - וכח
וחי לית לה 37:3
חילי - כחי
ולא מדעם חי שיציתי 49:4
חיליה - כחו
ועביד ליה בתקוף חי 44:12
חילהון
יתקצר חי - קצירה 27:11
יתקצר חי - המצע 28:20
אתקצר חי 37:27
חילי

כל חי שמיא - צבא 34:4
חי שמיא - צבאם 40:26
חיליהון
וכל חי - צביא 29:7
וכל חי - צבאם 45:12
חילת
חי אורח 41:3
חילות
על חי תוקפא - צבא 24:21
לחילותיה
עני ואמר לחי 10:32

חילא
חי שמינא - גיא 28:1,4
חילא
כל חי - גיא 40:4
בחילתא
דיתבא בחי - גיא 22:1
דיתבא בחי - בגיא 22:5

חילונאה
ויהי חי ככהנא - כעם 24:2

חימא
חימת - חימה
חי רוגזיה 42:25

חיס
ולא יהי עליהון חי 1:31
בחיס
לא בחי - מעט 10:7
לא בחי - יחמל 30:14

חיסודא
וחיסודין - ותוכחה
יום עקא וחי 37:3
לחיסודין
ואף לחי - לחרפה 30:5
וישראל לחי - לגדופים 43:28
וחיסודי - וחרפת
וחי עמיה 25:8
וחי ארמלותיך 54:4

מחיסודי - חרפת
מחי בני אנשא 51:7

חיפויא
חיפוי - צפוי
חי צלמי כספכון 30:22

חירו
למקרי לדשבן חי- דרור 61:1

חכם
חכימת - הבין
לא חי לי 29:16

חכימא
וחכים - וחכם
וחי וסיב 3:3
חכימיא
חי דמלכוהי ל...- חכמי 19:11
מתיב חי - חכמים 44:25
חכימין - חכמים
בני חי אנחנא 19:11
דחכימין - חכמים
יי דחי בעיני נפשהון 5:21
חכימך - חכמיך
אן אינון חי 19:12
חכימיהון
וכל חי - מלבושי 63:3
וחכימיהון
וחי אסלעים 19:3
מחכימיהון - חכמיו
ותיבד חכמתא מחי 29:14

חכמתא
ותיבד חי - חכמת 29:14
חוכמא/חכמא
רוח חי - חכמה 11:2
למסבר חי - שמועה 28:9
חי ומדע - חכמת 33:6
אסבר חי 40:14
לאלפא...חי 50:4
יהיב לצדיקיא...חי - כח 40:29

ובחכמתי - ובחכמתי
בתקוף ידי עבדית ובחי 10:13
חכמתיך - חכמתך
חי...היא קלקילתיך 47:10
חכמתיה - תושיה
בסגי חי 28:29
בחכמתיה
ואף הוא בחי איתי - חכם 31:2
בחי יזכי זכאין - בדעתו 53:11

חכתא
כל דהוו רמן...חי - חכה 19:8

חלא
כחלא - כחול
כחי דימא 10:22;48:19

חלב
ומיחלב - וחלב
אלפן דעב מיחמר ומיחי 55:1

חלופא
חלופך - כפרך
יהבית חי מצרים 43:3

חליטתא
וחליטתא - והלחשים
וקדישא וחי 3:20

חליף
אתחלף
אי יקריך - קחי 23:16
אי ליך עותר מערבא - יהפך 60:5
אתחלפת
מנכון אי לנוכראין 1:7

חלל
דחליל - החצב
חולילא על דחי ביה 10:15
חללית
הלא אנא חי 10:15
מאחלותה - מחללו

יטר שבתא מאי 56:2

דיטר שבתא מאי 56:6

דאיתחל - מחלל

בית מקדשא דאי 53:5

יתחל - יחל

דלא יי 48:11

חלם

דיחלום - יחלם

כמא די 29:8

וכמא די

כמחלם - כחלום

ויהי כמחי הרהור 29:7

חלף

חלף - יען 3:16;7:5;8:6;29:13; 30:12;37:29;61:1;65:12;66:4

חלף - תחת 43:4;53:12;55:13; 60:15,17;61:3(3×),7

חלף - עקב 5:23

חלף - לכן 10:16

וחלף - ותחת 3:24(2×);60:17(3×)

וחלף - תחת 55:13

חלקיה

לאליקים בר ח' - חלקיהו 22:20

אליקים בר ח' - חלקיהו 36:3,22

חלש

ויחלש/ויחלש

וי' תקוף גוברין - וישפל 2:9;5:15

וי' תקוף גברין - ושח 2:11

וי' תקוף גוברין - ושפל 2:17

חלשא

הוא ח' - הזנב 9:14

ומלכו ח' יתחשבון 10:19

הא הוא ח' 10:32

ודחלש - והצעיר

ודח' לעם תקיף 60:22

וחלשיא - ותעלולים

וח' ישלטון בהון 3:4

חלשין

ח' כנשיא 19:16

הוו ח' 47:14

יהון ח' 53:3

חמד

חמידת - תאות

ח' נפשנא 26:8

חמידו

ולא ח' 28:10,13

דחמידתון - אשר חמדתם

מאילני טעותא דח' 1:29

מחמדא - אויתיך

נפשי מ' לצלאה 26:9

מחמדין - חבשו

ולא מ' לתיובא 1:6

דמחמדין

דמי לאלפנא 32:6

דמי לאלפנא - מבקשים 41:17

חמדתא

חקלי ח' - חמד 32:12

חמט

חמיט - כרע

ח' בל 46:1

חמיש

ח' קרוין - חמש 19:18

ח' עסר שנין - חמש 38:5

וחמיש - וחמש

ובסוף שתין וח' שנין 7:8

חמר

מחמרא - מפלה

ותהי לכרך מ' 17:1

לדמחמרא - למפלה

שויהא לדמי 23:13

שויתא...לדמי 25:2

ואתחמר

ככרך דחרוב ואי - החרש 17:9

ככרך דחרוב ואי - נבעה 30:13

חמרא

על ח' - היין 24:11

בחמרא - ביין

בח' רוו 28:7

וחמרא - ויין

וח' משתיהון 5:12

לחמרא

ודעצרוהי לח' 62:9

חמר

ח' עתיק - שכר 5:11

ח' אונסא - יין

למשתי ח' - יין 5:22

ולא יחייכון ח' - יין 16:10

ונשתי ח' - יין 22:13

כל שתי ח' - תירוש 24:7

לא ישתון ח' - יין 24:9

כתישי ח' - יין 28:1

מן ח' - היין 28:7

ולא מן ח' - יין 29:9

ולא מן ח' - מיין 51:21

ונסבי ח' - יין 56:12

וחמר - ותירוש

ארע עיבור וח' 36:17

כחמר

כח' במעצרא 63:2

מיחמר/מחמר

וכמא דמתרון מיח' 49:26

דטב מיח' - יין 55:1

ותרוון מח' יקרא - מזיו 66:11

חמריך

ח' מערב במיא - סבאך 1:22

ח' דלאית ביה - תירושך 62:8

חמרא

וחמרא - וחמור

וח' אוריא דמרוהי 1:3

חמר - חמור

רכיב על ח' 21:7

בחמריא - והחמור

ולמכנש בח' 32:20

וחמריא - והעירים
ותוריא וחי 30:24

חמשה/חמשא
ארבעה חי - חמשה 17:6
חי תערקון - חמשה 30:17
וחמשה - וחמשה
וחי אלפין 37:36

חמשין
רב חי - חמישים 3:3

חמתא
מלן חי - חמת 51:20
חמת - חמת
חי מעיקא 51:13(2×)
בחמתי - בחמתי
ואדושינון בחי 63:3,6
וחמתי
רוגזי וחי 27:4
דחמתי - חמתי
פילי כסא דחי 51:22
דחמתיה - חמתו
כסא דחי 51:17

חמת
כין חי - חמת 10:9
אן דחלת חי - חמת 36:19
דחמת - חמת
אן מלכא דחי 37:13
ומחמת - ומחמת
דישתאר מאתור...ומחי 11:11

חנא
ובחניה - ובחיקו
ובחי מסובר רכיכין 40:11
חנהון - חיקם
ואתין על אגר עובדיהון...חי 65:7

חנן
ותתחנן - ונשאת
ותי בצלו על שארא 37:4

חנסנסא
וחנסנסיא
ושירי ידיא וחי- והרעלות 3:19
ואשיריא וחי-וההמנים 17:8;27:9

חנף
חנפין - חנף
כולהון חי 9:16

חנפא
ככינשא חי - חנף 10:6

חנקא
חנקי - מוסרי
חי צוריכון 52:2

חסד
חסידתא - חרפת
ית מן חי 37:23
חי עמא דיוי 37:24
חסידו - חרפוני
חי קדמי 65:7
דחסידו - גדפו
דחי עולמי מלכא דאתור 37:6
לחסדא - לחרף
לחי עמא דיוי 37:4,17

חסדא
וגוברי גמלי חי- חסד 57:1

חסור
חי מחובנא 26:12

חסילא
חי ידוהי יושט - גמול 11:8

חסין
חי כנחשא 48:4
חסינין - עריצים
עממין חי 25:3
חסינן - נוראה
דאתעבידא בה חי 21:1
דחסינן
ומלכון דחי כשלהביתא 43:2
וחסינן - ואמץ
הא מחן תקיפן וחי 28:2
וחסינא
תקיפא וחי - והנשאים 2:13
תקיפא וחי - והרבים 8:7
וחסינתא - והחזקה
ותקיפתא וחי 27:1

חסירא
וחסירא - וריקה
וחי נפשיה 29:8

חסן
חסינו - אמצו
ורכובין דרעלן חי 35:3
תתחסן - תתאפק
העל אלין תי 64:11
יתחסנון - התאפקו
וסגיאות רחמך עלנא יי 63:15
יחסין - ינחל
יי ארעא 57:13
יאחסניניה
אתקפיניה ואי 28:16
יחסנון
צדיקיא יי - יאכלו 5:17
יי ארעא - יירשו 60:21
על חד תרין יי - יירשו 61:7
ויחסנון - וירשו
ויי ארעא 14:21
יחסנונה - יירשוה
עד עלמא יי 34:17
ויחסנונה - וירשוה
ויי קתין 34:11
ויי בחירי 65:9
ויחסנונון - והתנחלום
ויי בית ישראל 14:2
דנחסין
עד דני כל אתר 5:8
לאחסנא - להנחיל
לאי ירותן דצדין 49:8
מחסנין - אכלים

עממיא מי יתה 1:7

חסף

ח' למחתי נור - חרש 30:14

דחסף

מן דח' - נבל 30:14

חסר

יחסרון - יחסר

ולא י' 51:14

חסר

ח' חד 10:32

חפא

יחפי - יכסה

חשוכא י' ארעא 60:2

תחפי - תכסך

שירת ערבאי ת' סחרנך 60:6

ותחפי - ועוה

ות' בהתא 24:1

ותחפינך - ועטך

ות' בהתא 22:17

תחפינון

פורענות עמא ת' 26:11

חפן - מכסים

כמא דלימא ח' 11:9

חפי - לבוש

ח' קטילין 14:19

אתחפיאו - הפח

אי בהתא עולימין 42:22

מחפי - ירקענו

בדהב מ' ליה 40:19

חפר

חפרו

ח' בירין 10:32

חפר - קרתי

אנא היתי ח' גובין 37:25

חצב

דכחציבא

דכח' מטינרא 51:1

אתחציבתון - חצבתם

דכחציבא מטינרא א' 51:1

חצד

יחצוד - יקצור

ובדרעיה שובלין י' 17:5

וחצודו - וקצרו

וח' וצובו ואכולו 37:30

חצדא

זמן ח' - קציר 18:5

חצד - קציר

כמכנש ח' קמא 17:5

בשחין ח' 18:4

דכחצד - קציר

דכח'...עללתא 23:3

חצדיך - קצירך

ארי על ח' 16:9

חציבא

ח' עביד - מעצד 44:12

חצץ

מחצצי

מח' גרין 10:32

חקלא

וכל אילני ח' - השדה 55:12

דחקלא - השדה

כמוצא דח' 40:6

חקל - שדה

ח' אונסא 5:8

ח' משטח קצריא 7:3;36:2

חקליא - שדה

כעשב ח' 37:27

חקלין - לחם

ארע ח' וכרמין 36:17

חקלי - שדי

ח' חמדתא 32:12

בחקלתהון - בשדה

בח' מקרבין 5:8

חרבא

ח' מן קדם יוי - חרב 34:6

בחרבא

בח' יתקטלון - בחרב 3:25

יתקטיל בח' - בחרב 13:15

ויקטול...בח' - במזמרות 18:5

לא אתקטילו בח'- חרב 22:2

דקטיל בח' - חרב 31:8

ואפליניה בח' - בחרב 37:7

קטלוהי בח' - בחרב 37:38

וחרבא - והחרב

וכנפא וח' 51:19

לחרבא - לחרב

ואמסר יתכון לח' 65:12

חרב

מטעני ח' - חרב 14:19

ח' שליפא - חרב 21:15

מתקפי ח' - זיקות 50:11

בחרב

בח' סנאה - חרב 1:20

בח' חריפא - בתער 7:20

בח' לא אנש - בחרב 31:8

ובחרב - ובזיקות

ובח' דתקיפתון 50:11

וחרב - וחרב

וח' לא אנש 31:8

כחרב - כחרב

כח' חריפא 49:2

חרבי - חרבי

תתגלי בשמיא ח' 34:5

חרביה - חרבו

קדם ח' 41:2

בחרביה - בחרבו

בח' רבתא 27:1

ובחרביה - ובחרבו

באשתא...ובח' 66:16

חרבתא

בחרבתא - בחרבות

ולא אצהינון בח' 48:21

לחרבה - לחרבה

הוה לח' 64:10

חרבת - חרבות

ח' ירושלם 52:9

ח' עלם 58:12;61:4

חרבתיך - מהרסיך

יבנון ח' 49:17

חרבותיך - חרבתיך

ארי ח' 49:19

חרבתהא - חרבתיה

כל ח' 51:3

וחרבתהא - וחרבותיה

וח' אקמים 44:26

חרוב

בית מקדשא ח' - נטש 32:14

כדו ח'

חרובת

ח' ארעא - נעתם 9:18

ח' ארעא - נבלה 24:4

ח' תבל - נבלה

ח' ארעא - אכלה 24:6

ח' ארעא - אמללה 33:9

יחרוב

י' וייבש - יחרב 19:5

ייבש י' - נדף 19:7

תחרוב

וארעא ת' - תשאה 6:11

ת' לעלם עלמיא - תחרב 34:10

דאמר על בבל ת'- חרבי 44:27

ותחרוב

ותתרוקן ארעא ות' 3:26

ויחרבון - וחרבו

וי' נהרין עמיקיא 19:6

למחרב

דעתידא למ' 19:18

דחרוב

ככרך דח' - כעזובת 17:9

ככרך דח' - נפל 30:13

חרבן

דהואה ח' - חרב 61:4

וחרבן - ערער

שביקן קרויהון וח' 17:2

אחריבו - החריבו

א' מלכי אתור 37:18

אחריבית - המחרבת

א' ימא 51:10

אחריב - אחריב

א' טורין 42:15

א' ימא 50:2

ומחרבך - ומחרביך

ומ' מניך יגלון 49:17

חריפא

בחרב ח' - השכירה 7:20

כחרב ח' - חדה 49:2

חרן

וית ח' - חרן 37:12

חרף

מחרפין - שנונים

דגררוהי מ' 5:28

חרצא

חרצין - חלצים

אסרו על ח' 32:11

וחרצי - ומתני

וח' מלכין 45:1

בחרצך - מתניך

ותיסר שקא בח' 20:2

חרציה - חלציו

זרז ח' 5:27

חרציהון - מתני

אתמליאו ח' זיעא 21:3

חרשא

חרשין - אלמים

כלבין ח' 56:10

כחרשין - החרשים

רשיעיא דאנון כח' 42:18

דכחרשין

וישמעון...דכח'- החרשים 29:18

ואודניהון דכח'- חרשים 35:5

וכחרשין - וחרשים

וכח' ואדנין להון 43:8

חרשא

חרשין - האטים

ומן ח' 19:3

חרשך - כשפיך

בסגיאות ח' 47:9

חרשך - כשפיך

ובסגיאות ח' 47:12

חשב

חשיב

וכלמא ח' הוא - נחשב 2:22

וכעטבא ח' - ינתן 51:12

חשיבו

לא ח' - חשב 33:8

חשביא - שקל

איכא ח' 33:18

חשיבין/חשיבין

ח' קדמי 10:8;29:16

כעטבא ח' 40:7

ח' קדמוהי 40:12,22

עממיא...ח' - נחשבו 40:15

אינון ח' קדמוהי - נחשבו 40:17

ולא ח' - חשבנהו 53:3

ואנחנא ח' - חשבנהו 53:4

דחשיבית - דמיתי

כמא דח' 14:24

יחשיב - יהגה

לבך י' רברבן 33:18

לחשבא

יכלון לח' 33:18

מחשיב

לא כין מ' - יחשב 10:7

לישנכון נכלין מ' - תהגה 59:3

יתחשבון - יכתבם

ומלכו חלשא י' 10:19

חשבון

יתבי ח' - חשבון 15:4

משרית ח' - חשבון 16:8

ח' ואלעלא - חשבון 16:9

חשוך

לחשוך - חשך

י לקשיעיא 5:20

חשוכא

הא ח' - החשך 60:2

בחשוכא - בחשך

וידנח בח' 58:10

חשוך

וברי ח' - חשך 45:7

דהוו ח' 52:14

והא ח' - חשך 59:9

דחשוך - חשך

אוצרין דח' 45:3

ומחשוך - ומחשך

ומח' עיני סמן יחזיין 29:18

חשי

ראה בוחשי

חשיכא

לחשיך - לאביון

סעיד לח' 25:4

חשיכיא

ואפי ח' - עניים 3:15

ופתגמי ח' - אביון 32:7

וחשיכיא

ענותניא וח' - והאביונים 41:17

וח' דכבוצין עמי 42:3

וחשיכין - ועניים

וח' מטלטלין 58:7

חשיכי

ח' עמא - בכורי 14:30

ח' עמיה - עניי 14:32

ח' עמא 26:6

וחשיכי - ואביוני

וח' בני אנשא 29:19

לחשיכי - לענוי

לח' עמא 11:4

מחשיכי - עניי

מח' עמי 10:2

חשיכתא - עניה

ח' מקבלת עולבן 54:11

חתא

למחתי - לחתות

למח' נור 30:14

חתולא

חתולין

וינצפון ח' - איים 13:22

בחתולין - איים

ויערעון תמוון בח' 34:14

חתם

חתום - חתום

ח' וטמר אוריתא 8:16

דחתחתם

בתר דת' גזירתא 8:21

חתנא

וכמא דחדי ח' - חתן 62:5

כחתנא - כחתן

כח' דמצלח 61:10

ט

טאניס

רברבי ט' - צען 19:11,13

בטאניס - בצען

ארי הוו בט' רברבוהי 30:4

טבא

מא ט' 5:4

ולקרבא ט' - בטוב 7:15,16

משחא ט' - הטוב 39:2

טב - טוב

מבסר ט' 52:7

ושום ט' מבנין ובנן 56:5

דטב

אלפן דט' מיחמר 55:1

ואכולו דט' - טוב 55:2

וטב - ושמן

ויהי פרנוס וט' 30:23

לטב

על דוכרני לט' 38:10

טביא

אתון ט' - טוב 5:20

טבין

עובדין ט' - ענבים 5:2,4

עובדין ט' 26:20;41:28;57:12; 59:16;63:5

עבדין ט' 32:20

ודטבין

ודט' מנהון - וגזית 9:9

דטבין - וטובים

רברבין וט' 5:9

טבא

בארע ט' 27:2

לארע ט' 36:17

ט' מדיומא דין 56:12

טבן

באבנין ט' - בספירים 54:11

בסורן ט' 62:10

טבותא

ט' דיוי - חסדי 63:7

טבורן

והוא אסגי ט' 38:15

בטבורן

על חד תרין בט' 61:7

טבות

ט' אברהם 29:23

ט' דויד - חסדי 55:3

ובטבות - ובחסד

ובט' עלם 54:8

טבותך

המון ט' - מעיך 63:15

טבותיך
דכרן ט׳ 62:6
טבותיה
וכסגיאות ט׳ - חסדיו 63:7
דכרן ט׳ 63:11

טביא
כטבי - כצבי
ויהי כט׳ מפריד 13:14

טוא
ט׳ טוא - יצלה 44:16
טוית - אצלה
ט׳ בסרא 44:19

טוא
טוא ט׳ - צלי 44:16

טוב
ט׳ אבן שעיא - צל 38:8

טובא
ט׳ דארעא - טוב 1:19
ועננא יגדון ט׳ - צדק 45:8
טוב - עשות חלב
ויהי מסגי ט׳ 7:22
בטוב - בחסד
יתקן בט׳ כורסוהי 16:5
מטוב - מטוב
מט׳ לב 65:14
טובי
כאורח ט׳ - דרכי 55:8
אורחת ט׳ - דרכי 55:9
פתגם ט׳ - דברי 55:11
וטובי - וחסדי
וט׳ מניך...לא יעדי 54:10
טובך - בדרכיך
באורח ט׳ 64:4
טוביה
מותר ט׳ דיוי 1:9
אוצר ט׳ עתיד - אוצרו 33:6
וסגי ט׳ לבית ישראל-טוב 63:7
טובי - אשרי
ט׳ צדיקיא 30:18
ט׳ אנשא 56:2
טוביכון
אמרו לצדיקיא ט׳ - טוב 3:10
ט׳ צדיקיא - אשריכם 32:20

טולא
טוליך - צלך
שוי כליליא ט׳ 16:3
בטולה - בצלה
וקוריהון ינצפון בט׳ 34:15
טולי
ט׳ מותא - צל מות 9:1
טומאתא - רוח
כמא דמרחקין ית ט׳ 30:22

טוס
דטאיס
כנשרא דט׳ - צלצל 18:1
כעופא דט׳ - עפות 31:5
טופנא
מי ט׳ 54:9
דטופנא
בדרא דט׳ 65:8

טורא
ט׳ דציון - הר 4:5;29:8;31:4
על ריש ט׳ - ההר 30:17
ט׳ דקודשי - הר 11:9;57:13;
65:25;66:20
פלחן ט׳ דקדשי 65:11
בטורא
בט׳ דציון - בהר 8:18;
10:12;24:23
בט׳ דציון - הר 18:7
בט׳ הדין - בהר 25:6,7,10
בט׳ דקודשא - בהר 27:13
לטורא
לט׳ דקודשא - אל הר 56:7
מטורא
מט׳ דציון - מהר 37:32

טור
ט׳ בית מקדשא דיוי - הר 2:2
ט׳ בית מקדשא - הר 10:32
ט׳ כנשתא דציון - אל הר 16:1
על כל ט׳ רם - הר 30:25
וכל ט׳ ורמא - הר 40:4
על ט׳ רם - הר 40:9;57:7
בטור
בט׳ רם - בקרן 5:1
בט׳ זמן - בהר 14:13
בט׳ מקדשא דיוי- בהר 30:29
לטור - אל הר
לט׳ בית מקדשא דיוי 2:3
טוריא/טריא
בריש ט׳ - ההרים 2:2
ט׳ רמיא - ההרים 2:14
וזעו ט׳ - ההרים 5:25
וכל ט׳ - ההרים 7:25
כמוץ ט׳ - הרים 17:13
על ט׳ - הרים 18:3
ברישי ט׳ - ההר 22:5
כמא דזעו ט׳ - כהר 28:21
ויתמסון ט׳ - הרים 34:3
מריש ט׳ - הרים 42:11
בועו ט׳ - הרים 44:23
ואשוי ט׳ - כל הרי 49:11
ודוצו ט׳ - הרים 49:13
ט׳ יעדון - ההרים 54:10
ט׳ ורמתא - ההרים 55:12
ט׳ זעו -הרים 63:19;64:2
על ט׳ - ההרים 65:7
בטוריא
קל המון בט׳ - בהרים 13:4
לעופא די בט׳ - הרים 18:6
וטוריא - הרים
וט׳ כאילו מתקל תקילין 40:12
טורין
אחריב ט׳ - הרים 42:15
מדין יסמקון ט׳ מדם 63:2

טורי
טי עמי - הרי 14:25
טי ארעא דישראל- ההרים 52:7
טורי - הרי
ואפיקית...ירית טי 65:9

טורנא
טורנין
ושלטונין עם טי- אבירים 34:7
טורני - אלוני
ועל כל טי מדינתא 2:13
וטורנוהי - ושמירו
וישיצי שלטונוהי וטי 10:17

טיהרא
בגו טי - צהרים 16:3
בטיהרא - בצהרים
אתקילנא בטי 59:10
כטיהרא - כצהרים
וקבלך יהי כטי 58:10

טינא
האפשר דיימר טי- מעשה 29:16
ית טי - טיט 41:25
האפשר דיימר טי- חמר 45:9
אנחנא טי - החמר 64:7
בטינא - מדמנה
כמא דמדדש תבנא בטי 25:10
דטינא - כחמר
הא כמא דטי ביד פחרא 29:16
וטין
סין וטי - וטיט 57:20

טינרא
ובזע טי - צור 48:21
כטינרא - כחלמיש
שויתי אפי תקיפין כטי 50:7
מטנרא/מטינרא
מיא מטי אפיק - מצור 48:21
דכחציבא מטיי - צור 51:1

טנריא
במערת טי - צרים 2:19
במערת טי - הצרים 2:21
בטנריא - בצור
למערק בטי 2:10
כטינרת - כצר
כטי תקיפין 5:28

כטיפא
כטי בשעולא 40:12
כטי מדול - כמר 40:15

טל
כענן טי - טל 18:4
טי ניהור טלך - טל 26:19
טלך
טל ניהור טי - טלך 26:19

טלטולא
טלטול - טלטלה
טי דגיבר 22:17
וטלטוליא - ונזמי האף
עזקתא וטי 3:21

טלל
לאטלא - לצל
לאי עלה בימם 4:6
וטלטילתינון - ואקצף
טליקית שכינתי מנהון וטי 57:17
טלטילונון - הנע
הלא טי 37:13
מטלטיל- מטלטלך
יוי מי לך 22:17
מטלטלין - שמיר
ויהון מי ושביקין 5:6
מטלטליא
טמרי מי - נדחים 16:3
יתיתבון ביך מי - נדחי 16:4
מטלטליהון- שלחותיה
עד יעזר מטו...מי 16:8
מטלטלא - משלח
תהא מי ושביקא 27:10
ומטלטלא
גליא ומי - וסורה 49:21
חלף דהוית שביקא ומי
- ושנואה 60:15
מטלטלתא - עניה
שמעי כען דא מי 51:21
איטלטל
אי למדינא - סבי 23:16
ואיטלטל - משלח
ויהי כענפא..ואי 16:2
איטלטלו - נדדו
כל שלטונך אי כחדא 22:3
ודאטלטלו - והנדחים
ודאי לארעא דמצרים 27:13
מטלטלין - מרודים
וחשיכין מטי 58:7
לדמטלטלין
לדמי ביני מלכוותא 49:7

טללא
בטלל - בצל
בטי מצרים 30:2,3
בטי גבורתיה אגין עלי 49:2
ובטלל - ובצל
ובטי גבורתי 51:16
כטלל / כטליל
כטי משרב - צל 25:4
בטי כיף מקר - בצל 25:5
כטי כיף מקר - כצל 32:2

טמם
טמטים
ועינוהי טי - השע 6:10
יטמטמן - תשעינה
ולא יי עיני צדיקיא 32:3
מטמטים - אטם
מי אודנוהי 33:15
מטמטמן - טח
מי מלמחזי עיניהון 44:18

טמר

טמרית - הסתרתי
אפי לא ט׳ 50:6
טמיר - נתעב
כיחט ט׳ 14:19
ואטמר - ויעצם
ואי מנכון 29:10
דאיטמרתון
ועל דאי מן קדם מעיקא 28:17
איטמרנא - נסתרנו
ובגין שקרין אי 28:15
תטמר - תסתתר
וסכלתנותא ...ת׳ 29:14
איטמר - חבי
אי כזעיר זמן 26:20
לאטמרא - לסתר
יי דמדמן לאי עיצא 29:15
ולאיטמרא - והטמן
ולאי בעפרא 2:10
טמר - כסה
וית מלפיא...ט׳ 29:10
וטמר
וטי אוריתא 8:16
טמרי
ט׳ מטלטליא - סתרי 16:3
מטמרא - נסתרה
מי אורחי מן קדם יוי 40:27
מטמרין - נעדרת
והוו עבדי קשטא מי 59:15
דמיטמרין
ויהון...דמי - כמחבא 32:2
כמא דמי מן קדם זרמית
דמטמרן/דמיטמרן
כמא דמי מן קדם זרמית 25:4
וסימן דמיט׳ - מסתרים 45:3

טעא
ט׳ ליבהון - תעה 21:4
וטעת
וטי בתר נוכראין 57:8
טעו
ט׳ למדברא - תעו 16:8
ט׳ אנש מפיס - נשאו 19:13

ט׳ מלמחזי - נבהלתי 21:3
ט׳ מן עתיק - תעו 28:7
ט׳ דיינהא - פקו
ט׳ ולא מן עתיק- נעו 29:9
דטעו
וזמם דטי - מתעה 30:28
על דטי 57:17

טעאה
ארי ט׳ בשפרהון 3:24
יטעון - יתעו
לא י׳ 35:8
למטעי
למי מאורחן דתקנן 63:17
דטעי - כהתעות
כמא דטי רויא 19:14
אטעייה - הטהו
לביה שטיא אי 44:20
אטעיאו - התעו
אי ית מצרים 19:13
ואטעיאו - והתעו
ואי ית מצראי 19:14
אטעיוך - מתעים
עמי משבחך אי 3:12
יטעי/יטעי
לא י׳ לכון - ישא 36:14
דלמא י׳ יתכון - יסית 36:18
יטעינך - ישאך
לא י׳ אלהך 37:10
מטען
והוו משבחיה דעמא...מי
- מתעים 9:15
מי ליך 47:13

טעותא
דטעו
מילך דטי - נבערה 19:11
רוח דטי - עועים 19:14
רוח דטי - תרדמה 29:10
טעותיה
עמא מן ט׳ תבעין- אלהיו 8:19

לבית ט׳ - אל מקדשו 16:12
בית נסרוך ט׳ - אלהיו 37:38
וטעותיה - ובאלהיו
ויבזי שום פתכריה וטי 8:21
טעותא
מאילני ט׳ - מאילים 1:29
מגניאך ט׳ - מהגנות
פלחי ט׳ 8:19
פולחן ט׳ 28:10
פולחן ט׳ - נכריה 28:21
בגנאיך ט׳ 65:3
לגניאך ט׳ - אל הגנות 66:17
וטעותא - והאלילים
וטי גמירא יסופון 2:18
לטעותא
למסגד לטי - לחפר פרות 2:20
די פלחא לטי - האליל 10:10
ופלחתון לטי 17:11
דפלחין לטי - באלים 57:5
טעון/טעוון
אתמליאת ארעכון ט׳ 2:6
ואתמליאת ארעהון ט׳-אלילים 2:8
מן ט׳ - האלילים 19:3
לא ט׳ דאית בהון צרוך
- אלהים 37:19
לטעון/לטעון
אם לטי דאית בהון צרוך
- אלהים 41:23
דמסדרין לטי פתורין -לגד 65:11
טעות - אלילי
ט׳ כספהון 2:20;31:7
וית ט׳ דהבהון 2:20
ט׳ מצראי 19:1
וטעות - ואלילי
וטי דהבהון 31:7
טעותיך
דוכרן ט׳ 57:8
טעותהא - אלהיה
וכל צלמי ט׳ 21:9
ולטעותהא - ולאליליה
כמא דעבדית לשמרון ולטי 10:11
טעותנא - אלהינו
אתון ט׳ 42:17

טעותהון
ומוקדין ית ט׳ - אלהיהם 37:19
מטולי ט׳ יקירין 46:1
בטעותהון
ויבהתון בט׳ 45:24

טעיתא
כטעיתא - לזונה
למהוי כט׳ 1:21

טען
טענין
על גופנין ט׳ - פריה 32:12
טעינין
יהון ט׳ - ישאו 60:6

טען
מטעני - מטעני
מ׳ חרב 14:19

טפא
טפו - כבו
כביצין עמי ט׳ 43:17
תטפי - תכבה
לא ת׳ 34:10;66:24

יטפי - יכבנה
לא י׳ 42:3

טפח
וטפחית - ואחרב
וט׳ בפרסת רגלי עמא 37:25
דמטפח
עם דמ׳ בקרנסא 41:7

טפיש
טפיש - השמן
ט׳ לביה דעמא הדין 6:10
איטפשו
א׳ רברבי טאניס- אולים 19:11
א׳ רברבי טאניס- נואלו 19:13
א׳ מלמשמע - נעויתי 21:3

טפס
מטפסין
לא מ׳ - יחשבו 13:17

טפשא
לגיותניא ט׳ 28:1
דגיותניא ט׳ 28:3

טרד
דטריד - נגרש
כימא דט׳ 57:20

טרף
יטרפון - ירטשו
ועולימיהון י׳ 13:16
מטרפין - עלפו
בנך יהון מ׳ 51:20

טרף
כמיתר ט׳ מיגפן- עלה 34:4
כמיתר ט׳ - כעלה 64:5
טרפוהי - עלה
כבוטמא דבמתר ט׳ 1:30
טרפיהון
וכבלוטא דבמיתר ט׳ 6:13

יאיא
יאין - נאוו
מא י׳ 52:7

יאש
ליאשא - לשום
לי׳ לאבילי ציון 61:3

יביש
י׳ עסבא - יבש 15:6;40:7
י׳ לבנן - החפיר 33:9
ייבש
י׳ רוביה דנהרא 19:7
י׳ יחרוב - ייבש
דייבש - ויבש
ונהרהון יחרוב ויי׳ 19:5
ייבשון - דללו
י׳ ויחרבון נהריהון 19:6
וייבש - והחרים
וי׳ יוי ית לישן ימא 11:15
איביש - אוביש
וכל עסבהון אי׳ 42:15
ואגמין א׳
ונהרהא א׳ 44:27

יביש
כאע י׳ - יבש 56:3
ליבישין
דמן לי׳ 6:13

יבל
ויובלונון - והביאום
וי׳ לאתרהון 14:2
מוביל - ינפף
מ׳ ומיתי בידיה על... 10:32
מובלין
מ׳ אתון - תטחנו 3:15
מ׳ לעם דלא יהנון להון 30:6
דיתובל
וי׳ לבבל 39:6
תתובלון
לא תת׳ לארעכון- תלכון 52:12
ובשלמא תת׳ - תובלון 55:12

יבע
יבעו - פצחו
י׳ תושבחא 14:7
דיבעו

כמא די על גבורן 24:14

יבעו - הריעו

י' יסודי ארעא 44:23

יברכיה

זכריה בר י' - יברכיהו 8:2

יבשתא

על י' - יבשה 44:3

ידא

יד - יד

אניפו י' 13:2

מקפידות י' 59:1

ביד

בי' ריבון קשי - ביד 19:4

בי' ישעיה - ביד 20:2

ביד פחרא 29:16

בי' מלכא דאתור-ביד 36:15;37:10

בי' עבדך חסידתא- ביד 37:24

בי' דהוו מונן - ביד 51:23

בי' חובנא - ביד 64:6

מיד - מיד

מי' מלכא דאתור 36:18

מי' אזגדיא 37:14

מי' קטולין 47:14

ומיד - ומכף

ומי' מלכא דאתור 38:6

ידי

כמא דאשכחת י' - ידי 10:10

בתקוף י' עבדית- ידי 10:13

ואשכחת..י' - ידי 10:14

מן י' - מידי 36:19,20(2×)

דמן י' - מידי 43:13

בידי

מסירא בי' 10:9

ידך - ידך

תחות י' 3:6

בידך - בידך

ואתקיפית בי' 42:6

ידיך - מידך

קבילית מן י' 51:22

בידיך - בידך

ומסרתינון בי' 47:6

ידיה - מידו

מן י' 37:20

בידיה

מוביל ומיתי בי'- ידו 10:32

ושלטנך אתין בי' - בידו 22:21

ואתין...בי' - על שכמו 22:22

כאילו היא בי' - בכפו 28:4

וייעול בי' - בכפו 36:6

בידה - בידה

ולית דמתקיף בי' 51:18

מידכון - מידכם

מן תבע דא מי' 1:12

ידהון - ידם

באדום...יושטון י' 11:14

ידיא

ושירי י' - והשירות 3:19

כל י' יתרשלן - ידים 13:7

ידין/ידן

לארע פתיות י' - ידים 22:18

פתיות י' - ידים 33:21

תקיפו ידן - ידים 35:3

לית י' ליה - ידים 45:9

על י' - כפים 49:16

ידי

על י' 5:12;43:22;63:11

על י' זמר - ב... 24:9

י' אנשא - ידי 37:19

ידי

דכבישית בתקוף י' 10:32

ידוהי

חסילא י' יושיט- ידו 11:8

עובד י' - ידיו 17:8

אשיות י' - ידיו 25:11

מנע י' - כפיו 33:15

ויטר י' - ידו 56:2

ידיכון

דעבדא לכון י' - ידיכם 31:7

י' שותפן בדם זכי - כפיכם 59:3

מידיכון - ידיכם

מד' דם זכי מלין 1:15

ידיהון

פרסין י' לצלאה- כפיכם 1:15

ועובד י' - ופעלו 1:31

לעובד י' סגדין- ידיו 2:8

ישוון י' על פומהון 52:15

ועובד י' - ידיהם 65:22

בידיהון - בכפיהם

וליאות שקר בי' 59:6

דבידיהון - ביד

בחוביא דבי' 28:2

דידיהון - ידין

גמלא די' יתתב להון 3:11

ידא

יודי - יודך

הוא י' קדמך 38:19

אודי

אי קדמך - אודך 12:1

אי שמך - אודה 25:1

יידון

במימריה י' 45:24

יודון/ייידון

ויי' למימר 38:19

יבעון וי' למימר 45:14

אודו - הודו

א' קדם י' 12:4

מודן

יהון מ' ומברכין 24:15

בשמך אנחנא מ' 26:13

מ' קדמך - תודך 38:18

ידע

עד לא י' - לדעתו 7:15

עד לא י' - ידע 8:4

לא י' שלמא - ידע 59:8

ידעתא

הלא י' - ידעת 40:28

ולא י' למפלח קדמי - ידעתני 45:4,5

ידעתנין - ידעתם

ולא י' 48:6

ידעית
כד י' יום מותי 38:17
ידעתינין - ידעתין
אנין י' 48:7
ידעו
מידלא י' אוריתא - דעת 5:13
דלא י' אוריתא 28:13
דלא י' - ידעו 42:16
ולא י' - ידע 42:25
ידעוך - ידעוך
ועם דלא י' 55:5
ידעתון - תדעו
הלא י' 40:21
יידע - ידע
עד לא י' עולימא 7:16
תדע - תדע
עם דלא ת' 55:5
דתידע - תדע
בדיל דת' 45:3
דתדעון - תדעו
בדיל דתי ותהימנון 43:10
תידעין - תדעי
לא ת' (2×) 47:11
דתידעין/ותדי - וידעת
ותי ארי אנא יוי 49:23;60:16
אדע - אדע
ולא אי תכלו 47:8
דידעון
די דאלהא מחוי להון 28:26
בדיל די' - ידעו 45:6
וידעון
וי' דבסופא מריר חטאה 5:20
וי' מא מלך יוי- וידעו 19:12
וי' מצראי - וידעו 19:21
וי' דלא איליפו- וידעו 29:24
וי' כל מלכות - וידעו 37:20
בדיל ד...וי' - וידעו 41:20
וי' כל בני - וידעו 49:26
תידעון
בכין בעידנא ההוא ת' 52:6
תידעונה - תדעוה
הלא ת' 43:19

ונידע - ונדעה
וני' סופהון 41:22
וני' אם לטעוון...צרוך 41:23
מן חוי'...וני' 41:26
ונידעיניה - ונדעה
וייתי מלכיה...דישראל וני' 5:19
ודעו - ודעו
ודי תביא 33:13
למידע
לא אוליף למי' דחלתי - ידע 1:3
יסבר למי' - לדעת 32:4
כאילו למי'...צבן - ודעת 58:2
ידע
י' תורא זבניה - ידע 1:3
לדלא י' ספרא - ידע 29:12
לית אנא י' ספרא - ידעתי
דידע - יודענו
ולית די' בעובדנא 29:15
לדידע - אל יודע
לדי' ספרא 29:11
ידענא - ידענום
ועויתנא י' להון 59:12
וידענא - ואדע
וי' ארי לא איבהת 50:7
ידעין
ולא י' - תדעו 6:9
ולא י' - ידעו 44:9
לא י' - ידעו 44:18;
45:20;56:10,11(2×);59:8
ידעי - ידעי
י' קושטא 51:7
ידיע - ולא תדע
וקדמך י' 58:3
וידיע
וי' קדמוהי - וישתומם 59:16
וי' קדמי - ואשתומם 63:5
הודענון - יודיענו
פתגמי רעותיה ה' 40:13
לבני בניהון ה' 40:14
להודעא
להי' לאלפא - לדעת 50:4
להי' שמך - להודיע 64:1

מהודעין - מודיעם
מי' זמניא 47:13
ישתמודעונון
כל חזואיהון י'- יכירום 61:9
אשתמודעות
אי אפיהון - הכרת 3:9

יהב/יהיב
יהיב נשמתא לעם- נתן 42:5
יוי...יהב לי - נתן 50:4
דיהב
די לי יוי - אשר נתן 8:18
די' לנא אלפן אוריתיה 33:22
ויהב - וילמדהו
וי' לבניהון אוריתא 40:14
יהבתא/יהבת
י' להון ארכא - יחן 26:10
ורשיעיא די' י' להון 26:19
לא לעממיא י' אוריתך 63:19
יהבית
כד י' אוריתי 1:2
י' להון אחסנא 5:1
ואף מדבחי י' - חצב 5:2
י' להון ארכא - החשיתי 42:14
י' חלופך - נתתי 43:3
י' במדברא מיא - נתתי 43:20
גבי י' למחן - נתתי 50:6
אנא י'* ליך ארכא- מחשה 57:11
דיהבית
היא איגרת פיטורין די' 50:1
יהבו
דלא י' מעשריא 5:10
יהיב
האנא י' ביה רוחא - נותן 37:7
י'...חוכמא - נתן 40:29
ואת י' ארכא לרשיעיא - תחשה 64:11
דיהיב
י' די' כתרא ל... 28:1
די' מצנפתא ל... 28:4
דיהיב
וי' מצנפתא ל... 28:1

וי׳ בר זרעא - ונתן 55:10

יהבן

ויהי אתר דחואה יי 3:24

אתיהיב

בר אי לבא - נתן 9:5

דאתיהיבת

לאוריתא דאי לבא 8:20

למן דאי אוריתא- יורה 28:9

יתיהיב - נתן

יקר לבנן יי להון 35:2

ויתיהיב - ונתן

ויי ספרא 29:12

מתיהיב

דמן קדמי מי לכון תקוף 44:8

דמתיהבין - אצק

כמא דמי מיא על ארע 44:3

יהודה

אנש יי - יהודה 1:1;2:1

מלכיא דבית יי - יהודה 1:1

ואנש יי - ויהודה 3:8

ואנש יי - יהודה 5:3,7

שבטא דבית יי - יהודה 7:1;37:10;38:9

דבית יי - יהודה 7:17; 9:20;19:17;36:1;40:9;44:26

בארעא דבית יי- ביהודה 7:6;8:8

דבית יי 7:25;8:14

וגלות יי - יהודה 11:12

לדבית יי - יהודה 11:13

בדבית יי - יהודה

ודבית יי - ויהודה

מטמורית בית יי- יהודה 22:8

ולבית יי - יהודה 22:21

בארעא דבית יי- יהודה 26:1

לאנש יי - ליהודה 36:7

דבית יי - יהודה 37:31

ומזרעית יי - יהודה 48:1

ומיהודה - ומיהודה

מעדי מירושלם ומיי 3:1

ומיי ירית טורי 65:9

יהודית - יהודית

ולא תמליל עמנא יי 36:11

ואכלי בקל רב יי 36:13

ליהושע

וכנסין דעבד לי׳ 28:21

יהץ

עד יי - יהץ 15:4

יואח

ויואח - ויואח

ויי בר אסף 36:3,22

ושבנא ויי 36:11

יוי

יוי - יהוה 1:2,11,18,24;2:10, 11,17,19,21;3:1,8,13,14,16; 4:5;5:9,16;6:3,5,12;7:3,11,12, 17,18;8:1,3,11,13,18(2×);9:10, 12,13,18;10:16,26,33;11:2,3, 15;12:1,2,5;13:4,5,6,9,13;14: 1,3,5,22(2×),23,24,27,32;16: 13,14;17:3,6;18:4,7;19:1,4, 12,14,20,21,22,25;20:2,3;21: 10;22:14,17,25;23:9,11,17,18; 24:1,3,15,21;25:1,6,9;26:4,8, 10,11,12,13,15,16,17,21;27:1, 3,12;28:29;29:6,10,22;30:1, 18(2×),26,30,32;31:1,4,9;32:6; 33:2,5,10,22(3×);36:10,15,18, 20;37:4(2×),6,14,15,16,17(2×), 18,20(2×),21,22,33,34;38:1,2, 3,4,5,7,20;39:6;40:2,7,13,28; 41:4,13,14,17,21;42:5,6,8,13, 21,24;43:1,3,10,11,12,14,15, 16;44:2,6(2×),23(2×),24(2×); 45:1,3,5,7,8,11,13,14,18(2×), 19,21;47:4;48:2,14,17(2×),20, 22;49:1,4,5(2×),7(2×),8,13,14, 18,23,25,26;50:1;51:1,3,9,15 (2×),17,20,22;52:3,5(2×),8,9, 10,12;54:1,5,8,10,17;55:5,8; 56:1,3,4;57:19;58:8,11,14;59: 1,15,20,21(2×);60:2,16,19,20, 22;61:1,8,9;62:2,3,4,6,8,9, 11;63:7,16,17;64:7,8,11;65:7, 8,23,25;66:1,2,9,12,15,16(2×), 17,20,21,22,23

ומן ק(דם) יוי - ויהוה 53:6,10

קדם/ק יוי -ליהוה 2:12;8: 17;12:4;18:7;19:19(2×),20,21; 23:18;27:13;34:2,6(2×),8;42: 10,12;44:5;55:13;58:5;61:2; 66:20

מן קדם יוי - מיהוה 29:15;40:27

יוי - אדני 3:15,17,18;4:4; 6:11;7:7,14,20;8:7;9:7,16; 10:12,23,24;11:11;21:6,8,16; 22:14,15;25:8;28:16,22;29:13; 30:15,20;38:14,16;40:10;48:16; 49:22;50:4,5,9;52:4;56:8;61:1, 11;65:13,15

קדם יוי - לאדני 22:5;28:2

יוי - אלהים 13:19;35:4;53:4; 64:3

יוי - האלהים 37:16

דיוי - יהוה 1:4,9,10,20,28; 2:2,3(2×),5;4:2;5:7,12,24,25; 7:10;8:5;9:6;10:20;11:2,9;14: 2;19:16,17,21,22;21:17;22:25; 24:14,15,23;25:8,10;28:5,13, 14,21;30:9,27,29,31,33;31:4, 5;33:6,21;34:16;35:2,10;36:7, 10,15;37:1,14,32,36;38:20,22; 39:5,8;40:3,5(2×),31;41:20; 42:19;48:1;50:10(2×);51:3,11, 13;52:11;53:1,10;54:6,13,17; 55:6,7;56:3,6(2×);58:13,14; 59:19(2×);60:1,6,9,14;61:3,6; 62:12;63:7(2×),14;65:11;66:5 (2×),6,14,20

במימרא דיוי - ביהוה 26:4; 29:19;41:16;45:17,24,25;59:13 61:10

דיוי - ליהוה 19:18;44:5

דיוי - אדני 6:1,8;22:12;37:24

דיוי - אלהים 37:4,17;58:2

דיוי - יה יה 38:11

ויוי - ויהוה 3:17;31:3;58:9

ויוי - ואדני 49:14;50:7

יומא

יי עתיד למיתי - יום 2:12

יי דיו הוא 2:22

יי חד - יום 9:13

יי רב - היום 10:32

יי דעתיד למיתי- יום 13:6

הא יי - יום 13:9

יי הדין - היום 37:3;39:6

יי דין - היום 38:19

כל יי -היום 51:13;52:5;65:2,5

יי דמסגיף אנשא-יום 58:5

כל יי 65:1

ביומא

בי חד - ביום 10:17;47:9;66:8

בי דיניח יוי - ביום 14:3

בי ההוא - ביום 22:12

בי דחגא 29:2

בי דיתיב יוי - ביום 30:26

בי דקודשי - ביום 58:13

מדיומא

מדי דין 56:12

ויומא - ויום

וי דרעוא ביה 58:8

ליומא - ליום

לי דיסערון עליכון 10:3

למיומא - למיום

למי דאתפליגו 7:17

יום

י תיובא 17:11

י תברכון

י ריגוש - יום 22:5

בכל י - לבקרים 33:2

י פורענותא - יום 34:8;63:4

י עקא - יום 37:3

י מותי 38:17

י מיתיהון - יום 48:7

וקדמי י י אלפן תבעין - יום יום 58:2

ביום - ביום

בי מיסקהון 11:16

בי קיטול רב 30:25

בי תעניתכון 58:3

וביום - וביום

ובי תקוף רוגזיה 13:13

ובי עקא 49:8

ויום - ויום

וי פורענותא 61:2

כיום

כי מדין - כיום 9:3

כי לוט - ביום 27:8

ליום - ליום

לי דין 30:8

יומיא

בסוף י - הימים 2:2

שבעה י - הימים 30:26

י אתן - ימים 39:6

ביומיא - בימים

בי האינון 38:1

יומין

י דלא אתו - ימים 7:17

ומסגי י - ימים 24:22

כל י דהוו קיימין 26:10

י עם שנין - ימים 32:10

י סגיאין 52:14

יירכון י - ימים 53:10

יניק י - ינים 65:20

יומי

כל י חיינא - ימי 38:20

י שביא דילי - שבתותי 56:4

י אבליך - ימי 60:20

כל י עלמא - ימי 63:9

י עמי - ימי 65:22

ביומי

בי עזיה - בימי 1:1

בי אחז - בימי 7:1

בי עזיה 28:21

בי נח - מי 54:9

כיומי - כימי

כי מלכא חד 23:15

כי קדם 51:9

כי נח 54:9

כי אילן 65:22

מיומי - מימי

מי קדם 23:7;37:26

יומי

בדוון י - ימי 38:10

אתנטילן י* 38:12

ביומי - בימי

יהי שלם וקשוט בי 39:8

יומך - ימיך

על י 38:5

יומוהי - ימיו

דלא ישלים י 65:20

ביומוהי

דשלמא יסגי עלנא בי 9:5

בי דמשיחא דישראל 11:6

וענותניא בי 14:30

פרישן דיתעבדן לנא בי 53:8

ויומהא - וימיה

וי לא יתרחקון 13:22

יון

ויון - ויון

למדינת תובל וי 66:19

כיונה

ונהימית כי - כיונה 38:14

כיונין - וכיונים

כלנא כי נהמא נהימנא 59:11

הא כי דתיבן 60:8

יותם

ביומי עזיה י - יותם 1:1

אחז בר י - יותם 7:1

יזף

יזפא - כמלוה

ויהי...י כמוזפא 24:2

כמוזפא - כלוה

ויהי...יזפא כמי 24:2

יחזקיה

ביומי...י - יחזקיהו 1:1

יחא

יוחי

אימתי י יגלי - ימהר 5:19

י למללא בצחצחן- תמהר 32:4

ייחון - מהרו

י יבנון חרבתיך 49:17

מוחי

מי למיבז ביזא - למהר 8:1

מי למיבז ביזא - מהר 8:3

מי פורענא - מהר 51:14

מוחן - הרו

מי ומפקין 59:4,13

לדמוחן - לנמהרי

לדמי...למעבד אוריתא 35:4

ומוחין - וימהרו

ומי למשפך דם זכי 59:7

יחטא

כיחט - כנצר

כיי טמיר 14:19

יחידא

ויחידא - וגלמודה

ואנא תכלא ויי 49:21

יחידאין/יחידין

ושאר יי מארם 17:3

ישתארון יי צדיקיא 17:6

ישתארון יי צדיקיא 24:13

יחידאי

חד הוה אברהם יי 51:2

יחיף

ויחיף - ויחף

אזיל פחח ויי 20:2

דהליך... ישעיה פחח ויי 20:3

ויחפין - ויחף

פחחין ויי 20:4

יטב

דייטבון

דיי ליה צלמי פחרא 45:9

לאיטבא/לאטבא

אילפו לאי - היטב 1:17

לאטי להון 18:4

לאי למצראי 19:21

לאי לדחלך 26:11;33:6

לאי לנא 33:21

אם יכלן אינון לאי-תיטיבו 41:23

לאי לעבודהי 66:14

ייי

יי - הוי 5:8,11,18,20,21,22; 10:1,5;17:12;18:1;28:1;29:1, 15;30:1;31:1;33:1;45:9,10; 55:1

יכח

ויוכח - והוכיח

ויי לעממין סגיאין 2:4

ויי בהימנותא 11:4

לאוכחא

גבר חייב לאי אנא 6:5

מוכח - יוכיח

יהי מי 11:3

ולדמוכח - ולמוכיח

ולדמי להון 29:21

יכיל

ולא יי* ל... - יכל 7:1

יכילת

לא יי למקם 51:19

יכילו

לא יי לכון - ישטפוך 43:2

לא יי לשיזבא - יכלו 46:2

ייכול/יכול

ולא ייי 8:21

ולא יכי - יוכל 16:12

לא יי לשיזבא - יוכל 36:14

מן יי לאשתעאה 53:8

תכול/תיכול

אם תי למיתן לך- תוכל 36:8

אם תיי ותזכי 43:26

תיכלין

לא תי ל... - תוכלי 47:11

מאים תי ל... - תוכלי 47:12

מא אם תי למתקף

יכלון

לא יי למעבד 26:18

אם יי לחשבא 33:18

לא יי* לכון - תכוה 43:2

יכלן

אם יי אינון 41:23

יכיל

לית אנא יי - אוכל 29:11

ולא יי - יוכל 57:20

יכלין

עד דאתון יי 21:12

לא יי למיבח - יוכלו 56:10

לא יי לאתגלאה - תוכל 59:14

ילדא

ילדי - ילדי

הלא אתון יי מרוד 57:4

יליד

ילידת - ילדה

דלא יי 54:1

דילידת - ילדה

מכל בנין דיי 51:18

וילידת - ותלד

ועדיאת ויי בר 8:3

ותליד - וילדת

ותי בר 7:14

למיליד - ללדה

וחיל לית לה למי 37:2

מילדה

דבעדן מי - ללדת 26:17

דעדן מי קליל - ילדנו 26:18

ילדא

כחבלין על יי - כיולדה 42:14

כחבלין על יי 66:7

כילידתא - כיולדה

זיע כיי יזועון 13:8

ילידתא - יולדה

כחבלין ליי 21:3

אתיליד - ילד

ארי רבי אי לנא 9:5

תוליד - תוליד

מא תי 45:10

דתוליד - אשר תוליד

ומבנך דיפקון מנך דתי 39:7

יתילדון

יי דבית יעקב 27:6

ילל

תיללון - תילילו

מכאב לב ומתבר רוח תי 65:14

אילילי - הילילו

אי על תרעך 14:31

אִילִילוּ - הילילו

אי ארי קריב יומא 13:6
אי נחתי ספיני ימא 23:1,14
אי יתבי ניסא 23:6

מְיַלְלִין

מואבאי מי - ייליל 15:2
כלהון מי - ייליל 15:3
על נפשהון מי - ירעה 15:4
עד אגלים מי - יללתה 15:8
נכין מי מואבאי- ייליל 16:7

יַמָּא

נחתי ספיני י׳ - תרשיש 2:16;23:1,14
כאתרגושת י׳ - ים 5:30
גבורת י׳ - הים 8:23
על י׳ - הים 10:26
ומנגות י׳ - הים 11:11
לישן י׳ דמצרים- ים 11:15
על י׳ מערבאה - נחל 15:7
עברו י׳ - ים 16:8
דכמהמי י׳ - ימים 17:12
כמי י׳ - ים 21:1
בתקוף י׳ - הים 23:4
למדינת י׳ - תרשישה 23:6
למדינת י׳ - בת תרשיש 23:10
על י׳ - הים 23:11
על י׳ - מים 24:14
בניסי י׳ - הים 24:15
נחתי י׳ - הים 42:10
כגלי י׳ - הים 48:18
אחריב י׳ - ים 50:2
אחריבית י׳ - ים 51:10
עומקי י׳ - ים
ונחתי ספיני י׳- תרשיש 60:9
מי י׳ דסוף - מים 63:12
אתמסיאת י׳ 64:1
למדינת י׳ - תרשיש 66:19

בְּיַמָּא

די משלח בי׳ - בים 18:2
דהוו עדן בי׳ - ים 23:2
כתנינא די בי׳ - בים 27:1
בי׳ דסוף - במים 43:2
דאתקין בי׳ אורח - בים 43:16
דנזיף בי׳ - הים 51:15

דְּיַמָּא

כחלא די׳ - הים 10:22
כחלא די׳ - כחול 48:19

כְּיַמָּא - כים

ורשיעיא כי׳ דטריד 57:20

דִּלְיַמָּא - לים

כמיא דלי׳ חפן 11:9

מִיַּמָּא

ויצדון מיא מי׳ - מהים 19:5
אן דאסיקנון מי׳ - מים 63:11

לְיַמִּינָא

לי׳ ולסמלא - תאמינו 30:21
לי׳ דמשה - לימין 63:12

בְּיַמִּין - בימין

בי׳ קושטי 41:10

יַמִּינִי - בימיני

הלא שקרא עבדת י׳ 44:20

יַמִּינָךְ - ימינך

אנא יוי...מתקיף י׳ 41:13

בְּיַמִּינֵיה - בימינו

דאתקיפית בי׳ 45:1
קיים יוי בי׳ 62:8

יְמָמָא

כל י׳ - היום 62:6

בִּימָמָא - יומם

יהי מטל עלווהי בי׳ 4:5
אנא קאים תדירא בי׳ 21:8
לא תצטרכין...שמשא בי׳ 60:19

כִּימָמָא

כי׳ בגן טיהרא 16:3

יְמָם

י׳ ולילי - יומם 60:11

בִּימָם

לאטלא עלה בי׳- יומם 4:6
בי׳ ובלילי - ביום 28:19

וִימָם

לילי וי׳ - ויום 27:3
לילי וי׳ - ויומם 34:10

יְמָמֵי - מיום

י׳...שלימו 38:12,13

ינא

מוֹנָן

דהוו מי ליך - מוניך 49:26
דהוו מי ליך - מוגיך 51:23

יַנְקָא

וחייך י׳ - יונק 11:8

יָנִיק - עול

י׳ יומין 65:20

וְיָנִיק - ונער

וי׳ זעיר 11:6

יַנְקַיָּא

ואמני י׳ - נערים 3:4
נכסי י׳ - הילדים 57:5

ינקותא

מִינְקוּתִיךְ

דהוית מתעסקא בהון מי׳ - מנעוריך 47:12,15
דהוית מתעסקא...מי׳ 57:13

יסודא

יְסוֹדֵי

י׳ ארעא - מוסדי 24:18
י׳ ארעא - מוסדות 40:21
י׳ ארעא - קצות 40:28
י׳ ארעא - תחתיות 44:23
י׳ דר ודר - מוסדי 58:12

יְסוּרִין

ובבתי י׳ - כלאים 42:22

מִיסּוּרִין - מעצר

מי׳ ומפרענו יקריב 53:8

יְסוּרֵיכוֹן - מוסריכם

דלמא יתקפון י׳ 28:22

יסף

יִיסְפוּן - יוסיף

לא י׳ יעדון ביך 52:1

תיספון - תוסיפי

לא ת׳ עוד למתקף 23:12

לא ת׳ דיקרון ליך 47:1

תיספין - תוסיפי

לא ת׳ יקרון ליך 47:5

לא ת׳ למשתהי עוד 51:22

דאוסיף

כל שניא דא׳ על חיי 38:15

דאוסיף

וא׳...מליל - ויוסף 7:10

וא׳...למללא - ויסף 8:5

יוסיף - יוסיף

י׳ יקי תבינות 11:11

תוסיף - תסיף

ולא ת׳ למקם 24:20

תוסיף

לא ת׳ למחזי 33:19

יוספון - יוסיף

לא י׳ עוד...לאסתמכא 10:20

דיוספון

וי׳...חדוא - ויספו 29:19

וי׳ משיזביא - ויספה 37:31

וי׳ חיל - יחליפו 40:31

יוספן - יחליפו

ומלכון י׳ חיל 41:1

תוספון - תוסיפו

לא ת׳ לאיתאה 1:13

לאוספא - ספות

לא׳ חובין 30:1

מוסיף - יוסף

האגא מ׳ 29:14;38:5

מוספין - תוסיפו

עוד מ׳ למחטי 1:5

איתוסף

א׳ על שבי 38:10

דיתוספון - ונלוה

וי׳ גיורין עליהון 14:1

דמתוסף - הגלוה

בר עממין דמ׳ על... 56:3

דמתוספין - הנלוים

ובני עממיא דמ׳ על... 56:6

יעא

ומועי

ומ׳ לה - והצמיחה 55:10

יעזר

עד י׳ מטו - יעזר 16:8

על י׳ - יעזר 16:9

יעץ

דיעצית

וכמא די׳ - יעצתי 14:24

יעקב

דבית י׳ -יעקב 2:5,6;46:3

מדבית י׳ - יעקב 8:17

בדבית י׳ - ביעקב 9:7

בית י׳ - יעקב 10:20;14:1;29:22;48:1

שארא דבית י׳ - יעקב 10:21

דבית י׳ 10:25

בית י׳ -יעקב 14:1;27:9

יקר י׳ - יעקב 17:4

דבית י׳ - יעקב 27:6; 29:22;43:22;48:12,20;49:5

למא תימר י׳ - יעקב 40:27

י׳ דאתרעיתי בך- יעקב 41:8

שבטיא דבית י׳ - יעקב 41:14

מן מסר לעדי י׳- יעקב 42:24

יקי דברך י׳ - יעקב 43:1

ואמסר...י׳ - יעקב 43:28

י׳ עבדי - יעקב 44:1

עבדי י׳ - יעקב 44:2;45:4

בשום י׳ - יעקב 44:5

אידכר אלין י׳ - יעקב 44:21

ארי פרק יקי י׳- יעקב 44:23

לזרעא דבית י׳ - יעקב 45:19

שבטי י׳ - יעקב 49:6

ולבית י׳ - יעקב 58:1

אחסנת י׳ - יעקב 58:14

דבית י׳ - ביעקב 59:20

דיעקב - יעקב

אלהיה די׳ 2:3

קדישא די׳ 29:23

מלכיה די׳ 41:21

תקיפא די׳ 49:26;60:16

מיעקב - מיעקב

ואפיקית מ׳ 65:9

יציף

יציפת

וית מן י׳ - דאגת 57:11

דיציפו

וממא די׳ - ומגורתם 66:4

יצרא

הרהור י׳ 62:10

יקד

ייקדון

מיקד י׳ - יקד 10:16

מיקד

מי ייקדון - יקד 10:16

יקדתא

אתון נורא י׳ 10:32

אוקיד - שרף

פלגיה א׳ בנורא 44:16

אוקידית - שרפתי

פלגיה א׳* בנורא 44:19

ומוקדין - ונתן

ומ׳ ית טעותהון 37:19

יתוקדון - יצרתו

בנורא י׳ 33:12

לאתוקדא - והיתה לשרפה

אלהין לא׳ בנורא 9:4

יקידות

י׳ עלם - מוקדי 33:14

יקידתא

יקידת

י׳ נור - שרפות 1:7

י׳ נור - משרפות 33:12

כיקידת

כי׳ נור - כמאכלת 9:18

כיי אישא - כיקוד 10:16

ליקידת - לשרפת

ליי נור 46:10

יקירא

בדיקיר

ודשיט בדיי - בנכבד 3:5

מדיקיר - כבדה

ולא מדיי קדמוהי 59:1

ויקירנא !

ויי קדם יוי - ואכבד 49:5

יקירין

יי על נטליהון 46:1

יקירי

כל יי בית אבוהי - כבוד 22:24

יי ארעא -נכבדי 23:8,9

יקיריהון

ונחתו יי - הדרה 5:14

יי ומפנקיהון - גאותו 16:6

ויקיריהון - וכבודו

ויי מיתו בכפנא 5:13

יקירת

יי בנת ציון - קדקד 3:17

יקר

ייקרון

יי קדם יוי - כבדו 24:15

יי קדמך - יכבדוך 25:3

יי קדמי - תכבדני 43:20

יקרתא

לא יי קדמי - כבדתני 43:23

ויקרתנון/ויקרתינון

חביבתינון ויי - ורוממתי 1:2

וקדשתנון ויי - ויסקלהו 5:2

תיקר - מכבד

לקדישא דיוי תי 58:13

ותיקר - וכבדתו

ותי קדמוהי 58:13

איקר - אכבד

ואתר בית אשריותא שכינתי אי 60:13

יקר

ואודנוהי יי - הכבד 6:10

מיקרין - כבדוני

ובספותהון מי קדמי 29:13

אתיקרתא - נכבדת

אי ואנא רחימתך 43:4

דמתיקרין

דמי מניה בני אנשא 13:12

יקרא

יתיר מן יי 4:5

יי דיוי 6:1; 28:21

כורסי יי 6:6;52:2

יי דיוי - כבוד 35:2;40:5

כמשכן יי 40:22

ישוון קדם יוי יי- כבוד 42:12

יסגי יי דיוי 66:5

ויקרא

ויי דיוי - וכבוד 60:1

יקר

ענן יי 4:5

יי שכינת מלך עלמיא 6:5;33:17

יי יעקב - כבוד 17:4

יי בית רבונך - קלון 22:18

ויהי לכורסי יי- כבוד 22:23

יי כל חדותה - גאון 23:9

יי לבנן - כבוד 35:2;60:13

וענן יי 35:10;51:11

לית כורסי יי 47:1

יי מלכותיך - צמתך 47:2

יי כל מלכותא 53:3

יי שמיה 63:11

יי עממיא - כבוד 66:12

ביקר

ויהי אתר...ביי- כבוד 11:10

כולהון שכבין ביי - בכבוד 14:18

תתגלי...ביי - כבוד 24:23

ביי...תתכניש - כבוד 58:8

דיקר

ולכסו דיי - עתיק 23:18

מדמן דהיא דיי 25:6

כלבוש דיי 49:18

ויקר - וכבוד

ויי סגי משריתיה 10:18

כיקר - כבוד

כיי בני ישראל 17:3

ליקר - לגאון

ליי עלם 60:15

וליקר - ולכבוד

לחדוא וליי 4:2

מיקר

מיי מלכותי 38:12

יקרי

כורסי יי - כסאי 66:1

ויחזון ית יי - כבודי 66:18

ולא חזו ית יי - כבודי 66:19

ויחוון ית יי - כבודי

ויקרי - וכבודי

ויי דאתגליתי עליכון 42:8;48:11

וליקרי - ולכבודי

וליי בריתינון 43:7

יקרך

איתחת...יי - גאונך 14:11

רתיכי יי - כבודך 22:18

בתושבחת יי - גאות 26:10

שכינת יי 64:3

יקריך

אתחלף יי 23:16

ואמאיכת...יי - גוך 51:23

ויחזון...יי - כבודך 62:2

ויקריך - וירחך

ויי לא יעדי 60:20

יקריה

ומזיו יי - גאנו 2:10

ומזיו יי - גאונו 2:19,21

מרגזין קדם יי - כבודו 3:8

ומזיו יי - ושוליו 6:1

זיו יי - כבודו 6:3

ועותר יי - בשרו 17:4

בענן יי - קל 19:1

ימאיך יי - גאותו 25:11

שכינת יי 40:22

וידחלון...ית יי- כבודו 59:19

ויקריה

וִקָרֵיה - וכבודו
ורי' עלך יתגלי   60:2
דקָרָה - כבודה
מחמר י'   66:11
דקָרכֹון - כבודכם
ואיכא תשבקון י'   10:3
דקָרהֹון
ורוו י' יעדי - פתהן   3:17
ותחות י' - כבדו   10:16
ויסוף י' ד... - כבוד   16:14
יסוף כל י'
ויסוף כל י' - כבוד   21:16
וּבִיקָרהֹון - ובכבודם
ובי' תתפנקון   61:6
וּיקָרהֹון
ורי' כיקר בני ישראל   17:3

דרֹדנָא

ניסי י' - הירדן   8:23
גזו עברו י' - מעברה   10:29
בּירדנָא
כד עברו בי'   10:32
מא דהוו בי'

דרֹוק

י' לא הוה - ירק   15:6
וכדֹרוק - וירק
וכי' דתאה   37:27

ירורא

דרֹורין - תנים
מדור י'   34:13
אתר דהואה י'   35:7
אתר דהואה שרין י'   43:20
וּירֹורין - ותנים
וינצפון חתולין...ורי'   13:22

דירוֹשׁלֹם

ויתבי י' - וירושלם   1:1;2:1
קרתא י'   1:24
יתבי י' - ירושלם   3:8

בנחמת י' - בירושלם   4:3
ועל י' תהי מטלת עננּי   4:6
יתבי י' - ירושלם   5:3
עד י' ימטי - צואר   8:8
הלא דא היא י'   10:32
בתי י' - ירושלם   22:10
ליתבי י' - ירושלם   22:21
בקרתא י'   25:2
על י' - ירושלם   31:5
בנחמת י' - ירושלם   33:20
וליתבי י' - ולירושלם   36:7
ישיזיב יוי ית י'-ירושלם   36:20
לא תתמסר י' - ירושלם   37:10
זקופי י'...עינך   49:18;60:4
קומי י' - ירושלם   51:17
תרתין עקן...עלך י'   51:19
י' קרתא דקודשא-ירושלם   52:1
תיבי...י'   52:2
חרבת י' - ירושלם   52:9
פרק י' - ירושלם
שבחי י'   54:1
בני י'
וטובי מניך י'   54:10
לאעקא ליך י'   54:15;56:9
כל זין דיתקן עלך י'   54:17
קומי אנהרי י'   60:1
דלא יפלחונּיך י'   60:12
חלף...דבזו מניך י'   60:17
אמרת י'   61:10
קרתא י' - ירושלם   62:6
ועד דישוי ית י' - ירושלם   62:7
י' צדיא - ירושלם   64:9
האנא ברי ית י'- ירושלם   65:18
מקרתא י'   66:6

בּירוֹשׁלֹם/לֹם
יתקים בי' - בירושלם   4:3
דיתבין בי' - ירושלם   8:14
בטורא דקודשא בי'-בירושלם 27:13
יתיב בי' - בירושלם   30:19
ותנור בער...בי'-בירושלם   31:9
מן יתותב לנא בי'   33:14
בי' קרתא דקודשא   38:11

ואבוע בי' - בירושלם   65:19
חדו בי' - את ירושלם   66:10
דבירושלם
וית אשדי דם זכי דבי' - ירושלם   4:4
ועל עזרתא דבי'- ירושלם   10:32
שלטוני עמא הדין דבי' - אשר בירושלם   28:14
עמא דבי' - ירושלם   37:22
וּבִירושלם - ובירושלם
בטורא דציון ובי'   10:12;24:23
ובי' תתנחמון   66:13
דירוֹשלֹם
לקביל שורא די'   10:32
ליבא די'   40:2
ותשבחתה די'   61:11
לירוֹשלם
סליק...לי' - ירושלם   7:1
כין אעביד לי' - לירושלם   10:11
ושלח...לי' - ירושלמה   36:2
דמבסרין לי' - ירושלם   40:9
דאמר לי' - לירושלם   44:26
ודאמר לי' - לירושלם   44:28
ועד דאיתי...לי'- ירושלם   62:1
וייתון...לי' - ירושלם   66:20
דלירושלם - ולירושלם
ולי' מבשר אתן   41:27
מירוֹשלם - מירושלם
ואולפן פתגמא דיוי מי'   2:3
יוי...מעדי מי'   3:1
מא שנו מי' ומשומרון   10:10
ארי מי' יפקון שאר   37:32

ירותתא

לירותּת - למורש
ואשוינה לי' קופדין   14:23
דרותּן - נחלות
לאחסנא י' דצדין   49:8

ירֹח/יירֹח

יי' בירה   47:13
יי' בירה - חדש   66:23

בירח

יירח בי׳ 47:13
יירח בי׳ - בחדשו 66:23

ירחין - חדש

י׳ ושבין 1:13

ירחיכון - חדשיכם

י׳ ומועדיכון 1:14

ירית

דיריתו - ירשו

זעיר די׳ עמא דקודשך 63:18

ויירת - ויירש

וי׳ טורא דקודשי 57:13

יירתון

ובנך עממין י׳ 54:3

ירית - יורש

ומיהודה י׳ טורי 65:9

ישראל

עמי בית י׳ 1:2
י׳ לא אוליף - ישראל 1:3
לשיזבת י׳ - ישראל 4:2
עמי חביבי י׳ 5:1
בית י׳ 5:3;8:14;9:1,2;27:4;28:25;30:32;33:4,23,24;35:2,5;52:14;65:11
בית י׳ - ישראל 5:7;14:2
בית י׳ - אפרים 7:8,17
פתאי ארעך י׳- עמנו אל 8:8
בחי דרברבי י׳- ישראל 8:14
על י׳ - בישראל 8:18
נכסי י׳ - ישראל 9:11
עמך י׳ - ישראל 10:22
מבדרי י׳ - ישראל 11:12;56:8
בני י׳-ישראל 17:3,9;31:6;66:20
אביח לעמי י׳ 18:4
יהי י׳ תליתא ל...-ישראל 19:24
ואחסנחי י׳ - ישראל 19:25
ויסגון דבית י׳- ישראל 27:6
בית י׳ - ישראל 27:12
לבית י׳ דרחימין מכל עממיא 28:9
ויסוף מנהון מבית י׳ 35:10
נביי י׳ 37:26
ותמליל י׳ - ישראל 40:27
ואת י׳ עבדי - ישראל 41:8
זרעיתא דבית י׳- ישראל 41:14
עיני בית י׳ 42:7
ודאתקנך י׳ - ישראל 43:1
לאיתון...י׳ - ישראל 43:22
את י׳ - ישראל 44:21
י׳ אתפריק במימרא דיוי - ישראל 45:17
וכל שארא דבית י׳ - ישראל 46:3
עבדי את י׳ - ישראל 49:3
וגלות י׳ - ישראל 49:6
מדבית י׳ 51:11
לבית י׳ - ישראל 63:7

בישראל

ואשתמע בי׳ - בישראל 9:7
ויתרעי...בי׳ - בישראל 14:1
רבא בי׳ - אפרים 28:3

ובישראל - ובישראל

ובי׳ ישתבח 44:23

דישראל

קדישא די׳ - ישראל 1:4
5:24;10:20;12:6;17:7;29:19;30:11,12,15;31:1;37:23;41:14;43:3,14;45:11;47:4;48:17;49:7;54:5;60:14
תקיפא די׳ - ישראל 1:24
דקדישא די׳ - ישראל 5:19
גלוותא די׳ 6:13;35:6;60:8
מלכא די׳ - ישראל 7:1
מלכא די׳ - אפרים 7:2
סנאיה די׳ 9:10
מרי נהוריה די׳ - ישראל 10:17
שארא די׳ - ישראל 10:20
ארעא די׳ 10:34;52:7
ביומוהי דמשיחא די׳ 11:6
למשיחא די׳ - ארץ 16:1
משיחא די׳ 16:5
יוי אלהא די׳ - ישראל 17:6;37:21
יוי צבאות אלהא די׳ - ישראל 21:10;37:16
במימרא דיוי אלהא די׳- ישראל 21:17
שמא דיוי אלהא די׳ - ישראל 24:15
כנשתא די׳ 27:2;51:9,10
רבא די׳ - אפרים 28:1
אלהא די׳ - ישראל 29:23;41:17;45:3,15;48:1,2;52:12
תקיפא די׳ - ישראל 30:29
לארעא די׳ 37:28
בקדישא די׳ - ישראל 41:16
וקדישא די׳ - ישראל 41:20
לזכאותיה די׳ 42:21
ובשמא די׳ - ישראל 44:5
מלכיה די׳ - ישראל 44:6
כל זרעא די׳ - ישראל 45:25
בשמא די׳ - ישראל 48:1
שמיה די׳ 48:19
פרקיה די׳ - ישראל 49:7
מארעא די׳ 53:8
ולקדישא די׳ - ישראל 55:5;60:9
ממוניה די׳ 56:11

וישראל - וישראל

וי׳ לבזוזין 42:24
וי׳ לחיסודין 43:28
וי׳ דאתרעיתי ביה 44:1
וי׳ ארי עבדי את 44:21
וי׳ בחירי 45:4
וי׳ מזמני 48:12
וי׳ לדחלתיה יתקרב 49:5
וי׳ לא עבד לנא פרישן 63:16

לישראל

אשבחיה כען לי׳ 5:1
כמא דהות לי׳ - לישראל 11:16
לי׳ מלככון - ישראל 43:15
לי׳ תשבחתי - לישראל 46:13
יוי מדרחים ליה לי׳ 48:14

מישראל - מישראל

ושיצי יוי מי׳ 9:13

ישורון

וישורון - וישרון

וי׳ דאתרעיתי ביה 44:2

ישט

ושיט - הדה

חסילא ידוהי יי 11:8

ושטון - משלוח

באדום ומואב יי ידהון 11:14

דישי

ויפוק..מבנוהי די - ישי 11:1

בר בריה די - ישי 11:10

מבני בנוהי די- נחש 14:29

ישעיה

נבואת יי - ישעיהו 1:1

דאתנבי יי - ישעיהו 2:1

דאתנבי יי - ישעיהו 13:1

ביד יי - ישעיהו 20:2

עבדי יי - ישעיהו 20:3

לות יי - ישעיהו 37:2,5

ושלח יי - ישעיהו 37:21

ואמר להון יי 37:6

ואתא..יי - ישעיהו 38:1

עם יי - ישעיהו 38:4

ואמר יי - ישעיהו 38:21

ואתא יי נביא - ישעיהו 39:3

ואמר יי - ישעיהו 39:5

לישעיה - אל ישעיהו

ואמר יוי ליי 7:3

ואמר חזקיה ליי 39:8

ית

ית - את 1:4;2:20;3:18;4:4;
5:5;6:1,5,8(2×),12;7:6,13,17,
20(2×);8:2,4,7(2×),13;9:3,10,
11;10:12;11:9,11,14,15;13:17,
19;15:8;19:4,13,14,22,23;20:4;
22:8,9;24:3;27:1;29:10(2×),14,
22;30:11,20,22,23,26,30;33:19;
36:2,7,9,12(3×),13,18,19,20
(2×),22;37:1,2,4,8,12,14,16,
18,19,23;38:3,7,8;39:2,4;40:
13;41:6,22;44:20;45:20;47:14;
48:14;49:6,21,26;51:17(2×),
22(2×);52:10(2×);53:9;55:10,
11;56:4,6;59:19(2×);62:7,8;
63:11;65:11,18;66:16,18(2×),
19(3×),20(2×)

ית - על 9:16

ית - ב... 32:16

ית: 3:14,15;7:13;10:13;13:1;15:
1;17:1;19:1;21:10,11(2×),13;
22:18;23:1;24:1(2×);28:28(3×)
30:20,22,24;33:4,17;41:25(2×);
53:10;65:6

וית - וית 4:4;2:20;5:24;8:4,
7;9:3,10;10:2;13:19;18:5;20:4;
22:9,10;29:10;30:22;31:2;36:7;
37:2(2×),12,16,18,28;38:6;39:
2(5×);49:25(2×);53:9,12(2×);
57:11,13;66:2

יתי

שלח יי - שלחני 6:8

חלף דרבי יוי יי - אתי 61:1

ויתך

ויי לא יבזון - ואתה 33:1

ויי לא יינסון

יתיה - אתו
8:13;20:1;29:11;36:21

יתיה 10:32;28:28

יתה - אתה 1:7;9:6;19:17;28:4

ברא יתה - בראה 41:20

יתכון - אתכם 28:19;36:14,15,
17,18;42:9;50:1;65:12

יתכון 28:17;33:11;43:2,12(2×);
66:13

יתהון - אותם 37:12;41:16

יתהון - אותה 27:11

ויסי יי- ורפאם 19:22

יבדר יי- תשאם 40:24

לכנשא יי- לנקבצו 56:8

יתהון 19:25;28:25(2×);
46:4;66:9

יתיב

יתיב - יחשב

וכרמלא...יי 32:15

ויתיב - וישב

ויי בנינוה 37:37

דיתיב - וישב

ויי עלוהי בקשוט 16:5

תיתיב

בלחודה תי 27:10

איתיב

לא אי ארמלו - אשב 47:8

ואתיב

ואי בטור זמן - ואשב 14:13

רוח לי ואי - ואשבה 49:20

יתבון

ועבדי...יי - תשב 32:16

ואוחרנין יי - ישב 65:22

דיתבון - והושבתם

ומדמן דיי בלחודיהון 5:8

ויתבון

ויי עמי - וישב 32:18

ויבנון בתין ויי- וישבו 65:21

תיבי - שבי

תי לארעא 47:1

תי שתקא 47:5

קומי תי 52:2

ותיבי - ושבי

חותי ותי על עפרא 47:1

ומיתבך - ושבתך

ומי בעיצא 37:28

יתיב/יתיב

מבלי יי - יושב 5:9;6:11

אנא יי - יושב 6:5

יי ציון - ישב 10:24

על כרכא יי שליוא 13:2

יי ניסא הדין - ישב 20:6

יי ארעא - יושב 24:17

יי ארעא - ישב 26:21

יי בירושלם - ישב 30:19

דיתיב

מערבאה דיי בתקוף ימא 23:4

מיתיב - מיושב

כען תדחקין מיי 49:19

יתבא - בעולה

ולארעיך יי 62:4

דיתבא

קרתא דיי בחילתא 22:1

בקרתא דיי בחילתא 22:5

כאתא דיי על מתברא 37:3

מפנקתא דיי לרחצן- היושבת 47:8

יתיבתא

רומי יי - בעולה 54:1

יתבת - לשבת

כתשבחת איתתא י׳ ביתא 44:13

יתבין

י׳ בארע טולי מותא - ישבי 9:1

דבני מלכין...י׳ 10:32

דיתבין

ועל כל די׳ 2:15

די׳ בירושלם - ליושב 8:14

איתו די׳ בליש 10:30

כל די׳ בתבל - ישבי 18:3

די׳ בארע דרומא- ישבי 21:14

די׳ בה - ישביה 24:1

די׳ בה - ישבי 24:6

די׳ בתוקפא 24:21

די׳ שליוא - שאננות 32:11

יחדון די׳ במדברא 35:1

על גבריא די׳ על שורא - הישבים 36:12

די׳ בבתיא - הישבים 65:4

לדיתבין- ליושב

לדי׳* בבית דינא 28:6

יתבי

י׳ ירושלם 3:8

י׳ ירושלם - יושב 5:3

י׳ כרכין תקיפין - יושבים 10:13

י׳ רמתא 10:29

י׳ גבים גלו - ישבי 10:31

י׳ חשבון 15:4

י׳ ניסא - ישבי 23:2,6

י׳ ארעא - ישבי 24:6

לכל י׳ ארעא 24:16

י׳ רומא - ישבי 26:5

על כל י׳ ארעא - הארץ 28:22

לכל י׳ ארעא - יושבי 38:11

וכל י׳ ארעא - וישביה 40:22

ויתבי

וי׳ ירושלם 1:1;2:1

וי׳ שמרון - ויושב 9:8

וכיתבי

וכי׳ עמרה - לעמרה 1:9

ליתבי

לי׳ ירושלם - ליושב 22:21

וליתבי

ולי׳ ירושלם 36:7

מיתבי

מי׳ ארעא 5:30;8:22

יתבהא

תחות י׳ - ישביה 24:5

ויתבהא - וישביה

וי׳ אף אינון...ימותון 51:6

ויתביהון - וישביהם

וי׳ אתקצר חילהון 37:27

נגוון וי׳ 42:10

דיתבן

מדינן די׳ שליוא - שאננות 32:9

וקרוין די׳ ביה - ועריו 42:11

ייתיב - יחשב

וכרמלא...י׳ 29:17

איתיב

כד אי׳ מדינן דצדין 43:20

ייתבון/ייתבון

פצחין י׳ מדבר ערבאי - תשב 42:11

וקרוין...י׳ - יושיבו 54:3

תתיב

לא ת׳ לעלם - תשב 13:20

דאמר לירושלם ת׳- תושב 44:26

וארעיך ת׳ - תבעל 62:4

יתיתבון

י׳ ביך מטלטליא- יגורו 16:4

כין י׳ בגויך - יבעלוך 62:5

יתיבי

וקרוי ארעיך י׳ 54:2

דמתיתב - יבעל

כמא דמי עולים עם בתולה 62:5

יתותב

מן י׳ לנא ב...- יגור 33:14

יתותבון

י׳ בה צדיקיא 33:15

לאתותבא - לגור

דכו לאי הא גליא 23:7

לאי תמן 52:4

יתיר

ארי י׳ מן יקרא 4:5

יתמא

דין י׳ - יתום 1:17,23

יתמיא

נכסי י׳ - יתומים 10:2

יתמוהי - יתמין

ועל י׳...לא ירחים 9:16

כ

כא

כא - פה 22:16 (2×)

כא 10:14

מכא 10:14

כאבא

מכאב - מכאב

ואתון תצוחון מכ׳ לב 65:14

כבינתא

וכבינתא - והרדידים

וכתריא וכ׳ 3:23

כבר

לאתפרעא מנהון כ׳ 27:3

כבש

וכבשה - וילכדה

ואגיח קרבא באשדוד וכ׳ 20:1

תכבוש - תתעלם

לא ת׳ עינך 58:7

כבישו - ישרו

כ׳ במישרא כבשין 40:3

כביש - מרביץ

האנא כ׳ 54:11

כבישא

כמא דכרכמיש כי קדמי 10:9
ואורח כי- מסלה 11:16;19:23

כבישין

ברם כי - נכאים 16:7
ויהון...כי - מדכאים 19:10
ואשוי טוריא כי- לדרך 49:11

אתכביש - שדד

ובליליא אי כרכא דמואב 15:1

כבישית

ועלה כי 10:32

דכבישית

כרכי עממיא דכי 10:32

אכביש - אושר

ושוריא אי 45:2

ואכביש - ואבוא

ואי קרית תוקפהון 37:24

כד/כד/כיד

כד - כי 1:15;43:2(2×)
כד/כיד - כ... 1:26(2×);23:5; 33:1(2×);37:1;64:1
כד/כיד - ב... 15:5;20:1; 38:9;52:8
כד - ו... 39:1
כד/כד/כיד 1:2,18,24;2:6;5:9, 25;9:1;10:24,26,32(3×);17:11, 14;22:14;23:13;25:5:26:11,14; 28:21;29:15;30:33;33:7;36:22; 37:2;38:17;40:12;42:11;43:20; 47:9;49:9,16;50:3;51:19;57:9; 59:9
וכד - וב... 1:15
וכד 57:9

כדב

וכדיבנא - וכחש

מרירדנא וכי 59:13

כדבא

בכדב - כזב

שוינא בכי רוחצננא 28:15

כדבין - תכזבי

אסגית למללא כי 57:11

כדביכון - כזב

וידלק...ברוחצן כי 28:17

כדבא

כדביא - כחשים

בניא כי 30:9

כדו

כי יתוב רוגזך מני 12:1
עד כי*...לא שיזיבו 20:6
כי לאתותבא הא גליא 23:7
כי חרוב 32:14
כי הוה מיבז למשרין

וכדו

וכי דתבו 19:25

כדין

ראה - דין

כדון

ראה - כדו

כדנן

כדנן - כה;7:7;8:11;10:24;18:4;11; 21:6,16;22:15;28:16;29:22; 30:12,15;31:4;36:4,14,16;37:3, 6,21,33;38:1,5;42:5;43:1,14, 16;44:2,6,24;45:1,11,14,18; 48:17;49:7,8,22,25;50:1;51:22; 52:3,4;56:1,4;57:15;65:8,13; 66:1,12

כהנא

אוריה כי - הכהן 8:2

ככהנא - ככהן

ויהי חילונאה ככי 24:2

וככהנא

וככי רבא 61:10

כהין - כהן

כי וספר 28:7

כהניא

וכד כי פרסין ידיהון 1:15
וקם בנוב קרית כי 10:32
וית סבי כי - הכהנים 37:2
ואתון כי דיוי - כהני 61:6
למהוי כי - לכהנים 66:21

מכהניא - מכלי האגנות

מכי לבשי איפודא 22:24

כובין

כי מפסכין - קוצים 33:12

כודנא

ובכודנון - ובפרדים

וייתון...ב...ובכי 66:20

כוכבא

ככוכב

ככי נגהא 14:12

כוכביא

ככוכב נגהא בין כי 14:12

בכוכביא - בכוכבים

חזן בכי 47:13

כוכבי - כוכבי

כי שמיא 13:10

ככוכבי

ככי שמיא 51:16

כול

יכילון

יי לך - תריבנה 27:8

כאיל - בשלחה

בסתא דהויתא כי בה 27:8

איתכל

כאילו במכילא אי 40:12

כון

ותכיונון - ותמשלוני

ותי קדמי בקשוט 46:5

כונתא

וכונתין - וכסמת

וכי על תחומין 28:25

כומצא

יפול לגו כי - הפחת 24:18

ודיסק מגו כ׳ - הפחת 24:18
וכומצא - ופחת
דחלא וכ׳...עלך 24:17

כור

ובית כ׳ זרע - חמר 5:10

כורמיזא

בכורמיזא - באגרף
ולממחי בכ׳ דרשעא 58:4

כורסיא

כורסי
שרי על כ׳ רם ומנטל- כסא 6:1
על כ׳ יקרא 6:6;52:2
על כ׳ דויד - כסא 9:6
כ׳ מלכותי -כסאי 14:13
לית כ׳ יקר - כסא 47:1
כ׳ יקרי - כסאי 66:1
לכורסי - לכסא
ויהי לכ׳ יקר 22:23
כורסוהי - כסא
יתקן בטוב כ׳ 16:5
מכרסוותהון - מכסאותם
אקימו מכ׳ 14:9

כורש

דאמר על כ׳ - לכורש 44:28
לכורש - לכורש
כדנן אמר יוי...לכ׳ 45:1

כוש

כוש - כוש
גלות כ׳ 20:4
יהבית חלופך...כ׳ 43:3
ותגרי כ׳ 45:14
דכוש - כוש
תרהק מלכא דכ׳ 37:9
מכוש - מכוש
ויתברון ויבהתון מכ׳ 20:5

כושאה

כושאי - כוש
על מצראי ועל כ׳ 20:3

כות

כותי - כמוני 38:19;44:7
כותנא- כמונו 14:10

כותלא

בכתול - קיר
כזרמית דשקפא בכ׳ 25:4
לכותל - אל הקיר
לכ׳ בית מקדשא 38:2
כתלין - קיר
נמשיש כסמן כ׳ 59:10

כחדא

כחדא - יחדו 1:28,31;9:20;10:8;11:6,7,14;18:6;22:3;40:5;41:1,19,20,23;43:9,17;45:16,20,21;46:2;48:13;52:8,9;60:13;65:7;66:17
כחדא - יחד 22:3;27:4;42:14;43:26;44:11;45:8;50:8
כחדא - כאחד 65:25
כחדא 7:20
וכחדא - ויחדו 31:3

כיבש

כ׳ אורח - מסלול 35:8
וארעא כ׳ קדמי - חדם 66:1
בכיבש - מסלת
די בכ׳ חקל משטח קצריא 7:3
דבכיבש - במסלת
דבכ׳ חקל משטח קצריא 36:2
כבשא - מסלות
צדיאו כ׳ 33:8
וכבשיא - ומסלתי
וכ׳ יראמון 49:11
כבשין - מסלה
כבישו במישרא כ׳ 40:3
בכבשיהון - במסלותם
ביזא ותבר בכ׳ 59:7

כיבא

כיבין - מכאבות
הא כאנש כ׳ 53:3
כיביכון - וכאב
בכין הוה כ׳ ל... 17:11

כיד

ראה כד

כיונא

כיוון - מישרים
אורחת צדיקיא כ׳ 26:7
וממליל כ׳ 33:15
מחוי כ׳ 45:19

כין

כין/כן - כן 1:26;5:25;10:7(2×);11:13:7,13;14:24;20:2,4;22:4;21:3;24:6(2×),15;25:3;26:17;27:11;29:8;30:16(2×);31:4,5;36:6;38:13,14;47:15;51:6;52:15;54:9;55:11;59:9;57:10;61:11;63:14;65:8;66:13,22
כין/כן 1:20,31;6:13;8:2,19;9:4(2×),16;10:9(3×);15:4,7;16:9,11;17:6;21:17;22:25;25:4,5,8;28:2,21;29:16;30:22;40:5;44:3;47:13;49:26;50:7(2×);51:6;53:2;55:9;58:14;59:6;62:5;63:3,13
בכין - לכן 1:24;5:13,14,24;7:14;10:16,24;16:7;26:14;27:9;28:14,16;29:14,22;30:7,12,13;37:33;51:21;52:6(2×);53:12;61:7;65:13
בכין - אז 33:23;35:5,6;41:1;58:8,9,14;60:5
בכין - על כן 16:9
בכין - אכן 40:7;53:4
בכין 1:18;10:4
ובכין - ולכן 8:7;30:18
מבכין - מאז 16:13;44:8;45:21;48:3,5,7
מבכין - מן הוא 18:2,7
מיבכין 2:4
וכין 10:32(2×)

כינרא

כינרא

חדות כי - כנור 24:8

ככינרא - ככנור

מעיהון ד...ככי המן 16:11

כנר - כנור

<u>על ידי כי</u> 5:12

כינריך

הפוכי כי לאבלא 23:16

ובכנרין - ובכנרות

בתופין ובכי 30:32

כיסא

מכיס - מכיס

עממיא גבן דהב מכי 46:6

כיף

הלכיף - ראה כפף

כיפא

בכיפא - בסלע

שוי בכי בית מדוריה 22:16

כיף

כטלל כי מקר 25:5

כטליל כי מקר - סלע 32:2

בשעיעות כי נחלא 57:6

ולכיף - ולצור

ולכי מתקל 8:14

מכיף - משבלת

מכי נהרא פרת 27:12

ככיפיה

ויהי ככי 19:7

כיפיא - הסלעים

ובשקיפי כי 2:21;7:19

שקיפי כי 57:5

כיפא

כיפוהי - גדותיו

ויהך על כל כי 8:7

כיתאה

כיתאי - כתים

מארע כי אתו 23:1

כיתונא

כיתונך - כתנתך

ואלבשיניה כי 22:21

כיתוניא - המחלצות

כי ושושיפיא 3:22

כיתנא

פלחי כי - פשתים 19:9

כל

כל - כל 1:5,25;2:2,12(2×), 13(2×),14(2×),15(2×),16(2×); 3:1;4:3,5;6:3;7:22,23,24;8:7 (3×),9;9:4;10:12,14,23;13:5, 7,15;14:7,9(2×),18,26(2×);15: 2;18:3;19:8,17;21;2,8,16;22: 3(2×),24;23:9(2×);24:7,10,11, 25:7(2×),8(2×);26:14,15;27:9 (2×);28:8,22;29:7,8,20;30:25 (2×),32;32:13;34:2(2×),4;36: 1;37:17,18,20,25;38:13,15,17, 20;39:2(2×),4,6;40:4,5,6,17; 41:11;43:7,9;44:11;45:7,22, 23(2×),24,25;49:26;51:13,20; 52:5,10(2×);54:5,17;55:1;56: 2,6,9;57:5;59:8;60:7,14;61:2, 9,11;62:6;63:7,9;64:5;65:2,5; 66:2(2×),10(2×),16,18,20,23

<u>כל בני עם גלותיך</u> - כלם 49:18;60:4

כל 1:25;5:8;8:2,23;10:8, 32(2×);14:14;16:4,14;18:6; 24:7;26:10,19;28:26;29:24;32: 15;33:15;37:4;38:13,16;40:13; 44:22;46:4;51:3;53:3;55:4;57: 19;62:2;65:1;66:9

בכל - בכל 5:25;9:11(2×),16, 20;10:4;11:9;12:5;15:2;16:14; 19:14;36:20;40:2;63:9;65:25

בכל - כל 26:12

בכל - הכל 28:24

<u>בכל יום</u> - לבקרים 33:2

בכל 64:4

ובכל - ובכל 7:19(2×);39:2;49:9

דכל - וכל 40:12

דכל 38:19;40:10;53:2

וכל - וכל 1:5;3:1;5:28;7:25; 9:16;13:7,15;18:6;19:7;21:9; 29:7;33:20;34:1,4,12;40:4,6; 42:15;44:23,28;45:12,13;46:3, 10;54:12,13,17;55:12;58:3,6; 62:2,6;63:3;64:10

וכל 40:22;62:11

לכל - לכל 8:12;25:6;36:6; 37:11,16;56:7

לכל - כל 23:17

לכל - כלה 48:6

לכל 24:16;38:11;49:26

מכל - מכל 51:18(2×);66:20

מכל - מני 46:3(2×)

מכל 10:32;28:9(2×)

כולא - הכל 29:11;65:8

כולא - כל 44:24

כולנא/כלנא - כלנו 53:6;59:11;64:5(2×),7,8

כולכון - כלכם 48:14;50:11

כולכון - כלך 14:29,31;22:1

וכלכון - וכלכם 65:12

כולהון/כלהן - כלם 7:19;14:10, 18;31:3;37:36;41:29;42:22; 43:14;44:9,11;45:16;49:18; 50:9;56:10(2×),11;57:13;60:6, 21

כולהון/כלהון - כלו/כלה 1:23;9:8,16;15:3;16:7

<u>וקדם כולהון</u> - ולכל 30:5;38:16

כולהון 1:6

לכולהון - לכלם 40:26

מכולהון 14:14

כלא

וכלי - ועצם

וכי עינוהי 33:15

כלא

אכלי - קרא

עלי אי מן שמיא 21:11

ואכלי - ויקרא

ואי נבייא 22:12

ואי בקל רב 36:13

יכלי

יי יוי - ישרק 7:18

ולא יי - ישא 42:2

ויכלי

ויי ליה - ושרק 5:26

ינהום...ויי - וינהם 5:29

ויי עלוהי - וינהם 5:30

אכלי - קרא

נביא אי בגרונך 58:1

דמכלי

דמי אריי בר...- יהגה 31:4

קל דמי - קורא 40:3

כלב

כנקף כי - כלב 66:3

וכלביא - והכלבים

וכי תקיפי נפשן 56:11

כלבין - כלבים

כי חרשין 56:10

כליא

כלית - כליות

מתרב כי רברבין 34:6

כליל

למיתן להון כי - פאר 61:3

כי דחדוא - עטרת 62:3

לכליל - לעטרת

לכי דחדוא 28:5

כליליא - הפארים

כי ושירי רגליא 3:20

כלל

שכליל

יוי שי ציון - יסד 14:32

שי ארעא ודירהא- רקע 42:5

דשכליל - יצר

הוא אלהים דשי ארעא 45:18

ושכליל - ויסד

ושי ארעא 51:13

שכללה - יסדה

אתוראה שי 23:13

שכלילית

שי ארעא בגבורתי - רקע 44:24

וכל חיליהון שי - צויתי 45:12

במימרי שי ארעא - יסדה 48:13

ואשכללינך - ויסדתיך

ואי באבנין טבן 54:11

ולשכללא - וליסד

ולשי כנשתא 51:16

ישתכלל - תוסד

והיכלא יי 44:28

כלם

כלים

ולישנהון <u>דהוה</u> <u>כ</u>י- עלגים 32:4

לישנהון <u>דהוה</u> <u>כ</u>י - אלם 35:6

כלם

תתכלמן - תחפירי

ארי לא תי 54:4

כלנו

כין כי - כלנו 10:9

כלתא

<u>כקשוט</u> <u>כ</u>י - ככלה 49:18

חתנא עם כי - כלה 62:5

וכלתא - וככלה

וככי דמתקשטא בתקונהא 61:10

כמא

<u>כמא</u> <u>ד</u>... - כאשר 9:2; 10:10,11;11:16;14:24;20:3;23:5;25:11;26:9;29:8;31:4;51:13;52:14;55:10;65:8;66:20,22

כמא - כ...; 1:25;5:17;10:9(3×); 19:14;25:10;28:21;30:29;32:2; 33:4;59:10(2×)

כמא - כמו 30:22;41:25;

כמא 1:31;7:20;9:4;10:26; 14:23;16:9;24:14;25:4;27:4; 29:16;30:27;33:4;34:4;43:12; 44:3;55:9;62:5;63:1(2×)

וכמא ד...- וכאשר 14:24;29:8

וכמא ד...- וכ 53:3

וכמא ד... 49:26;62:5

כמונא

על כי - כמן 28:27

וכמונא - וכמן

וכי במחבוטא 28:27

וכמונא - וכמן

כקצחא וככי 28:25

כנא

אתכנין

אי בזרעא רחימא 1:4

כנישתא

כנישא - <u>קרא</u> <u>מקרא</u>

<u>כ</u>י <u>אתון</u> <u>מתכנשין</u> 1:13

כנישת

כי משריין - נוספות 15:9

כי נהרא - קציר 23:3

כי משרין 29:1

כנישתכון

בעדן כי - ועצרה 1:13

ובמרדיכון אתרחקת כי 50:1

כנע

אתכנעית

לא אי - נכלמתי 50:7

אתכנעו - נכלמו

ואף אי כולהון 45:16

ואתכנעתון

חלף דבהיתתון ואי 61:7

ויתכנעון

ויתי דסגדין - ובושה 24:23

ויתי כל עממיא - ויכלמו 41:11

תתכנעין

ולא תי - תכלמי 54:4

תתכנעון

ולא תי - תכלמו 45:17

ותתכנעון - ותחפרו

ותי מגנאיך טעותא 1:29

באתכנעו - בכלמה

הליכו באי 45:16

לאתכנעו - לכלמה

ויהי...לאי 30:3

מאתכנעו - מכלמות

לא טמרית מאי 50:6

כנען

יוי פקיד על כ׳ - כנען 23:11

כנענאה

ממלל כ׳ - כנען 19:18

כנפא

בכנפוהי - כנפים

כנשרא דטאיס בכ׳ 18:1

כנש

כנשית - אספתי

כל דיירי ארעא אנא כ׳ 10:14

דכנשוהי - מאספיו

ארי דכ׳ לעבורא 62:9

וכנשתון - ותקבצו

וכ׳ ית עמ׳ 22:9

ויכנשון - ואסף

וי׳ בית ישראל נכסי 33:4

ויכנשונונון - ואספו

וי׳ מכנש לבית אסירי 24:22

כנוש - אסף

כ׳ בהתתנא 4:1

מכנש - אספה

ויכנשונונון מ׳ ל... 24:22

כמכנש - כאסף

ויהי כמ׳ חצד קמא 17:5

וכמכנש - וכאסף

וכמ׳ ביעין שביקן 10:14

למכנש - יבוא

עללא לית למ׳ 32:10

ולמכנש

ולמ׳ בחמריא 32:20

דכנשין - אסף

כמא דכ׳ ית חזלא 33:4

וכנשין

וכ׳ מיא גבר לנפשיה 19:10

ויתכניש - ונאסף

וי׳ ביע וחדוא 16:10

תתכניש - יאספך

ביקר מן ק יוי ת׳ 58:8

אתכנשו - הקבצו

א׳ ואתו 45:20

ויכניש

וי׳ מבדרי ישראל - ואסף 11:12

וי׳ יתהון 28:25

לכנשא

לכ׳ מבדרי עמך - יספת 26:15

דאמר לכ׳ גלותא 46:11

ועתיד לכ׳ גלותכון - ומאספכם 52:12

יוי...דעתיד לכ׳ - מקבץ 56:8

לכ׳ יתהון - לנקבציו

אף אנא עתיד לכ׳ גלותיך 66:9

עתידא לכ׳ - לקבץ 66:18

תכניש - יקבץ

בדרעיה מ׳ אימרין 40:11

דמכניש - מקבץ

וכען ולית דמ׳ 13:14

יתכנשון

כין גלוותא דישראל י׳ 6:13

י׳ מביני גלותהון 27:6

עמא בית ישראל י׳ 33:24

ופריקיא דיוי י׳-יש(ו)בון 35:10;51:11

ודסברו לפרקנא דיוי י׳ 40:31

כל עממיא י׳ - נקבצו 43:9

י׳ כולהון - יתקבצו 44:11

אתכנשא י׳ ליך - יגור 54:15

כל ען ערבאי י׳- יקבצו 60:7

יתכנשן

לתמן י׳ דיאתא - נקבצו 34:15

במימריה י׳ - קבצן 34:16

אתכנשו - הקבצו

א׳ כולהון 48:14

אתכנשא - גור

הא א׳ יתכנשון ליך 54:15

מתכנשין

כנישא אתון מ׳ - קרא מקרא 1:13

וגוברי גמלי חסדא מ׳

- נאספים 57:1

מ׳ צדיקיא - נאסף

דמתכנשין

עממין דמ׳ - נאספים 13:4

כנישת משרין דמ׳ עלה 29:1

כל עממיא דמ׳ - הצבאים 29:7,8

גלותא דישראל דמ׳ 35:6;60:8

כל בני עם גלותיך דמ׳

- נקבצו 49:18;60:4

מלכי עממיא דמ׳ 54:15;56:9

בעלי דבבנא דמ׳ 59:11

כנשתא

כ׳ דציון - בת

1:8;16:1;37:22:52:2

כ׳ דציון - יושבת 12:6

כ׳ דעמי - בת 22:4

כ׳ דישראל 27:2;51:9,10

כ׳ דאלהנא 40:3

כ׳ דבבל - בת 47:1

כ׳ דכסדאי - בת 47:5

ולשכללא כ׳ - ארץ 51:16

כ׳ דעמי 57:14

לכנשתא

אמר לכ׳ דציון - לציון 52:7

אימרו לכ׳ דציון - לבת 62:11

כנשא

כ׳ בחירא - עם 1:4

בכינשא - בגוי

בכ׳ חנפא 10:6

וכנשתי - ולאומי

וכ׳ לפולחני אציתא 51:4

לכנשתכון

דיהבית לכ׳ 50:1

כנשת - חרצבות

כ׳ רשעא 58:6

כסא

תכסי - תכסה

ולא ת׳ 26:21

ותכסינה - וכסיתו

ארי תחזי ערטילאה ותי 58:7

אכסי - אלביש

א׳ שמיא כיד בקבלא 50:3

תכסי - יכסה

בתרין מ׳ אפוהי 6:2

ובתרין מ׳ גויתיה

מכסן (ימין)

מלכֹּן - מתכסים

כד מכֹ' סקיא   37:2

דֹאתכֹסֹי - שמלה   3:7

ולית מא דֹאי לי

דֹאתכֹסֹי - ויתכס   37:1

ואי סקא

יתכֹסֹון

יֹי מן קדם בשתא   5:30

נֹתכֹסֹי - נלבש

ומדילנא נֹ'   4:1

לֹאאתכֹסֹאה - יתכסו   59:6

דלא כשרין לאֹ'

כֹסֹא

כֹי דחמתיה - כוס   51:17

פיילי כֹי דלוטא- כוס

כֹי דלוטא - כוס   51:22

פיילי כֹי דחמתֹי- כוס

כֹס/כֹּס

מטל כֹי דלוט לאשקאה ית...   13:1;15:1;17:1;19:1;21:11,13;23:1

ומני כֹי דלוט קדמוהי - זעמו   13:5

כֹי פורענותהון   27:3

כֹי פורענותהון   28:13

כֹי תנחומין   40:2

כסדאה
כֹסֹדֹאֹי

תושבחת רבות כֹי - כשדים   13:19

ארע כֹי - כשדים   23:13

מלכות כֹי - כשדים   47:1

ממדינת ארעא כֹי - מכשדים   48:20

בֹלכֹסֹדֹאֹי - כשדים   48:14

גילי בכֹי

דֹלכֹסֹדֹאֹי - כשדים   47:5

מלכות כנשתא דכֹי

דֹלכֹסֹדֹאֹי - וכשדים   43:14

וכֹי בספיני תושבחתהון

כסותא
כֹכסֹותֹחֹא - כבגד

(אמצע)

כֹכֹי דבליא   51:6

לֹסֹו - שמלה

כֹי אית לך   3:6

כֹכסֹו - ושמלה

הא ככֹי דמלושא בדם   9:4

זֹלכֹסֹו - ולמכסה

ולכֹי דיקר   23:18

לֹסֹותהֹון - כסותם

וכסקא אשוי כֹי   50:3

כֹסֹפֹא

ית כֹי - הכסף   39:2

וחלף...אית כֹי - כסף   60:17

בֹלכֹסֹפֹא - כסף

די בכֹי לא מטפסֹין   13:17

כֹסֹף - כסף

כֹי ודהב   2:7

אלף מנן כֹי   7:23

ודלית ליה כֹי   55:1

גֹכֹסֹף - בכסף

לא זבינתא קדמי בכֹי   43:24

הא צרפתך ולא בכֹי   48:10

ולא בכֹי תתפרקון   52:3

לֹכֹסֹף - כסף

ושישלן דכֹי   40:19

וֹכֹסֹף - וכסף

וכֹי במאזניא תקלין   46:6

לֹכֹסֹפֹיך - כספך

כֹי הוה לפסולא   1:22

לֹסֹסֹכֹון

צלמי כֹי - כסף   30:22

למא תתקלון כֹי - כסף   55:2

לֹסֹסֹהֹון

טעות כֹי - כספו   2:20;7:20;31:20

כֹי ודהבהון עמהון - כספם   60:9

כען

5:1,3,5;7:3,13;
19:12;29:11,12;36:4,8,11;38:3;
47:12,13;51:21

כֹעֹן - עתה   30:8;33:10(3×);
36:5;37:26;48:7;49:19

(שמאל)

כען   5:25;6:13;9:11,16,20;
10:4,32;43:26;57:13

וֹכֹעֹן - ועתה   1:21;5:3,5;16:14;
28:22;36:8,10;37:20;43:1;44:1;
47:8;48:16;49:5;52:5;64:7

וֹכֹעֹן - עתה   43:19

וכען ו...   51:13

מֹכֹעֹן - מעתה   9:6;59:21

מכען   8:20;27:5;29:22(2×);
33:24;48:6;49:20

כפין
יכֹפֹן - רעב

דֹאם יֹ' עבדיה   44:12

יֹכֹפֹנֹון - ירעבו   49:10

לא יֹ'

תֹכֹפֹנֹון - תרעבו

ואתון רשיעיא תֹי   65:13

וֹכֹפֹין - ורעב   9:19

ובז מן דרומא וכֹי

לֹכֹפֹנֹא - לרעב   58:10

ותתפח קדם כֹי

בֹלכֹפֹנֹא - רעב   32:6

הא ככֹי ללחמא

לֹכֹפֹנֹא - לרעב   58:7

הלא תפרניס לכֹי מלחמך

כפל
אתכֹפֹילֹו

אֹי כמשכן דרעי   38:12

כֹפֹלֹא

ויהי כֹי למישרא - העקב   40:4

דֹלכֹפֹלֹא - ומעקשים

אשוי...וכֹי למישרא   42:16

כֹפֹנֹא

ויהי כמא דיחלום כֹי - הרעב   29:8

בֹלכֹפֹנֹא

ויקריהון מיתו בכֹי - רעב   5:13

וימות בכֹי בנך - ברעב   14:30

זֹלכֹפֹנֹא - והרעב

בזא ותברא וכ' וחרבא   51:19

כֹּפֶן

ויהי ארי יחזי כ'- ירעב   8:21
ארי ייתי עלוהי עקא כ'
   - וחשכה   8:22
וכפֹן - ורעב
ויהי עשא וכ'   8:21

כפף

כֹּפִיף - הלכף
כ'* רישיה   58:5
כֹּפִיף
כאגמון כ'
כֹּפִיפִין - שחוח
ויהכון לגויך כ'   60:14

כפר

לְכַפָּרָא
לכ' על חטאיהון   5:2
יתכפרון - תכפר
וחטאך י'   6:7

כרובא

כְרוּבַיָא - הכרבים
עיל מן כ'   37:16

כריך

כְרִיך - בצורה
בשור כ'   2:15
כְרִילָא - בצורה
קרתא דהות כ'   27:10
כְרִילֵן - בצרות
קרוין כ'   37:26
כְרִילָתָא - הבצרות
קרויא...כ'   36:1

כְרַכָּא

על כ' יתיב שליוא - הר   13:2
כ' דמואב - קיר   15:1
כ' חדאה - קריה   22:2
כַדּך
אנש כ' תוקפהון - קיר   16:7,11

  קריה   25:2
וכרך - ומבצר   25:12
וכ' תקוף
לְכַך
17:9   ככ' דחרוב
כפרץ   30:13   ככ' דחרוב
לכַך - מעי
17:1   ותהי לכ' מחמרא
כַרֹין
10:13   כ' תקיפין
כ' דשרן לרוחצן - בנות   32:9
נכסי כ' תקיפין   53:12
כַרֹזֵי
8:23   כ' עממיא - גליל
10:32   כ' עממיא
כ' עממיא - חומתיך   25:12
כֹרַזַי
13:15   לכי צירא
כְרַכָהָא
- במבצריה   34:13
בתקוף כ'
כְרַכַיהֹון
37:24   לתקוף כ'

כרכמיש

דְכַרַכְמִיש - ככרכמיש
10:9   הלא כמא דכ' כבישא

כַרֹמָא

3:12   כמעללי כ'
בכַרֹמָא
כמטלתא בכ' - בכרם   1:8
לישראל דמתיל בכ'   5:1
דְכַרֹם - כרם
בית עשר אשכראין דכ'   5:10
בְכַרֹם - כרם
ככ' נסב   27:2
לְכַרֹמֵיה - לכרמו
תושבחת רחמי לכ'   5:1
וּבְכַרֹמָא - ובכרמים
ובכ' לא ידוצון   16:10
כַרֹמִין - כרמים
ויצבון כ'   65:21

זכַרֹמִין - וכרמים
ארע חקלין וכ'   36:17
כַרֹמֵיהֹון - וכרמיכם
ומפלחי כ'   61:5

כַרֹמְלָא

מן כ' - הכרמל   16:10
ית כ' יתבון - בכרמל   32:16
זיו כ' ושרונא - הכרמל   35:2
כַרֹמְלָא
וכ'...ייתיב - והכרמל   29:17
וכ'...יתיב - לכרמל   32:15
וצדי מתנן וכ' - וכרמל   33:9
כְכַרֹמְלָא
למהוי ככ' - לכרמל   29:17
לְכַרֹמְלָא
ויהי מדברא לכ'- לכרמל   32:15

כרן

ראה כדו

כרע

תֹכְרַע - תכרע
ארי קדמי ת' כל ברך   45:23

כַרֹקֹום

ואבני עלך כ' - מצב   29:3

כרש

ראה כורש

כַשֹּׁר

לית אנא כ'   3:7
דכַשֹּׁר - בן טבאל
ית מן דכ' לנא   7:6
כַשֹּׁרִין
מלין דלא כ'   37:23
דלא כ' לאתכסאה   59:6

כַת

כ' כתין - שחים   37:30
כֹּתִין

איכול...כ׳ - ספיח 37:30

<u>כת כ׳</u> - שחים

כתב

כתוב

כ׳ על לוח - כתבה 30:8

וכתוב - וכתב

וכ׳ עלוהי 8:1

כתבין - כתבו

וכתב דליאו כ׳ 10:1

דכתיב - הכתוב

כל דכ׳ בחיי עלמא 4:3

כתיבא - כתובה

הא כ׳ קדמי 65:6

כתב

כ׳ מפרש 8:1

כ׳ אודאה - מכתב 38:9

וכתב - ומכתבים

וכ׳ דליאו 10:1

כתבי

כ׳ דין מסטי 58:6

לכתים

לכ׳ קומו גלו - כתיים 23:12

כתם

כתימין - כשנים

<u>כ׳ כצבענין</u> 1:18

כתמא

כתמה

דלא דכן רשמי כ׳ מינה 9:4

כתנא

<u>כנעורת כ׳</u> - לנערת 1:31

כתף

כ׳ חד - בכתף 11:14

על כ׳ - כתף 30:6

כתפיהון - כתף

נטלין ליה על כ׳ 46:7

כתר

יכתרון

ולאוריתיה...י׳ - ייחלו 42:4

ולתקוף דרע גבורתי י׳

- ייחלון 51:5

כתרא

יי דיהיב כ׳ - עטרת 28:1

כ׳ דגיותניא - עטרת 28:3

וכתר - וצנוף

וכ׳ דתשבחא 62:3

ולכתר - ולצפירת

ולכ׳ דתשבחא 28:5

וכתרא - והצניפות

וכ׳ וכבינתא 3:23

כתש

כתישין - נגוע

ואנחנא חשיבין כ׳ 53:4

כתישי - הלומי

כ׳ חמר 28:1

ל

ל

לי - לי 6:5;8:18;12:2;21:2; 24:16(2×);38:14,17;49:3, 20 (2×),21;50:4,7,9

לי - לי 8:1,3,11;18:4;21:6, 16;31:4;36:7,10

לי 1:23;29:16;47:10

לך - לך 7:11;8:1;14:3,9(2×); 19:12;22:16(3×);36:8(2×),9; 37:30;38:7;41:9,13;45:3,4;48: 5,8,9;58:12;63:14

לך - לכה 3:6

לך - אליך 14:10;55:5

לך 1:23;7:11(2×);22:17;26:9, 20;27:8;37:26(3×);38:18;48:17 (2×);57:12

ליך - לך 1:26;47:1,5;57:8; 60:14,19,20;62:2,4(2×)

ליך - עליך 60:5

ליך 47:13,15;49:18,26;51:23; 54:15(2×);56:9;57:9(2×),11,12 (3×);60:14

וליך - ולך 62:12

וליך - ואליך 45:14

ליה - לו 4:3;5:26,29;8:20; 25:9;28:18;31:8,9(2×);36:22; 40:20;44:14(2×),17;45:9;50:1, 10;53:12;55:1;56:6;63:12

ליה - אליו 7:4;11:10;19:17; 37:3;38:1;39:3

ליה - עליך 52:14

ליה 5:23;10:32;11:5(2×); 22:16;29:21;40:19(2×);41:7; 43:12;44:12(2×),13(4×),28;45: 9;46:6,7(4×);48:14;50:9;51:4, 8;53:2,12;55:10,11;66:13

לה - לה 1:30;27:2;35:8;51:18; 66:7

לה - אליה 66:12

לה 1:27;18:1;23:7;24:1;33:23; 37:3;40:2;55:10(2×),66:7

לנא - לנו 1:9;9:5(2×);26:1, 12;30:10;33:14(2×),21;41:22; 53:5

לנא - אלינו 14:10

לנא - עלינו 32:15

לנא - למו 44:7

לנא - אתנו 59:12

לנא 7:6;8:20;29:15;30:10; 33:22(2×);53:8;59:9;63:16

לכון - לכם 2:22;7:14;21:10; 22:14;23:7;29:11;30:3,13,20, 29;31:7;36:14;40:21;50:11;55: 3;61:6

לכון - לך 22:1;23:12;40:9

<u>מא לכון</u> - מלכם 3:15

לכון - אתכם 5:5

לכון - אליכם 8:19

לכון - בכם 41:24

לכון 2:6;8:20;10:26;17:11; 29:10;32:20;33:11(2×);42:18 (2×);43:2(2×);44:8;48:6;49:6, 8;61:7(2×)

להון - להם 2:9;3:9;13:2;19: 20;34:17;52:15;56:5;57:6;59:8; 61:3(2×),7,8;62:12;63:8

להון - למו 16:4;30:5;43:8;48:21

להון - אליהם 28:12;36:4;37:6;48:13

להון - לי 21:4;27:5(2×)

להון - לו 2:20;3:11;6:10;56:5;57:18

להון - לה 8:23;29:7;34:14;35:2

להון - בו 5:4

להון - לנא 10:29

להון - בם 11:6

להון - להן 34:17

להון - יש 43:8

להון 1:2,4,6;5:1,3,11;8:6,20;9:2;10:22;11:14;16:2,6;18:4(3×);21:2,11(2×);24:14;25:6;26:3,10,19;27:3(2×),8;28:8,10,11,13,26(2×);29:21;30:6,32;33:7;35:10;40:14,29;41:18;42:14;43:7;44:9;47:14;48:1;49:7;51:11;57:18,19;58:3;59:10,12;63:1,3,9,17(2×),19;64:2;65:6(2×)

לא

לא - לא 1:3(2×),6,11,13(2×),23(2×);2:4;3:7,9;5:6,9,12(2×),25,27;7:7,9(2×),12,25;8:12(2×),23;9:11,12(2×),16(3×),18,20;10:4,7(3×),9,20;11:9,13(2×);13:10(2×),17(2×),18(2×),20(2×),22;14:8,17,20(2×),24;15:6;16:6,10(2×);17:8,10;22:2,11;23:4,12(2×),13,18;24:9;25:2;27:9,11(3×);28:15,16,18,27,28;29:16(2×),22;30:2,5,10(2×),14,16,19;31:1,2,4(2×),8(2×);32:5(2×);33:1,8,19,21;34:10,16(2×);35:8(2×),9(2×);36:14,15,21;37:10,19,33,34;38:11(2×),18(2×);39:2(2×),4,6;40:26,28(2×);41:3,17;42:2,3(2×),4,8;43:2(3×),23(3×),24(2×),25;44:18,21;45:1,13,17,18,19(2×),20;46:2,7(2×),13(2×);47:1,5,6,7(2×),8,11(3×),14;48:1,8(2×),11,16,19;49:10,15;50:5(2×),6,7(2×);51:6,22;52:1,12(2×);53:2;54:4(3×),10(2×),11,14(2×),17;55:8,10,11;56:10(2×),11(2×);57:10,11(3×),16;58:2,4,7;59:1,8(2×),14,21;60:11,18,19,20(2×),62:1(2×),4(2×),6;63:8,9,13,16(2×),19(2×);64:2,3(3×);65:2,6,22(2×),23,25;66:24(2×)

לא - אל 7:4(2×);10:24;14:29;16:3;22:4;28:22;35:4;36:14;37:6,10;40:9;41:10(2×),13,14;43:1,5,6,18(2×);44:2,8;51:7(2×);52:11;54:2,4;58:1;62:6;64:8;65:5

לא - בל 26:11,18;33:20;35:9

ואף לא - ולא 1:6

אילו לא פון - לולי 1:9

לא רעוא קדמי- אינני 1:15

עד לא - בטרם 7:16;8:4;17:14;28:4;42:9;48:5;66:7

לא - ולא 8:12;29:22;33:1;49:10

ואף...לא - ולא 22:2

אף...לא - ובל 26:10

לא - אין 40:16

לא יהי ביה - ואין 44:12

ועד לא - ולא 53:7

לא - באין 57:1

לא - לוא 63:19

עד לא - טרם 65:24

ועד לא - בטרם 66:7

לא 1:5(2×),11,12;7:15;8:14,16(3×);10:15,32;17:14;19:6;20:6;26:18(2×);28:10(2×),13,19;30:21;37:27;38:18;41:24;45:9;47:14;48:8;49:1;51:19;59:1;63:13,17;65:24;66:4

בלא - בלוא 55:1,2(2×)

דלא - אשר לא 7:17;39:4;46:10;49:23;52:15;56:5;58:11;60:12;65:20;66:19

דלא - לא 30:5,6,9;40:20(2×);41:7;42:16(2×);45:20;53:9;54:1(2×);55:5(2×),13;59:6;62:12;65:1

דלא - בל 26:14(2×);33:20;44:9(2×)

דלא - בלתי 14:6

בדיל דלא - לבלתי 44:10;65:8

דלא - כי אין 48:11

דלא - ולא 57:12

דלא/דילא 5:6,10;6:2(2×);7:3;8:23;9:4;10:21,22;18:5;22:18;25:6;28:13;29:24;33:16,21;35:10;37:23;38:17;48:9;51:11;54:8,9(2×);65:8

ודלא 35:8

ודלא - ואשר לא 52:15

ובדלא - ובאשר לא 65:12;66:4

לדלא - על אשר לא 29:12

לדלא - ללוא 65:1

לדלא - ללא

מידלא - מבלי 5:13

הלא - הלא/הלוא 8:19;10:8,9,11;28:25;29:17;36:7,12;37:26;40:21(4×),28;42:24;43:19;44:8,20;45:21;48:6;51:9,10;57:4,11;58:6,7

הלא - ולא 48:1

הלא 5:20;10:15(2×),32;27:4;28:9;37:13;40:13;41:7;42:18(2×),19;66:2

ולא - ולא 1:6;2:4;5:4,6,27(3×);7:1,7,12;8:10;9:19;10:14;11:3(2×),9;12:2;13:20(2×);16:12;17:8;19:15;22:11;23:4(2×),18;24:20;26:21;28:12;29:9(2×);30:1(2×),5,14,15,20;31:1,3(2×);32:3;36:21;37:33(3×);38:1;40:28,31(2×);41:9,12;42:2(2×),4,16,20(2×),24(2×),25(2×);43:22,23;44:18,19(3×),20(2×);45:4,5,13,17,23;46:7;47:8;48:6,7(2×),10,19,21;49:10;51:14(2×),21;52:3;53:2,3,9;55:8;57:16;59:1,9;65:12(2×),17(2×),19,23,25;66:4,19

ולא - לא 16:20;44:12;57:20;65:10

ולא - ובל 33:24;44:9

ולא - בל 33:20,23;43:17

ולא - ואל 2:9;6:9(2×);36:11,15;44:8;54:4;56:3(2×);62:7;64:8

ולא - ואין 1:31;34:12;41:17;50:2(2×);66:4

ולא - בלי 14:6

ולא - אל 36:16

ולא - ומי 43:13

ולא - ובלא 55:1

ולא 1:20;5:3;8:21;19:7;22:13;26:10;27:3;28:10(2×),13(2×);35:6,8;37:26;41:29;42:14;44:12,19;49:4;54:9;60:8;63:3

וכלא מדעם - וכאפס 41:12

לאי

לאית - נלאית
לי בסגיאות מלכך 47:13
דלאית - אשר יגעת
חמריך דלי ביה 62:8
לאיתי - יגעתי
לריקנו לי 49:4
לאיתון - יגעת
ארי לי באלפן אוריתי 43:22
ילאי
ארי יי מואב - נלאה 16:12
לא יהלי ולא יי - ירוץ 42:4
תלאי
כד תי למינס - כנלתך 33:1
ילאון - ייגעו
ולא יי 40:31
דילאון - ויגעו
וישתלהון...ויי 40:30

לבבא
בלבב
בלי שלים 26:2
בלי שלים - יצר 26:3
ובלבב - ובלב
ובלי שלים 38:3
ולבב - ולבב
ולי מהרהרין 32:4

לבונתא
בלבונתא - בלבונה
ולא אתקיפית עלך בלי 43:23
ולבונה - ולבונה
דהב ולי 60:6

לבורנקיא
ולבורנקיא - והמטפחות
ולי ומחכיא 3:22

לבושא
כלבושא - כבגד
כולהון כלי דבלי 50:9
ארי כלי דאכיל ליה עשא 51:8
כלבוש - תלבשי
כלי דיקר 49:18
וכלבוש - וכבגד
וכלי מרחק 64:5
לבושין - בגדי
לי דפרקן 61:10
לבושי - בגדי
לי תושבחתיך 52:1
לבושוהי - בגדיו
ובזע ית לי 37:1
בלבושוהי
וככהנא רבא דמתקן בלי 61:10
לבושיהון - בגדים
כד מבזעין לי 36:22

לביש
לבשי - לבשי
לי תקוף 51:9
לי תוקפיך 52:1
לי לבושי תושבחתיך
לבשי
מכהניא לי איפודא 22:24
אלבשני - הלבישני
ארי אי לבושין דפרקן 61:10
דאלבשניה - והלבשתיו
ואי כיתונך 22:21

לבלבא
כלבלבין
כלי דפרן - כיונק 53:2
כלבלבי
כלי עסב - חציר 44:4

לבנא
לבניא - הלבנים
ומסקין בסמין על לי 65:3

לבנה
מגיח קרבא על לי- לבנה 37:8

לבן
ויתוב לי למהוי - לבנון 29:17
יביש לי - לבנון 33:9
יקר לי - הלבנון 35:2;60:13
ואילני לי - ולבנון 40:16

להק
מלהיק - ידליקם
חמר אונסא מי להון 5:11

לוגנא
לוגנין - שורה
הא כזרעי חטין על לי 28:25

לודאה
ולודאי - ולוד
פולאי ולי 66:19

לוח
סב לך לי רב - גליון 8:1
כתוב על לי - לוח 30:8

לוחית
מסיקית לי - הלוחית 15:5

לוט
וילוט - וקלל
ויי ויבזי שום פתכריה 8:21

לוטא
זמן לי 28:29
דלוטא
פיילי כסא דלי 51:17
כסא דלי 51:22
לוט/לוט
עד דיעדי לי - זעם 26:20
כיום לוט - קדים 27:8
נפיק לי - זעם 30:27
וייתי לי ל... - וזעם 66:14
בלוט
ומלאך שליח...בלי 10:5

דלוט

מטל כס דלי לאשקאה ית... 13:1;15:1;17:1;19:1;21:11,13; 23:1

ומני כס דלי קדמוהי - זעמו 13:5

דלוטיא

ית לי דאמרית לאיתאה 8:2

ויסופון לי מינכון - זעם 10:25

ולוטין

לפתגמי ברכן ולי 48:8

לוי

לי לא מרעית 23:4

לוי

בני לי 22:24

לוש

דמלושא - מגוללה

הא ככסו דמי 9:4

לות

לות - אל 8:3;18:2(2×);22:15; 36:2,22;37:2,5,9,21;39:1,3; 56:2

לות - על 22:15;30:5

לות 34:15

לותי - אלי 6:6;36:16;39:3;50:8

לותך - אליך 39:3

לותיה - אליו 36:3;38:1

מלותכון 33:24

לותהון - למו 53:8

לחדא

לחדא - מאד 16:6;31:1;47:6,9; 52:13;56:12;64:8,11

לחוד

לחוד - רק 4:1

בלחודי - לבדי 49:21

בלחודוהי - לבדו 2:11,17

בלחודה - בדד 27:10

בלחודיהון - לבדכם 5:8

לחית

לי מואב - ער 15:1

לחך

ילחכון - ילחכו

ועפר רגלך לי 49:23

מלחכא - תבעה

מיא מי אשתא 64:1

לחמא

ולחמא - ולחם

ולי כמסת לאכיל 55:10

ללחמא

הא ככפנא ללי 32:6

לחים - לחם

ואפא לי 44:15

אפיתי על גמרוהי לי 44:19

מלחמך - לחמך

הלא תפרניס לכפנא מלי 58:7

ליאותא

בליאו

ולא בלי - ייגע 40:28

דליאו

וכתב דלי - עמל 10:1

ליאות

לי שקר - פעלי 31:2

לי מצראי - יגיע 45:14

דליאות

ולי שקר - ופעל 59:6

דליאותכון - ויגיעכם

ולי בלא למסבע 55:2

ליבא/לבא

ורמי לי 2:12

רם לי - לבב 10:12

וכל לי דאנשא - לבב 13:7

כל חדי לי - לב 24:7

וחדות לי - לבב 30:29

תקיפי לבי - לב 46:12

לתבירי לבי 57:15

לתיבירי לבי - לב 61:1

דליבא - ולבב

ולי דעמיה 7:2

ולי דמצראי 19:1

לב

וכל לי דוי - לבב 1:5

ברבו ובתקוף לי- לבב 9:8

על לי - לב 42:25;46:8;57:1;65:17

לי עמא 57:14

לי תבירין - לב 57:15

לי עמא - דרך 62:10

ישבחון מטוב לי- לב 65:14

ואתון תצוחון מכאב לי- לב

לבך - לבך

לי יחשיב רברבן 33:18

בליבך - בלבבך

ואת אמרת בלי 14:13

דליבך - ולבבך

ולי לא יזוע 7:4

לביך

עד לא שוית...על לי- לבך 47:7

על לי - לבך 57:11

ויפתי לי - לבבך 60:5

בלביך

ואמרת בלי - בלבך 47:10

ותימרין בלי - בלבבך 49:21

לביה

טפיס לי דעמא הדין- לב 6:10

וזע לי - לבבו 7:2

לי שטיא - לב 44:20

בליביה - בלבבו

לשיצאה אמר בלי 10:7

ובלביה - ולבבו

ובלי לא כין מחשיב 10:7

לליביה - אל לבו

ולא מתיב ללי 44:19

ליבה - לב

מלו על לי דירושלם 40:2

בליבה - בלבבה

ואמרא בלי 47:8

לבנא - לבנו

ונשוי לי 41:22

לא יתפני לי מדחלתך 63:17

לבכון - לבכם

ויחד לי 66:14

ליבהון

טעא לי - לבבי 21:4

וישון דחלתי על לי 41:20

הרהור לי - לבו 57:17

בליבהון/בלבהון

בלי מואבאי ימרון - לבי 15:5

לדמוחן בליבי - לב 35:4

מלאסתכלא בלבי - לבתם 44:18

דאולפן אוריתי בלי - בלבם 51:7

ובליבהון/ובלבהון

ובלי יסתכלון - ולבבו 6:10

ובלבי מתעשתין אוניס - ולבו 32:6

וליבהון

ולי...דוון - וקרבי 16:11

ולי אתרחק מדחלתי - ולבי 29:13

מלבהון/מליבהון

ומפקין מלבי מלין 59:4

ומפקין מליבי - מלב 59:13

ליואי - ללוים

למהוי כהניא לי 66:21

לילי

לי ויימם - לילה 27:3;34:10

הרהור לי - לילה 29:7

ובלילי - ובלילה

בימם ובלי 28:19

ולילי - ולילה

יימם ולי 60:11

ליליא

כל לי - הלילות 21:8

וכל לי* - הלילה 62:6

בליליא

ואמיתא...בלי - לילה 4:5

בלי אתבזיזת - בליל 15:1

לצלאה קדמך בלי- בלילה 26:9

ואף לזיהור סיהרא בלי 60:19

ובליליא - בליל

ובלי אתכביש כרכא 15:1

כליליא - כליל

שוי כלי טוליך 16:3

תושבחא תהי לכון כלי* 30:29

ולילוותי - לילה

יממי ולי שלימו 38:12,13

לילין

תמן ישריין לי - לילית 34:14

ליסתא

בליסת

בלי עממיא - לחיי 30:28

ולסתי - ולחיי

ולי למרטין 50:6

בלסתך - באפך

ואשוי שירין בלי 37:29

ליש

בליש - לישה

אציתו דיתבין בלי 10:30

לישנא

לישן - לשון

לי ימא דמצרים 11:15

כל לי 45:23

לי דמלפין 50:4

וכל לי 54:17

ובלישן - ובלשון

ובלי תולעבא 28:11

לישנכון - לשונכם

לי נכלין מחשיב 59:3

לישנהון - לשון

וישבח לי 35:6

בלישנהון - לשון

מלעגין בלי 33:19

ולישנהון - ולשון

ולי דהוה כלים 32:4

ולישניא - והלשנות

עממיא אומיא ולי 66:18

לית

לית - אין 1:6,30;3:7;5:27;8:20;9:6;23:10;34:10;37:3;40:16,28;41:26(3×);44:6;45:5,9,21;47:1,10,14,15;48:22;50:2;51:18;57:21;59:4,15

לית - בלי 28:8; 32:10

לית - לא 3:7;29:11,12;43:10

לית - מי 29:15

לית - אפס 45:6

לית בר מנך - זולתך 64:3

לית 29:24;37:16,20;41:4;48:12;51:19;59:1,6

דלית 9:4;63:17

ודלית - ואשר אין 55:1

וכדלית - וכאין 59:10

מדלית - אין 33:19

ולית - ואין 2:7(2×);3:7;5:27,29;13:14;14:31:17:2;22:22(2×);41:28:(2×);42:22(2×);43:11,12,13;44:8;45:5,6,14,18,21,22;46:9;50:10;51:18;57:1;59:4,8,11;60:15;63:5(2×);64:6

ולית - לבלי 5:14

ולית - ומי 14:27;29:15

ולית - בל 33:23

ולית - ולאין 40:29

ולית בר מני - ואפסי 47:8,10

ולית - ולא 53:7

ולית - אין 59:16(2×)

ליתוהי 2:22

כדליתוהי - איננו 17:14

לכיש

מלכיש - מלכיש

ושלח...מלי לירושלם 36:2

ארי נטל מלי 37:8

למא

למא - למה 40:27;55:2;58:3;63:17

Right column

לֿמֹא
בחבלי ל' - השוא	5:18
ומצראי ל' - הבל	30:7
הא אתון ל' - מאין	41:24
הא כולהון ל' - און	41:29
כולהון ל' - תהו	44:9
מתרחצין על ל' - תהו	59:4

בֿלמֹא - באפס
ואתוראה בל' אנסיה   52:4

ולמֹא - ואל מי
ולמ' אתון מדמן למדן   40:18

כֿלמֹא
כל עובדיהון - כאין	40:17
כל עביד - כתהו	40:23
יהון כל' - כאין	41:11,12

וֿכֿלמֹא - במה
וכלי חשיב הוא   2:22

לֿלמֹא
יהון לל' - אפס	34:12
לל' ולא מדעם - לתהו	49:4
יהון לל' - הבל	57:13

לעג
מֿלֿעֿגֿין
הוו מ'	28:11
מ' בלישנהון - נלעג	33:19

לקא
לֿקֿת
כאלו ל' על חד תרין   40:2

לֿקֿו
למחתא די ל' מצראי   23:5

לֿקֿיֿלֿא
על מא ל' - תכו   1:5

אֿלֿקֿיֿתֿיֿך - הכיתיך
ארי ברוגזי א'   60:10

דֿאֿלֿקֿיֿתֿיֿנֿון - ואכהו
הוה רוגזי עליהון וא'   57:17

לֿלֿקֿיֿנֿון - יכם
לא י' שרבא ושמשא   49:10

לקט

Middle column

כֿמֿלֿקֿיֿט - כמלקט
ויהי כמ' שובלין   17:5

לרע
לֿרֿע - למטה	37:31
מֿלֿרֿע - מתחת	14:9;51:6

מ

מא
מֹא - מה   1:5;5:4;19:12;21:11;
22:1,16;36:4;38:15,22;39:3,4;
40:6;41:22;45:10(2×);52:7
מא לכון - מלכם	3:15
מא דין - מדוע	5:4
מא אם - אולי	37:4;47:12

מא   3:7(2×);10:2,10,32;23:16;
28:24;30:6;33:6,13;37:26;38:
15;43:12;48:6;50:4;64:3
וֹמֹא - ומה	10:3;14:32;40:18
ומא - ומי	22:16
ומא	28:10,13
מֹֹא	21:14
וֹמֹֹא	66:4

מֹאֿה
מ' אלפין אמין   10:32
ארבע מ' פרסין
תלת מ' ארבעין ותלתה   30:26
מ' ותמנן וחמשא אלפין
- מאה   37:36
בר מ' שנין - מאה (2×)65:20   60:10

מֹאֿהֹן
מ' ושתין אלפין   10:32
מ' אלפין
מ' ושתין אלפין רבוא חסר חד   49:10

מֿאֿזֿנֿלֿא

Left column

וכעיול מ' - מאזנים   40:15
בֿמֿוֿזֿנֿלֿא/בֿמֿאֿזֿנֿלֿא
הא כיד במו' - במאזנים   40:12
וכסף במא' תקלין - בקנה   46:6

מאך
לֿמֿאֿך - ידל
י' יקר יעקב   17:4

דֿיֿמֿאֿך - וישח
וי' אנשא   2:9;5:15

וֿתֿמֿאֿך - ושח
ות' רמות אנשא   2:17

דֿתֿמֿאֿכֿין - ושפלת
דת' מארעא תמללין   29:4

לֿמֿאֿכֿון
עיני...י' - שפל	2:11
ותקיפיא י' - ישפלו	10:33
כד י' רשיעיא - יענה	25:5
וכל טור ורמא י' - ישפלו	40:4

דֿיֿמֿאֿכֿון - ושפל
ועל כל תקיפיא וי'   2:12

לֿמֿאֿכֿן - תשפלנה
ועיני רמיא י'   5:15

אֿמֿאֿיֿך - השח
ארי א' יתבי רומא   26:5

דֿאֿמֿאֿיֿכֿלֿת
ואי...יקריך - ותשימי   51:23
ואי' תקיפי עממיא - ותשפיל   57:9

דֿיֿמֿאֿיֿך - והשפיל
וי' יקריה   25:11

לֿמֿאֿכֿיֿנֿה - ישפילנה
קריא תקיפא י'   26:5

אֿמֿאֿיֿך - תכניע
אתרגושת תקיפין ת'   25:5

אֿמֿאֿיֿך - אשפיל
ותקוף תקיפין א'   13:11

אֿמֿאֿיֿכֿי - שחי
א' ונעדי   51:23

מבועא
כֿמֿבֿוֿעֿ
כמ' דמין   33:16

וכמבוע - וכמוצא

וכמי דמיין 58:11

מבועין - מעינות

ובגו מישרין מי 41:18

מבועי - מבועי

מי מיא 49:10

למבועי

למי מיא - למבועי 35:7

למי מיא - למוצאי 41:18

מבחר

מי שלטוניהון - מבחר 37:24

מבינא

במבינא - במטאטא

כמא דמהממין במי 14:23

מבעור

ממבעור - מיקוד

למחתי נור ממי 30:14

מבתותא

כערסל מי - כמלונה 1:8

מגביתא

ומגביתא - והמכשלה

ומי הדא 3:6

מגדל

במגדל - מגדל

במי רם 2:15

מגדליא

מקפין מי 22:5

ומגוג

למיתי עם גוג ומי 10:32

מגיזא

מגיזין - מעברת

יהוין...מי להון 16:2

מגירא

במגיריא

כמא דמתקטיל...במי 7:20

מגלא

למגלין - למזמרת

ומורניתהון למי 2:4

מגן

מי אזדבנתון - חנם 52:3

ארי אזדבן...מי- חנם 52:5

מגר

למגר - השח

וכרך תקוף...יי 25:12

אמגריניך - יהרסך

ומשימושך אי 22:19

מגרון

במגרון - במגרון

עבר במי 10:28

מדאה

מדאי - מדי

האנא מיתי...ית מי 13:17

תקיפי מי 21:2

מדבחא

עיל מן מי - המזבח 6:6

יהי מי מתקן - מזבח 19:19

יי מי - אריאל 29:1

מי דבנו - אריאל

כאקפות מי - כאריאל 29:2

קדם מי הדין - המזבח 36:7

דמדבחא

לקרתא דמי בה - לאריאל 29:2

קרתא דמי בה - אריאל 29:7

מדבחי

ואף מי יהבית - יקב 5:2

על מי 43:24

על מי - מזבחי 56:7;60:7

מדברא

מדברא - מדבר

מן מי 21:1

ויהי מי לכרמלא 32:15

אשוי מי לאגמין דמיין 41:18

ישבח מי 42:11

אשוי נהרין מי 50:2

קרוי קודשך הואה מי 64:9

ציון מי הות

במדברא

וישרון במי - במדבר 32:16

דיתבין במי - מדבר 35:1

אתבזעו במי מיא - במדבר 35:6

במי פנו אורחא - במדבר 40:3

אתין במי ארזין - במדבר 41:19

אשוי במי אורח - במדבר 43:19

יהבית במי מיא - במדבר 43:20

אן דדברינון במי 63:11

לא עבד לנא פרישן במי 63:16

דבמדברא - במדבר

כסוסיא דבי 63:13

כמדברא

שוי תבל כמי - כמדבר 14:17

על דהוה כמי - מדברה 16:1

ושביקא כמי - כמדבר 27:10

למדברא

טעו למי - מדבר 16:8

ממדברא - ממדבר

מידברין ואתן ממי 21:1

מדבר

מי ערבאי 42:11

מדברה - מדברה

וישוי מי כעדן 51:3

מדברי

ובכל מי נעצוציא 7:19

מדור

מי ירורין - נוה 34:13

ממדור

ממי קדשי - במכוני 18:4

ממי קדשך - מזבל 63:15

מדורי

מי פסק 38:11

מְדוֹרִיה - משכן לו

בית מי 22:16

מְדוֹרָה - מדרתה

לעמקא ולאפתאה מי 30:33

בִמְדוֹרֵיהוֹן - בנוה

ויתבון עמי במי 32:18

מַדִין

לא אמרין מי 1:5

מי שלחית נביי- מדוע 50:2

מי יסמקון טורין - מדוע 63:2

מְדִין

איתבר כיום מי- מדין 9:3

מחא כמחת מי - מדין 10:26

הוגני מי - מדין 60:6

מדינא

לִמְדִינָא

ממדינא למי 10:13

איטלטל למי 23:16

מִמְדִינָא

ממי למדינא 10:13

לִמְדִינַת

למי ימא - תרשישה 23:6

למי ימא - בת תרשיש 23:10

למי ימא - תרשיש 66:19

למי תובל - תבל 66:19

מִמְדִינַת - מכשדים

ממי ארע כסדאי 48:20

מְדִינָתִי

כל מי 10:32

מְדִינָן

מי דיתבן שליוא - נשים 32:9

מי דצדין 43:20

מְדִינָתָא

טורני מי - הבשן 2:13

דחלת מי - הארצות 36:20

לכל מי - הארצות 37:11

ית כל מי - הארצות 37:18

מְדִמְנָה

אנש מי - מדמנה 10:31

מַדְנְחָא

בני מי - קדם 11:14

מִמַדְנְחָא

ארם ממי - מקדם 9:11

מן איתי...ממי- ממזרח 41:2

וייתי...ממי - ממזרח 41:25

ממי איתי בנך - ממזרח 43:5

לכנשא גלותא ממי - ממזרח 46:11

מִמַדְנַח - ממזרח

ממי שמשא 45:6

וּמִמַדְנַח - וממזרח

וממי שמשא 59:19

מַדַע

רוח מי - דעת 11:2

מי ית דחלתא דיוי - דעה 11:9

ולא מי - דעת 44:19

וּמַדַע - ודעת

חוכמא ומי 33:6

מַדְעַם/מידעם

לא הות מי - דבר 39:2,4

לא ישתאר מי - דבר 39:6

וכלא מי - וכאפס 41:12

לא מי - מאפע 41:24

ולא מי - אפס 41:29

ולא מי - והבל 49:4

לא ידעין כלהון מי 56:10

מדריא

וּבְמַדְרְיָא - ובמזרה

ויידרא בריחתא ובמי 30:24

מואב

מוֹאָב - מואב

לאשקאה ית מי 15:1

אתבזיזת לחיית מי

מזרקי מי מצוחין 15:4

אקיפת...ית תחום מי 15:8

לשיזבת מי...יסק 15:9

יתפקן יהוין בנת מי 16:2

מלכות מי 16:4

שמענא רברבי מי 16:6

ארי ילאי מי 16:12

פתגמא דמליל...על מי 16:13

דְמוֹאָב - מואב

אתכביש כרכא דמי 15:1

וּמוֹאָב - ומואב

באדום ומי יושטון ידהון 11:14

מואבאה

מוֹאֲבָאֵי

מי מיללין - מואב 15:2

מי יימרון - למואב 15:5

מיללין מי - מואב 16:7

וידדשון מי - מואב 25:10

דְמוֹאֲבָאֵי

מעיהון דמי - למואב 16:11

יקרהון דמי - מואב 16:14

וּמוֹאֲבָאֵי - למואב

ומי כולהון מצוחין 16:7

מומתא

מוֹמֵי - אלה

מי* דשקר 24:6

מוֹעֲדַיָא

אבטילו מי - חק 24:5

וּמוֹעֲדֵיכוֹן - ומועדיכם

ירחיכון ומי 1:14

מופת

וּמוֹפַת - ומופת

את ומי על מצראי 20:3

לְמוֹפְתִין - ולמופתים

אתין ומי 8:18

כְמוֹצָא

כמי דחקלא - כציץ 40:6

ומלכוותא כמי תשוי - כמץ 41:15

כְמוֹץ - כמץ

ויתרדיף כמי טוריא 17:13

וכמוץ - וכמץ

וכמי דעדי 29:5

מורגא

למורג - למורג

שויתכון למי תקיף 41:15

במורגי - בחרוץ

לא במי ברזלא מדרכין 28:27

מורנא

מורנין - תדהר

מי ואשכרעין 41:19;60:13

ומורניתהון - והחניתותיהם

ויעפפון...ומי למגלין 2:4

מותא

טולי מי - צלמות 9:1

מי תנינא 22:14;65:15

יתנשון מי - המות 25:8

במותא - במתיו

וימסר...במי דאבדנא 53:9

למותא

דמסר למי נפשיה- למות 53:12

למי תנינא 65:6

ולא ירבון למי 65:23

מותי

יום מי 38:17

מותר

מי טוביה דיוי 1:9

מזג

וממזגן - והממלאים

וממי לדחלתהון אגנין 56:11

מזוזתא

ומזוזתא - והמזוזה

ואחורי דשא ומי שוית 57:8

מזונא

מזוניה - לחמו

מי מספק 33:16

והויא עפרא מי 65:25

מזונהון - לחמו

ולא יחסרון מי 51:14

מזופיתא

מי מן קדם אלהך - גערת 51:20

מזופית

מן קדם מי חד - גערת 30:17

מן קדם מי חמשה - גערת

במזופיתי - בגערתי

במי אחריב ימא 50:2

ומזופיתיה - וגערתו

ומי בשלהובית אשתא 66:15

מזיקתא

מזיקת - תעלת

לסיפי מי בריכתא 7:3

במזקת - בתעלת

וקם במי בריכתא 36:2

מזלתא

למזלת - הברו

דהוית מסכן למי שמיא 47:13

מזרע

וכל בית מי - מזרע 19:7

מזרקא

כמזרקי

כמי מצדן - כתוא 51:20

מחא

מחיתי - מחיתי

מי כעיבא חובך 44:22

דימחי - ומחה

ויי יוי...דמעתא 25:8

דיתמחון - ונגלו

ויי מתחות שמיא 34:4

מחא

מחנון - ויכהו

כד מי וזעו טוריא 5:25

ימחינך - יככה

בשולטניה יי 10:24

דימחי

ויי חייבי ארעא - והכה 11:4

ויי יוי - ונגף 19:22

דימחיניה - והכהו

ויי לשבעה נחלין 11:15

לממחי

כארמא חוטרא למי 10:15

למי פלשתאי דבמערבא 11:14

למי ית עמא הדין - להפליא 29:14

ולממחי - ולהכות

ולמי בכורמיזא דרשעא 58:4

מחי

ולאבן מי - נגף 8:14

לא חוטרא מי 10:15

דהוה מי עממין- מכה 14:6

דהוה מי מחוהי- מכהו 27:7

דבשלטן מי - יכה 30:31

מי בפטישא - מחליק 41:7

דמחי

אלהן מן דמי ביה 10:15

מחן

מי מן קדם יוי 53:4

למחן - למכים

גבי יהבית למי 50:6

מחוהי - הכהו

הכמחתא דהוה מחי מי 27:7

מחא

מחיא - יארגו

וכקוין דעכוביתא מי 59:5

ומחן - וארגים

ומי מניה מצדן 19:9

מחתא

הכמחתא - הכמכת

הכמי דהוה מחי מחוהי 27:7

למחתא

למי די לקו מצראי 23:5

מחא

מן דאיתי...מי- המכהו 9:12

ישלח...יוי...מי - רזון 10:16

וייתי עלוהי...מי- שוט 10:26

וימחי יוי...מי - נגף 19:22

עתיד לאיתאה מי על 63:1

דמחא

רושמין דמי - נקפה 3:24

כמחא

כמי מרססא - ומכה 1:6

מחת

מי גבורתי - ידי 1:25

מי גבורתיה - ידו
5:25;11:15;31:3

מי קשתא 22:3

מי גבורתיה - ידיו 25:11

מי סנאה - שיט 28:15

מי סנאה - שוט 28:18

מי מרע 33:24

כמחת - כמכת

כמי מדין 10:26

מחתך

ואסות מי - וארכתך 58:8

מחתיה

ועוד מי עתידא ל...- ידו
5:25;9:11,16*,20;10:4

תעדי מי מינך - סבלו 10:27

ומרע מי יסי - מכתו 30:26

ומחתיה - ומטהו

ומי תעדי מינכון 10:26

מחן

מי דלא פסקן - מכת 14:6

מי דילא ישתיזבון 25:6

מי דיסופון בהון

מי תקיפן וחסינן 28:2

מי מפרשן 29:14

מחבוטא

במחבוטא - בשבט

וכמונא במי 28:27

מחוזא

מחוזי - מעזכן

מי תקפכון 23:14

מחוזיהון

אתבזיזו מי - מבית 23:1

מחותית

במחותית - בדרך

במי חורונים 15:5

מחזיתא

ומחזיתא - והגלינים

ומי וקרטיסיא 3:23

מחלתא

ובמחילי - ובמחלות

ובמי עפרא 2:19

מחכא

ומחכיא - והחריטים

ולבורנקיא ומי 3:22

מחסא

ובמחסיה - ובחמלתו

ובמי עליהון 63:9

מחר

מי ליתוהי 2:22

דמחר - מחר

ותהי שירותנא דמי טבא 56:12

מחשבתא

במחשבת

במי דעתיה רבתא 28:29

ומחשבתי - ומחשבותי

ומי יתקן ממחשבתכון 55:9

כמחשבתי - מחשבותי

לא כמי מחשבתכון 55:8

מחשבתכון - מחשבותיכם

לא כמחשבתי מי 55:8

ממחשבתכון - ממחשבתיכם

וכמחשבתי יתקן ממי 55:9

מטא

עד די מי יום תברכון 17:11

עד לא מי 37:27

מי זמן פרקניך- בא 60:1

מטת - באה

ושנת פורקן עמי מי 63:4

מטו

עד יעזר מי - נגעו 16:8

עד תחפנחס מי - יגיעו 30:4

ימטי

עד ירושלם יי - יגיע 8:8

עד דלא יי 18:5

יי לארעא - הגיע 25:12

עד לא יי 28:19

עד לותהון יי - נגע 53:8

ימטינה - יגיענה

יי עד עפרא 26:5

מטולא

מטולי - נשאתיכם

מי טעותהון 46:1

מטל

מי כס דלוט לאשקאה ית - משא
13:1;15:1;17:1;19:1;21:11,13;
23:1

מי נבואתא הדא- המשא 14:28

מי נבואתא על - משא 22:1

מי נבואתא - המשא 22:25

מטלן

מי משרין - משא 21:1

מטל

יהי מי עלוהי בימא 4:5

וענן...יהי מי על 35:10;51:11

מטלתא

כמטלתא - כסכה

ואשתארת כנשתא דציון כמי 1:8

מטלת - סכה

מי ענני 4:6

מטמורא
ומטמורנא
בית תוקפנא ומי אתבליש 32:14

מטמורית
מי בית יהודה - מסך 22:8

מטרא
כמא דנחית מי - הגשם 55:10
ומטרא - וגשם
ומי מרבי 44:14
מטר - מטר
ויתין מי זרעך* 30:23
וממטר - וממטר
לאגנא מזרמית וממי 4:6

מטרתא
מטרתי - משמרתי
ועל מי אנא מעתד 21:8

מיא
ושתו מי (2×) 10:32
לא אשכחו מי
על אפי מי - מים 18:2;19:8
ויצדון מי מימא - מים 19:5
וכנשין מי 19:10
בפצידי מי - מים 32:2
אתבזעו...מי - מים 35:6
למבועי מי -מים 35:7;41:19
יהבית במדברא מי- מים 43:20
כמא דמתיהבין מי- מים 44:3
ולא ישתי מי - מים 44:12
מי מטנרא אפיק - מים 48:21
ונבעו מי - מים
ועל מבועי מי - מים 49:10
מבלי מי - מים 50:2
מי מלחכא אשתא - מים 64:1
במיא - במים
חמריך מערב במי 1:22
כמיא - כמים
כמי דלימא חפן 11:9

למיא
גידונין למי - מים 21:14
כצהיא למי 32:6
כצהיא למי - מים 41:17

מיין
מי תקיפין - מים 17:12;28:2
מי סגיאין - מים 17:13
ולמזלח מי - מים 30:14
נגדין מי - מים 30:25
ושתי מי - מים 37:25
ובמיין - ובמים
ובמי תקיפין 43:16
דמיין
דמי לית לה - אשר מים 1:30
ביצין דמי - מים 14:23
כמבוע דמי 33:16
לאגמין דמי - לאגם 35:7
לאגמין דמי - מים 41:18
על נגדין דמי - מים 44:4
על נגדין דמי 53:2
וכמבוע דמי - מים 58:11
מי
מי נמרים - מי 15:6
מי דימון - מי 15:9
מי גוביה - מי 36:16
מי נהרין 37:25
מי עלמא - מים 40:12
מי תהום רבא - מי 51:10
מי טופנא - מי 54:9
מי ימא דסוף - מים 63:12
כמי
כמי שילוחא - מי 8:6
כמי נהרא - מי 8:7
כמי ימא 21:1
כמי נהרא - כיאר 23:10
כמי נהרא 43:2
כמי* נהרא 47:2
למי
למי בריכחא ארעיתא- מי 22:9
למי בריכחא עתיקתא- למי 22:11
מימי
מי רגליהון - מימי רגליהם (קרי) 36:12
מוהי
מי קיימין - מימיו 33:16
דלא פסקין מי 33:16
ועכרין מי - מימיו 57:20
דלא פסקין מי - מימיו 58:11
מהא - שתתיה
אתר בית שתי מי 19:10

מידבא
ועל מי - מידבא 15:2

מימרא
מי דיוי - אדני 6:8
מי דיוי - יהוה 8:5;10:20;26:4;30:31;36:7,15;66:6
מי דיוי - נשמת 30:33
מי דיוי - רוח 63:14
במימרא
במי דיוי גזיר כין - פי 1:20;40:5;58:14
במי דיוי - קנאת 9:6;37:21
במי דיוי - יהוה 21:17;22:25;25:8
במי דיוי - ביהוה 29:19;41:16;45:17,24,25;59:13;61:10
במי דיוי יתבזזון - רוח 59:19
ממימרא - יהוה
הבר ממי דיוי סליקית 36:10
מימר
מי קדישא דישראל - אמרת 5:24
מי אלה - אל 12:2
מי קדישא דישראל - קדוש 17:7;30:11;31:1
מי נביי קדשיה - רוח 63:10,11
במימר
במי דין - ברוח 4:4
במי פומיה - בשבט 11:4
במי נביוהי - בעים 11:15
במי דחילא - ביה 26:4
במי קדישא דישראל-בקדוש 29:19
ובמימר
ובמי גמירא - וברוח 4:4

וגמ' רעותיה - וצדקתו
59:16
ובמ' רעותי - וחמתי   63:5
לֹמֵמֹר - ואלהי
ומ' אלהי   49:5
ולֹמֵמֹר - ולרוח
ולמ' קשוט דדין   28:6
מֹיֵמֹרי
רחיק מ' - נפשי   1:14
מקביל מ' - עיני   1:16
מ' מגין עליהון - אצרנה   27:3
מ'...ישיצי יתכון   33:11
על מ' - אלי   37:29
בדיל מ' - למעני
37:35;48:11
בסעדך מ' - אני   41:10;43:5
מ' בסעדך - אני   41:13
מ' בסעדכון - אני   41:14
בחירי דאתרעי ביה מ' - נפשי
42:1
מ' הוה בסעדכון - אני   43:2
מ' קדמך יהך - אני   45:2
מ' קיים - אני   46:4
מ' לא ירחקניך - ואנכי   49:15
העל אלין יתוב מ'   57:6
ודרחיץ על מ' - בי   57:13
על מ' - אותי   65:3
מ' ינחים יתכון - אנכי   66:13
בֹמֵמֹרי
מרדו במ' -בי   1:2;43:27
תלית שמיא במ'-לבדי   44:24
אנא במ' עבדית ארעא   45:12
במ' קימית - בי   45:23
במ' שכלילית ארעא - ידי   48:13
במ' גזרית קים -דברתי   48:15
דקיימת במ'   54:9
אשתאילית במ'- נדרשתי   65:1
דמרדו במ' - בי   66:24
ולֹמֵמֹרי
ומ' קיים - הנני   52:6
לֹמֵמֹרי
ותקבלון למ' - ושמעתם   1:19
ולא תקבלון למ'- ומריתם   1:20

ורקבילו למ' - אמרתי   28:23
אציתא למ' - אמרתי   32:9
אציתו למ' - אלי   41:1
אתפנו למ' - אלי   45:22
קבילו למ' - אלי
46:3,12;48:12;51:1,4,7
אתקרבו למ' - אלי   48:16
קבילו נגרון למ'-אלי   49:1
למ' נגרון יסברון - אלי   51:5
קבילו קבלא למ' - אלי   55:2
ורקבילו למ' - אלי   55:3
למ' נגרון יסברון - לי   60:9
מֹמֵמֹרי
ולא ממי - מני   30:1
ממ' הות דא - מידי   50:11
ולֹמֵמֹרי
וממ' נפקא - ומפי   48:3
מֹמֵמֹרֹך
ואנון עברו על מ'
במֵמֹרֹך   26:19
ארי במ' אתרחיצו - בך   26:3
במ' אנחנא רחיצין - בך   26:13
דקיימתא להון במ'
לֹמֵמֹרֹך   63:17
למ' סברנא - לך   33:2
מֹיֵמֹריה
ויהי מ' בכון לפורען   8:14
ויהי...מ' תקיף כאישתא   10:17
מרשיעיא דעברו על מ'   28:21
זיו קל מ' - קולו   30:30
לדעברו על מ'   31:9
ולדעברו על מ' - ולכיל   32:5
אגר עבדי מ'עמיה - שכרו
40:10;62:11
וצדיקיא עבדי מ'   40:13
הלא קיים מ'   48:1
והוה מ' להון לפריק   63:8
ואתהפיך מ' להון   63:10
במֵמֹריה
אמר במ' והוה לי לפריק   12:2
ארי במ' יתכנשון - פי   34:16
והוא במ' רמא להון עדבא   34:17
במ' יידון   45:24

תקוף ופרקן ייתי במ'   59:17
כמא דקיים להון במ'   63:1
דבמֵמֹריה - אשר פי   62:2
דבמ' יוי יפרשניה
דמֵמֹריה
דמ' בסעדיך   17:10
ולמֵמֹריה
ומ' כאשא אכלא- ולשונו   30:27
ומ' כנחל מגבר - ורוחו   30:28
ומ'...יבדר יתהון   40:24;41:16
יוי...שלחני ומ' - ורוחו   48:16
לֹמֵמֹריה - לו
יוי דהוינא מסברין למ'   25:9
מֹינֹקֹתֹא
מ' בניח מדבר - עלות   40:11
מיסבא
מֹיֹסֹבֹהֹון - סאון
כל מ' ומיתנהון   9:4
מֹיֹסֹת
מ' עלות דכרין- שבעתי   1:11
מ' חזינא   66:24
בֹמֹיֹסֹת/כמסת
לית היא כמסי לעלא - די   40:16
כמ' לזרע   55:10
כמ' לאכיל
מישרא
בֹמֹיֹשֹרֹא
דשרן במ' - ערבה   35:1
כבישו במ' - בערבה   40:3
ארבי במ' - בערבה   41:19
דבמֹיֹשֹרֹא - בבקעה
כבעירא דבמ'
בֹמֹיֹשֹרֹא - כערבה   63:14
הוה שרונא כמ'   33:9
לֹמֹיֹשֹרֹא - למישור
ויהי כפלא למ'   40:4
אשוי...וכפלא למ'   42:16

במישר

במי גיבריא - בעמק 17:5

במי גבעון - כעמק 28:21

ומישר - ועמק

ומי עכור 65:10

מישרך - עמקיך

שפר מי 22:7

ומישרה - וערבתה

ומי כגינתא דיוי 51:3

במישריא - בערבה

אתבזעו...ונחלין במי 35:6

מישרין - בקעות

ובגו מי 41:18

ומישרין - ובגדיך

ומי יפיקון כחמר 63:2

מית

מי רשיעא - יבש 40:8

דמית - מות

בשתא דמי מלכא אחז 14:28

מיתו - מתי

ויקיריהון מי בכפנא 5:13

ואף בקרבא לא מי 22:2

תמות - תמות

חמן ת' 22:18

ימותון

אינון...י' - ימותון 51:6

ולא י' צדיקיא- ימות 51:14

וימותון - ותמת

וי' בצהותא 50:2

ימותן - תמות

נשמתהון לא י' 66:24

דתמותון - תמתון

עד דת' מותא תנינא 22:14

מדנמות - נמות

מדני ולא ניחי 22:13

למימת - למות

מרע חזקיה למי' 38:1

מאית

יהי מי רשיעא - ימות 11:4

ארי מי את - מת 38:1

דמן דאכיל...מי- ימות 59:5

יהי מי - ימות 65:20

דמאית

מאנשא דמי - ימות 51:12

מיתין

את הוא מחי מי - מתיך 26:19

כולהון פגרין מי - מתים 37:36

צדיקיא מי - אבד 57:1

למיתין - מתים

אינון פלחין למי 26:14

וימית - והמתי

וי'* בכפנא בנך 14:30

וימיתנכון - והמיתך

וי' יוי...מותא תנינא 65:15

מיתא

מיתיא/מתיא

תבעין...מן מי- המתים 8:19

על כל מי אמרת 38:16

מי לא משבחין לך - מות 38:18

ישבחון מי 42:11

וייחון מי 45:8

רוחי מי 57:16

באפי מי - כמתים 59:10

מיתנא

ומיתנהון - סאן

כל חיסבהון ומי ברשע 9:4

מכיכא

ומכיך - ונכה

ומי רוח 66:2

מכיכין - שפלין

רוח מי 57:15

ולמכיכי - ושפל

ולמי רוחא 57:15

מכמש

למכמש - למכמש

למי ימני 10:28

מכילא

במכילא - בפלס

ועפרא דארעא...במי איתכל 40:12

מלא

מלוך - מלאוך

תגרי צידון...מי' 23:2

ימלון - ומלאו

וי' אפי תבל בעלי דבב 14:21

וי' אפי תבל בני בניך 27:6

לממלי - מלא

לממי ציון 33:5

מלי

מי פתאי ארעיך ישראל - מלא 8:8

מי סמפורין - בעל 41:15

מלן

כל פתוריהון מי- מלאו 28:8

מי חמתא - המלאם 51:20

אתמלי

אי היכלא - מלאים 6:1

ובית מקדשא אי - ומלא 6:4

אתמליאת

אי ארעכון טעון- מלאו 2:6

חרבא...אי דם - מלאה 34:6

דאתמליאת

דאי קרתא - מלאה 22:2

דאתמליאת - ותמלא

ואי ארעהון 2:7(2×),8

אתמלית - שמת

לא אי עליהון רחמין 47:6

אתמליו/או - מלאו

אי דם 15:9

אי חרציהון זיעא 21:3

אי רתיכין 22:7

תתמלי - מלאה

ת' ארעא מדע 11:9

דתתמלי - מלאה

עתידא דת' מעם גלותהא 40:2

ותתמלי

ות' מעם גלותהא 66:8

דיתמלון - ומלאו
וי׳ בתיהון אוחין 13:21

מלא
וממליל מ׳ - ומצפצף 10:14
וממליל מ׳ 53:7

במילא
ומיגי עליהון במ׳ 27:8

מלין
ואמרתא מ׳ דלא כשרין 37:23
מ׳ דאוניס - און 58:9;59:4
מ׳ דאוניס - דבר 58:13

מילי/מלי
מ׳ רשיעיא 25:4
מ׳ ספר - דברי 29:18

במלי
במ׳ נבייא - שמועה 28:19
במ׳ שקר - באמרי 32:7

למילי/למלי
למ׳ נבייא 7:9;35:5;48:8

ולמילי
ולמ׳ נבייא 28:10

מילך - אמרתך
ומעפרא ינצפן מ׳ 29:4
ומעפרא מ׳ ינצפן

למליכון - אמריכם
לית דשמע למ׳ 41:26

במליהון - בדבר
מחייבין בני אנשא במ׳ 29:21

מלאה

ומלאיה - ומלאו
ימא ומ׳ 42:10

ומלאה - ומלאה
ארעא ומ׳ 34:1

מלאכא
ונפק מ׳ דיי׳ - מלאך 37:36

ומלאך
ומ׳ שליח מן קדמי - ומטה 10:5
ומ׳ שליח מן קדמוהי - ומלאך 63:9

מלולא
מקל מ׳ - הקורא 6:4

במילול
ברגז במ׳ 42:13

למלול
למ׳ זיע 64:3

מליא
דהות מ׳ - מלאתי 1:21
מ׳ כל ארעא - מלא 6:3
ותהי נפשך מ׳ תפנוקין 58:11

מליין - מלאו
מדידיכון דם זכי מ׳ 1:15

מליתא
ואבצר עלך מ׳ - מצרת 29:3
ולא יצבור עלה מ׳ - סללה 37:33

מלך

ומלך - וימלך
ומ׳ אסר חדן...תחתוהי 37:38

ימלוך - ימלך
הא לקשטא י׳ מלכא 32:1

דימלוך - אשר יעשה
מלכא די׳ 19:15

ונמליך - ונמליך
ונ׳ מלכא בגוה 7:6

ממלכא - המעטירה
דהות מ׳ מלכין 23:8

מלך

מלך - יעץ
ארי מ׳ עלך ארם בישא 7:5
ארי יי׳ צבאות מ׳ 14:27
מא מ׳ יי׳ צבאות על 19:12
מן מ׳ דא על צור 23:8

מלכה - יעצה
יי׳ צבאות מ׳ 23:9

דמלכוהי - יעצי
חכימיא דמ׳ לפרעה 19:11

דמליך - יועץ
דמ׳ מלך 41:28

ומליך - ויועץ
ומ׳ מילך 3:3

ומלכי - ויעציך
ומ׳ מלכך 1:26

מליך - יועץ
דהוא מ׳ עליהון 19:17

דמליך - היועצה
דין מלכא דמ׳* על 14:26

אתמליכי
א׳ מלך - הביאו 16:3

אתמליכו
א׳ מילך - עצו 8:10
א׳ כחדא - יועצו 45:21

ולאתמלכא - ולנסך
ולא׳ מלך 30:1

מתמלכין - יעץ
מ׳ לחבלא ענותניא 32:7
וצדיקיא קושטא מ׳ 32:8

מלכא
מ׳ עוזיה - המלך 6:1
רצין מ׳ דארם - מלך 7:1
ופקח...מ׳ דישראל - מלך
מ׳ דארם - ארם 7:2
מ׳ דישראל - אפרים
ונמליך מ׳ - מלך 7:6
ית מ׳ דאתור - מלך 7:17
ית מ׳ ועם - הראש 7:20
מ׳ דאתור - מלך 8:4,7; 20:4,6;36:1,2,4,13,15,18;37:4,6,8,10,21,33,37;38:6
מ׳ דאתור 10:16,32
ויפוק מ׳ - חטר 11:1
מ׳ דבבל - מלך 14:4;39:1
מ׳ אחז - המלך 14:28
מ׳ דימלוך - מעשה 19:15
סרגון מ׳ דאתור-מלך 20:1
מ׳ דבבל 21:2
כיומי מ׳ חד - מלך 23:15
ואפי מ׳ 25:7
על מ׳ דאתרבב - לויתן 27:1
מ׳ קדמאה - נחש בריה

במלכא

מ' דאתגאי - לויתן	27:1
מ' תנינא - נחש עקלתון	
ויקטיל ית מ'	
ביומי עזיה מ'	28:21
לקשטא ימלוך מ' - מלך	32:1
מ' חזקיה - המלך	36:2;37:1,5
מ' דרבתנא - המלך	36:4,13
מ' דמצרים- מצרים	36:6
פרעה מ' דמצרים- מלך	36:6
מ' דאתור - המלך	36:8,16
כדנן אמר מ' - המלך	36:14
תפקידת מ' - המלך	36:21
מ' דכוש - מלך	37:9
מ' דחמת - מלך	37:13
מ' דמצרים	37:26
חזקיה מ' - המלך	39:3

במלכא

במ' דאתור - במלך	7:20

דמלכא

דמ' דאתור - מלך	10:12
דמ' דבבל - מלך	39:7

ומלכא - ומלך

ומ' דארפד	37:13
ומ' דלקרתא ספרים	

למלכא - למלך

למ' חזקיה	36:1

מלך

והא בפריע מ'...ייתי	5:26
מ' עלמיא יוי - המלך	6:5
מ' שבטא דבית יהודה - מלך	7:1;37:10;38:9
ושארהון מ' תקיף יגלי	8:23
מ'...יסק - אריה	15:9
האנא ממני...מ'- אבן	28:16
מ' תקיף - אבן	
מ' עלמיא - למלך	30:33
מ' עלמיא - מלך	33:17
מ' מבאיש	35:9
אריה	
איתי בגלאי מ'	41:25
מ' ושליט - נגיד	55:4

ומלך - ומלך

ומ' תקיף ישלוט בהון	19:4

מלכיה - מלך

אמר מ' דיעקב	41:21
מ' דישראל	44:6

מלכה - זכר

יתגלי מ'	66:7

מלכנא - מלכנו

יוי מ'	33:22

מלככם - מלככם

דברהי לישראל מ'	43:15

מלכא

מ' דבית יהודה - מלכי	1:1
מן קדם תרין מ'	7:4
ויהון מ' תורבינך - מלכים	49:23
וכל מ' - מלכים	62:2

ומלכא - ומלכים

ומי לקביל זיהוריך	60:3

דמלכא

חידו למי - פראים	32:14

מלכין

דבני מי	10:32
ואת בר מי - מלכי	19:11
מ'...ייתון	21:10
דהות ממלכא מי*	23:8
מדם מי - כרים	34:6
וחרצי מי - מלכים	45:1
להון מי יחזון- מלכים	49:7
ישתקון מי - מלכים	52:15

ומלכין - ומלכים

ומי חבר	41:2

דמלכין - מלכים

כמי חשיבין קדמי	10:8

למלכין

תקלא למי	30:25

מלכי

כל מי עממיא - ארזי	2:13
כל מי עממיא - מלכי	14:9,18
מ' עממיא - בעלי	16:8
מ' בני אנשא - מלכי	24:21
מ' אתור - מלכי	37:11,18
מ' עממיא	54:15

מ' עממיא - חיתו	56:9

מלכיא - מלכיה

מן קדם תרין מ'	7:16

מלכיהון

מבזת מ'	53:11
ובביזת מ' - מלכים	60:16

ומלכיהון - ומלכיהם

ומי ישמשוניך	60:10
ומי זקיקין	60:11

מלכא/מלכא

דין מ' דמליך* - העצה	14:26
מן קדם מ' דיוי - עצת	19:17

מלך/מילך

ומליך מ' - ויועץ	3:3
אתמליכו מ' - עצה	8:10
רוח מ' וגבורא- עצה	11:2
אתמליכי מ' - עצה	16:3
מ' דטעו - עצה	19:11
ולאתמלכא מ' - מסכה	30:1
דמליך מ' - יועץ	41:28

במילך

במי וגבורא - עצה	36:5

ומילך

ומי שליחוהי - ועצת	44:26

מלכי - עצתי

מי יתקיים	46:10

מלכיה - מלכיה

וייתי מי דקדישא	5:19

מלכין - עצות

מי דאמרתא לאיתאה	25:1

מלך

ומלכי מי - ויעציך	1:26
בסגיאות מי - עצתיך	47:13

מלכותא

כל מי - הגוים	2:2;14:26;25:7
תתגלי מי דיוי- מלך	24:23
תתגלי מי דיוי- ירד	31:4
מ' דאלהכון	40:9
אתגליאת מי דאלהיר- מלך	52:7

בֹמֹלכֹוֹתֹא

במ' דבית דויד — 8:6
אצלחח במ' — 57:9

דֹמֹלכֹוֹתֹא

לא אשקיט למ' — 62:1

מֹלכו

מ' במלכו - ממלכה — 19:2
לקבלא...מ' - מלוכה — 34:12
למיתן ליה מ' — 44:28

בֹמֹלכו

מלכו במ' - בממלכה — 19:2

וֹמֹלכו

ומ' חלשא — 10:19
ויבטל שלטן...ומ'-וממלכה — 17:3
עם ומ' - והממלכה — 60:12

מֹלכו

יבטלון בית ישראל ממ' - מעם — 7:8
הא דמשק מתעדיא ממ' -מעיר — 17:1

מֹלכות

מ' מואב — 16:4
מ' כנשתא דציון - בתולת — 37:22
מ' כנשתא דבבל - בתולת — 47:1
מ' כסדאי - בת — 47:1
מ' כנשתא דכסדאי-בת — 47:5

בֹמֹלכות

יחזון במ' משיחהון — 53:10

מֹלכֹוֹתֹי

כורסי מ' - כסאי — 14:13
מיקר מ' — 38:12

מֹלכֹוֹתֹיך

יקר מ' — 47:2
לא תבטל עוד מ' - שמשך — 60:20
מֹלכֹוֹתֹיה -ממלכתו — 9:6
ועל מ'

מֹלֹכֹוֹרֹון/מלכון

דאשכחת ידי מ' - לממלכת — 10:10
ליה מ' ישתמעון - גוים — 11:10
קל אתרגושת מ' - ממלכות — 13:4
חדות מ' - ממלכות — 13:19
ואתרגושת מ' - לאמים — 17:12
מ'...מתחגשין - לאמים — 17:13

ויתקרבן מ' - לאמים — 43:9
תקיפת מ' - ממלכות — 47:5
תקיפת מ' — 47:7
ואציתא מ' - לאמים — 49:1

וֹמֹלכֹוֹן

ומ' יוספן חיל- ולאמים — 41:1
ומ' דחסינן כשלהביתא — 43:2

מֹלכֹוֹתֹא/מֹלכֹוֹתֹא

וידין בין מ' - הגוים — 2:4
אצדי מ' - ממלכות — 14:16
ביני מ' — 17:6;49:7,9
לאזעא מ' - ממלכות — 23:11
ביני מ' - העמים — 24:13
וחביבין מכל מ' - משדים — 28:9
אתבדרא מ' - גוים — 33:3
משעבוד מ' — 42:7
חביבין מכל מ' — 46:3
ועל מ' אריס נסי- עמים — 49:22
יקר כל מ' — 53:3
על כל מ' - לאמים — 55:4
בגו מ' - העמים — 61:9

וֹמֹלכֹוֹתֹא/וֹמֹלכֹוֹתֹא

ומ'* אציתא - ולאמים — 34:1
ומ' כמוצא תשוי- וגבעות — 41:15
ומ' חלף נפשך - ולאמים — 43:4
דֹמֹלכֹוֹתֹא - לאמים — 60:2
וקבלא למי
וֹמֹלכֹוֹתֹא - ומאצליה — 41:9
וממ' בחרתך
מֹלכֹוֹת/מלכות - ממלכות — 23:17
לכל מ' עממיא — 37:16
לכל מ' ארעא — 37:20
כל מ' ארעא

מלכתא

וֹמֹלכֹרֹהֹון - ושרותיהם — 49:23
ומי ישמשוניך

מלל
מֹלֹיל

ארי יוי מ' - דבר — 1:2;24:3

ואוסיף נביא...מ' - דבר — 7:10
דֹמֹליל - אשר דבר
דין פתגמא דמי יוי — 16:13
פתגמא הדין דמ' — 38:7
דֹמֹלילתֹא - אשר דברת
פתגמא דיוי דמ' — 39:8
מֹליֹלית
לא בסתרא מ' - דברתי — 45:19
אף מ' - דברתי — 46:11
לא...בסתרא מ' - דברתי — 48:16
אנא הוא מ' - המדבר — 52:6
מֹליֹלית - מדבר
כמא דמ' — 63:1
תֹמֹליל - תדבר
ולא ת' — 36:11
וֹתֹמֹליל - ותדבר
ות' ישראל — 40:27
תֹמֹלֹלין - תדברי
מארעא ת' — 29:4
אֹמֹליל - אדבר
מא א' תשבחא — 38:15
יֹמֹללון
בכין י' - ידברו — 41:1
ולא י' — 53:9
מֹליל - דבר
מ' כען — 36:11
מֹלילו/מֹלילו - דברו
מ' פתגמא — 8:10
מ' עמנא — 30:10
מלו על ליבה דירושלם — 40:2
יֹמֹללא
למ' עמי - דבר — 8:5
למ' בצחצחן - לדבר — 32:4
למ' ית פתגמיא- לדבר — 36:12
תסגון למ' רברבן — 57:4
אסגית למ' בדבין — 57:11
וֹלמֹלֹלא - ולדבר
ולמ' קדם יוי סטיא — 32:6
וֹמֹלֹלא - ודבר
ומלמ' מלין דאניס — 58:9,13
מֹמֹליל - דבר
אנא יוי מ' קשוט — 45:19

וּמֱמַלֵּיל

רמ' מלא - ומצפצף	10:14
רמ' כיון - ודבר	33:15
רמ' מלא	53:7

מֱמַלֵּלִין

מ' שקר - דבר	9:16
רשיעיא רשע מ' - ידבר	32:6
והרינא מ' שקר- דבר	59:13
וּמֱמַלֵּלִין - ודבר	
רמ' שקר	59:4

מֱמַלֵּלֵן

מ' ממלל כנענאה- מדברות	19:18
שפותכון מ' שקר- דברו	59:3

מֱמֹון

מ' דשקר - שחד	5:23

בֱמֹמֹון

ולא במ' - בשחד	45:13
ולא במ' - מחיר	55:1
וּמֹמֹון - ופרים	
ומ' אונסהון	5:24
מֱמֹמֹון - בבצע	
מתרחק ממ' דשקר	33:15
מֱמֹונֵיה	
למיבז מ' דישראל	56:11
מֱמֹונֹהון - בצעו	
בחובי מ' דאנסו	57:17

מֱמַלֵּל

מ' פומהון - לשונם	3:8
ובפומיה מ' - רצפה	6:6
מ' כנענאה - שפת	19:18
בשנוי מ' - שפה	28:11
מ' ספון - נוב	57:19
וּבֱמַלֵּל - וברוח	
ובמ' ספותיה	11:4
בֱמַלֵּל - דבר	
כמ' ספון	36:5

מֱמַלְלֹהון - שפה

עמיק מ' מלמשמע	33:19

מן

מֹן - מן	6:6;16:10;28:7(2×);55:10
מִן - מ..	2:10,19,21;6:6;7:2,...

4,11,16;10:27;13:6;14:12,13;
16:4;17:9;19:1,16,17,20;20:6;
21:10,11,15(2×);22:3;24:18;
25:4;26:17;29:15;30:11,17(2×),
33;31:8,9(2×);32:15;36:19,20
(2×);37:6,20;40:21,27;41:26*;
43:13;45:23;46:10,12;48:16,
19;51:4,21,22;54:17;55:9,11;
63:12,15,19;64:1,2;65:16

מן - אל	8:19(3×);19:3;36:16
מן - על	9:19(2×)
מן קדם - לפני	17:13
מן - ב..	28:7
מן קדם - מאת	28:22;38:7
מן קדם - מעם	28:29;29:6
מן קדם - מיד	40:2
מן	1:2,18,26;2:12;4:5;5:3(2×)

9,22,30;6:6,13;8:17;9:5,12,
18;10:4,5;11:2;13:6,9,13;19:
21;21:1,2;22:2,14;24:6,11;
25:3;28:2,8,17;29:1,9(2×);
30:27;31:1;32:1,2(2×);33:15,
22;34:2,6;37:16,21;35:5;38:4,
13,14,17;40:7,14;42:7,24;45:
11,20;51:1,9,13,17,20(2×),21;
53:4;55:6;56:12;57:1,11;58:2,
5,8,9;59:1,11;61:1;62:4,7;
63:9;64:4,8;65:1,24

דמן - מ...	43:13;46:9;63:19
דמן	24:5;44:7,8;63:11;64:4
ודמן	43:18
וּמן - ומן	14:3;20:5
ומן - ומ...	21:15(2×);40:27
ומן - ואל	8:19;19:3(3×)
ומן	53:6,10;64:5
מֹנִי - מני	22:4;38:12
בר מני - מבלעדי	43:11;44:8;45:21
ובר מני - ומבלעדי	44:6
ובר מני - זולתי	45:5
בר מני - בלעדי	45:6
בר מני - כמוני	46:9
ולית בר מיני - ואפסי	47:8,10
מני	12:1;41:4;43:10;48:12;49:14
מֹנָך - ממך	39:7;58:12

מִנָך/מנך	10:27;14:11;22:18; 26:13;37:16,20;64:3;65:5
מֹנִיך - אליך	45:14
מֹניך - ממך	49:17;54:8
מניך - לך	49:23
מניך - מאת	54:10
מניך	47:3;60:14,17
מֹנֵיה/מיניה - למו	44:15
מניה/מיניה - אליו	44:17;46:7
מניה/מינה	5:23;13:12;18:5; 19:9;30:21;45:14;65:8
מִנָה - ממנה	13:9
מינה	9:4
מֹנָא/מיננא - ממנו	53:3; 59:9,11;64:6
מִנְכֹון/מנכון - מכם	1:15;59:2
מינכון/מנכון(2×)	1:7;10:25,26;29:10
מִנְהֹון/מנהון - מהם	44:15;57:8;66:19,21
מינהון - ממנו	5:23
מנהון - עליהם	14:22
מנהון - מעליהם	14:25
מינהון/מנהון - מהנה	34:16
מנהון/מנהון(2×)	3:24;5:5,25(2×); 6:13;9:9(2×),11(2×),16(2×), 20(2×);10:4(2×);13:3;14:20; 15:7;19:18;25:6;27:3;30:7;35: 10;37:14;51:11;56:9;57:17

מן

מֹן - מי	1:12;6:8;23:8;33: 14(2×);36:5,20;37:23(2×);40: 12,13,26;41:2,4,26;42:23,24; 43:9;44:10;45:21;48:14;49: 21(2×);50:1,8(2×),9,10;53:1 (2×),8;57:4(2×),11;60:8; 66:8(2×)
וּמֹן - ומי	6:8;14:27;44:7
מן	7:6;8:20;9:12;10:15;37:23; 40:21
דֹמֹן	59:5
וּמֹן - ואת מי	28:9
כֹמֹן	24:2
לֹמֹן - את מי	28:9
למן - למי	46:5

ולמן - ואל מי 40:25

ממן - מי 51:12

מנא

ומפיק מי ל...- כלי 54:16

מן

מן דחסף - נבל 30:14

במן - בכלי

במי דכי 66:20

מני - כלי

מי בית מקדשא דיוי 52:11

במני

במי זינא 33:4

ומני - וכלי

ומי כס דלוט 13:5

מנוהי - כליו

וית כל בית מי 39:2

במניהון - כליהם

ורטף פיגור במי 65:4

מנא

מניהון - ספרתם

וית בתי ירושלם מי 22:10

מניתיה - נתתיו

רב לעממיא מי 55:4

ימני - יפקיד

י רבני משריתיה 10:28

אמני - אשית

אי על דימון 15:9

ואמני

ואי ביך - ואשיבה 1:26

ואי ינקיא - ונתתי 3:4

ואמניניה - ותקעתיו

ואי אמרכל מהימן 22:23

תמנוני - תשימני

לא תי רב על עמא 3:7

נמני - נבנה

ודטבין מנהון ני 9:9

ממני

יוי...מי משרין - מפקד 13:4

האנא מי...מלך - יסד 24:16

דמנא/דמנא

דמי על ביתא

22:15;36:3,22;37:2

דמי על דוכרניה 36:3,22

ממנן - שת שתו

ופרשין מי על תרעין 22:7

מנחא

מי אניסא - מנחת 1:13

מניא

מנן

שוין אלף מי כסף 7:23

מנין

מי משריתיה 10:32

מי קטילי רישי...גיבריא 33:18

במנין - במספר

דאפיק במי 40:26

דמנין - מספר

למהוי עם דמי 10:19

מנן

ומנן - ומאין

ומי אתו 39:3

מנע

מי ידוהי - נער 33:15

תמנע - תחשך

לא תי 58:1

תמנעין - תחשכי

לא תי 54:2

מנע - חשך

ולא מי 14:6

מנעין - כחדו

לא מי 3:9

אתמנעת - חדל

אי אתרגושת תקיפין 24:8

אתמנעו - חדלו

אי מלאבאשא 1:16

אי לכון 2:22

מנשה

דבית מי - מנשה (2×)9:20

מסא

מסין

יהון מסקי מי - כר 16:1

לאסקא לך מי 55:5

מסא

אתמסיאת - המסים

אי ימא 64:1

יתמסי

אתר...י' - מק יהיה 3:24

וכל ליבא...י'- ימס 13:7

וליבא דמצראי י' - ימס 19:1

ותתמסי - ונבקה

ותי רוחא דמצראי 19:3

ויתמסון

וי' טוריא - ונמסו 34:3

וי' משחביב - ונמקו 34:4

מסיקית

מי לוחית - מעלה 15:5

מסכינא

למסכין - לדל

הויתא תקוף למי 25:4

מסכניא - העני

חטוף מי בבתיכון 3:14

מסכינין - דלים

לאסטאה מדין מי 10:2

וידין בקושטא מי 11:4

מסכינו

בדחוק מי - עני 48:10

מסכן

ממסכנין - תדכאו

דאתון ממי ית עמי 3:15

מסמרא

במסמרין - במסמרים

ומתקיף ליה במי 41:7

מסנא
מסניא - העכסים
תושבחת מי 3:18
מסניה - נעלין
ערקת מי 5:27
ומסנך - ונעלך
ומי תשלוף מעל רגלך 20:2

מסננא
ממסננא - מכתם
ממי דאופיר 13:12

מסקנא
במסקנא - במעללות
במי דאחז 38:8

מסר
מי קדמוהי עממין - יתן 41:2
מן מי לעדי - נתן 42:24
דמסר - אשר הערה
חלף דמי למותא נפשיה 53:12
מסרנון - נתנם
מי לקטלא 34:2
ומסרתנא - ותמוגגנו
ומי ביד חובנא 64:6
ומסרית - ואתן
ומי עממיא תחותך 43:4
ומסרתינון - ואתנם
ומי בידיך 47:6
ימסר - יובל
כאימרא לנכסתא יי 53:7
דימסר - ויתן
ויי ית רשיעיא לגיהנם 53:9
תמסר - תפיל
לגיהנם תי 26:19
דאמסר
ואי ית מצראי - וסכרתי 19:4
ואי...יעקב - ואתנה 43:28
ואי למותא תנינא 65:6
ואי יתכון ל - ומניתי 65:12
דאמסרינה - ושמתיה
ואי ביד דהוו מונן 51:23
לממסר - לרד
למי קדמוהי עממין 45:1
דמסר - הנותן
דמי* שלטונין לחולשא 40:23
ומסר - ובולקה
ומי לה לסנאה 24:1
מסירא
מי בידי 10:9
אתמסר - מדכא
אי בעוריתנא 53:5
תתמסר - תנתן
לא תי קרתא הדא 36:15
לא תי ירושלם 37:10
יתמסרון
בכין יי לעממיא 28:13
תתמסרון - תכרעו
וכלהון לקטלא תי 65:12
לאתמסרא
לאי לגיהנם 33:14

מסר
<u>מי ליה</u> - יתארהו 44:13

מסרא
אם יתרבב מי - המשור 10:15

מסרתא
ממסרתא - ארח
אבטלונא ממי 30:11

מעא
מעהא - בטנה
על בר מי 49:15
מעיין - בטן
ועל ולד מי לא ירחמון 13:18
ממעיין/עין - מבטן
ודאתקנך ממי 44:2,24
ומרוד ממי יתקרי לך 48:8
דאתקנני ממי 49:5
ממעי - ממעי
ממי אמי אדכר שמי 49:1
במעי - בקרבי
אף רוחי במימברכא לך 26:9
מעיהון - מעי
מי דמואבאי 16:11
במעיהון - בקרבו
וליבא...יתמסי במי 19:1
ותתמסי רוחא...במי 19:3

מעבר
כל מי - מעבר 30:32

מעדר
במעדר - במעדר
די במי יתפלחון 7:25

מעיל
מי דזכו - מעיל 61:10

מעצרא
במעצרא
כבעיט דמתבעיט במי 10:33
כחמר במי - בגת 63:2
כבעיט דמתבעיט במי 63:3
במעצריא - ביקבים
ולא יחייכון חמר במי 16:10

מערבא
עותר מי - ים 60:5
דבמערבא
פלשתאי דבמי - ימה 11:14
ממערבא
ופלשתאי ממי - מאחור 9:11
וידחלון ממי - ממערב 59:19
וממערבא
וממי אקריב - וממערב 43:5
ממדנח...וממי - וממערבה 45:6
מציפונא וממי - ומים 49:12

מערבאה

ימא מ' - הערבים 15:7
ארי אמר מ' - ים 23:4

מערתא

במערת
במ' טנריא - במערות 2:19
במ' טנריא - בנקרות 2:21

מעשרא

מעשריא
דלא יהבו מ' 5:10

מפגרותא

מפגרותיך - הרסתיך
וארע מ' 49:19

מפחתא

למפחת
למ' נפש 17:11

מפיס

אנש מ' - נף 19:13

מפלתא

במפלתהון
תחזי במ' 33:20

מפקתא

מפקתהון - הראיהם
למיכל ית מ' 36:12

מפתח

מ' בית מקדשא - מפתח 22:22

מצדא

ומצדא - ופח
ומ' עלך 24:17
מצדן
ופרסי מ' - מכמרת 19:8
ומחז מניה מ' - חורי 19:9

כמזרקי מ' - מכמר 51:20

מצותא

ולמצו - ומצה
הא לתחרו ולמ' 58:4
מצותך - מצתך
לאנש מ' 41:12

מצנפתא

יעדי מינך ית מ' 22:18
ויהיב מ' לרשיעא- וציץ 28:1
ויהי דיהיב מ' - ציצת 28:4

מצראה

מצראי
טעות מ' - מצרים 19:1
ואגרי מ' ב...- מצרים 19:2
ית מ' - מצרים 19:4,14,22
יהון מ' חלשין- מצרים 19:16
וידעון מ' - מצרים 19:21
ויפלחון מ' - מצרים 19:23
על מ' - מצרים 20:3
ומן מ' - מצרים 20:5
די לקו מ' - למצרים 23:5
ואתרחיצת...על מ' - מצרים 36:9
ליאות מ' - מצרים 45:14
במצראי - במצרים
ואגרי מצראי במ' 19:2
ויגיחון אתוראי במ' 19:23
דמצראי - מצרים
וליבא דמ' 19:1
רוחא דמ' 19:3
ומצראי
ומ' באתוראי - ומצרים 19:23
ומ' למא - ומצרים 30:7
ומ' אנש - ומצרים 31:3
פרעה ומ' 43:2
למצראי - למצרים
ולא יהי למ' מלכא 19:15
לאיטבא למ' 19:21
יהי...תליתאי למ' 19:24

מצרים

מצרים - מצרים
כיד באורח מ' 10:24,26
ית מ' 19:1,13
על מ' 19:12
ית שבי מ' 20:4
קלן מ'
בטלל מ' 30:2,3
יהבית חלופך מ' 43:3
במצרים
דהוו מהלכין במ' 9:1
דמצרים
מארעא דמ' - מצרים 7:18;11:16
לישן ימא דמ' - מצרים 11:15
בארעא דמ' - מצרים 19:18,20
בגו ארעא דמ' - מצרים 19:19
עד נחלא דמ' - מצרים 27:12
לארעא דמ' - מצרים 27:13
פרעה מלכא דמ'- מצרים(2×) 36:6
לפרעה מלכא דמ' 37:26
למצרים
למ' לדחלא - למצרים 19:17
למיחת למ' - מצרים 30:2
יי דנחתין למ'- מצרים 31:1
למ' נחת עמי - מצרים 52:4
ממצרים
לאתפרעא ממ' - מצרים 19:1
תהי אורח...ממ'- ממצרים 19:23
עמי דאפיקית ממ'- מצרים 19:25
דאפקנא...ממ' 33:22
דאפיק עמא ממ' 43:8
אנא פרקית יתכון ממ' 43:12
לא אסקנא ממ' 63:16
וממצרים - וממצרים
דישתאר מאתור וממ' 11:11

מקדשא

בית מ' דיוי 2:2,3
ובית מ' - והבית 6:4
טור בית מ' דבציון 10:32

בית גנזי מ׳ - היער 22:8
מפתח בית מ׳ 22:22
מבית מ׳ 24:16;30:20
לרשיעא דבית מ׳- צבי 28:1,4
דין בית מ׳ 28:12
בבית מ׳ 30:20;38:11
בטור מ׳ דיוי 30:29
בית מ׳ חרוב - ארמון 32:14
בית מ׳ 33:16
ועל לבית מ׳ דיוי 37:1
וסליק לבית מ׳ דיוי 37:14
לכותל בית מ׳ 38:2
על בית מ׳ דיוי 38:20
אסק לבית מ׳ דיוי 38:22
נטל מני בית מ׳ דיוי 52:11
והוא יבני בית מ׳ 53:5
לבית מ׳ דיוי 66:20

מקדש

מ׳ טורא דציון- מכון 4:5

מקדשי

ובנית מ׳ - מגדל 5:2
בית מ׳ 28:10(2×),13
בבית מ׳ - בביתי 56:5
בית מ׳ - ביתי 56:7
בית מ׳ - מקדשי 60:13

מקדשך - מקדשך

דושישו מ׳ 63:18

מקדשיהון

בית מ׳ - גדרו 5:5
בית מ׳ - ירכתי לבנון 37:24

מקובא

ובמקובין - ובמקבות

ובמ׳ מתקיף ליה 44:12

מקויא

ומקויא - ומקוה

ומ׳ עבדתון 22:11

מקסיא

במקטיא - במקשה

כערסל מבתותא במ׳ 1:8

מקמא

ממקמך - ממצבך

ואדחינך ממ׳ 22:19

מקר/מקר

כיף מ׳ 25:5
כיף מ׳ - כבד 32:2

מר

מ׳ לי סגי - מר 38:17

מרא

מרי

וגברין מ׳ נכסין - ואנשי 5:22
מ׳ נהוריה - אור 10:17
מ׳ גמליא 35:4;59:18

וכמרי

וכמי חובא 3:12

מריך - בעליך

ארי מ׳ דעבדיך יוי 54:5

דמרוהי - בעליו

ידע...וחמרא אוריא דמ׳ 1:3

מרגולא

כמרגולין - כדכד

ואשוי כמ׳ אעך 54:12

מרדא

ובמרדיכון - ובפשעיכם

ובמ׳ אתרחקת כנישתכון 50:1

מרדיהון

ועד כען מתקפין מ׳
5:25;9:11,16,20;10:4
וחוי לעמי מ׳ - פשעם 58:1

מרדך בלאדן

מ׳ ב׳ - מרדך בלאדן 39:1

מרוד

לא תימרון מ׳ - קשר 8:12
לכל דיימר עמא...מ׳ - קשר
ילדי מ׳ - פשע 57:4

ומרוד - ופשע

ומ׳ ממעיין יתקרי לך 48:8

מרודין

מ׳ וחייבין - פשעים 1:28
ואתיבו מ׳ על לב- פושעים 46:8

מרודיא

יי בניא מ׳ - סוררים 30:1
וית מ׳ שעביד - פשעים 53:12
ולאתבא מ׳ - פשע 59:20

ולמרודיא - ולפשעים

ולמ׳ ישתביק ליה 53:12

מרומא

בשמי מ׳ 6:1,3,6
בשמי מ׳ - ממרום 32:15
בשמי מ׳ - מרום 33:5
בשמי מ׳ - למרום 38:14

במרומא - במרום

לאשמעא במ׳ קלהון 58:4

מרועא

קבילו מ׳ - רחים 47:2

מרותא

מרוא

ושלטון מעיק יסגי מ׳ 28:20

מרות

מ׳ פרעה 10:26
מ׳ משעבדנא - נגש 14:4
ית מ׳ עם תקיף 33:19

וממרותך - ומרגזך

דיניח יוי לך...וממ׳ 14:3

מרותיך - עלך

אתקיפת מ׳ לחדא 47:6

מרותיה

ניר מ׳ - סבלו 9:3
ותעדי מנהון מ׳ - עלו 14:25

ומרותיה - ומטהו

ומ׳ ירמי עלך 10:24

מרט

למרטין - למרטים

ולסתי למ׳ 50:6

מֹרֹט

בכל רישיהון מ' - קרחה	15:2

מריד

מֹרֹדֹתֹא - מרדת

ארי מ' בי	36:5

מֹרֹדֹו

ואינון מ' במימרי - פשעו	1:2
מ' מן אוריתא	5:3
מ' במימרי - פשעו	43:27

דֹמֹרֹדֹו - הפשעים

חייביא דמ' במימרי	66:24

מֹרֹידֹנֹא - פשע

מ'...במימרא דיני	59:13

מֹרֹדֹא

בסוכא מ' - פריה	17:6

מֹרֹדֹין

רברבך מ' - סוררים	1:23

וֹמֹרֹדֹין

כולהון סרבין ומ'	1:6

מֹרֹית

מיחמר מ'	49:26

מֹרֹע

כל ריש מ' - לחלי	1:5
מ' חזקיה - חלה	38:1
כד מ' ואתסי - בחלתו	38:9
ארי מ' ואיתסי- חלה	39:1

מֹרֹעֹא - חלית

אף את מ' כותנא	14:10

מֹרֹעֹית - חלתי

לוי לא מ'	23:4

מֹרֹע

מחת מ'	33:24

וֹמֹרֹע - ומחץ

ומ' מחתיה יסי	30:26

מֹמֹרֹעֹר

ולא תיחי ממ'	38:1

מֹמֹרֹעֹיה - מחליו

ואתסי ממ'	38:9

לֹמֹרֹעֹין - חלי

ומזמן למ'	53:3

מרק

מֹרֹיקֹו - משחו

מ' וצחצחו זינא	21:5

מרר

לֹיֹמֹר - ימר

י' עתיקא לשתוהי	24:9

מֹרֹיר

מ' חטאה לעבדיה - מר	5:20

מררא

מֹרֹדֹא - מר

וייתי מ' לרשיעיא	5:20
ואת מיתי מ' לרשיעיא	38:17

גֹמֹרֹר

אבכי במ' - אמרר	22:4
יצוחון במ'	33:7
במ' נפש - מר	

מֹמֹרֹר - מר

	38:15

מרתא

בֹמֹרֹתֹה - כגברתה

אמתא כמ'	24:2

מֹשֹה

על ידי מ' - משה	63:11

דֹמֹשֹה

לימיניה דמ' - משה	63:12

משוטא

בֹמֹשֹוטין - בריחים

ואחיתית במ' כלהון	43:14

מֹשֹחֹא

וית מ' טבא - השמן	39:2

מֹשֹח - שמן

מ' דחדוא	61:3

דֹמֹשֹח - שמן

ואעיך דמ'	41:19

מֹשֹחֹבֹיב

ויתמסון מ'	34:4

משחתא

וֹמֹשֹחֹת - ושמים

ומ' שמיא	40:12

מֹשֹיחֹא

מ'דידוי - צמח	4:2
מ' דשלמא -שר	9:5
מן קדם מ' - שמן	10:27
יפוק מ' - צפע	14:29
מ' דישראל	16:5
מ' דידוי	28:5
ועבדי מ'	43:10
עבדי מ'	52:13

דֹמֹשֹיחֹא

דמ' דישראל	11:6

לֹמֹשֹיחֹא

ומ'...יתרבי - ונצר	11:1

לֹמֹשֹיחֹא

למ' דישראל - משל	16:1

למֹשֹיחֹיה

למ' לכורש - למשיחו	45:1

מֹשֹיחֹהֹון

יחזון במלכות מ'	53:10

משכבא

מֹשֹכֹבֹהֹון

אתר בית מ' - משכבותם	57:2
אתר בית מ' - משכבם	57:8

משכנא

כֹמֹשֹכֹנֹא - אהל

כמ' דלא מתפרק	33:20

כֹמֹשֹכֹן - כאהל

כמ' דרעי	38:12

כמי יקרא 40:22

משכביה

ולא יפרוס תמן...מי 13:20

משקולתא

כאבן מי - למשקלת 28:17

במשקולתא

מסר ליה במי - בשרד 44:13

ומשקולתא

ומי דצדיותא - ואבני 34:11

משרי

ולבית מי - ולמרמס 7:25
בבית מי - בהיכלי 13:22
לבית מי - לעדרים 17:2
לבית מי - לנוה 65:10

משרך

אתר בית מי - אהלך 54:2
אתר בית מי - משכביך 57:7,8

משרוהי

אתר בית מי - מנחתו 11:10
בית מי 33:16

משריהון

בית מי - מרעתם 49:9

משריתא

מי קדמיתא 10:32
מי תניתא
מי תליתא

משריתא

ולעזיזי מי 7:18
ותשיצי סגי מי- עשן 9:17

משרין/משריין

יוי...ממני מי- צבא 13:4
ואמני...כנישת מי 15:9
כמא דאיתיתי מי- בבכי 16:9
מטלן מי דאתין 21:1
והא מי סגיאן אתין 21:7
קל מי דאתין 21:8
מן קדם כנישת מי 29:3
ואשרי עלך מי 29:3

מי ועם סגי - חיל 43:17

במשרין

במי סגיאן - בחיל 36:2

למשרין

כדו הוה מיבז למי 32:14

משרית

לעם קטרי מי גיבריא 7:18
ית מי עממיא 8:7
מי חשבון 16:8
מי עממיא 32:19
מי גיבריא - המגדלים 33:18
מי גוג 33:22

במשרית

במי אתוראה - במחנה 37:36
במי עממיא 63:3

משריתי

כל מי 10:32

משריתיה

ועם מי - הרגלים 7:20
וית כל מי - כבודו 8:7
עם מי - כנפיו 8:8
ויקר סגי מי - יערו 10:18
ושאר עם מי - יערו 10:19
ימני רבני מי - כליו 10:28
מנין מי 10:32
גיברי מי 10:34

במשריתיה

מלך במי...ייתי 5:26
רמי קטול במי - במערצה 10:33
מלך במי יסק 15:9

דמשריתיה

אורכא דמי 10:32

ומשריתיה

פרעה ומי 51:9

משריתהא

ויסופון מי מלמפק 27:10

משריתיך

עם מי 47:2
עם מי - מיתריך 54:2
סגיאה מי 57:9

משריתהון

וקטלא על כל מי- צבאם 34:2
וכל מי - צבאם 34:4
סגי מי - כרמלו 37:24

ומשריתהון - ומצדתה

ומי ודמעיקין להון 29:7

ולמשריתהון

למלכין ולמי 30:25

משש

במשיש - נגששה

נ׳ כסמן כתלין 59:10
וכדלית להון עינין נ׳

משתיא

משתי - מים

וכל סעיד מי 3:1

משתיהון - משתיהם

וחמרא מי 5:12

מתברא

על מי - משבר 37:3

מתח

מתח - מקשה

מן קדם מי קשתא 22:3

דמתח הנוטה

דמי בזעיר שמיא 40:22

מתיחא - דרוכה

קשת מי 21:15

מתיחן - דרכות

וכל קשתתיה מי 5:28

מתכא

לצילם מי 42:17

מתכת

מי דהבהון - מסכת 30:22

ומתכי - ונסכי

וצלמי ומי אתיכנון 48:5

מתל

דמתיל

לישראל דמי בכרמא 5:1

מתלא

מי הדין - המשל 14:4

מתנן

וצדי מי וכרמלא - בשן 33:9

מתנת

מי אוניס 66:3

מתנתהון

קרבן מי 66:3

מתקל

ולכיף מי - מכשול 8:14

נ

נאף

מנאפין - מנאף

ואנון מי ומזנן 57:3

נבא

דאתנבי - אשר חזה

נבואת ישעיה...דאי על 1:1

דאי ישעיה 2:1;13:1

אתנביאו

אי עליהון נבייא 28:10

עלך אי נביי ישראל 37:26

אי ולא קבילו - קראתי 50:2

אי - דברתי 65:12;66:4

דאתנביאו

דאי...נבייא - חזיון 22:1,5

כמא דאי עלוהי נבייא 30:27

פתגמי...דאי נבייא 41:27

אתנבי - אקרא

ואמר מא אי 40:6

יתנבון - מהמטיר

דלא יי עליהון נבואה 5:6

תתנבון - תראו

לא תי 30:10

אתנבי - קרא

קל דאמר אי 40:6

אתנבו - נחמו נחמו

אי תנחומין על עמי 40:1

דאתנבו - וקראו

ואי עלה 40:2

לאתנבאה

ית מן אשלח לאי 6:8

יוי אלהים שלחני לאי 50:5

מתנבן - יחרש

בכל עדן מי נבייא 28:24

דמתנבן

לקביל נבייא דמי להון 28:11

נבו

על ני - נבו 15:2

נבו

אתקטיף ני - נבו 46:1

נבואתא

כמתקף ני - היד 8:11

מטל ני - המשא 14:28;22:25

פריש להון ית ני 21:11

מטל ני - משא 22:1

נבואה

פתגם ני - הדבר 2:1

דלא יתנבון...ני- מטר 5:6

ני קשיא - חזות 21:2

פתגם ני - דבר 38:4

רוח ני 61:1

נבואת

ני ישעיה - חזון 1:1

ני כולא - חזות 29:11

בנבואת

בני אוריה 8:2

בני זכריה

נבואתי

פתגמי ני - זה 6:7

פתגמי ני - דברי 51:16

ופתגמי ני - ודברי 59:21

נבח

למיבח - לנבח

לא יכלין למי 56:10

נבט

דכרי ני - נביות 60:7

נבייא/נביא

אמר ני 5:1,9;6:1;8:17;9:5;21:2,7,8,10;22:14;24:16;28:16,23;33:15;35:3;48:16;61:1;63:7

ני אימר להון 5:3;58:3

ני דיוי - יהוה 7:10

ני טר סהדותא 8:16

ני פריש - שמר (2×) 21:11

אמר ני - שמר 21:12

ני דיוי - אדני 22:12

ישעיה בר אמוץ ני - הנביא 37:2;38:1

ישעיה ני - הנביא 39:3

ני אכלי בגרונך 58:1

נבייא

ועל ני אפקיד - העבים 5:6

אם לא תהימנון למילי ני 7:9

דאתון מהלן ית ני 7:13

דאתנבו...ני - חזיון 22:1,5

אתנביאו עליהון ני 28:10

ולמילי ני לא קבילו

ני דמתנבן להון 28:11

דאמרין להון ני 28:12

תסתכלון במלי ני 28:19

מתנבן ני - החרש 28:24

ני - עיניכם את הנביאים 29:10

כמא דאתנביאו...ני 30:27

למלי ני 35:5; 48:8

ני* אתנבו 40:1

סקו לכון נ' 40:9
כל נ' 40:13
פתגמי...דאתנביאו נ' 41:27
אמיר על ידי נ' 43:22
דשמע בקל עבדוהי נ' 50:10
נ' עיברו ותובו 62:10

לנבייא - לראים
דאמרין לנ' 30:10

נביי
נ' ישראל 37:26
נ' קדשיה 63:10,11

נביי
ובפתגמי נ' - ופי 30:2
שלחית נ' - באתי 50:2
שלחית נ' - ידי 65:2
חלף דשלחית נ'- קראתי 65:12;66:4

בנביי - רוחי
ולא שאלין בנ' 30:1

דנביי - כמלאכי
דנ' שלחית 42:19

נביוהי
במימר נ' - רוחו 11:15
לשלחא נ' 50:4

נביאתא
ועלית לות נ' - הנביאה 8:3

נבילתא
נבילתהון
והואה נ' משגרא - נבלתם 5:25
גרמי נ' - נבלתי 26:19

נבלא
ונבל - ונבל
על ידי כנר ונ' 5:12

נבליא - הנבלים
ועד בני לוי אחדי נ' 22:24

נבלא
וכנבלא - וכנבלת
וכנ' מיתינא 34:4

נבע
ונבעו - ויזבו
ונ' מיא 48:21

נגהא
ככוכב נ' 14:12

נגד
נגדית
הלא אנא נ' 10:15

יגדון - יזלו
ועננייא יי טובא 45:8

דנגיד - מניפו
על דנ' ביה 10:15

נגדין
נ' חובין בחבלי למא 5:18
נ'* מיין - יבלי 30:25

דנגדין
כמי שילוחא דנ' בניח 8:6
כמי ימא דנ' בעלעולין 21:1
כמא דנ' בתודתא- כהולך 30:29
מיא דנ' 32:2
דנ' ושדן בקשתא- משכי 66:19

ויתנגיד - ונטה
וי' עלה חוט 34:11

ומתנגדין - ונזלים
ומ' על יבשתא 44:3

נגדין
על נ' - שפיים 41:18
על נ' דמיין - יבלי 44:4
ובכל נ' - שפיים 49:9
על נ' דמיין 53:2

נגוותא
נ' כדוקא דפרח- איים 40:15
חזו נ' - איים 41:5
נ' רחיקיא - האיים 66:19

לנגוותא - איים
לנ' גמלא ישלים 59:18

נגוון - איים
אציתו למימרי נ' 41:1
ולאוריתיה נ' יכתרון 42:4
נ' ויתביהון 42:10
קבילו נ' למימרי 49:1
למימרי נ' יסברון 51:5;60:9

בנגוון - באיים
ותשבחתיה בנ' יחוון 42:12

לנגוון
שכללה לנ' - לציים 23:13
ואשוי נהרין לנ'- לאיים 42:15

ומנגוות - ומאיי
ומנ' ימא 11:11

נגן
ננגין - ננגן
וניגון תושבחתיה נ' 38:20

נגע
דאתנגע - מות
בשתא דא' בה מלכא עוזיה 6:1

נגרא
צלמא נ' עביד - חרש 40:19
דמתקיף נ' - חרש 41:7
נ' אעין נפיץ - חרש 44:13

נגר
נ' אומן - חרש 40:20

נדב
מנדבין - נדיבים
וייעלון בתרעוהי מ' 13:2

נדר
וינדרון - ונדרו
וי' נדרין 19:21

נדרין
וינדרון נ' - נדר 19:21

נהא
ובדנתנהי
ובדנת' לפתגמוהי 53:5

נהורא

במיתי נ' - אור 5:20

נ' אזהר עליהון - אור 9:1

במיתי נ' לצדיקיא 24:15

ניהור

נ' סגי - אור 9:1

טל נ' טלך - אורת 26:19

נ' סיהרא - אור 30:26

דאתקין נ' - אור 45:7

וניהור - ואור

ונ' שמשא 30:26

כניהור

כנ' שמשא - כאור 30:26

כנ' שבעה יומיא

ודיני כנ' - לאור 51:4

לניהור

לנ' עממין -לאור42:6;49:6

אשוי קבל...לנ'- לאור 42:16

אתגלו לנ' 49:9;61:1

סברנא לנ' - לאור 59:9

לנ' שמשא - לאור 60:19

לנ' עלם - לאור60:19,20

נהורך - אורך

בכין יתגלי...נ' 58:8

וידנח בחשוכא נ' 58:10

לניהוריך - לאורך

ויהכון עממיא לנ' 60:3

נהוריה/ניהוריה

מרי נ' דישראל - אור 10:17

לא יזהר נ' - אורו 13:10

נהורה - כנגה

עד דיתגי...נ' 62:1

ניהוריהון - אורם

לא יזהרון נ' 13:10

נהים

ינהום - ושאג

י' כבר אריון 5:29

דנהים

כאריא דנ' 38:13

נהימית - שויתי

נ' עד צפרא 38:13

ונהימית - אהגה

ונ' כיונה 38:14

נהימנא - נהגה

כלנא כיונין נהמא נ' 59:11

נהמא - הגה

כלנא...נ' נהימנא 59:11

ודמנהמין - והמהגים

זכורו דמנצפין ודמ' 8:19

נהר

ינהר

לא י' לסנאי עמך 26:11

אנהרי - אורי

קומי א' ירושלם 60:1

ותתנהרין - ונהרת

בכין תחזן ות' 60:5

נהרא

בעברי נ' - נהר 7:20

כמי נ' - הנהר 8:7

כנישת נ' - יאור 23:3

כמי נ' - כיאור 23:10

מכיף נ' פרת - הנהר 27:12

כמי נ' - ובנהרות 43:2

כמי* נ' - נהרות 47:2

בנהרא - ביאור

כל דהוו רמן בנ' חכתא 19:8

דנהרא - יאור

ייבש רוביה דנ' 19:7

נהר - כנהר

כשפע נ' פרת48:18;59:19;66:12

נהרהון - יאור

וכל בית מזרע נ' 19:7

ונהרהון - ונהר

ונ' יחרוב וייבש 19:5

נהרין

נ' שטפין - נהרים 33:21

נ' עמיקין - יארי 37:25

ואפתח...נ' - נהרות 41:18

ואשוי נ' לנגוון - נהרות42:15

נ' בצדיותא - נהרות 43:20

אשוי נ' מדברא- נהרות 50:2

נהרותא - נהרות

ויצדון נ' 19:6

נהרון - נהרות

אשוי...בצדיותא נ' 43:19

לנהרי - לנהרי

לנ' הודו 18:1

ונהרהא - ונהרתיך

ונ' איביש 44:27

נהריהון - יארי

נ' עמיקיא 19:6

נוב

בנוב - בנב

אתא וקם בנ' 10:32

נוד

דינוד - ימיש

לא אפשר ליה ד' 46:7

תנוד - התפוררה

מנד ת' ארעא 24:19

מנד - פור

מ' תנוד ארעא 24:19

מניד

עלה קם מ' ברישיה 10:32

דמניד - מחריד

ולית דמ' 17:2

מנידין - הניעה

בתרך רישהון מ' 37:22

נוח

נחת - נחה

נ' שדוכת כל ארעא 14:7

ינוחון - ינוחו

י' על אתר בית משככהון 57:2

תנוחון - ונחת

אמרית דתתובון...ת' 30:15

ונוח - והשקט

אסתמר ונ' 7:4

למנח - השקט

דבעי למ' 57:20

דיניח

דיי יוי לך - הניח 14:3

דיי יוי - אשר יניח 30:32

אניח

אי לעמי - אשקוטה 18:4

לא אי לעממיא - אחשה 62:1

נוכרי

ולית בכון ני- זר 43:12

נוכראין

עובדין ני - זר 28:21

וטעת בתר ני 57:8

ויקומון ני - זרים 61:5

לנוכראין - זרים

ארעכון...אתחלפת לני 1:7

נום

ינום - ינום

לא יי 5:27

ניימין - הזים

ני שכבין 56:10

נונייא

צײדי ני - הדיגים 19:8

נוניהון - דגתם

יסרון ני 50:2

נוף

אניפו - הניפו

אי יד 13:2

נופא

נופיה - פרי

ומרים ני לעילא 37:31

נורא

כניצוץ ני 1:31

אתון ני 10:32

חזיתי ני - אור 44:16

בנורא

אלהין לאתוקדא בני - אש 9:4

בני יתוקדון - באש 33:12

ומוקדין...בני- באש 37:19

בני - במו אש 44:16,19

נור

יקידת ני - אש 1:7

כיקידת ני - אש 9:18

למחתי ני - אש 30:14

יקידת ני - שיד 33:12

ונפח ני בשיחורין 44:12

נפח ני בשיחורין - באש 54:16

ליקידת ני - אש 64:10

נזף

דנזיף - רגע

יוי אלהך דני בימא 51:15

נח

כיומי ני - נח 54:9

ביומי ני - נח

כמא דאשתכח ני- התירוש 65:8

נחלא

ני דמצרים - נחל 27:12

בשעיעות כיף ני- נחל 57:6

כנחל

כני מגבר - שטף 8:8

כני מגבר - שוטף 28:15,18

כני מגבר - כנחל 30:28,33

כני גידודין 38:12

וכנחל - וכנחל

וכני מגבר 66:12

נחלה - נחליה

ני דרומי 34:9

בנחליא - בנחלים

נכסי ינקיא בני 57:5

נחלין - נחלים

וימחיניה לשבעה ני 11:15

ונחלין - ונחלים

וני במישריא 35:6

נחם

ינחים - אנחמכם

כין מימרי יי יתכון 66:13

דינחמניך - אנחמך

לית דיי אלהין אנא 51:19

לנחמא

עתיד יוי לני - נחם 49:13;51:3;52:9

לני כל חרבתהא- נחם 51:3

לני כל אביליא- לנחם 61:2

לנחמותי - לנחמני

לא תתבעיתו לני 22:4

לנחמותה

אנא עתיד לני 1:24

דמנחים - מנהל

לית דמי לה 51:18

מנחמא - תנחמנו

כגבר דאמיה מי ליה 66:13

מנחמכון - מנחמכם

אנא אנא הוא מי 51:12

תתנחם - נחמה

לא תי 54:11

דתתנחם

עתידא דתי ציון 66:8

תתנחמון - תנחמו

ובירושלם תי 66:13

נחמתא

כל ני 8:2

פתגמי ני 41:27

נחמא

ועד דאיתי ני לירושלם 62:1

ונחמן

ברכן וני 18:4

בסורן טבן וני 62:10

בנחמת

בני ירושלם 4:3;33:20

נחשא

חלף ני - הנחשת 60:17

וחלף אעיא ני - נחשת

כנחשא - נחושה

ובית עינך חסין כני 48:4

דנחש

דשין דני - נחושה 45:2

נחת

ני עמי - ירד 52:4

דנחתת - אשר ירדה

אבן שעיא דני 38:8(2×)

ונחתו - וירד

וני יקיריהון 5:14

ויחות - וברד

ויי ברדא 32:19

חותי - רדי

חי ותיבי על עפרא 47:1

למיחת - לרדת

דאזלין למי למצרים 30:2

דנחית - כאשר ירד

כמא דני מטרא 55:10

דנחתין - הירדים

יי דני למצרים 31:1

נחתי

ני ספיני ימא - אניות 2:16;23:1,14

ני לגוב - יורדי 14:19

ני גוב - יורדי 38:18

ני ימא - יורדי 42:10

בנחתי

ותחזי בני ארע גיהנם 33:17

ונחתי - ואניות

וני ספיני ימא 60:9

ואחיתית

ואי בתקוף - ואוריד 10:13

ואי במשוטין - והורדתי 43:14

ומחתין - ויניחהו

ומי ליה באתריה 46:7

איתחת - הורד

אי לשאול יקרך 14:11

תיתחת - תורד

ברם לשאול תי 14:15

נטל

סנחריב מלכא דאתור ני 10:32

ארי ני מלכיש - נסע 37:8

ונטל - ויסע

וני ואזל ותב סנחריב 37:37

נטלו - נשא

ועילמאי ני זין 22:6

יטול - ישא

לא יי עם באפי עם זין 2:4

וית כולהון יי רוחא 57:13

ותיטול - ונשאת

ותי מתלא הדין 14:4

נטיל - נדד

ולא הוה ני מיכא 10:14

נטלין

ני על בעירהון - משא 30:6

ני על כתף עלין - ישאו

ני ליה - ישאהו 46:7

דנטלין - הנשאים

דני ית אע צלמהון 45:20

נטלי - נשאי

ני מני בית מקדשא 52:11

נטליהון

יקירין על ני - נשאתיכם 46:1

לשיזבא ני - משא 46:2

אתנטילו - נסע

מבני דרי אי יומי 38:12

אתנטילנא - ישאנו

כרוחא אי 64:5

ויתנטיל - ונשא

ויי כל דביתך 39:6

ונטילינון - וינטלם

הוא ישיזיבינון וני 63:9

תטילנון - תשאם

ורוחא תי 41:16

ומנטל/ומנטל

ומי מירמתא - ונשא 2:2

רם ומי - ונשא 6:1;57:7

באתר רם ומי 33:16

מנטלא - נשאה

ועל כל רמא מי 30:25

ומנטלא - ונשא

כדנן אמר רמא ומי 57:15

מנטלתא - הנשאות

ועל כל רמתא מי 2:14

אתנטל - אנשא

כען אי 33:10

יתנטלן - תנשאנה

ובנתך על פירון יי 49:22

תתנטלון - תנשאו

על גססין תי 66:12

נטר

נטרתא

על דלא ני יקר 22:18

נטרו - תצר

בלבב שלים ני שלמא 26:3

דנטרו

דני אוריתא - שמר 26:2

צדיקיא דני אוריתי 33:13;57:19

נטרתון - תשמר

ולא ני 42:20

יטר - שמר

יי שבתא 56:2

ויטר - ושמר

ויי ידוהי 56:2

דיטר - שמר

כל דיי שבתא 56:6

דיטרון - אשר ישמרו

דיי ית יומי שביא 56:4

טר - צור

נביא טי סהדותא 8:16

טרו - שמרו

טי דינא 56:1

למיטרה

וקביל אוריתא עלוהי למי 9:5

נטר - נצרה

אנא יוי ני להון קים 27:3

ולנטרי

ולני שלמא לית סוף 9:6

ונטירין

וני קדמי 62:6

ונטירן - ונצרות
וני ולא ידעתנין 48:6

ניאוצא
וניאוצא - ונאצה
יום עקא וחיסודין וני 37:3

ניגונא
וניגון - ונגנותי
וני תושבחתיה ננגין 38:20

ניהומי
ני ליה כאריה - שאגה 5:29

ניחא
אחסנת בית ני - המרגעה 28:12
ניח
לא יהי...ני - ינוח 23:12
ני רוחא 25:5
וישכחן להון ני- מנוח 34:14
בניח
דמדברא להון בני 8:6
כמי...דנגדין בני - לאט
מינקתא בני מדבר 40:11

בנינוה
ויתיב בני - בנינוה 37:37

ניסא
ני הדין - האי 20:6
יתבי ני - אי 23:3,6
בניסי - באיי
בני ימא 24:15

ניסא
מן קדם ני - מנס 31:9
נסי - נסי
ועל מלכוותא ארים ני 49:22

כניצוץ
כני נורא - לניצוץ 1:31

נירא
ניר - על
אעדיתא ית ני מרותיה 9:3
וניריה
וני מעל צורך - ועלו 10:27
וני...יתפסיק - וסבלו 14:25

נכליא
נכלין
ני מחשיב - עולה 59:3

נכס
נכיס - שוחט
ני תור 66:3
נכסי - שחטי
ני* ינקיא 57:5
ונכיס - ושחט
וני על 22:13

נכסא
נכסיא
ני אתבזיזו - שקמים 9:9
עתירי ני - לבנון 14:8
עתירי ני - ארץ 14:9
עתירי ני 53:9
נכסין
מרי ני - חיל 5:22
ני מסגי - עצמה 40:29
ולא ימללון ני- מרמה 53:9
ני סגיאין 57:10
נכסי
ני דמשק - חיל 8:4
ני ישראל - ישראל 9:11
ני קריביה - בשר 9:19
ני יתמיא - יתומים 10:2
ני עממיא - לחיל 10:14
ית ני סנאה - לחם 30:20
ני עממיא - שללכם 33:4
ני עממיא - שלל 33:23
וית ני כרכין - שלל 53:12
ני עממיא - חיל 60:5,11;61:6
ני עממיא - חלב 60:16

ונכסי - וחרבות
וני רשיעיא 5:17
נכסהא
ויבזון ני 27:10
נכסיהון
שאר ני - יתרה 15:7
נטלין...ני - חילהם 30:6

נכסתא
לנכסתא - לטבח
כאימרא לני ימסר 53:7
ונכסא - וטבח
וני סגיאה 34:6
נכסת
ני קודשיכון - זבחיכם 1:11
דם ני קודשיא 29:2
ני קודשך - זבחיך 43:24
בנכסת
בני קדשין - זבח 19:21
ונכסת
וני קדשך - וזבחיך 43:23
וני קדשיהון - וזבחיהם 56:7

נמוסא
ובנמוסי - ובילדי
ובני עממיא אזלין 2:6

נמרא
ונמרא - ונמר
וני עם גדיא ישרי 11:6

נמרים
מי ני - נמרים 15:6

נסא
אנסי - אנסה
ולא אי קדם יוי 7:12

נסא
על ני דאתעביד לחזקיה 38:9

נס

שאל דיתעביד לך נ׳ 7:11
נסין
אף עבדית להון נ׳ 43:7
וכנסין
וכני דעבד ליהושע 28:21
ניסי
נ׳ ירדנא - עבר 8:23

נסבא
נסב
דהיא ככרם נ׳ - חמר 27:2

נסיב
ונסיב - ויקח
ונ׳ חזקיה ית איגרתא 37:14
נסבת - שפכת
אף להון נ׳ נסכין 57:6
יסבון - ישאו
י׳ דבילת תינין 38:21
סב - קח
ס׳ לך לוח רב 8:1
ונסיב - ויקח
ונ׳ תורז 44:14
ונ׳ מנהון 44:15
ונסיב/ונסיב - ונשוא
ונ׳ אפין 3:3;9:14
יתנסיב - ישאום
<u>י׳ מינהון</u> 15:7
דיתנסיב - היקח
<u>האפשר</u> <u>די׳</u> מגיברא עדי 49:24
יתנסבן - תאמנה
ובנתך על גססין י׳ 60:4

נסכא
נסכין - נסך
אף להון נסבת נ׳ 57:6

נסרוך
בית נ׳ - נסרך 37:38

נעמיתא
נעמין/נעמין
בנת נ׳ - יענה 13:21
לבנת נעמין - יענה 34:13
ובנת נעמין - יענה 43:20

נעורתא
כנעורת - לנערת
<u>כני</u> <u>כתנא</u> 1:31

נעצוצא
נעצוציא - הנעצוצים
ובכל <u>מדברי</u> <u>נ׳</u> 7:19

נפח
נפחא נ׳ נור - נפח 54:16
ונפח
ונ׳ נור 44:12
ותתפח - ותפק
ות׳ קדם כפנא 58:10

נפחא
נ׳*...עביד - חרש 44:12
האנא ברית נ׳ - חרש 54:16

נפילא
ונפיליהון - וכסיליהם
כוכבי שמיא ונ׳ 13:10

נפל
נפלת - נפלת
נ׳...בבל 21:9
נפלו - נפל
בזוזין נ׳ 16:9
יפול - יפל
י׳ לגו כומצא 24:18
ויפול
ויתקטיף וי׳ - ונפלה 22:25
וי׳ סעיד - ונפל 31:3
וי׳ אתוראה - ונפל 31:8

ותיפול/ותפול
ות׳ ולא תוסיף למקם - ונפלה 24:20
ות׳ עלך עקא - ותפל 47:11
ויפלון - ונפלו
ויתקלון בהון...וי׳ 8:15
פילו
פ׳ באשא דגריתון 50:11
במיפל - בנפל
במ׳ רברבין 30:25
למיפל - נפלה
ואף עתידא למ׳ בבל 21:9
ואפליניה - והפלתיו
וא׳ בחרבא בארעיה 37:7

נפץ
נפיץ - נטה
נגרא אעין נ׳ בחוטרא 44:13
מנפצן - מנפצות
כאבני גיר מ׳ 27:9
אתנפצי - התנערי
א׳ מעפרא 52:2

נפק - יצא
נ׳ לאגחא קרבא 37:9
נ׳ מן קדמי...פתגם 45:23
נ׳ פורקני 51:5
ונפק - ויצא
ונ׳ לותיה אליקים 36:3
ונ׳ מלאכא דיוי 37:36
נפקת - יצאה
דא מן קדם יוי...נ׳ 28:29
נפקו
נ׳ למחזי ניהור סגי 9:1
ומזרעית יהודה נ׳- יצאו 48:1
נפקא - יצאו
וממימרי נ׳ 48:3
יפוק - יצא
י׳ משיחא 14:29
ויפוק - ויצא
וי׳ מלכא מבנוהי דישי 11:1

תיפוק - תצא

ארי מציון ת' אוריתא 2:3

ארי אוריתא מן קדמי ת' 51:4

יפקון/יפיקון

י' שאר צדיקיא- תצא 37:32

כד י' מבתי עלמיהון 42:11

ומישרין י' כחמר ב... 63:2

דיפקון - אשר יצאו

ומבנך די' מנך 39:7

ויפקון - ויצאו

וי' ויחזון 66:24

תיפקון - תצאו

לא בבהילו ת' 52:12

בחדוא ת' 55:12

פוק - צא

פ' כען לקדמות אחז 7:3

פוקו

פ' גידונין - התיו 21:14

פ' מבבל - צאו 48:20

למימר...פ' - צאו 49:9

פ' מתמן - צאו 52:11

פ' מגוה - צאו

ופוקו - וצאו

ופ' לותי 36:16

כמפק - ממזרח

כמ' שמשא 41:25

למיפק/למפק

דמיתמן עתיד למ' חדוא 24:16

דמתמן עתיד למ' חדוא 38:11

ומפקך - וצאתך

ומ' לאגחא קרבא 37:28

במיפקיה - בצאתו

יקבל שמשא במ' 13:10

מלמפק

ויסופון משריתהא מלמ' 27:10

נפיק

מן קדמוהי...נ' לוט 30:27

דנפיק - אשר יצא

פתגם טובי דנ' 55:11

נפקת - הזונה

נ' ברא 23:15

כנפקת - זונה

כנ' ברא 23:16

נפקין

מאתר נ' נהרין שטפין 33:21

לדנפקין

לדנ' בקרבא 28:6

אפיק - הזיל

מיא מטנרא א' להון 48:21

דאפיק

דא' במנין - המוציא 40:26

דא' עמא ממצרים - הוציא 43:8

דא' רתיכין - המוציא 43:17

דאפקנא

יי'...דא'...ממצרים 33:22

דאפיקית

עמי דא' ממצרים 19:25

ואפיקית - והוצאתי

וא' מיעקב זרעא 65:9

יפיק - יוציא

לקושטיה י' דינא 42:3

אפקוהא - הוציאוה

א' עד סיפי ארעא 48:20

לאפקא - להוציא

לא' גלוותהון 42:7

ומפיק - ומוציא

ומ' מנא לצורכיה 54:16

דמפקא - תוציא

כארעא דמ' צמחה 61:11

ומפקין

ומ' מלבהון - והוליד 59:4

ומ' מליבהון- והגו 59:13

ומפקן - תבקע

ומ' חיוון 59:5

יתפקן

ואיטלטל י' 16:2

נפש

למפחת נ' 17:11

נ' צדיקיא - נפש 32:6

במרר נ' 33:7

ונפש - ונפש

ונ' מסגפא 58:10

נפשי - נפשי

נ' מחמדא לצלאה 26:9

ממרר נ' 38:15

בדיל דלא לחבלא נ' 38:17

תבוע נ' 61:10

נפשך

ומלכותא חלף נ'- נפשך 43:4

ותתפח...נ' - נפשך 58:10

ויסבע...נ' - נפשך 58:11

ותהי נ' מליא תפנוקין

לנפשיך - לנפשך

דהוו אמרין לנ' 51:23

נפשיה

וחסירא נ' - נפשו 29:8

מרחיק נ' מן אנוסין 33:15

תסבע נ' מזוניה מספק 33:16

ולא ישיזיב ית נ' - נפשו 44:20

חלף דמסר...נ'- נפשו 53:12

דמסגיף אנשא נ'-נפשו 58:5

ונפשיה - ונפשו

ונ' משלהיא 29:8

לנפשיה - נפשו

וכנשין מיא גבר לנ' 19:10

נפשה - נפשה

בכין אפתיאת שאול נ' 5:14

נפשנא - נפש

חמידת נ' 26:8

נפשכון - נפשכם

ותתפנק בדדהין נ' 55:2

ותתקיים נ' 55:3

נפשהון

בעיני נ' - בעיניהם 5:21

נ'...ישיצי - מנפש 10:18

על נ' מיללין - נפשו 15:4

עד כרן נ' לא שיזיבו 20:6

ברעות נ' 28:10,13

על חובי נ' 30:1

לא ישיזבון ית נ'- נפשם 47:14

לנקאה...נ' - נפשו 53:10

ישידיב נ' - נפשו 53:11

נ' אתרעיאת - נפשם 66:3

לנפשהון

וי לי - לנפשם 3:9

נפשן

אינון קוטלי נ'- מרצחים 1:21

תקיפי נ' - נפש 56:11

נפשתנא - נפשנו

מסגפין נ' 58:3

בנפשתהון

וסהדין אינון בנ' 44:9

נפתלי

ועם ארע נ' - נפתלי 8:23

נצב

נ' אורנא - נטע 44:14

יצבון - יטעו

לא י' 65:22

ויצבון - ונטעו

וי' כרמין 65:21

וצובו - ונטעו כרמים

וצ' ואכולו איבהון 37:30

כמיצב

כמ' גפן בחירא 5:2

נציבא - תטעי

דאת נ' 17:10

נצבא

נ' דחדותיה - נטע 5:7

נ' בחירא - נטעי 17:10

נ' דחדותי - נצב 60:21

דמנצבת

דמנ' קדשא 57:3

נצבתהון

זרעא דקודשא נ'- מצבתה 6:13

דמנצבת קדשא נ' 57:3

צנורא

ובנצורין - ובמחוגה

ובנ' מאחיד ליה 44:13

נצח

נצחי

נ' קרב 9:2

נצחנא

ולמתן נ' 28:6

נצחנך - וגבורתך

ועבדי נ' 3:25

נציא

נציה - ציץ

נתר נ' 40:7

נציף

נציפית - אהגה

כין נ' 38:14

ינצפון

וקוריהון י' בטולא 34:15

וינצפון - וענה

וי' חתולין 13:22

ינצפן

ומעפרא י' מילך- תשח 29:4

ומעפרא מילך י'- תצפצף

ומנציף - אצפצף

כסוסיא דאחיד ומ' 38:14

דמנצפין - המצפצפים

ומן זכורו דמ' 8:19

נצל

יציל - פסח

י' ויעדי 31:5

דמציל - מציל

ולית דמ' 5:29

נקא

נקי

כעמר נ' יהון 1:18

דנקי

לית להון אתר דנ' 28:8

לנקאה

בדיל לנ' מחובין 53:10

דמנקן

כמא דמ' בבוריתא 1:25

נקמא

ואתיב נ' - ואנקמה 1:24

ויתיב נ' - קנאה 59:17

נקף

כנקיף - ערף

דבח אמר כנ' כלב 66:3

נקף

אקיפת - הקיפה

ארי א' צוחתא 15:8

אקיפתנא

ארי א' עקא כאתא 37:3

ויקפינך

וי' בעלי דבב 22:18

אקפות

א' פתיא - מעשה 3:24

כאקפות

כא' מדברא 29:2

מקף

כשור מ' - כדור 22:18

מקפא

ותהי מ' קדמי דם 29:2

מקפין - שוע

מ' מגדליא ברישי טוריא 22:5

דמקפין - מגיעי

יי דמ' בא על בא 5:8

מקפן - תלכנה

אזלן ונפותהון מ' 3:16

נשא

ואתנשיתא - ותשכח

וא' פולחנא דיוי 51:13

אתנשיתון - השכחים

א' ית פלחן טורא 65:11

דתתנשי - התשכח

האפשר דת' אתתא ברה 49:15

תתנשי - תנשני

לא ת' דחלתי 44:21

יתנשון - בלע
י׳ מותא לעלמין 25:8
יתנשיין
אם אלין י׳ - תשכחנה 49:15
ארי י׳ עקתא - נשכחו 65:16
תתנשן - תשכחי
ארי בהתת עולימותיך ת׳ 54:4

נשב
נשבת - נשבה
רוחא...נ׳ ביה 40:7

נשמתא
יהיב נ׳ - נשמה 42:5
דנשמת - אשר נשמה
דנ׳ רוח חיין באפוהי 2:22
ונשמתא - ונשמות
ונ׳ אנא עבדית 57:16
נשמתהון - תולעתם
ארי נ׳ לא ימותן 66:24

כנשרא
כנ׳ דטאיס בכנפוהי 18:1
נשרין - כנשרים
על גדפי נ׳ 40:31

נתך
אתיך - נסך
וצלמא א׳ 44:10
אתכיה - עשהו
א׳ צלמא 44:15
אתיכונון - צום
וצלמי ומתכי א׳ 48:5

נתן
יתין - יתן
י׳ יוי הוא לכון אתא 7:14
ויתין/ויתן - ונתן
וי׳ לכון יוי 30:20
וי׳ מטר זרעך* 30:23
אתין/אתן
א׳ בידיה - אתן 22:21
א׳ במדברא ארזין- אתן 41:19
ולירושלם מבשר א׳- אתן 41:27
א׳ רוח קודשי - נתתי 42:1
לעם אחרן לא א׳ - אתן 42:8;48:11
א׳ רוח קודשי - אצק 44:3
שום עלם א׳ להון- אתן 56:5
אם א׳ ית עבוריך- אתן 62:8
לא א׳ להון ארכא 65:6
ואתין
וא׳...בידיה - ונתתי 22:22
וא׳ לך - ואתנה 36:8
וא׳ לך - ונתתי 45:3
וא׳...פריק - ונתתי 46:13
וא׳ ית בסר 49:26
וא׳ להון - ונתתי 56:5
וא׳ אגר - ונתתי 61:8
וא׳ על אגר עובדיהון 65:7
ואתנינך
וא׳ לקים עם - ואתנך 42:6;49:8
וא׳ לניהור - ונתתיך 49:6
יתנון - יתנו
דאם י׳ יתיה 29:11
י׳ סהדיהון 43:9
למיתן
אם תכול למ׳ - לתת 36:8
למ׳ ליה מלכו 44:28
למ׳ להון כליל- לתת 61:3
ולמתן
ולמ׳ נצחנא 28:6

נתר
יביש לבנן נ׳ - קמל 33:9
נ׳ נציה - נבל 40:7
ונתרנא - ונבל
ונ׳ כמיתר טרף 64:5
כמיתר
כמי טרף - כנבל 34:4
ונתרנא כמי טרף- נבל 64:5
דבמתר/דבמיתר
דבמי טרפוהי - נבלת 1:30
וכבלוטא דבמי טרפיהון 6:13

ס

סאב
ותסאבון - וטמאתם
ותי׳ ית חיפוי צלמי 30:22
במסאב - טמא
במ׳ לא תקרבון 52:11
כמסאב - כטמא
והוינא כמ׳ כולנא 64:5
מסאבין - טמא
לא יעדון בה מ׳ 35:8
ומסאבין - וטמא
ערלין ומ׳ 52:1

סאתא
בסתא - בסאסאה
בס׳ דהויתא כאיל בה 27:8
סאין - איפה
תלת ס׳ 5:10

סבא
ונסבי - אקחה
ונ׳ חמר 56:12

וסבא
מצרים כוש וס׳- וסבא 43:3
כוש וס׳ - וסבאים 45:14

סבא
על ס׳ - זקן 47:6
בסבא - בזקן
ישלטון עולימא בס׳ 3:5
דסבא - וזקן
וס׳ דלא ישלים יומוהי 65:20

סב - זקן

ס' ונסיב אפין 9:14

וסב - וזקן

ומשתאיל וס' 3:2

וסבין - וזקנים

עולימין וס' 20:4

סבי

ס' עמיה - זקני 3:14

ס' עמיה - זקניו 24:23

ס' כהניא - זקני 37:2

סבכא

בסבכיא

בס' במגיריא 7:20

וסבכיא

ושביסיא וס' - והשהרנים 3:18

סבל

סבלין - יסבלהו

ס' ליה 46:7

סבמה

ראה - שבמה

סבע

ולא ס' - שבעו 9:19

וסבע - וישבע

טוא טוא וס' 44:16

תסבע

ת' מנהון חית חורשא 56:9

תסבע - תשביע

ונפש מסגפא ת' 58:10

ותסבעין - וינקת

ות' נכסי עממיא 60:16

יסבעון - ישבע

י' מבזת מלכיהון 53:11

ותסבעון - ושבעתם

ות' מביזת תנחומהא 66:11

למסבע

למיכל למ' - לשבעה 23:18

בלא למ' - לשבעה 55:2

לא ידעין למ' - שבעה 56:11

ויסבע - והשביע

וי' בשני בוצרתא נפשך 58:11

תסבע

ת' נפשיה 33:16

סבר

סברת

על כין לא ס' למתב 57:10

יסבר - יבין

י' למידע 32:4

ויסבר - וישמע

וי' לסופא 42:23

יסברן - תראינה

ועינוהיעל מימר..י' 17:7

למסבר

למ' חוכמא 28:9

סבירין

דהוינא ס' למערק לתמן 20:6

סברו

ס' דיתקיים להון 28:10

ולא ס' לפלחן בית מקדשי

דסברו - כאשר שממו

כמא דס' ליה בית ישראל 52:14

ודסברו - וקוי

ודס' לפרקנא דיוי 40:31

סברנא

לאורח דינך..ס'-קוינוך 26:8

למימרך ס' - קוינו 33:2

ס' לניהור - נקוה 59:9

ס' לדינא - נקוה 59:11

לא ס' להון - נקוה 64:2

דסברנא

דס' ליה - קוינו 25:9

יסברון

בכין י' לסעיד 28:13

למימרי נגוון י'- יקוו 51:5;60:9

מסברין

יוי דהוינא מ' למימריה - קוינו 25:9

לא מ' - ישברו 38:18

דמסברין

טובי צדיקיא דמ' לפרקניה - חוכי 30:18

צדיקיא דמ' לפרקני - קוי 49:23

צדיקיא דמ' - למחכה 64:3

אסבר

א' חוכמא 40:14

סבר

וסוברינון - וינשם

וס' כל יומי עלמא 63:9

מלסוברא

וקשי מלס' - משאה 30:27

מסובר - ישא

ובחניה מ' 40:11

סגא

סגיאת - רבו

ארי ס' 22:9

יסגי

משיחא דשלמא י' עלנא 9:5

ביומוהי דמשיחא...י' שלמא 11:6

ושלטון מעיק י' מרוא 28:20

ועיבור ועללא י' בארעא 30:23

שלמיה י' עלנא 53:5

כין י' קטול 63:3

י' יקרא דיוי - יכבד 66:5

דיסגי - ונשא

יראם וי' ויתקף לחדא 52:13

ותסגי - ורבה

ות' צדיותא 6:12

יסגון

י' קני וגומא 35:7

אפילן י' - זרעו 40:24

י' כעפרא דארעא 51:16

י' בנין ובנן 53:10

דיסגון

די' ככוכבי שמיא 51:16

דיסגון - ופרח

וי' דבית ישראל 27:6

יסגין

כין י' תולדת קודשא 53:2

תֹסֹגֹון - תאריכו
תֹ' למללא רברבן 57:4
וֹסֹגֹן

אזלין וסֹ' עד דתקפין 5:18
אֹסֹגִי

אֹ' עובדי ברישׁית- הפליא 28:29
והוא אֹ' טבוון 38:15
אֹסֹגֹלֹתא

אֹ' עמא בית ישראל- הרבית 9:2
אֹ' חדוא - הגדלת
אֹ' קדמי - העבדתני 43:24
אֹסֹגֹית

ועובדין מקלקלין אֹ' -חזרענו 17:10
וכד אֹ' ליך - ותרבי 57:9
נכסין סגיאין אֹ' 57:10
ארי אֹ' למללא כדבין 57:11
ואת אֹ' ליך 57:12
אֹסֹגֹיתֹי

אֹ' למשבק - נלאיתי 1:14
לא אֹ' עלך - העבדתיך 43:23
וֹאֹסֹגֹיֹתֹיֹה - וארבהו
ובריכתיה ואֹ' 51:2
אֹסֹגֹיאֹו - כבד

כנשא בחירא אֹ' חובין 1:4
אֹסֹגֹיהֹון - העמיקו
אֹ' למחטי בני ישראל 31:6
אֹסֹגֹא - האריכו
אֹ' עם משריתיך 54:2
לאֹסֹגֹאֹה

לאֹ' עלה בני אנשא 45:18
מֹסֹגֹי

מֹ' תוקפהון 5:24
נכסין מֹ' - ירבה 40:29
ארי מֹ' לסלחא - ירבה 55:7
מֹסֹגֹ

אתון מֹ' לצלאה- תרבו 1:15
אֹינון מֹ' חובין-צעקה 5:7
בֹסֹגֹואֹ

רוחהון בסֹ' משלהיא 41:17

זֹסִיגֹוף - והתקצף
ארי יחזי כפן וסֹ' 8:21
סֹגֹי

ויקר סֹ' משריתיה 10:18
סֹ' משריתהון - יער 37:24
בֹסֹגֹי

בסֹ' חכמתיה 28:29
מֹסֹגֹי/מיסגי

ויהי מסֹ' טוב - מרב 7:22
מיסֹ' גבורן 33:3
מסֹ' גבורן - מרב 40:26
וֹמֹסֹגֹי - ומרב
ומסֹ' יומין 24:22

סֹגֹי

ניהור סֹ' - גדול 9:1
סֹ' רבו לעבדי אוריתא 9:6
סֹ' משריתא - גאות 9:17
אם יהֹ'...סֹ' כ... 10:22
עם סֹ' - רב 13:4
הא גבורן סֹ' 27:4
וקל סֹ'* - גדול 29:6
סֹ' שלמא 38:17
מר לי סֹ'
וֹעם סֹ' - ועזוז 43:17
והוה פון סֹ' 48:19
סֹ' קדמי חיל למפרק- רב 63:1
וֹסֹגֹי

וסֹ' עידן ליה למיעל 10:32
וסֹ' יהי שלם בנך - ורב 54:13
וסֹ' טובה לבית ישראל 63:7
סֹגֹיאֹה

ונכסא סֹ' - גדול 34:6
בכי סֹ' - גדול 38:3
סֹ' לחדא - גדול 56:12
סֹ' משריתיך 57:9
סֹגֹיאֹין

עממין סֹ' - רבים
2:3;17:12;52:15
לעממין סֹ' - רבים 2:4;23:3
בתין סֹ' - רבים 5:9

ויתקלון בהון סֹ' - רבים 8:15
מיין סֹ' - רבים 17:13
לקרוין סֹ' 29:17
באעין סֹ' - הרבה 30:33
קרוין סֹ' 32:15
יומין סֹ' - רבים 52:14
לשעבדא סֹ' -לרבים 53:11
ביזת עממין סֹ' -ברבים 53:12
על חובין סֹ' - רבים
סֹ' יהון - רבים 54:1
וברחמין סֹ' - גדלים 54:7
נכסין סֹ' 57:10
ארי סֹ' חובנא - רבו 59:12
דרחמך עלנא סֹ' מאב
63:16(2×);64:7
וֹסֹגֹיאֹין

דסֹ' כדבביא 7:18
דסֹ' כמי נהרא 8:7;43:2
וֹסֹגֹיאֹין - ורבו

וסֹ' קטיליא 66:16
סֹגֹיאֹן

משרין סֹ' - רב 21:7
ארי סֹ' - רב 31:1
במשרין סֹ' - כבד 36:2
חזיתון סֹ' - רבות 42:20

סגיאות/סֹגֹיות
סֹגֹות

סֹ' עדי ובז - מרבה 33:23
סֹ' עדי ובז
בֹסֹגֹיאֹות

בסֹ' נכסת קודשיכון - רב 1:11
בסֹ' רתיכי - ברב 37:24
בסֹ' חרשך - ברב 47:9
בסֹ' מלכך - ברב 47:13
בסֹ' אורחתך - ברב 57:10
וֹבֹסֹגֹיאֹות - וברב
ובסֹ' חרשך 47:12
זֹסֹגֹיאֹות

וסֹ' רחמך 63:15
וֹבֹסֹגֹיאֹות - וכרב
וכסֹ' טבותיה 63:7

סגיד

סגיד - יסגוד
ס' ואשתעבד ליה 44:17
וסגיד - וישתחו
עבדיה דחלא וס' 44:15
אסגוד - אסגוד
לבלי אע א' 44:19
יסגדון - ישתחוו
וליך י' 45:14
ויסגדון
וי' קדם יוי - והשתחוו 27:13
רברבין וי' - וישתחוו 49:7
תסגדון - תשתחוו
קדם מדבחא הדין ת' 36:7
למסגד - להשתחות
דעבדו להון למ' ל... 2:20
למ' קדמי 66:23
סגיד - משתחוה
והוה הוא ס' 37:38
סגדין
לעובד ידיהון ס'- ישתחוו 2:8
ס' אף משתעבדין - יסגדו 46:6
דסגדין
ויתכנעון דס' לשמשא 24:23

סגף

דמסגיף - ענות
דמ' אנשא נפשיה 58:5
מסגפא - נענה
ונפש מ' תסבע 58:10
מסגפין - עינינו
מ' נפשתנא 58:3

סדום/סדם

דכאנש ס' - כסדם 1:9
כשלטוני ס' - סדם 1:10
דהפך יוי ית ס'-סדם 13:19

סדומאה

כסדומאי
וחטיהון כס' - כסדם 3:9

סדר

וסדר - ויגע
וס' בפומי 6:7
דסדר - קרא
דס' דריא מלקדמין 41:4
ויסדרינה - ויערכה
וי' קדמי 44:7
סדרו - ערך
ס' פתורין 21:5
מסדרין - תערכו
דאתון מ' קדמוהי 40:18
דמסדרין - הערכים
דמ' לטעון פתורין 65:11
מסדרא - ערוך
ארי מ' מן עלמין 30:33

סדרא

סדרי
עובד ס' ברישית 40:21
מסדריה
חד מס' לא מתעכב 40:26

סהד

אסהיד - ענתה
בדינא א' בהון 3:9
אסהידו - ענתה
וחטאנא א' בנא 59:12
תסהיד
לא ת' בהון 8:16
ואסהיד - ואעידה
וא' קדמי סהדין מהימנן 8:2

סהדותא

נביא טר ס' - תעודה 8:16
לסהדו
לאוריתא דאתיהיבת לנא לס'
- ולתעודה 8:20
ותהי...לס' קדמי- לעד 30:8

סהיד

ולסהיד - ולעד
ויהי לאת ולס' 19:20

סהדין

ס' מהימנן 8:2
אתון ס' קדמי - עדי 43:10
ס' קדמי - עדי 43:12;44:8
וסהדין - ועדיהם
וס' אינון בנפשתהון 44:9
סהדיהון - עדיהם
יתנון ס' 43:9

סוגיא

המון ס' - הרב 16:14

בסוכא

בס' מרדא - בסעפיה 17:6

סוכלתן/סכלתן

ארי ס' אנא - נבנותי 10:13
לא עם סכ' - בינות 27:11
וסוכלתן
וס' בעיצא - ונבון 3:3
סוכלתנין
ולקביל...ס' - נבנים 5:21

סוכלתנותא

וסכלתנותא - ובינת
וס' מסכלתנותהון תטמר 29:14
סוכלתנו/סכלתנו
מדלית בהון סכ'- בינה 33:19
ולא ס' - תבונה 44:19
דסוכלתנו/דסכלתנו
רוח דס' - בינה 29:24
ואורח דסכ' - תבונות 40:14
דסכלתנו
רוח חכמא וס' - ובינה 11:2
לסכלתנותיה - לתבונתו
לית סוף לס' 40:28
מסכלתנותהון - נבנין
וסכלתנותא מס' תטמר 29:14

סום

ותסם - ישית
פורקן יי על שוראה 26:1

כסוסלא
כס' דאחיד - כסוס	38:14

כסוסלא
כס' דבמדברא - כסוס	63:13

סוסוותא
עקבי ס'	10:32
על ס' מסתמכין- סוסים	31:1

סוסוון
ואתמליאת...ס'- סוסים	2:7
על ס' נערוק - סוס	30:16
תרין אלפין ס'- סוסים	36:8

בסוסוון - בסוסים
בס' ורבתכין	66:20

דסוסוון - וסוס
דאפיק רתיכין וסי	43:17

סוסוותיה
פרסת ס' - סוסיו	5:28
צוארי ס'	10:32

דסוסוותהון - וסוסיהם
וס' בשר ולא רוח	31:3

סוף
סף
ס' תקוף חייבא- שבתה	14:4
ס' דתאה - כלה	15:6
ס' מעיקא - אפס	16:4;29:20
ארי ס' עבורא - כלה	32:10

סופו
ס' כל דהוו דישין- תמו	16:4
ס' תקוף עמא - אמללו	24:4
ס' יתבי ארעא - חרו	24:6

דסופו - ונכרתו
וס' כל דהוו משחרין	29:20

לסוף
יי' כל יקרהון	16:14

וסופו
ויי' יקרהון - ונקלה	16:14
ויי' כל יקרהון - וכלה	21:16
ויי' מנהון - ונסו	35:10
ויי' מנהון - נסו	51:11

לסופון/לסופן
כין יי' רשיעיא	1:31
וטעותא...יי' - יחלף	2:18
ושאר עם משריתיה יי'	10:19
וכל משריתהון יי'	34:4
כחדא יי' - יספו	66:17

ליסופון
מחן דיי בהון	25:6

ויסופון
ויי' תרעי - ואבלו	3:26
ויי' לוטיא - וכלה	10:25
ויי' משריתהא - וכלה	27:10
ויי' דיריהון - תשפל	32:19
יצדון ויי' כחדא- ואשאף	42:14

ללאספא - ולהכרית
ולא' עממין לא בחיס	10:7

דבסופא
וידעון דבסי מריר חטאה	5:20

לספא
חוו דאתין לסי- לאחור	41:23
ויסבר לסי - לאחור	43:23
מחוי...לסי - אחרית	46:10
לא אדכרת לסי - אחריתה	47:7
אתכנשא יתכנשון...לסי	54:15

סוף
ולית ס' - קצה	2:7(2×)
ולית ס' - חק	5:14
לית ס' - קץ	9:6
לית ס' - חקר	40:28

בסוף
בס' יומיא - באחרית	2:2
בס' שניא - בעוד	21:16

ובסוף - ובעוד
ובס' שתין וחמיש שנין	7:8

מסוף - מקץ
מס' שבעין שנין	23:15,17

סופהון - אחריתן
ונידע ס'	41:22

דסוף

בימא דס' - במים	43:2
מי ימא דס' - מים	63:12

סחור
ס' ס' ליה - אזור	11:5
בימא דחגא ס' ס'	29:2
ס' ס' לשכינתא	33:24
זקופי...ס' ס' עינך- סביב	49:18;60:4

מסחור - מסביב
וקטלו בהון מסי בהון	42:25

סחרן
שירת ערבאי תחפי ס'	60:6

סחורא
דהות מספקא ס'	23:3
והות ס' לעממיא- סחר	
ותהי מספקא ס' ל...	23:17

דסחורא - מדה
גברין דס'	45:14

סחורתה - סחרה
ותהי ס' ואגרא קדישא	23:18

כסחותא
כס' בגו שוקיא- כסוחה	5:25

סחר
דאסתחר - והסג
וא' לאחרא דינא	59:14

אסתחרית - נסוגתי
לאחרא לא א'	50:5

אסתחרון - נזרו
א' והוו לאחרא	1:4

דאסתחרנא - ונסוג
וא' לאחרא	59:13

יסתחרון - נסגו
יי' לאחרא	42:17

דאסתחר - ויסב
וא' חזקיה אפוהי לכותל	38:2

סטא
תסטון

סיפא	
סִלֵּף - קצה	
ס' ארעא	48:20;49:6
נֶסְלֵף - בירכתי	
בס' ציפונא	14:13
דְנֵסְלֵף	
כל דבס' ארעא - מרחקי	8:9
דבס' ארעא - קצות	41:5
דבס' ארעא - אפסי	45:22;52:10
לְסֵלֵף	
לס' מזיקת בריכתא -קצה	7:3
לס' גוב - אל ירכתי 14:15	
לס' ארעא - קצה	62:11
מִסֵלֵף	
מס' ארעא - מקצה 5:26;42:10;43:6	
מס' ארעא דאתור	7:18
מס' שמיא - מקצה	13:5

סיפא	
סִיפִין	
אחדי ס'	10:32
סִיפֵיהוֹן - חרבותם	
ויעפפון ס' לסיכין	2:4

סיפא	
סִיפֵי	
ס' היכלא - הספים	6:4

סירא	
סִירִין - סירים	
ויסקן בירניתהא ס'	34:13

סכא	
מַסְכֵן - הברו	
דהוית מ' למזלת שמיא	47:13
וְאַסְתְכֵי - ותבט	
ואי בעידנא ההוא על	22:8
אַסְתְכֵי - הבט	
אי מן שמיא	63:15

סְכוּאָה

סיטונא	
בְּסִיטוֹנַהוֹן	
קל משרין דאתין בס'	21:8

סיכא	
לְסִיכִין - לאתם	
ויעפפון סיפיהון לס'	2:4
סִיכוֹהִי - יתדתיו	
ולא משתלפין ס' לעלם	33:20

סיכרא	
דהוו עבדין ס'-שכר	19:10

סימנא	
סִימָנִין - נסמן	
וסערין על ס'	28:25

סימנא	
זֹסִימָן - ומטמני	
וס' דמיטמרן	45:3

סִלַן	
ס' וטין - רפש	57:20
נֹסִלַן - כחמר	
כס' שוקין	10:6

סיני	
מִסִינַי	
אלפן אוריתיה מס'	33:22
אולפן אוריתי מס'	43:12

סיע	
מִסְתָּעֵין	
דאתון מ' בהון - בחרתם	1:29

סִלָּא	
ס' בתר ס' - אחר אחד	66:17
סִלְעָת	
אתקטלא ס' שבמה- גפן	16:8

לא תי מניה	30:21
ודסטן - וסר	
ודס' מביש מתבזזין	59:15
זְאַסְטִיאו - ויטו	
ואי בשקר דין זכאין	29:21
אַסְטוֹנָא - סורו	
אי מאורחא דתקנא	30:11
לְאַסְטָאָה - להטות	
לא מדין מסכינין	10:2
מַסְטֵי - מוטה	
קטרי כתבי דין מ'	58:6
וכל דין מ' תסלקון	

סַטְלָא	
ולמללא...ס' - תועה	32:6
זְסַטְלָא	
והוינא ממללין שקר וס'	59:13

סטרא	
בְּסְטַר - אצל	
בס' תחומה	19:19
לְסְטַר	
דין לס' דין	1:31
חד לס' חד	27:12

סיבא	
זְסִיב	
וחכים וס'	3:3

סיגוא	
זְסִיגוֹרְיֵיהוֹן	
וס' בבוצרתא - והמונו	5:13
ונחתו...וס' - והמונה	5:14

סִיהְרָא/סִיהֲרָא	
ניהור ס' - הלבנה	30:26
לזיהור ס' - הירח	60:19
זְסִיהֲרָא - וירח	
וסי' לא יזהר ניהוריה	13:10
לְסִיהֲרָא - הלבנה	
דפלחין לס'	24:23

איזיל אקים ס׳- המצפה 21:6
סכואין - הצפית
אקימו ס׳ 21:5
סכואיהון - צפו
ס׳ סמן כלהון 56:10

סכותא
על ס׳...אנא קאים - מצפה 21:8

סכל
אסתכל - התבונן
עמ׳ לא א׳ למתב לאוריתי 1:3
אסתכלו
לא א׳ - יביטו 5:12
ודלא שמעו א׳ - התבוננו 52:15
אסתכלתון - הבטתם
ולא א׳ בדעבדה 22:11
יסתכל
דכל דיחזיניה י׳ ביה 53:2
תסתכל - תראינה
ת׳ ותחזי בנחתי 33:17
יסתכלון
ובליבהון י׳ - יבין 6:10
בך י׳ - יתבוננו 14:16
ויסתכלון - וישכילו
וי׳ כחדא 41:20
תסתכלון
ת׳ במלי נבייא- הבין 28:19
הלא ת׳ - הבינתם 40:21
לא ת׳ - תתבננו 43:18
ותסתכלון - ותבינו
ות׳ ארי אנא הוא 43:10
ונסתכל - ונשתעה
ונ׳ ונדין כחדא 41:23
אסתכלו - הביטו
א׳ וחזו 42:18
א׳ דכחציבא מטינרא 51:1
א׳ באברהם אבוכון 51:2
ואסתכלו - והביטו
וא׳ בארעא 51:6
לאסתכלא
לא ידעין לא׳ - הבין 56:11

לא׳ ביה - אביט 66:2
מלאסתכלא - מהשכיל
מלא׳ בלבהון 44:18
מסתכלין
לא מ׳ למימר 1:5
ולא מ׳ - הבינו 6:9
ולא מ׳ - יבינו 44:18
לא מ׳ - מבין 57:1

סלח
ואסלח - ואמלט
אנא אשבוק...וא׳ 46:4
לסלחא - לסלוח
ארי מסגי לס׳ 55:7

סליק
סליק - עלה
ס׳ רצין מלכא דארם 7:1
ס׳ סנחריב מלכא דאתור 36:1
וסליק - ויעל
וס׳ לבית מקדשא דיוי 37:14
סליקת - עלה
ואתרגושתך ס׳ לקדמי 37:29
סלקת - עלית
אף לתמן ס׳ לדבחא 57:7
סליקית - עליתי
הבר ממימרא דיוי ס׳ 36:10
בסגיאות רתיכי אנא ס׳ 37:24
סליקו - עלה
ס׳ לבתיא דדיבון 15:2
סליקתון - עלית
ארי ס׳ כולכון לאיגריא 22:1
יסק
מלך בשמריתיה י׳ 15:9
י׳ **ת**נ**נ**הון - יעלה 34:3
לעלם י׳ תננה - יעלה 34:10
ודיסק - והעולה
ודי מגו כומצא 24:18
ויסק - ועלה
וי׳* על כל פצידוהי 8:7
תסק- תצמח
ואסות מחתך בפריע ת׳ 58:8

איסק/אסק - אעלה
לרומא א׳ 14:13
א׳ עילוי כל עמא 14:14
אס׳ לבית מקדשא דיוי 38:22
יסקון
כיד בכן י׳ ביה - יעלה 15:5
לא י׳ - קמלו 19:6
ויסקן - ועלתה
וי׳ בירוניתהא סירין 34:13
ותסקון
ות׳ לרעוא על מדבחי 56:7
ניסק - נעלה
נ׳ בארעא דבית יהודה 7:6
וניסק - ונעלה
איתו ונ׳ 2:3
סק - עלה
ס׳ על ארעא הדא 36:10
סקו - עלי
ס׳ עולמאי 21:2
ס׳ לכון 40:9
מיסקהון - עלתו
ביום מ׳ מארעא דמצרים 11:16
סליק - יעלה
לא ס׳ מחבלא עלנא 14:8
דסליק
כצימוח דס׳ על... 40:31
דסלקן
וס׳ לארעהון 35:6
סליק - עזבני
ס׳ י׳י שכינתיה מני 49:14
סליקתא - הסתרת
ס׳* אפי שכינתך מיננא 64:6
סליקית
ס׳ אפי שכינתי- הסתרתי 54:8
ס׳ שכינתי מנהון - הסתר 57:17
דסליקו
דס׳ הרהור יצרא 62:10
יסליק - יכנף
ולא י׳ עוד שכינתיה 30:20
אסליק - הסר
א׳ שכינתי מנהון 5:5
תסלקון - תנתקו

וכל דין מסטי תי 58:6

סליקו - הרימו

סי תקלת רשיעיא 57:14

לסלקא

לסי שכינתיה - המסתיר 8:17

לסי אפי שכינתי- הסתירו 59:2

מסלקא - וכמסתר

וכמא דהוית מי 53:3

מסליקבא - אעלים

מי אפי שכינתי מנכון 1:15

אסקבא

אברהם לא אי ממצרים 63:16

דאסיקנון - המעלם

אן דאי מימא 63:11

אסיקת - העלית

אי קרבנין 57:6

דאסיקו - אשר קטרו

דאי בוסמין על טוריא 65:7

תסיק - תעלה

ארע...דהובאי ובור תי 32:13

לאסקא

לאי לך מסין 55:5

ומסיק - מעלה

יוי מיתי ומי עליהון 8:7

ומסקין - ומקטרים

ומי בסמין על לבניא 65:3

מסקי

יהון מי מסין - שלחו 16:1

מי קרבן - מעלה 66:3

יתסקון - יעלה

יי לרעוא על מדבחי 60:7

יתסקן - תעלינה

ולא יי על לב 65:17

סלעם

אסלעים

וחכימיהון אי - אבלע 19:3

וכל חכימיהון אי - אגאלתי 63:3

מסלעמין - מבלעים

ורברבוהי מי 9:15

מסלעמך - מבלעיך

ויתרחקון מסי 49:19

אסתלעמו

ובעתיקא אי - צעו 28:7

אי מן חמר - נבלעו

דיסתלעמון - ובלע

ויי בטורא הדין 25:7

סמא

סמן

עיני סי - עורים 29:18

סי כלהון - עורים 56:10

כסמן

דאנון כסי - עורים 35:5

דאנון כסי - עורות 42:7

דאנון כסי - והעורים 42:18

דאנון כסי - עור 43:8

נמשיש כסי - כעורים 59:10

דכסמן - עורים

ואדבר דכסי 42:16

סמדר

ובורסא מיניה סי- גמל 18:5

סמיך

אסתמיכו - שעו

ולא אי 31:1

דאסתמכתון - ותשענו

ואי עלוהי 30:12

יסתמיך

יי אנשא על - ישעה 17:7

ולא יי - ישעה 17:8

דאם יי גברא - יסמך 36:6

יסתמכון

ולא יי - יעדר 5:6

דיסתמכון

ויי על - ונשען 10:20

ויי על - נספחו 14:1

ויי עלוהי - ותלו 22:24

לאסתמכא - להשען

לאי על עממיא 10:20

ומסתמיך - וישען

ומי על פורקנא דאלהיה 50:10

מסתמכין - ישענו

על סוסותא מי 31:1

סמיק

יסמקון

אם יי - יאדימו 1:18

מדין יי טורין- אדם 63:2

סמך

סי וסעיד - משען 3:1

כל סי מיכל - משען

על סי קניא - משענת 36:6

וסמיך

סעיד וסי 28:13

סמלא

ולסמלא - תשמאילו

לימינא ולסי 30:21

סמפורין

מלי סי - פיפיות 41:15

סמר

אסתמר - השמד

ותימר ליה אי ונוח 7:4

סנאה

בחרב סי תתקטלון - חרב 1:20

מחת סי 28:15,18

נכסי סי - צר 30:20

לסנאה

ומסר לה לסי 24:1

סנאיה - צרי

סי דישראל 9:10

לסנאי

לא ינהר לסי עמך 26:11

לסי עמך - לצריך 64:1

מסנאי

מסי עמא - מצרי 1:24

מסי עמיה 59:17

לסנאוהי - לצריו

פורענותא לסי 59:18

סנאיכון - שנאיכם

אחיכון סי 66:5

סנאיהון
בכסי עממיא סי 33:4
יחזון בפורענות סי 53:11

סנדל
בסנדלין - בנעלים
ויהכון ביה בסי 11:15

סנחריב
סי מלכא דאתור 10:32
סי מלכא דאתור- סנחריב 36:1;37:21,37
כל פתגמי סי - סנחריב 37:17
כסנחריב
ועל מלכא דאתגאי כסי 27:1

סנן
ממסננא - מכתם
אחביב...ממי דאופיר 13:12

סעד
סעדינון - סמכתהו
ובמימר רעותיה סי 59:16
סעדתך - אאזרך
סי ולא ידעתא 45:5
סעדתינון - סמכתני
ובמימר רעותי סי 63:5
יסעדינך - יעזרך
יי לא תדחל 44:2
אסעדינך - עזרתיך
אף אי 41:10
יסעדון - יעזרו
גבר ית חבריה יי 41:6
ולמסעד - ולהחיות
ולמי לב תבירין 57:15
סעיד
סי משתי - משען 3:1
ויוי...סי לי - יעזר 50:7
הא יוי...סי לי- יעזר 50:9
וסעיד
וסי לכון - עזרתיך 49:8
לסעיד - לעזרה
לאן תערקון לסי 10:3
דסעדין - עזרת
ועל דסי ליאות שקר 31:2
יסתעדון - יזמר
לא יי 5:6

סעיד
דאם יבעון רשיעיא סי 5:30
הויתא...סי - מעוז 25:4
ויתקיל סי - עוזר 31:3
ויפול סי - עזר 31:3
וסעיד
סמך וסי - ומשענה 3:1
וסי מיתבי ארעא יבעי 8:22
לסעיד
למערק...לסי - לעזרה 20:6
בכין יסברון לסי 28:13
לא לסי - לעזר 30:5
דנחתין...לסי - לעזרה 31:1
בסעדי - עזי
ומימר אלהי הוה בסי 49:5
בסעדך
ארי בסי מימרי - עמך 41:10
מימרי בסי - עזרתיך 41:13
ארי בסי מימרי- אתך 43:5
בסעדיך - מעזך
דמימריה בסי 17:10
בסעדנא
ארי בסי אלהנא- עמנו 8:10
בסעדכון
מימרי בסי - עזרתיך 41:14
מימרי הוה בסי- אתך 43:2
סעדהון - יעזרו
וריקנו סי 30:7

סער
יסער - יפקד
יי יוי 24:21;27:1
תסער - פקדת
כד תי עליהון חוביהון 26:14
אסער - אפקד
אי על עובדי רם ליבא 10:12
ואסער - ופקדתי
ואי על דדירין בתבל 13:11
דיסערון - פקדה
די עליכון חוביכון 10:3
לאסערא - לפקד
לאי חוב 26:21

סערין
וסערין - ושערה
וסי על סימנין 28:25

ספד
ולמספד - ולמספד
ולמבכי ולמסי 22:12
ספדין - ספדים
על תדין סי 32:12

לספינא
ויהון דמן לסי 33:23
ספינת
סי ציידין - אני 33:21
בספינן
יי ארעא דאתן לה בסי 18:1
ספיני
נחתי סי ימא - אניות 2:16;23:1,14
ונחתי סי ימא - ואניות 60:9
בספיני - באניות
וכסדאי בסי תושבחתהון 43:14

ספק
יספקון
לא יי לאדלקא- די 40:16
מספקא
דהות מי סחורא 23:3
ותהי מי סחורא - וזנתה 23:17
מספק
מזוניה מי 33:16
ומלסופקא - ממצוה
ומלסי צורכך 58:13

ספרא

סָפְרָא - הסופר
ושבנא ס' 36:3,22
וית שבנא ס' 37:2
וְסָפַר
דיין וס' - ונביא 3:2
וס' מליף שקר - ונביא 9:14
כהין וס' - ונביא 28:7
סָפְרַיָא
ית ס' - הנביאים 29:10
איכא ס' - ספר 33:18

סִפְרָא
כפתגמי ס' - הספר 29:11
לדידע ס' - הספר
ויתיהיב ס' - הספר 29:12
לדלא ידע ס' - ספר
לית אנא ידע ס' - ספר
ס' דיוי - ספר 34:16
בְּסִפְרָא - כספר
כמא דאמיר עליהון בס' 34:4
סְפַר - ספר
מלי ס' 29:18

דִסְפַר
ועל שטין דס' - ספר 30:8

סְפָרִים - ספרוים
אן דחלת ס' 36:19
ומלכא דלקרתא ס' 37:13

ספתא
סִפְוָן
כמלל ס' - שפתים 36:5
דברא ממלל ס' - שפתים 57:19
בְּסִפְוָתָךְ - בשפתיך
וזמם בס' 37:29
סִפְוָתֵיה - שפתיו
ובמלל ס' 11:4
סִפְוָתְכוֹן - שפתותיכם
ש' ממללן שקר 59:3
וּבְסִפְוָתְהוֹן - ובשפתיו
ובס' מיקרין קדמי 29:13

סַקָא/שקא
ותיסר ש' בחרצך- השק 20:2
ואתכסי ס' - בשק 37:1
ועל ס'...באית - ושק 58:5
וְכַסַקָא - ושק
וכס' אשוי כסותהון 50:3
סַקִין/שַׂקִין - שק
ייסרן ס' 3:24
ייסרון ש' 15:3
ולמיסר ש' 22:12
סַקַיָא - בשקים
כד מכסן ס' 37:2

סרב
סָרִיבִית - מריתי
ואנא לא ס' 50:5
סְרִיבוּ - מרו
ואינון ס' 63:10
תִסְרְבוּן - תמאנו
ואם ת' 1:20

סָרְבִין
כולהון ס' ומרדין 1:6

סָרְבָנָא
לות עמא ס' - סורר 65:2
סָרְבָן
עם ס' אנון - מרי 30:9
דאת ס' 48:4

סרבק
וּמְסַרְבְקָן - ומשקרות
ומס' עינין אזלן 3:16

סַרְגוֹן
ס' מלכא דאתור- סרגון 20:1

סרי
יִסְרוֹן - תבאש
י' נוניהון 50:2

בְּסַרִיגְתָא
יתאחד בס' - בפח 24:18

סריסא
סְרִיסָאָה
ולא יימר ס' - הסריס 56:3
לִסְרִיסַיָא - לסריסים
ארי כדנן אמר יוי לס' 56:4

סרכא
דִסְרַכוֹהִי - נגשיו
עמי דס' בזזוהי 3:12
וְסַרְכוֹהִי - ושריו
עם סבי עמיה וס' 3:14

סרק
דְסָרְקִין - שריקות
דס' ומחן מניה מצדן 19:9

סַתְרָא
יעבדון ס' - תחרף 18:6

סתר
מְסַתַּר - הסתירני
כגיר בחיר...מ' 49:2
מְסַתְּרָן - נסתרו
וארי מ' מן קדמי 65:16

סִתְרָא
הוי ס' להון - סתר 16:4
בְּסִתְרָא - בסתר
לא בס' מלילית 45:19
לא...בס' מלילית 48:16
סַתַּר
ולבית ס' - ולמחסה 4:6

ע

עבד

ע' בעותי - ערבני 38:14
מן ע' דחלא - יצר 44:10
ושאריה לדחלא ע' - עשה 44:17
ארי ע' יוי - עשה 44:23
כעמא דזכו ע' - עשה 58:2
לא ע' לנא פרישן במדברא - יכרנו 63:16

דעבד

וכנסין דע' ליהושוע 28:21
דע' אוריתא בעקא 50:10
גבורן דע' על ידי משה 63:11

ודעבד - והנותר

ודע' אוריתא יתקיים 4:3

ועבד

וע' תלת אונין 10:32
וע' כין - ויעש 20:2

עבדיה - יפעל

אף ע' דחלא 44:15

דעבדנון - עשהו

לא ירחים עליהון דע' 27:11

עבדת

גבורתא...ע' דא - עשתה 41:20
הלא שקרא ע' ימיני 44:20
גבורתי ע' - עשתה 66:2

עבדתנון - עשם

דחלתי ע' 48:5

עבדתא - עשית

ארי ע' פרישן 25:1
את ע' ית שמיא וית... 37:16

עבדתני

לא ע' - עשני 29:16
לא ע' - תעשה 45:9

עבדת

כד ע' ליך אוריתא 57:9

עבדית/עבדית

ולא ע' להון - עשיתי 5:4
בתקוף ידי ע' - עשיתי 10:13
ודתקנין...ע' - עשיתי 38:3
ע' להון נסין - עשיתיו 43:7
במימרי ע' - עשיתי 45:12
ונשמתא אנא ע'- עשיתי 57:16

דעבדית

כמא דע' לדמשק 10:9
כמא דע' ל... -כאשר עשיתי 10:11
מא דע' - אשר עשיתי 33:13
מא דע' לפרעה - עשיתי 37:26

עבדתינון - עשיתי

בתכיף ע' ואתאה 48:3

עבדו

לא ע' 26:18

דעבדו - אשר עשו

דע' להון 2:20
דע' מלכי אתור 37:11

ודעבדו

ודע' אוריתא יתובון לה 1:27

ועבדו - ויעשו

וע' דביש קדמי 66:4

עבדונין

ואומנין ע' מבני אנשא 44:11

דעבדא - אשר עשו

דע'* לכון ידיכון חובא 31:7

עבדתון

ומקויא ע' - עשיתם 22:11
ע' לכון עבדין טבין 32:20
ע' לכון עובדין בישין 33:11

ועבדתון - ותעשו

וע' דביש קדמי 65:12

עבדנא - עשינו

ועם מחבלא ע' שלמא 28:15

יעביד - יעשה

י' תלת סאין 5:10
י' רעותיה בבבל 48:14

דיעביד

די' ית פתגמא הדין - אשר יעשה 38:7
גבורן די' יוי 52:8
טובי אנשא די' דא- יעשה 56:2

ויעביד

וי' יוי...שירו - ועשה 25:6
וי' בעותך 30:19;58:9
וי' לנא פורענות דין 33:22
וי' פורענותא - והוכיח 37:4

אעביד

כין א' לשמרון 10:9
כין א' לירושלם - אעשה 10:11
במילך וגבורא א' קרבא 36:5
ושאריה ל...א' - אעשה 44:19
וכל רעיתי א' - אעשה 46:10
בדיל מימרי א' - אעשה 48:11
כין א' - אעשה 65:8
א' בעותהון 65:24

דאעביד

עד דא' פורקן לציון 62:1

ואעביד

וא' בעותכון 1:18

אעבדינה

א' ולא אתיבינה - אפעל 43:13
אף א' - אעשנה 46:11

אעבידינון - עשיתם

אלין פתגמיא א' 42:16

יעבדון

י' ביתא חדא - יעשו 5:10
עלוהי י' סתוא- תחרף 18:6
י' קשוט על ארעא 26:10

דיעבדון

אמרית די' - לעשות 5:2,4
אמרית די' דינא 5:7
אמרית...די' זכו

תעבדון - תעשו

ומא ת' ליומא 10:3

עביד

ע' לי בדיני 1:23
ע' לך עובדין טבין 26:20

ועביד - ושמע

וע' פורענו 37:17

עבידי - עשו

ע' עיצא 16:3

עבידו

ע' קבילת ארמלתא -ריבו 1:17
ע' עמי שלמא - עשו 36:16

ועבדו - ועשו

וע' צדקתא 56:1

למעבד

למי דין מסנאי עמא 1:24
למי פורענות דין - לדין 3:13
למי עוד לעמי - לעשות 5:4
דאנא עתיד למילעמי - עשה 5:5
למי ית כל דאמר 10:12
קושטא יתאלפון למי 26:9
פרישן לא יכלון למי 26:18
למי אוריתא 27:4;28:10,13,25;35:4
לא צביאו למי 28:10,13
ולא חמידו למי רעותי 28:10,13
למי עיצא - לעשות 30:1
למי פורענות דין 32:1;34:8;35:4;51:22;63:1
למי שקר - לעשות 32:6
למי לך 37:26
למי עמי - עשה 38:15
למי עמך קרב 41:12
למי גבורן מתגלי (2×)42:13
למי צרכך - עשות 58:13
רגליהון למי דביש רהטן 59:7
ויתגלי למי זכוון ל... 59:17
יתי...לדחלוהי למי
למי ליה - לעשות 63:12
למי לך - לעשות 63:14
למי ביניהון 63:17
למי לעמך - יעשה 64:3
למי רעותך - ועשה 64:4

מלמעבד - מעשות

מלמי כל ביש 56:2
מלמי אורחך 58:13

במעבדך - בעשותך

במי פרישן 64:2

במעבדיה

במי דחלא 2:22

עביד

וגבר ע' קרב 3:2
יוי...ע' - עשה 10:23
ארי גבורן ע' - עשה 12:5
ארי אלהא ע' דינא יוי 30:18
הא צלמא נגרא ע' - נסך 40:19
כלמא ע' - עשה 40:23
האנא ע' חדתא - עשה 43:19
נפחא מברזלא חצינא ע' 44:12
אנא יוי ע' כולא - עשה 44:24
ע' שלם - עשה 45:7
אנא יוי ע' כל אלין - עשה
ע' ית דרעינא - עשה 55:11
דאנא ע' - עשה 66:22

ועביד

ועי קשוט - ומהר 16:5
קיים אמר ועי 40:12
קיים אמר ועי - ועשה 41:4
ועי ליה - ויפעלהו 44:12
ועי ליה - ויעשהו 44:13
ועי ליה דחלא- ויעשהו 46:6

דעבדך - עשך

כדנן אמר יוי דעי 44:2
פולחנא דיוי דעי 51:13

דעבדיך - עשיך

מריך דעי יוי...שמיה 54:5

עבדיה

על פלחן עי - עשהו 17:7
דאם יכפן עי 44:12

לעבדיה

מריר חטאה לעי 5:20
דיימר...לעי - לעשהו 29:16
דיימר...לעי - ליצרו 45:9

דעבדה

איתי בשתא על דעי 31:2

בדעבדה - עשיה

ולא אסתכלתון בדעי 22:11

ועבדה - ועשה

דשכליל ארעא ועי 45:18

עבדין

אתר דהוו עי - עשי 19:10
דאתון עי רעותי- רצון 49:8

מדעבדין - לעשות

מדעי עובדין נוכראין 28:21

עבדיא

עי דיוי - כעבד 42:19

עבדי

עי דינא - משפט 1:21;32:16
על עממיא עי תבלא 10:25
עי קרב - קשת 21:17
עי צדקתא - מעשה 32:17
עי דין דקשוט - משפט 33:5
עי מימריה 40:10,13;62:11
עי קרביה 42:25
עי צלמא - יצרי 44:9
עי חטאה - עשה 53:9
עי אוריתיה - הלך 57:2
עי שקריך 57:13
עי קשטא - אמת 59:14
עי קשטא - האמת 59:15
עי רעותי בה - חפצי 62:4

בעבדי

בעי ביש - ברע 33:15

ועבדי

ועי נצחנך - וגבורתך 3:25
ועי אוריתא - ופרי 4:2
ועי קרביה - וכרמלו 10:18
ועי קרביה - והלבנון 10:34
ועי הימנותא - והאמונה 11:5
ועי אוריתא - ואדם 13:12
ועי צדקתא - וצדקה 32:16
ועי אוריתא - וחפץ 53:10
ועי הימנותא - ונכחה 59:14

לעבדי

לעי אוריתא 9:6;38:17
לעי אוריתך 26:19
לעי אוריתיה 31:9
לעי אוריתיה - תורה 42:21

לעבדיהון

ויבסמון פתגמי...לעי 5:20

דעבידין

דעי מעפר אדמתא 45:9

אתעביד - פעלת

אי עמנא 26:12

דאתעביד

נסא דאי לחזקיה 38:9

אתעבידא

גבורן...אי - נפתחו 24:18
דלא אי - נעשו 46:10

דאתעבידא

מארעא דאי בה חסינן 21:1

עַל גבורן דא' להון 24:14
יתעֲבֵיד

שלמא י' להון 26:3
י' שלמא להון - יעשה 27:5
מכען שלמא י' להון - יעשה
שלמא י' לצדיקיא 57:19
ושלמא י' לתביא
דִיתעֲבֵיד

שאל די' לך נס 7:11
קרבא...די' ל...-נלחם 10:32
בֿדִיתעֲבֵיד - במשפט
בדי' בה דינא תתפריק 1:27
תִתעֲבֵיד

דא פורענותא ת' מנהון 3:24
ת' דא - תעשה 9:6;37:32
דֿתִתעֲבֵיד - היוחל
האפשר דת' ארעא 66:8
דֿאתעֲבֵיד

דא לבנוהי 29:23
מִתעֲבֵיד - ילין
קשטא הוה מ' בה 1:21
יִתעֲבֿדֿן

י' להון גבורן 10:22
דֿיתעֲבֿדֿן
פרישן די' לנא 53:8
דֿיתעֲבֿדֿן
ורי' לכון גבורן 10:26
שֶֿעֲבֵיד

מרודיא ש' לאוריתא 53:12
ויֿשֶֿעֲבֵיד - ושפח
ורי' יוי יקרת בנת 3:17
לֿשֶֿעֲבֵֿדֿ

לשֿ' סגיאין לאוריתא 53:11
מֿשֶֿעֲבֵֿדֿך

בני מ' - מעניך 60:14
מֿשֶֿעֲבֿדֿנֿא - נגש
איכדין בטילת מרות מ' 14:4
ומֿשֶֿעֲבֿדֿין

ומ' בנא - וחעננו 64:11
בֿמֿשֶֿעֲבֿדֿיֿהֿון
ויפלחון במ' - בנגשיהם 14:2
דֿאֿשֿתֿעֲבֵֿדֿ - וישתחו

סגיד וא' ליה 44:17
מֿלֿאֿשֿתֿעֲבֿדֿא

אתמנעו לכון מלי לאנשא 2:22
מֿשֿתֿעֲבֿדֿין - ישתחוו
סגדין אף מ' 46:6

עֲבֿדֿא

ע' כריבוניה - כעבד 24:2
עֲבֿדֿ

למהוי ע' פלח - עבד 44:21
למהוי ע' פלח - לעבד 49:5
עֲבֿדֿי - עבדי
ע' ישעיה 20:3
דוד ע' 37:35
ואת ישראל ע' 41:8
ע' את 41:9;44:21;49:3
הא ע' 42:1
יעקב ע' 44:1
ע' יעקב 44:2;45:4
הא יצלח ע' משיחא 52:13
לֿעֲבֿדֿי - ועבדי
וע' משיחא 43:10
לֿעֲבֿדֿי - לעבד
ואירבי לע' לאליקים 22:20
עֲבֿדֿֿא - עבדי
דא אחמוח ע' דירי 54:17
עֲבֿדֿין - לעבד
לדהוו ע' לשלטונין 49:7
לֿעֲבֿדֿין - לעבדים
ויחסנונון נון..לע' 14:2
למהוי ליה לע' 56:6
עֲבֿדֿי - עבדי
ע' מלכא חזקיה 37:5
עֲבֿדֿי

יתקרון ע'* - עבדי 42:19
דאתון מתקרן ע'-עבד 49:6
ע' צדיקיא - עבדי 65:8,13(3×),14
לֿעֲבֿדֿי - ועבדי
וע' צדיקיא 65:9
עֲבֿדֿך - עבדיך
מליל כען עם ע' ארמית 36:11
ביד ע' חסידתא 37:24

ע' צדיקיא 63:17
עֲבֿדֿוֿהֿי - עבדו

פתגם ע' צדיקיא 44:26
פרק יוי ע' 48:20
ע' נבייא 50:10
לֿעֲבֿדֿוֿהֿי - את עבדיו
לאיטבא לע' צדיקיא 66:14
ולֿלֿעֲבֿדֿוֿהֿי - ולעבדיו
ולע' צדיקיא 65:15

עֲבֿוֿף

כל אילן ע' - רענן 57:5

עֲבֿר

ע' במגרון - עבר 10:28
עֲבֿרֿוֿ
גזו ע' ירדנא - עברו 10:29
כד ע' בירדנא 10:32
גזו ע' ימא - עברו 16:8
ע' על אוריתא-עברו 24:5
ואנון ע' על מימרך 26:19
דֿעֲבֿרֿוֿ
דע' על אוריתא- עברתי 10:6
על דעי על אוריתא 24:1
על דעי על פתגמא דירי 28:13
דעי על מימריה 28:21
לֿדֿעֲבֿרֿוֿ
לדעי על מימריה 31:9
דֿלֿדֿעֲבֿרֿוֿ - ולכילי
ולדעי על מימריה 32:5
עֲבֿרֿתֿוֿן - תעבר
כד ע' בימא דסוף 43:2
עִיֿבֿרֿוֿ - עברו
נבייא ע' 62:10
בֿעֲבֿרֿיֿ

בעי נהרא - בעברי 7:20
דֿלֿעֲבֿר - התז
וית...יעדי וי'* 18:5

עברא

דֿמֿעֲבֿר - אשר מעבר 18:1
דמעי לנהרי הודו 18:1

עברא

וְעַבְּרִין - ובריחי

ועי דברזל 45:2

עגלא

וְעֵגֶל - ועגל

ועי ואריה 11:6

עֲגָלַת

עי תורין - עגלת 7:21

עי תלתום רבתא- עגלת 15:5

עֶגְלְתָא

כגדילת עי - העגלה 5:18

עֲגָלָא

וגלגלי עי - עגלה 28:27

עֲגָלְתֵיה - עגלתו

בגלגלי עי 28:28

עגן

עַגְנֵהוֹן - החבאו

ובבתי יסורין עי 42:22

עֲגִינִין

דאנון עי כאסירי קבל 42:7

לְדַעֲגִינִין - לאשר בחשך

לדעי...כד בקבלא 49:9

עֲגָבָא

לבית עי - על מסגר 24:22

עד

עַד - עד 5:8;6:11(2×);8:8;
13:20;15:4,5,8;16:8;22:14;
25:12;26:5(2×),20;27:12;30:
8,17,28;32:14,15,17;34:17;36:
17;38:13;39:6;42:4;47:7;48:
20;49:6;57:9(2×);62:1,7;64:8,
11

עד לא - בטרם 7:16;8:4;17:14;
28:4;42:9;48:5;66:7

עד כען - עוד 10:32

עד דלא - לפני 18:5

עד לא - לפני 37:27

עד לא - טרם 65:24

עד 5:18;7:15;8:18;17:11;
20:6;21:12;28:19;30:4;49:1;
53:8;55:6(2×);62:1;66:24

וְעַד - ועד 1:6;9:6;22:24;
46:4(2×);59:21;62:7

ועד לא - ולא 53:7

ועד לא - ועוד 65:24

ועד לא - בטרם 66:7

ועד 5:25;6:13;9:11,16,20;
10:4;22:24;43:12;62:1

עֲדָא

עי שלם - יעבור 41:3

דְעֲדַת

כמא דעי מינכון 10:26

וְדַעֲדוֹ

ודעי תקיפין - ומלקוח 49:25

יְעֲדֵי

ומן יי - יפר 14:27

יי אמרכל - תמוש 22:25

בצפר בצפר יי - יעבר 28:19

דיני יי - יעבור 40:27

וטובי...לא יי- ימוש 54:10

ויקריך לא יי - יאסף 60:20

דִיעֲדֵי

עד דיי לוט - יעבור 26:20

וְיַעֲדֵי/וְיֵעֲדֵי

ויי בארעא - וחלף 8:8

אתמליכו מילך ויי - ותפר 8:10

ויי תקלא בארעא - ועבר 8:21

תִעֲדֵי

ומחתיה תי מינכון 10:26

תי מחתיה מינך- יסור 10:27

וְתַעֲדֵי

ותי קנאתא - וסרה 11:13

ותי מנהון - וסר 14:25

יַעֲדוֹן

ושלטונוהי...יי- יעבור 31:9

לא יי בה - יעברנו 35:8

עלך יי - יעברו 45:14

בשישלן יי - יעברו

כתננא דעדי כין יי - נמלחו
51:6

לא...יי ביך - יבא 52:1

דלא יי - מעבר 54:9

טוריא יי - ימושו 54:10

לא יי מפומך - ימושו 59:21

וְיַעֲדוֹן - וסר

ויי חובך 6:7

וְנַעֲדֵי - ונעברה

אמאיכי וני 51:23

וּלְמַעֲדֵי

ולמי עדאה - הש 8:1,3

ולמי עדאה - ולבז 10:6

מְעֲדוֹהִי

בזמן מי - עברו 28:19

עֲדֵי

פסקו עי אורחן- עבר 33:8

עי אורחא - הלך 35:8

וכענן עי 44:22

דְעָדֵי

וכמוץ דעי - עבר 29:5

לית דעי בה - עבר 34:10

ארי שמיא כתננא דעי 51:6

ולית דעי - עובר 60:15

עֲדַן

דהוו עי בימא - עבר 23:2

לְעָדַן - לעברים

והוית כשוק לעי 51:23

עֲדִיאַת

כאיתא דלא עי - חלה 54:1

דְעֲדִיאַתְכוֹן

ובשרה דעי - תחוללכם 51:2

וְעֲדִיאַת - ותהר

ועי וילידת בר 8:3

תְעֲדַן - תחילין

מא תי 45:10

מְעֲדְיָא

הא עולימתא מי- הרה 7:14

כְמַעֲדְיָא

כמי...דיעא - הרה 26:17

אחדתנא* עקא כמי 26:18

מְתַעֲדְיָא

דמשק מי ממלכו- מוסר 17:1

דְאַעֲדֵי - אשר הסיר

דאי חזקיה ית במתוהי 36:7

אֲעֲדִיתָא
ארי א' ית ניר מרותיה   9:3
אֲעֲדִיתֵי
ולא ע' - ילדתי   23:4
לַעֲדִי/יֵעֲדִי
ויוי יקרהון י' - יערה   3:17
י' יון - יסיר   3:18
אם לי יון - רחץ   4:4
וית תקיפיהון י' - הסיר   18:5
י' מינך ית מצנפתא   22:18
וחסודי עמיה י' - יסיר   25:8
י' שולטן עממיא - נגזר   53:8
הַיֵעֲדִי
יציל ו'י - והמליט   31:5
תֵעֲדֵי - תסיר
אם תי מגינך   58:9
זָאֲעֲדֵי - ואסירה
ואי כל חייבך   1:15
אֵעֲדֵן - הסירו
א' בישות עובדיכון   1:16
דְאֲעֲדֵילְוָחֵה
לא תיכלין לא' - כפרה   47:11
מֵעֲדֵי - מסיר
יורי צנאות מ' מירושלם   3:1
חֵעֲדֵן - יסירו
ברשע מ' מינגון   5.23

עֲדָאה
ולמדעי ע' - בז   8:1,3;10:6
יפליג ע' - שלל   53:12
עֲדִי
וית ע' שמרון - שלל   8:4
סגיות ע' ובז - שלל   33:23
סגיות ע' ובז
דיתנסיב...ע.י' - מלקוח   49:24
לְעֲדִי
הוו לע'* - לבז   42:22
מן מסר לע' - למשוסה   42:24
עֲדֵיהון - שלם
למהוי דארמלן ע'   10:2

עֲדֵבָא

רמא להון ע' - גורל   34:17
וְעֲדֵב
ועי לבזזנא - וגורל   17:14
עֲדֵבֵר - גורל
תמן אנון ע'   57:6

עֲדֶן
ובני ע' - עדן   37:12

עֵדֶן
כְעֵדֶן - כעדן
וישוי מדברה כע'   51:3

עֲדְרָא
דְעֲדְרֵיה - עדרו
כרעיא דעי רעי   40:11
עֲדְרִין
ולבית משרי ע' - ולמרמס   7:25
לבית...ע' דְעֲדֵן - לעדרים   17:2
ע' דְעֵן - צאן   65:10

עֲוֵבַד
ע' גבורתיה   6:3
ע' ידוהי - מעשה   17:8
ע' יוי אנשא - מעשה   37:19
ע' סדרי ברישית   40:21
ע' גבורתי - פעל   45:11
ע' גבורתי - מעשה   60:21
וְעֲוֵבַד
וע' ידיהון - ופעלו   1:31
וע' גבורתיה - ומעשה   5:12
וע' גבורתך - ומעשה   64:7
וע' ידיהון - ומעשה   65:22
לְעֲוֵבַד - למעשה
לע' ידיהון סגדין   2:8
לְעֲוֵבַד - ופעלך
וע' לית ידין ליה   45:9
עֲוֵבָדִין/עֲוֵבָדִין/עֲבָדִין
עֲ טבין   5:2,4
ע' טבין   26:20;41:28;57:12;59:16;63:5
ע' נוכראין - מעשהו   28:21

עב' טבין   32:20
ע' בישין   33:11;57:12
וכד אסגית ליך ע'   57:9
הַעֲוֵבָדִין - וזמרת
ועי מקלקלין אסגית   17:10
עֲוֵבָדִי/עֲוֵבָדִי
על ע' רם ליבא - פרי   10:12
ע' אורחת צדיקיא - ישר   26:7
ע' אסטיות חובוהי - פרי   27:9
ע' בבישית   28:29
ע' שקריך   47:15
ע' אונים - מעשי   59:6
ע' אבהתך צדיקיא   62:6
ע' אבהתנא צדיקיא   64:4
בֵעֲוֵבָדֵי
בעי אבהתנא צדיקיא   64:4
עֲוֵבָדַי
ואגר ע'* - ופעלתי   49:4
עֲוֵבָדוֹהִי
הוו...ע' - עלילתיו   12:4
ויהון ע' בכון - ופרין   14:29
עֲוֵבָדָהָא
איכדין תבו ע'   1:21
בֵעֲוֵבָדָנָא
ולית דידע בע'   29:15
עֲוֵבָדֵיכון/עֲוֵבָדֵיכון
בישות ע' - מעלליכם   1:16
תמן קלקילתון ע'   17:11
הלמהפך ע' אתון בען   29:16
בדיל ע' בישיא   33:11
הַעֲוֵבָדֵיכון - ופעלכם
ועי לא מדעם   41:24
עֲוֵבָדֵיהון/עֲוֵבָדֵיהון
ע' בישיא   1:4
ואגר ע' - ומעלליהם   3:8
פירי ע' - מעלליהם   3:10
ואינון אבאישו ע'- ויעש באשם   5:2,4
בכל ע' - מעשהו   19:14
עובדין...ע' - מעשהו   28:21
והון...ע' - מעשיהם   29:15
דכל ע' - ופעלתו   40:10

כלמא ע' - 40:17
ולא מדעם ע' - מעשיהם - 41:29
ע' עובדי אוניס-מעשיהם - 59:6
אַגר ע' -פעלתם7:65;8:61
וכל ע' גלן - ופעלתו - 62:11
וקדמי גלן ע' - מעשיהם - 66:18

בְּעֹובְדֵּיהֹון/בְּעֹובְדֵּיהֹון
יבהתון בע' - 27:11
הלא יבהתון בע' - 41:7
בַּע' דרשיעיא - 59:6

דְּעֹובְדֵּיהֹון/דְּעֹובְדֵּיהֹון
דע' בישין - 1:10;3:11;57:3
דע' דמן לעם עמורה - 1:10
דע' בישין - כליו - 32:7

דְּעֹובְדֵּיהֹון
אנון וע' בישיא - 1:31
וע' בגויך כקשוט כלתא - 49:18

עוד
עֹוד - עוד - 1:5;2:4;5:4;8:5;
10:20,25;14:1;23:10,12;26:21;
29:17;30:20;32:5;38:11;45:5,
6,14,18,21,22;46:9;47:8,10;
51:22;52:1;54:4,9;56:8;60:18,
19,20;62:4(2×),8;65:20

עוד
עֹוד - וְעוד - 5:25;9:11,16,20;
10:4

עיריא
בְּעֹורֹחָן - בעונתך - 43:24
אתקיפתא קדמי בע'
בַּעֹורְחָנָא - מעונתינו - 53:5
אתמסר בע'

וְעֹורְחָתָנָא
וע'...ישתבקן - ומכאבינו - 53:4
וע' ידענא להון - ועונתינו - 59:12

עוירא
עֹוירִין
אית בהון ע' וחגרין - 33:23

עולבנא

עֹולְבָּן
מקבלי ע' - ענוים - 29:19
מקבלת ע' - סערה - 54:11

עֹולְבָּנָה
ע' דציון - 34:8

עֹולִימָא
ישלטון ע' בסבא - הנער - 3:5
עד לא יידע ע' - הנער - 7:16
עד לא ידע ע' - הנער - 8:4

עֹולִים
כמא דמתיתב ע' - בחור - 62:5
ארי דחאיב ע' - הנער - 65:20

זֹעֹולִימָא - והילדים
וע' דיהב לי יוי - 8:18

עֹולִימִין
ע' יבזעון - נערים - 13:18
ע' וסבין - נערים - 20:4
ולא רבית ע' - בחורים - 23:4
ע' חַיָּיבִין - נערים - 40:30
ע' כולהון - בחורים - 42:22

עֹולִימֵי - נערי
וע'* מלכא דאתור - 37:6

עֹולִימֹוהִי - בחוריו
ית ע' לא יחדי יוי - 9:16

זֹעֹולִימֵיהֹון - ועליהם
וע' יטרפון לעיניהון - 13:16

עולימותא
עֹולִימֹותִיך - עלומיך
ארי בהתת ע' תתנשן - 54:4

לֹעֹולִימֹותְהֹון
ויתחדתון לע' - 40:31

עֹולִימָא
הא ע' מעדיא - העלמה - 7:14

עוללתא
עֹולְלָן - עוללת
וישתארון ביה ע' - 17:6

בַּעֹולְלָן - כעוללת
כע' בתר קטף - 24:13

עֹולְמַאֵי
ראה עילמאה

עומקא
עֹומְקֵי
ע' ימא - מעמקי - 51:10

עֹופָּא
כל ע' דשמיא - העיט - 18:6
מיכל לכל ע' דשמיא - 49:26

כַּעֹופָּא
ויהי כע' ד...- כעוף - 16:2
כע' דטאיס - כצפרים - 31:5

לַעֹופָּא
לע' די בטריא- לעיט - 18:6

כַּעֹוף
כע' קליל - עיט - 46:11

עוק
עָק - צר
ע' לי אתרא - 49:20

לֹעָיְקֹון - יצר
ודבית יהודה לא יי - 11:13

זֹעָיְקָת - ועצובת
וע' רוח - 54:6

אָעָיְק - צר
לא אי להון - 63:9

זֹאָעָיְק - והציקותי
ואי לקרתא דמדבחא בה - 29:2

לַאֲעָקָא
לא אי להון - מוצק - 8:23
לא אי ליך - 54:15;56:9

מֵעָיְק
ושלטון מ' - צרה - 28:20
ושלטון מ' - חיות - 35:9

וּמֵעָיְק
ומי להון - 27:8

מֵעָיְקָא
ארי סף מ' - המץ - 16:4
מן קדם מ' - 28:17
ארי סף מ' - עריץ - 29:20
ורביזת מי - לחץ - 30:20

מי עלך - לעגה 37:22

מן קדם חמת מי- המציק 51:13

אן היא חמת מי- המציק

מעיקין - צר

ייתון...מי 59:19

דמעיקין

ודמי לדבית יהודה - וצררי 11:13

ודמי להון - והמציקים 29:7

מעיק

דאת מי* - קץ 7:16

עור

ומיתער - והקיץ

ומי וחסידא נפשיה 29:8

ומי והוא משלהי

עורב

בשקיף ע' - עורב 10:26

עורבא

ועורבין - וערב

וקפופין וע' ישרון בה 34:11

עושקא

נעושקא מעשק

אתרחקי מע' 54:14

עותר

ע' מערבא - המון 60:5

ועותר - ומשמן

וע' יקריה יגלי 17:4

עזיה/עוזיה

ביומי ע' - עזיהו 1:1

מלכא עו' - עזיהו 6:1

בר עו' - עזיהו 7:1

ביומי ע' 28:21

עזיזא

ולעזיזי

ולע' משריתא 7:18

עזקתא

ע' וטלטוליא - הטבעות 3:21

עזרתא

ועל ע' דבירושלם - גבעת 10:32

עזרתי

לא תדושון ע' - חצרי 1:12

עטף

עטפני - יעטני

מעיל דזכו ע' 61:10

עיבא

כעיבא - כעב

מחיתי כע' חובך 44:22

עיבורא/עבורא

ית ע' מדרכין - לחם 28:28

ומפריש ית ע'

סף עב' - בציר 32:10

לעבורא - מאספין

ארי דכנשוהי לע' 62:9

עיבור

ארע ע' - דגן 36:17

ועיבור - ולחם

וע' ועללא יסגי בארעא 30:23

עבוריך - דגנך

אם אתין ית ע' עוד 62:8

עידנא

בעידנא/בעדנא ההוא-ביום ההוא
2:11,17,20;3:7,18;4:1,2;5:30;
7:18,20,21,23;10:20,27;11:10,
11;12:1,4;17:4,7,9;19:16,18,
19,21,23,24;20:6;22:8,20,25;
23:15;24:21;25:9;26:1;27:1,2,
12,13;28:5;29:18;30:23;31:7;
52:6

בעידנא ההוא - בעת ההיא
18:7;20:2;39:1

בעדנא ההוא 33:23

עידן/עדן

וסגי ע' ליה למיעל 10:32

ע' תברה דבבל - עתה 13:22

בכל עדי 26:12;64:4

בכל עדי - היום 28:24

בכל עדי 63:9

בעדן

בע' כנישתכון 1:13

בע' עקא 25:4;26:20

בע' דאיתי עליהון עקא 28:13

בע' עקא - בעת 33:2

בע' דאתון עבדין - בעת 49:8

דבעדן

דבע' מילדה 26:17

דעדן

דע' מילדה 26:18

כעידן - כעת

כע' קדמי 8:23

לעידן - לעת

לע' רמשא 17:14

מעידן/מעדן

מע' די שכיבתא- מאז 14:8

מעדי דאתפרשו עממיא-מעת 48:16

בעדניה - עתיך

וקיימתא בע' 33:6

עיולא

וכעיול - וכשחק

וכע' מאזניא חשיבין 40:15

עיל

ע' מן - מעל 6:6

ע' מן - ממעל 14:13

ע' מן 37:16

וע' מינך - ומכסיך 14:11

עילא

לעילא - למעלה 8:21;37:31

מלעילא- ממעל 45:8

עילאי

איהי ע' מכולהון 14:14

עילוי

איסק ע' כל עמא - על 14:14

עלווהי

יהי מטל ע' 4:5

עילם

ומעילם - ומעילם

דישתאר מאתור...ומע' 11:11

עילמאה

עולמאי - עילם

סקו ע' 21:2

ועילמאי - ועילם

וע' נטלו זין 22:6

עים

ראה עם

עין

ע' לא חזת - עין 64:3

עינין

ומסרבקן ע' - עינים 3:16

הלא ע' לכון 42:18

וכדלית להון ע' - עינם 59:10

ועינין - ועינים

דאנון כסמן וע' להון 43:8

עיני

ע' רמות - עיני 2:11

ע' חוי 11:8

ע' סמן - עיני 29:18

ע' צדיקיא - עיני 32:3

ע' בית ישראל - עיני 35:5

ע' בית ישראל - עינים 42:7

בעיני

בע' נפשהון - בעיניהם 5:21

ועיני - ועיני

וע' רמיא 5:15

לעיני - לעיני

לע' כל עממיא 52:10

עיני - עיני

חזאה ע' 6:5

זקפית ע' 38:14

עינך

ויהוין ע' חזין - עיניך 30:20

יחזין ע' - עיניך 33:17

ע' יחזין - עיניך 33:20

וזקפתא ל...ע' - עיניך 37:23

ובית ע' - ומצחך 48:4

זקופי ירושלם...ע' - עניך 49:18;60:4

לא תככוש ע' 58:7

עינוהי - עינין

רמות ע' 10:12

לחיזו ע' 11:3

וכלי ע' 33:15

ועינוהי - ועיניו

וע' טמטים 6:10

וע'...יסברן 17:7

עיניכון - עיניכם

זקופו לרומא ע' 40:26

זקופו לשמיא ע' 51:6

עיניהון

לא תחוס ע' - עינם 13:18

מטמטמן...ע' - עיניהם 44:18

בעיניהון

דלמא יחזון בע'- בעינין 6:10

כזעיר הוה בע' 28:10(2×)

ועל דהוה זעיר בע' 28:13

בע' יחזון - עין בעין 52:8

לעיניהון - לעיניהם

ועולימיהון...לע' 13:16

עיצא

מפלי ע' - יועץ 9:5

עבידו ע' - פלילה 16:3

לאטמרא ע' - עצה 29:15

למעבד ע' - עצה 30:1

בעיצא

וסוכלתן בע' - לחש 3:3

ומיתבך בע' 37:28

עיצת

על ע' חטין - יעץ 32:7

עיצור

ע' אבטילית - הידד 16:10

עיצורין

לא יעצרון ע' - הדרך 16:10

עיקא

ועיק - וצוקה

בארע עקא וע' 30:6

עירוקא

ובעירוקא - ובמנוסה

ובע' לא תתובלון 52:12

עית

אתא על ע' - עית 10:28

עכב

עכיבת - פקדו

לא ע' 34:16

תעכיב - תכלאי

לא ת' 43:6

יתעכב - תאחר

ופורקני לא י' 46:13

תתעכב - תחת

וזכותי לא ת' 51:6

לאתעכבא

ולא לא' 35:6;60:8

מתעכב

לא מ' - יענה 31:4

לא מ' - נעדר 40:26

עכברא

ועכברא - והעכבר

ושקצא וע' 66:17

עכוביתא

דעכוביתא

וכקוין דע' - עכביש 59:5

בקוין דע' 59:6

עכור

ומישר ע' - עכור 65:10

עכר

ועכרין - ויגרשו

וע' מוהי סין וטין 57:20

על

על - על 1:1,5;2:1,12;4:5;5:25;6:1;8:7(2×);9:6,16,20;10:12,15(2×),20(2×),25,26,28;11:8,15;13:2,7,11,13;14:1(2×),2,4,26(2×);15:2,3,4,7(2×),9;16:9,11,12;17:7;18:2;19:8,12;20:3;21:3,8;22:4(2×),15;23:8,11;24:6(2×),11,15,21(2×);25:3,7(2×);26:21;27:1,11;28:22,27;29:7,8;30:1,6,8,16(3×),17(2×),25;31:1(3×),2,4(2×),5;32:8,11,12(3×),13(2×),20;34:2(2×),5;35:10;36:1,3,5,6(2×),9,10,12(2×),22;37:2,8,9,35;38:5,6,15,20,21;40:2,9;41:18;42:13,25;44:3(4×),4,16,19;45:11;46:7,8;47:1,6(2×),7;49:9,16,22;50:7(2×);51:11;52:7;53:1;54:9;56:6,7;57:1,2,4,7,10,11;58:14;59:4,9;60:4,7,14;62:10;65:3(2×),7(2×),17;66:12,20

על - אל 9:18;16:13;17:7,8;22:8;23:11;29:22;36:7,10,15;37:21,33

על - ב... 5:8;8:18;26:4,10

על - מעל 7:17

על - את 14:1;26:21;37:17;63:10

על - עלי 18:4

על - בעד 37:4

על מימרי - אלי 37:29

על - עליהם 38:16

על - ל... 41:7,27;44:27,28

על - מ... 63:1(2×)

על 1:4;3:7;5:2,11,12;6:3,6;7:11;8:14(2×),17,23;10:6,32(2×),34;12:1,2;14:31(2×);15:4;16:1,7,9(2×),11;18:3,6;21:7(2×);22:1,7,18;24:1,5,9,14(2×);26:1,19;28;13(2×),21,25(3×);29:23;30:6,26,27,32;31:2,9;32:5,7;33:8,23;36:3,22;37:3,4,26(2×);38:9,10(2×);40:1,2,31;41:20;42:14;43:22,24;46:1;49:14,15,23(2×);50:10;52:2,5,15;53:2,4,12;55:4;56:3;57:8,13,17;60:18;61:7(2×);63:11(2×),16(2×);64:4,7;66:7

דעל - על 23:17

דעל - אשר על 28:1,4;36:11

דעל 19:25

העל - העל 57:6;64:11

העל - האל 36:12

ועל - ועל, 2:12,13(2×),14(2×),15(2×),16(2×);4:5;5:6;7:17(2×);9:6;10:6,12;11:8;13:11;14:25;15:2;16:9;20:3;21:8;24:21;27:1;30:6,8,16,25;31:1,2,4;34:5;37:23;45:11;48:2;49:10;65:7;66:12

ועל - על 13:18

ועל - ואת 9:16(2×);29:23

ועל - ואל 49:22

ועל 4:6;8:12;10:32;13:18;22:6;28:13(3×),17;32:18;49:13;53:11;58:5;60:18

כעל - כעל 63:7

מעל - מעל 10:27;14:25;20:2;25:8(2×);34:16;56:3

עלי - עלי 61:1

עלי - אלי 21:11

עלי - לי 45:24

עלי - בי 12:1

עלי 12:1;49:2

עלך - עליך 1:25;7:5,17;10:24;24:17;29:3(3×);45:14;47:9,11(3×),13;54:9,17;60:1,2;62:5

עלך - לך 14:8;37:22(2×);47:9

עלך - אליך 14:16;54:14

עלך 26:20;30:19;37:26;43:23(2×);51:6,19(2×);54:8,10;60:10

דעלך - אשר עליך 59:21

ועלך - ואליך 36:12

עלוהי - עליו 5:30;8:1;9:10;10:26;11:2;16:5;18:6(2×);22:24;26:21;30:12;31:4;36:6(2×);37:22;42:1,25;52:15

עלוהי - אליו 2:2

עלוהי - על 4:5

עלוהי 4:5(2×);7:2;8:22;9:5;30:27;33:23;55:7

דעלוהי - אשר עליה 22:25

עלה - עליה 7:1(2×);24:10;34:11;37:33;45:12;66:10

עלה - אליה 40:2

עלה 1:8;4:6;10:32(2×);21:10;22:1,5;29:1;45:18;47:11;54:11

דעלה - עליה 42:5

ועלה 10:32

עלנא/עלינא - עלינו 4:1;14:8

עלנא - לנו 3:6

עלנא - עליו 53:5

עלנא 9:5;26:13;28:15;33:2,24;59:11;63:15,16(2×);64:4,7

עליכון 1:15;10:3;28:15,18;30:18;42:8;48:11

עליהון - עליהם 8:7;9:1;13:17;14:1;36:8;39:2;63:19

עליהון - עליו 5:6,25;19:16,17

עליהון - למו 23:1

עליהון - להם 47:6

עליהון 1:6,31;5:17,30;8:18;9:4,12;10:5;26:14;27:3,8(2×),11(2×);28:2,10,13;30:7,18,33:8;34:4,12;42:14,19,25;43:7;49:10;51:16(2×);57:17,18 (2×);59:16;63:5,9(2×);66:24

עלא

עלין

על כתף ע' - עירים 30:6

עלומין

וכאיתת ע' - נערים 54:6

עליתא

בריכתא ע' - העליונה 7:3;36:2

עלל

ועל - ויבא

וע' לבית מקדשא דיוי 37:1

עלת - יבוא

לא ע' לקדמיהון 1:23

חילת אורח...לא ע' 41:3

ועלית - ואקרב

וע' לות נביאתא 8:3

עלתון

ואף כד ע' ל... 17:11

ייעול

יוי בדינא י' - יבוא 3:14

מא אם י' דוכרניך 23:16

י' דוכרנה 23:17

י' דוכרנכון - יפקדו 24:22

לא י' - יבוא 37:33,34

ארי לא י' עלך- תקרב 54:14

דייעול

וכל דיי לכרכי צירא 13:15

ודייעול

וי' לבית טעותיה - ובא 16:12

וי' עמא זכאה - ויבא 26:2

וי' בידיה - ובא 36:6

תיעול - תבוא

לא תי' לתמן 7:25

ייעלון - בוא

י' למערק בטנריא 2:10

ודייעלון

וי' במערת טנריא- ובאו 2:19

וי' בתרעוהי - ויבאו 13:2

וי' לציון בתשבחא - ובאו 35:10;51:11

עול - בוא

כען ע' כתוב 30:8

ועולי

וע' בשעבוד - וטחני 47:2

וע' בקבלא - ובאי 47:5

למיעל

למי' במערת טנריא - לבוא 2:21

וסגי עידן ליה למי' 10:32

כל בתיא למי' - מבוא 24:10

למי' בטור מקדשא - לבוא 30:29

עלן - באות

נשיא ע' 27:11

כמעלי - מעולל

כמי כרמא 3:12

יתעל - יבוא

יקר לבנן לגויך י' 60:13

יתעלון - יבאו

נכסי עממיא י' לגויך 60:5

אעילתיה - הביאתיו

אי לארע בית שכינתי 48:15

תעיל - תביא

תי' לגו ביתך 58:7

אעילו - הגישו

אי' חזיתכון 41:21

לאעלא - להביא

לאי' לגויך 60:11

מעלי

מי' תודתא 51:3

עללא

ע' לית למכנש - אסף 32:10

ועללא

ועיבור וע' - תבואת 30:23

עללתה - תבואתה

דבחצד כנישת נהרא ע' 23:3

עלמא

רבון ע' - האדון 1:24;3:1;10:16,33;19:4

בחיי ע' 4:3;58:11

ועד ע' - עולם 9:6;59:21

כד ישלים ע' קציה 10:32

בגו ע' 17:6

קימא דמן ע' - עולם 24:5

בגו ע' - הארץ 24:13

דאתקין ע' 28:29

עד ע' - עולם 30:8;32:17;34:17

דכל מי ע' 40:12

אלה ע' - עולם 40:28

אנא יי' ברית ע' 41:4

אלה ע' 42:5

אף מן ע' - מיום 43:13

עמא דמן ע' - עולם 44:7

ועד ע' - זקנה 46:4

דמן ע' - מעולם 46:9

אתאחד ע' באפנא 59:10

כל יומי ע' - עולם 63:9

דמן ע' - עולם 63:11;64:4

דמן ע' - מעולם 63:19

לקיימא ע' 65:8

אנא אלהא ברית ע' 66:9

בעלמא

בע' הדין 5:20

חד הוה אברהם...בע' 51:2

לעלמא

לע' ולעלמי עלמיא- עדי עד 26:4

לא לע' - לנצח 28:28

ולא תתכנעון לע' - עד 45:17

לא לע' אתפרע - לעולם 57:16

ולא לע' - לעד 64:8

מעלמא

יהבית ל...מע' - מעולם 42:14

יהבית* ל... מע' - ומעלם 57:11

מע' שמך - מעולם 63:16

ומעלמא - ומעולם

ומע' לא שמעת אודן 64:3

עלם

יקידות ע' - עולם 33:14

וחדות ע' - עולם 35:10;51:11

ועד ע' עלמיא - שיבה 46:4

ובטבות ע' - עולם 54:8

קים ע' - עולם 55:3

לאת ע' - עולם 55:13

שום ע' - עולם 56:5;63:12

חרבת ע'- עולם 58:12;61:4

ליקר ע'- עולם 60:15

לניהור ע' - עולם 60:19,20

חדות ע' - עולם 61:7

וקים ע' - עולם 61:8

בעלם

בע' עלמיא 6:3

בע' עלמיא - עדי 65:18

לעלם/לעלם

לא תתיתב לע' - לנצח 13:20

לא יתקיים לע'- לעולם 14:20

לע' לא יתכני - לעולם 25:2

ולא משתלפין...לע'- לנצח 33:20

לעלם יסק תננה- לעולם 34:10

לע' עלמיא - לנצח

לע' אהי - לעולם 47:7

ולא ישתיצי...לע' 48:19

לע' תהי - לעולם 51:6,8

לע' יחסנון - לעולם 60:21

עלמיה

גבר בבית ע' - בביתו 14:18

עָלְמַיָּא

בעלם ע' 6:3

מלך ע' 6:5;30:33;33:17

קים ע' - עד 9:5

לעלמא ולעלמי ע'- עד 26:4

תקיף ע' - עולמים

לעלם ע' - נצחים 34:10

עלמי ע' 41:4;43:10;44:6;48:12

ולעלמי ע' - עד 45:17

ועד עלם ע' - שיבה 46:4

בעלם ע' - עד 65:18

עָלְמִין

מן ע' - מאתמול 30:33

פורקן ע' - עולמים 45:17

לְעָלְמִין

יתנשון מותא לע'- לנצח 25:8

קיים לע' - לעולם 40:8

עָלְמֵי

ע' עלמיא 41:4;43:10;44:6; 48:12

וּלְעָלְמֵי

ולעלמא ולע' עלמיא - עדי 26:4

ולע' עלמיא - עולמי 45:17

עָלְמֵיהוֹן

מבתי ע' - סלע 42:11

עַלְעוֹלָא

קדם ע' - סופה 17:13

כְּעַלְעוֹלָא

הא כע' - כסופה 5:28

מימרי כע'...ישיצי 33:11

ומימריה כע'-וסערה 40:24;41:16

וּכְעַלְעוֹלָא - וכסופה

וכע' רתכוהי 66:15

בְּעַלְעוֹל

בע' רוח - שער 28:2

בע' וברוח - סופה 29:6

בְּעַלְעוֹלִין - כסופות

בע' אתן 21:1

עלתא

לַעֲלָא/לְעַלָּא

לית...כמסת לע'- עולה 40:16

אימרין לע' - עלתיך 43:23

עֲלָוָת - עלות

מיסת ע' דכרין 1:11

עֲלָוָתְהוֹן - עולתיהם

ואחדינון...ע' 56:7

עם

עִם - עם

3:14;11:6(2×);25:11;34:7

וְעִם - ועם 28:15

עם - על 7:2;32:10;34:14

עם - אל 7:10;36:11;38:4

עם - את 9:20(2×); 28:15;36:8;41:7(2×)

עם - ועד 10:18

עם - בקרב 10:23

עם 10:32;48:15;62:5(2×)

דְּעִם - את 28:18(2×)

וְעִם 65:4

עִמִּי - אלי 8:5

עמי - אתי 36:16;50:8

עמי 38:15

דְּעִמִּי 37:25

עִמָּךְ - אתך 37:9

עמך 41:12

עִמִּיךְ - אתך 54:17

עִמֵּיהּ - אתו 40:10;62:11

עמיה 10:32(2×)

וְעִמֵּיהּ/ועימיה 21:7,9;22:6

עִימַּהּ - אתה 66:10

עִימַּנָא/עמנא - אלינו 7:6;36:11

עמנא - לנו 26:12;30:10

עימנא 1:9

עִמְּכוֹן - עמכם 36:12

עמכון 48:8

עִמְּהוֹן - עמם 34:7

עמהון - אותם 59:21

עמהון - אתם 60:9;65:23

עמהון 60:6

עַמָּא

משאר ע' - רגל 1:6

ע' דעובדיהון דמן ל... 1:10

מסנאי ע' 1:24

ויתגרון ע' - העם 3:5

לא תמנוני רב על ע' - עם 3:7

ובגו ע' - עם 6:5

ע' הדין - העם 8:6,11,12; 9:8;28:11,14;29:13,14

ע' מן...תבעין- עם 8:19

ע' בית ישראל - העם 9:1

ע' בית ישראל - הגוי 9:2

בשאר ע' 9:17

והוה ע' כ... - העם 9:18

ועל ע' דעברו על - עם 10:6

לחשיכי ע' - ארץ 11:4

כל ע' - עב 14:14

חשיכי ע' -דלים 14:30;26:6

לות ע' - גוי 18:2

לות ע' - עם

ע' אניסא ובזיזא-גוי 18:2,7

דין ע' - העם 23:13

ספו תקוף ע' דארעא - עם 24:4

וייעול ע' זכאה - גוי 26:2

פורענות ע' - עם 26:11

לות ע'...ד... - עם 30:5

ע' בציון - עם 30:19

ע'...עמיק ממללהון - עם 33:19

ע' בית ישראל 33:24

ועל ע' דחייבית - עם 34:5

קדם ע' דעל שורא- העם 36:11

ע' דיוי קיימא 37:4,17

ע' דבירושלם - בת 37:22

ע' דיוי 37:24;40:3

רגלי ע' 37:25

דאפיק ע' ממצרים- עם 43:8

ע' דין - עם 43:21

ע' דמן עלמא - עם 44:7

ע' ד...בליבהון - עם 51:7

לקיימא ע' 51:16

לב ע' 57:14

לב ע' - העם 62:10

ע' דקודשא - עם 62:12

ע' דקודשך - עם 63:18

לות ע' סרבנא - עם 65:2

ע' דמרגזין על- העם 65:3

בעמא

רשיעיא בעי - העם 40:7

דעמא - העם

לביה דעי הדין 6:10
משבחיה דעי הדין 9:15

ועמא - והעם

ועי לא תבו 9:12

כעמא - כגוי

כעי דזכו 58:2

לעמא

ותימר לעי הדין - לעם 6:9
לעי אניסא ובזיזא-עם 18:7
דהויתון אנסין לעי 23:12
לעי דשרן לרוחצן - העם 33:24

ולעמא - ומעם

ולעי דיתקף מבכין 18:7

עם

עי קדיש - גוי 1:4
עי באפי עי - גוי גוי 2:4
עי משריתיה - מטות 8:8
עי ארע זבולון 8:23
עי משריתיה - עץ 10:19
עי דמנין
עי סגי - עם 13:4
למהוי עי 17:11
עי תקיף - עם 25:3;33:19
לא עי סכלתן - עם 27:11
עי סרבן אנון - עם 30:9
לקים עי - עם 42:6;49:8
עי בזיז ואניס- עם 42:22
עי משריתיך 47:2;54:2
לכל עי 48:6
בני עי גלותיך 49:18,20;60:4
הא עי דלא תדע- גוי 55:5
עי דרא 57:3
עי ומלכו - הגוי 60:12

ועם

ועי משריתיה - ושער 7:20
ועי ארע נפתלי 8:23
ועי סגי - ועצום 43:17
ועי דלא ידעוך- וגוי 55:5

לעם

לעי עמורה - עם 1:10
יכלי יוי לעי 7:18
מובלין לעי - על עם 30:6
לעי דעלה - לעם 42:5
לעי אחרן - לאחר 42:8;48:11
לעי תקיף - לגוי 60:22
לעי דלא מצלי - אל גוי 65:1

מעם

מעי גלותאה - צבאה 40:2
מעי גלותאה 66:8

עמי

עי בית ישראל 1:2
עי לא אסתכל ל...- עמי 1:3
עי דסרכוהי - עמי 3:12
עי משבחך - עמי
אנסתון ית עי - הכרם 3:14
דאתון ממסכנין ית עי-עמי 3:15
עי חביבי ישראל 5:1
דינו...דינא קדמי מן עי 5:3
גלו עי - עמי 5:13
מחשיכי עי - עמי 10:2
לא תדחל עי - עמי 10:24
ועל טורי עי - הרי 14:25
בריך עי - עמי 19:25
וכדו דתבו מתקרן עי 19:25
וכנשתון ית עי 22:9
איזיל עי - עמי 26:20
על ארע עי - עמי 32:13
ויתבון עי ב...- עמי 32:18
אתנבו...על עי - עמי 40:1
וגלות עי - ובנותי 43:6
גלות עי - עמי 43:20
על עי - בני 45:11
וגלות עי - וגלותי 45:13
רגיזית על עי - עמי 47:6
קבילו למימרי עי - עמי 51:4
עי אתון - עמי 51:16
למצרים נחת עי- עמי 52:4
אזדבן עי מגן - עמי 52:5
חובין דחבו עי- עמי 53:8
ושנת פורקן עי- גאולי 63:4
ברם עי אינון - עמי 63:8
ויחדון בה עי - בעמי 65:19
יומי עי - עמי 65:22

דעמי - עמי

כנשתא דעי 22:4;57:14

לעמי

כד יהבית אוריתי לעי 1:2
למעבד עוד לעי- לכרמי 5:4
למעבד לעי - לכרמי 5:5
אניח לעי ישראל 18:4
וחוי לעי - לעמי 58:1
לעי דתבעו - לעמי 65:10

עמך

ועל עי - עמך 7:17
עי ישראל - עמך 10:22
עי קטילתא - עמך 14:20
לסנאי עי 26:11;64:1
מבדרי עי - לגוי 26:15
הא אנחנא עי 63:19
מא דחזו עי 64:3

דעמך

דעי אנחנא כולנא 64:8

לעמך

כין דברתהי לעי - עמך 63:14
אתיב שכינתך לעי 63:17
דעתיד למעבד לעי 64:3

עמיך

ושאר עי יקטיל -ושאריתך 14:30
גלות עי 54:15

ועמיך - ועמך

ועי כולהון זכאין 60:21

עמיה

סבי עי - עמו 3:14
עי דיוי צבאות- כרם 5:7
עי דאלהא - לכוכבי 14:13
ויחדון חשיכי עי - עמו 14:32
סבי עי - זקניו 24:23
וחסודי עי יעדי - עמו 25:8
גלות עי - עמו 30:26
לנחמא עי - עמו 49:13
פורענות דין עי - עמו 51:22
לנחמא עי - עמו 52:9
על עי דיוי 56:3,6

מעל ע' - עמו 56:3
מסנאי ע' 59:17
ע' דירי 61:3
למעבד פורענות דין ע' 63:1

בעמיה

תקיף...בע' - בעמו 5:25
כל...דהוו מתגרן בע' 45:24

דעמיה

וליבא דע' - עמו 7:2
שארא דע' - עמו 11:11
לשארא דע' - עמו 11:16;28:5
שארא דע' 53:10

לעמיה

גבר לע' יתפנון - אל עמו 13:14
עבד יוי פורקן לע' 44:23
למעבד זכוון לע' 59:17
דעבד...לע' - עמו 63:11

עמה - גוי

אם יתברי ע' זמן חדא 66:8

ועמה - ועמה

וע' חדי 65:18

עממיא

ע' מחסנין - זרים 1:7
ובנמוסי ע' - נכרים 2:6
מלכי ע' - הלבנון 2:13
פורענות דין - עמים 3:13
משרית ע' - הנהר 8:7
אתחברו ע' - עמים 8:9
וארי ימרון לכון ע' 8:19
אורח ע'
לביני ע' 8:20;43:2;46:4;66:9
קרב כרכי ע' - הגוים 8:23
כין יתון עליהון ע' 9:4
ואגליתי ע' - עמים 10:13
נכסי ע' - העמים 10:14
לאסתאכא על ע' 10:20
ורגזי על ע' 10:25
ויתברון ע' 10:27
כרכי ע' 10:32;25:12
כל מלכי ע' - גוים 14:9,18
אזגדי ע' - גוי 14:32
מלכי ע' - גוים 16:8
דבזו ע' ארעיה- נהרים 18:2,7
שלטוני ע' - הזלזלים 18:5
לכל מלכות ע' 23:17
בית דחלת ע' - זרים 25:2
לכל ע' - העמים 25:6
על כל ע' - העמים 25:7
שליטו בנא ע' 26:13
כין ייתון עליהון ע' 28:2
דרחימין מכל ע' 28:9;46:3
ביני ע' 28:13;49:7,9;52:14
מביני ע' 28:25;41:18;
42:7;52:12;55:14
המון כל ע' - הגוים 29:7,8
לארמא ע' - גוים 30:28
בליסת ע' - עמים
למעבד...מן ע' 32:1
משרית ע' 32:19
איתברו ע' - עמים 33:3
נכסי ע' 33:4,23
אזגדי ע' 33:7
אתעשתון לכון ע' 33:11
ויהון ע' - עמים 33:12
יתברון ע' 33:23
אתקרבו ע' - גוים 34:1
על כל ע' - הגוים 34:2
דחלת ע' - הגוים
36:18;37:12
הא ע' כטיפא - גוים 40:15
כל ע' כלמא - הגוים 40:17
כל ע' - הנחרים 41:11
תקטיל ע' - הרים 41:15
שלטוני ע' 41:25
ומסרית ע' תחותך - אדם 43:4
כל ע' יתכנשון - הגוים 43:9
משיזבי ע' - הגוים 45:20
כל ע' דהוו מתגרן 45:24
הא ע' גבן דהב מכיס 46:6
ע' דתקיפין כאישתא 47:14
מעדן דאתפרשו ע' מ... 48:16
ע' ידדנון - עמים 51:5
ע' דשליטו ביה 52:5
לעיני כל ע' - הגוים 52:10
תקיפי ע' 53:7;57:9
שולטן ע' 53:8
משעבוד ע' 53:11
קרתא דאמרין עלה ע' 54:11
מלכי ע' 54:15
ובני ע' - הנכר 56:6
לכל ע' - העמים 56:7
כל מלכי ע' - שבי 56:9
ויהכון ע' - גוים 60:3
נכסי ע' - גוים
60:5,11,16;61:6
בני ע' - נכר 60:10;62:8
ובני ע' - נכר 61:5
ויבהתון ע' 61:7
לקביל כל ע' -הגוים 61:11
ויחזון כל ע' - גוים 62:2
ארימו...על ע' -העמים 62:10
במשרית ע' 63:3
ואקטיל ע' ב... - עמים 63:6
מן קדמך ע' זעו - גוים 64:1
יקר ע' - גוים 66:12
ע' אומיא ולישניא-הגוים 66:18
לביני ע' -הגוים 66:19
מכל ע' -הגוים 66:20

בעממיא

חוו בע' - בעמים 12:4
דהויתא קטול בע' - גוים 14:12
אשלח רוגזי...בע' 27:4
דיתעביד להון בע' 30:32
הא אגלי בע'- אל גוים 49:22
יתרבא בע' שמי - עמי 52:6
ויתרבון בע' - בגוים 61:9
ויחוון...בע' - בגוים 66:19

ועממיא - והגוים

וע' אשתיצאה ישתיצון 60:12

כעממיא

כע' דלית להון חולק 63:17

לעממיא

ויזקוף את לע' - לגוים
5:26;11:12
דיקום את לע' - עמים 11:10
והות סחורא לע' - גוים 23:3
בכין יתמסרון לע' 28:13
רב לע' מניתיה -לאומים 55:4
לא אניח לע' 62:1

לא לעי יהבת אוריתך 63:19

עממין

עי סגיאין - עמים 2:3;17:12

ולאספא עי - גוים 10:7

עי דמתכנשין - גוים 13:4

וידברונונון עי - עמים 14:2

דהוה מחי עי - עמים 14:6

מפלח בתקוף עי - גוים

קרית עי חסינין - גוים 25:3

יתכון עי יגלון 28:17

מסר קדמוהי עי - גוים 41:2

לניהור עי - גוים 42:6;49:6

לממסר קדמוהי עי - גוים 45:1

עי יזדמנון - עמים 51:4

עי סגיאין - גוים 52:15

ביזת עי סגיאין 53:12

ובנך עי יירתון - גוים 54:3

בר עי - הנכר 56:3

לעממין

לעי סגיאין - לעמים 2:4

דהות מספקא...לעי- ובמים 23:3

דיני לעי יגלי - לגוים 42:1

עמא

עמינא - נהמה

עי מן קדם בעלי דבבנא 59:11

עמי

דכבוצין עי - כהה 42:3

כביצין עי 43:17

עמיא - כהה

רוחהון דהות עי 61:3

עמון

ובני עי - עמון 11:14

עמורה/עמרה

<u>וכיתבי</u> <u>ע</u>י - לעמרה 1:9

לעם עי - עמרה 1:10

דהפך יוי...ית עי- עמרה 13:19

עמיקא

עמיק - עמקי

עמא דהוה עי ממללהון 33:19

עמיקיא - מצור

נהריהון עי 19:6

עמיקין - מצור

נהרין עי 37:25

עמירא

וכעמירא - וחשש

וכעי בשלהביתא 5:24

עמנו אל

ותקרי שמיה עי אי -עמנואל 7:14

עמק

עמיקו - עקשו

שבילהון עי להון 59:8

לעמקא - העמיק

אף היא עלמיא אתקנה לעי 30:33

עמלא

בעמל - ייעף

לא בעי 40:28

עמרא

וכעמרא - וכצמר

וכעי דאחיד ביה רבקא 51:8

כעמר - כצמר

כעי נקי יהון 1:18

ענא

כענא - כצאן

כולנא כעי אתבדרנא 53:6

ען - צאן

ותרתין עי 7:21

וננכיס עי 22:13

כל עי ערבאי 60:7

דען

עדרין דעי - שה 7:25

עדרין דעי 17:2

עדרין דעי - צאן 65:10

וכען - וכצאן

וכעי ולית דמכניש 13:14

לעניה - צאנו

כרעיא לעי 63:11

ענכון - צאנכם

וירעון עי 61:5

ענותניא

פרסת עי - דלים 26:6

לחבלא עי - ענוים 32:7

עי וחשיכיא - העניים 41:17

עי דכקני רעיע 42:3

לבסרא עי - ענוים 61:1

ולענותניא - ולטוב

ולעי אמרין 5:20

וענותניא - ואביונים

ועי...לרחצן ישרון 14:30

בדענותן - <u>אל</u> <u>עני</u>

לאסתכלא ביה בדעי 66:2

ענותנוהי - ועניו

<u>ועל</u> <u>ע</u>י ירחים 49:13

ענא

עני

עי ואמר 10:32

ענא

תתענון - תצומו

לא תי תענייין 58:4

ומענן - ומענה

מחן מן ק יוי ומי 53:4

בעניה ענתות

דדירין בעי - עניה ענתות 10:30

ענן

עי יקר - ענן 4:5

בענן - <u>על</u> <u>עב</u>

יוי מתגלי בעי יקריה 19:1

וענן

ועי יקר 35:10;51:11

כענן

כע' טל - כעב 18:4
וכעבן - וכענן
וכע' עדי 44:22
ענני
מטלת ע' 4:6
וענניא - ושחקים
וע' יגדון טובא 45:8
כעננין
כע' קלילין 5:26
כע' קלילין - כעב 60:8

ענגא
וענגין - ועננים
וע' כפלשתאי 2:6

ענפא
בענפיהון - כף
ישענון בע' 55:12

ענקא
ענקיא - הנטיפות
ע' ושירי ידיא 3:19

ענתות
ראה עניה

עסבא
יביש ע' -חציר 15:6;40:7
כעסבא - חציר
כל רשיעיא כע' 40:6
כע' חשיבין רשיעיא 40:7
דכעסבא - חציר
ומבר אנשא דכע' חשיב 51:12
עסב
כלבלבי ע' 44:4
כעסב - עשב
כע' חקליא 37:27
וכעסב - חציר
וכי איגריא 37:27
עסבהון - עטבם
וכל ע' איביש 42:15

עסרא
חד מן ע' - עשריה 6:13
ע' שנן - עשר 38:8(2×)
עסרי - עשרה
בארבע ע' שנין 36:1
חמיש ע' שנין 38:5

עסק
מתעסקא
דהוית מ' בהון- יגעת 47:12,15
דהוית מ' בהון 57:13

עפף
ויעפפון - וכתתו
וי' סיפיהון לסיכין 2:4

עפרא
ובמחילי ע' - עפר 2:19
עד ע' - עפר 25:12;26:5
כמא...ית ע' - מחר 41:25
על ע' - עפר 47:1
צדיקיא דשכבין ע' 49:8
ע' מזוניה - עפר 65:25
בעפרא
ולאיטמרא בע' - בעפר 2:10
כל דהוו רמן בע'- עפר 26:19
ועפרא
וע' דארעא - עפר 40:12
כעפרא
רמא כע' קטילין - כעפר 41:2
כע' דארעא 51:16
מעפרא - מעפר
אתנפצי מע' 52:2
ומעפרא - ומעפר
ומע' ינצפן מילך 29:4
ומע' מילך ינצפן
ועפר - ועפר
וע' רגלך 49:23
מעפר
מע' אדמתא 45:9
מע' קבריא 65:4
ועפרה - ועפרה

וע' לגופריתא 34:9
ועפרהון - ועפרם
וע' מתרבהון ידהן 34:7

עצר
ודעצרוהי - ומקבציו
ודע' לחמרא 62:9
יעצרון - ידרך
לא י' יעצרון 16:10

עקא
ע' איתי עליהון - חשך 5:30
ויהי ע' וכפן - נקשה 8:21
ייתי עלוהי ע'- צרה 8:22
ע' קבל ובידור- צוקה
ולריגוש ע' - ולשואה 10:3
ע' וחבלין - צירים 13:8
ע' ו...אחדונון- פלצות 21:4
בעדן ע' - בצר לו 25:4
אחדתנא* ע' - חלנו 26:18
בעדן ע' 26:20
בעדן דאיתי עליהון ע' 28:13
במיתי ע' 28:16
בארע ע' ועיק - צרה 30:6
בעדן ע' - צרה 33:2
יום ע' - צרה 37:3
ארי אקיפתנא ע'
ותפול עלך ע' - הוה 47:11
וביום ע' - ישועה 49:8
מן ע' 51:21
לאתאה עליהון ע' 63:9
עד לא מיתי ע'- תחיל 66:7
בעקא
בע' הוו דכירין- בצר 26:16
דעבד אוריתא בע' 50:10

עקבא
עקבי
ע' סוסותא 10:32

עקרא
כאתא ע' - עקרה 54:1

עקתא
עקתיה
וית שולטן ע' - שכמו 9:3
מעקתיה - מצרתו
מע' לא יפרקניה 46:7
עקתא - הצרות
יתנשין ע'* קדמיתא 56:16
עקן
תרתין ע' אתאה עלך 51:19
בעקתהון - צקון
בע' הוו מפלין 26:16

ערא
אערית - מצית
ית פילי כסא ד...א' 51:17

ערב
מערב - מהול
חמריך מע' במיא 1:22
אתערב
וכען א' - התערב 36:8

ערבאה
ערבי - ערבי
ולא יפרוס תמן ע' 13:20
ערבאי
לאשקאה ית ע' בערב 21:13
גיברי ע' - בני קדר 21:17
מדבר ע' - קדר 42:11
שירת ע' 60:6
כל ען ע' - קדר 60:7
דערבאי
כל יקרהון דע'- קדר 21:16

ערטילא
ערטילאה - ערם
ארי תחזי ע' 58:7

ערטל
ואתערטלו - וערה
שלחו וא' 32:11

עריא
וגלן ע' - שת 20:4

ערך
דעריך - ירמס
וכפחרא דע' טינא 41:25

ערלין
לא...יעדון...ע'- ערל 52:1

ערסלא
כערסלא - כמלונה
ותהי אזלא ואתיא כע' 24:20
כערסל - כמלונה
כע' מבתותא 1:8

ערע
ערעת - קראך
ע' שכינתא דיוי 54:6
ערעית - קראתי
אף ע' גיברי 13:3
דיערעינה - יקרא
ומן כותי די' 44:7
דיערעינה - אשר תקרינה
ויחוון לנא ית די' 41:22
ותערעה - וקראת
ות' לשבתא בתפנוקין 58:13
ויערעון
וי' תמוון ב... ופגשו 34:14
וי' פרקן - קראת 60:18
ערעית - קראתי
ע' מנהון קטילין 30:7
ערעתון - קראת
ולא בפלחני ע' 43:22
מערען - תשיגנו
ולא מע' לנא זכון 59:9
מתערען - פגעת
מ' קדמך 64:4

ערק
ערקו
אנש...ע' - נסה 10:29

מן קדם קיטול ע' - נדדו 21:15
כחדא...ע' - ברחו 22:3
דיערוק - הנס
ויהי די' מן קדם דחלא 24:18
ויערוק - ונס
וי' מרחיק 17:13
וי' ליה 31:8
יערקון - ינוסו
וגבר לארעיה י' 13:14
תערקון
לאן ת' לסעיד - תנוסו 10:3
על כין ת' - תנוסון 30:16
מן קדם...ת' - תנסו 30:17
נערוק - ננוס
על סוסוון נ' 30:16
ערוקי
ע' למדינת ימא 23:10
ערוקו - ברחו
ע' ממדינת ארע כסדאי 48:20
למערק
למ' בטנריא 2:10
למ' עד צער - בריחה 15:5
למ' לתמן לסעיד - נסנו 20:6
דעריק - נסס
ויהי תביר וע' 10:18
למערקלא
זמינו למ' - נדד 21:14

ערקתא
ערקת - שרוך
ולא תתפסיק ע' מסניה 5:27

ערר
דערר - יסכסך
וית בעלי דבבוהי י' 9:10
אערת - עורר
א' לך גיברין 14:9

עשא
כ... דאכיל ליה ע' - עש 51:8
דעשא - עש
כלבושא...דע' אכיל ליה 50:9

עֲשַׂר

בית ע' אשכאין- עשרת 5:10

עשת

אִתְעֲשַׁתּוּן - תהרו

אי לכון עממיא 33:11

מִתְעַשְּׁתִּין - יעשה

ובלבהון מ' אוניס 32:6

עֶשְׁתּוֹנִין

ע' דרשע 33:11

עֶשְׁתּוֹנֵי

ע' אוניס - מחשבות 59:7

עֶשְׁתּוֹנוֹהִי

אבדו ע' - ציץ 40:8

וגבר אניס ע' - מחשבתיו 55:7

עֶשְׁתּוֹנֵיהוֹן/עֶשְׁתּוֹנֵיהוֹן

ותברא ע' - נכסיהם 41:29

ע' עשתוני אוניס- מחשבותיהם 59:7

בתר ע' - מחשבתיהם 65:2

וְעֶשְׁתּוֹנֵיהוֹן - ומחשבתיהם

וקדמי גלן...וע' 66:18

עתד

מְעַתַּד - נצב

אנא מ' כל ליליא 21:8

עֲתִיד/עָתִיד

אנא ע' לנחמותה 1:24

יומא ע' למיתי 2:12

ע' למדן יוי - נצב 3:13

ית דאנא ע' למעבד 5:5

אנא ע' לאתבא 8:2

ע' למיפק חדוא 24:16

אף ע' את לקרבא 26:15

ע' יוי למחס - יחכה 30:18

יהי ע' לאזהרא 30:26

אוצר טוביה ע' 33:6

דמתמן ע' למפק חדוא 38:11

כין ע' למיתי עלך 47:13

ע' יוי לנחמא 49:13;52:9

ארי ע' יוי לנחמא ציון 51:3

אנא ע' לאתבא 57:16

ע' לאיתאה מחא 63:1

אף אנא ע' לכנשא 66:9

באשתא ע' יוי למדן 66:16

דַּעֲתִיד

בר...דע' דיקום 11:10

קריב יומא דע' למיתי 13:6

מא דע' למיתי 21:11;43:12

דע' לרחמא עליהון 49:10

דע' למעבד פורענות 51:22

דע' לרחמא עלך- מרחמך 54:10

יוי אלהים דע' לכנשא 56:8

דע' למעבד לעמך 64:3

וַעֲתִיד

וע' לכנשא גלותכון 52:12

עֲתִידָא

ועוד מחתיה ע' לאתפרעא 5:25;9:11,16,20;10:4

ואף ע' למיפל בבל 21:9

ע' דתתמלי מעם גלותהא 40:2

ע' דתתנחם ציון 66:8

ע' לכנשא ית כל עממיא 66:18

דַּעֲתִידָא

דע' למחרב 19:18

מן קדם בשתא דע' למיתי 57:1

עֲתִידִין

וכין ע' למיתי 10:32

ע' רשיעיא לאידדנא 33:14

רשיעיא ע' לאשתלמא 42:19

דִּדַעֲתִידִין

ודע' למיתי יחוון לנא 44:7

דַּעֲתִידִן

דע' למיתי בסרונא 41:22

דע' למיתי אתון שאלין 45:11

עֲתִדְנָא

וכען ע' למפרק 52:5

עֲתִיקָא

ימר ע' לשתוהי - שכר 24:9

וּבַעֲתִיקָא - ובשכר

ובע' אסתלעמו 28:7

עֲתִיק

חמר ע' - שכר 5:11

לאתרואה מן ע'- שכר 5:22

רוו מן ע' - בשכר 28:7

טעו מן ע' - השכר

טעו ולא מן ע'- שכר 29:9

ונתרוי מן ע' - שכר 56:12

עֲתִיקְתָא

בריכתא ע' - הישנה 22:11

עתירא

עֲתִירֵי

ע' נכסיא - ארזי 14:8

כל ע' נכסיא - עתודי 14:9

וית ע' נכסיא 53:9

פ

פְּגַר

וקרווהי פ' - הרס 14:17

פְּגַרוּ

פ' בירניתהא - עררו 23:13

מְפַגְּרָךְ - מהרסיך

מ' ומחרבך מניך יגלון 49:17

פגרא

כְּפַגַּר - כפגר

כפי מדשדש 14:19

פִּגְרֵיהוֹן - בשר

נפשהון עם פ' ישיצי 10:18

פִּגְרִין - פגרים

והא כולהון פ' מיתין 37:36

פִּגְרֵי - ובנצורים

ועם פ' בני אנשא דירין 65:4

בְּפִגְרֵי - בפגרי

ויחזון בפ' גבריא 66:24

ופגריהון - ופגריהם
ופי יסק תננהון 34:3

פולאי
פי ולוואי - פול 66:19

פולחנא/פלחנא
פי דירי - יהוה 1:4;51:13;65:11
פי קשיא - העבדה 14:3
פי דאלהנא - אלהינו 59:13
לפולחנא/לפלחנא
לפי דירי - עד יהוה 19:22
לפלי דירי - אל יהוה 55:7
פולחן/פלחן
פלי עבדיה - עשהו 17:7
פי טעותא 28:10
פי טעותא - עבדתו 28:21
על פלי שמי 52:5
פלי טורא דקדשי 65:11
לפולחן/לפלחן
ועמא לא תבו לפי 9:12
לפלי בית מקדשי 28:10
פולחני
שבקתון פי 17:11
בפלחני
ולא בפי ערעתון 43:22
ופלחני
ופי לא אדכרת - ואותי 57:11
לפולחני/לפלחני
עמא דין אתקינית לפי-לי 43:21
תוב לפלי - אלי 44:22
קריבתיה לפלי 48:16;51:2
לפי אציתא - אלי 51:4
לפלחניה - אליו
לאתבא דבית יעקב לפי 49:5
פולחנהון - עבדתו
פולחן טעותא פי 28:21

פומא
בפום/בפום
בפי כל נבייא 40:13
בפי כל אנשא 57:19
ומפום - ומפי
ומפי בנך 59:21
ומפי בני בנך
בפומי
וסדר בפי - על פי 6:7
ושוי פתגמוהי בפי- פי 49:2
בפומך
שויתי...בפי - על שפתיך 6:7
ושויתי...בפי - בפיך 51:16
דשויתי בפי - בפיך 59:21
מפומך - מפיך
לא יעדון מפי 59:21
פומיה
ופתח פי - פה 10:14
במימר פי - פיו 11:4
ועד לא פתח פי- פיו 53:7
ולית לקביליה פתח פי-פיו
ובפומיה - ובידו
ובפי ממלל 6:6
פומה - פיה
ופתח פי 5:14
פומכון - פה
וקדם מן תפתחון פי 57:4
פומהון
ממלל פי - לשונם 3:8
וכל פי - פה 9:16
ישוון...על פי- פיהם 52:15
בפומהון - בפיו
חלף דאתררב...בפי 29:13
ולא ימללון נכסין בפי 53:9

פון
אילו לא פי - לולי 1:9
דכאנש סדום פי אבדנא
והוה פי כשפע נהר פרת 48:18
והוה פי סגי 48:19

פורענא
מציפונא פי אתי- עשן 14:31
מוחי פי - צעה 51:14
פי תקיפא 63:1
לפורען - למקדש
ויהי מימריה בכון לפי 8:14

פורענותא
דא פי 3:24
יום פי - נקם 34:8;63:4
ויעביד פי - והכיח 37:4
פי לסנאוהי - חמה 59:18
ויום פי - נקם 61:2
פורענו
ויאת פי לרשיעיא- לילה 21:12
רז פי לרשיעיא 24:16
ועביד פי על... 37:17
ומפורענו - וממשפט
מיסורין ומפי יקריב 53:8
פורענות
פי דין 3:13;33:22;34:8;63:1
פי חוביהון - רשעה 9:17
פי עמא - קנאת 26:11
פי גבורתיה 30:32
למעבד פי דין מן עממיא - למשפט 32:1
למעבד פי דין - נקם 35:4
פי חוביהון 42:19;65:6
פי גמירא - נקם 47:3
דעתיד למעבד פי דין-יריב 51:22
בפורענות
יחזון בפי סנאיהון 53:11
פורענותך - קנאתך
אן פי וגיבורותך 63:15
פורענותיך - יריבך
וית פי אנא אתפרע 49:25
פורענותהון
וגיותנותהון לקביל פי - ועברתו 16:6
כס פי 27:3;28:13
פי בגיהנם 65:5

פורקנא/פרקנא
פי דאלהיה 50:10
פי דאלהנא - ישועת 52:10
בפורקנא
תבוע נפשי בפי דאלאהי 61:10

לפרקנא
פלי דיוי - יהוה 40:31
סברנא...לפי - לישועה 59:11
פורקן/קן
למבעי פי 8:21
תשמעון פי 18:3
פי יתסם - ישועה 26:1
פי לא איתיאו - ישועת 26:18
ארי עדב יוי פי לעמיה 44:23
פי עלמין - תשועת 45:17
אנא מקים פי 49:8
משמע פי - ישועה 52:7
ויערעון פי - ישועה 60:18
עד דאעביד פי לציון 62:1
ושנת פי עמי - גאולי 63:4
דפרקן - ישע
לבושין דפי 61:10
ופורקן/ופרקן
תקוף ופי - ישועת 33:6
תקוף ופוי - ישועה 59:17
פורקני/פרקני
מימר אלה פי - ישועתי 12:2
למהוי פי - ישועתי 49:6
נפק פי - ישעי 51:5
קריב פרי - ישועתי 56:1
ופורקני
ופי לא יתעכב - ותשועתי 46:13
ופי לעלם תהי - וישועתי 51:6
ופי לדר דרין - וישועתי 51:8
לפרקני - קוי
צדיקיא דמסברין לפי 49:23
לפורקנך/לפרקנך
לא מסברין...לפי - אמתך 38:18
צדיקיא דמסברין לפי 64:3
פורקניך/פרקניך
שבקת אלה פי - ישעך 17:10
מטא זמן פי - אורך 60:1
בפורקניה - בישועתו
נבוע ונחדי בפי 25:9
לפרקניה - לו
טובי...דמסברין לפי 30:18
ופרקנה - וישועתה

ופי כבעור יבער 62:1

פוש
יפשון
יי ויסגון - יציץ 27:6
אפלו יי - נטעו 40:24

פות
ובפותהון
אזלן ובפי מקפן 3:16

פחח
פי ויחיף - ערום 20:2,3
פחחין - ערום
פי ויחפין 20:4

פחרא
ביד פי - היצר 29:16
צלמי פי - יצרו 45:9
וכפחרא - וכמו יוצר
וכפי דעריך ית טינא 41:25

פטם
מפטם - חמיץ
בליל מי ייכלון 30:24

פיגולא
פיגול - פגלים
ורטף פי במניהון 65:4

פיגורא
בפיגור - יכת
ואתרגושא בפי תרעין 24:12

פיטורין
איגרת פי - כריתות 50:1

פיילי
פי כסא דלוטא - קבעת 51:17
פי כסא דחמתי - קבעת 51:22

פטימא
ופטים - ומריא
ועגל ואריה ופי כחדא 11:6
פטימין - מריאים
ותרב פי 1:11
ופטימין
שמן רכיכין ופי 30:23

פטישא
בפטישא - פטיש
מחי בפי 41:7

פטר
ופטרו - ושלח
ופי דהוו אניסין 58:6
למפטר
מאחרין למפי 5:11

פיס
אפיסית - חללתי
אי אחסנתי 47:6
דאפיס - ואחלל
ואי רברבי קדשא 43:28
לאפסא - לחלל
לאי יקר כל חדותה 23:9

פירון
על פי יתנטלן - כתף 49:22

פירוק
פי תתפריק ארעא- מוט 24:19

פירא
פירי
פי עובדיהון - פרי 3:10
פי גפנוהי 36:16
פי תינוהי
פי אחסנת יעקב אבוך 58:14

פלא
מפלי - פלא
מי עיצא 9:5

פלג

דאתפליגו

דאי בית ישראל- סור 7:17

על דאי בית ישראל 8:14

פליג - חלקתה

וברעותיה פי להון 34:17

יפליג - יחלק

יי עדאה 53:12

אפליג - אחלק

בכין אי ליה ביזת מעעין 53:12

יפלגון

יי בית ישראל - חלק 33:23

אף אנון יי סגיות עדי ובז

פלגא

פלגיה - חציו

פי אוקיד בנורא 44:16

על פי בסרא אכל 44:16

פי אוקידת בנורא 44:19

פלגה

הא דחלתיה פי קטמא 44:20

פלגותא

בפלגותהון - בחלקם

כמא דהוו חדן בפי ביזתא 9:2

פלוגתא

פלוגת - בקיעי

פי קרתא דדויד 22:9

פלח

דפלחית - אשר התהלכתי

ית דפי קדמך 38:3

דפלחו - אשר הללוך

אתר דפי קדמך אבהתנא 64:10

ופלחתון

ופי לטעותא 17:11

אפלח/אפלח

לא אי קדמוהי 38:11

מא אי ואשלים קדמוהי 38:15

דיפלחון

ויי במשעבדיהון- ורדו 14:2

ויי בנכסת קדשין- ועבדו 19:21

ויי מצראי - ועבדו 19:23

יפלחונך - תקרא

עם דלא תדע יי 55:5

יפלחוניך - יעבדוך

דלא יי ירושלם 60:12

פלחו

פי ביה 28:12

למפלח

למי עלוהי 2:2

למי קדם אלהא גיברא 10:21

תמן הוה חזי לכון למי 17:11

למי תמן 28:10,13

למי קדמי 45:4,5

פלח

עבד פי קדמי - עבד 44:21

למהוי עבד פי-לעבד 49:5

פלחין

אינון פי למיתין 26:14

אתון פי 41:23

דפלחין

ויבהתון דפי לסיהרא 24:23

דפי לטעותא - הנחמים 57:5

ומדפלחין - ולעבד

ומדפי פולחן טעותא 28:21

פלחי

פי טעותא 8:19

פי כיתנא - עבדי 19:9

פי צלמיא - הבטחים 42:17

פי צלמיא - חרשי 45:16

לפלחי

לפי צלמיא - לפסילים 42:8

פלחיהון - חבריו

כל פי 44:11

ופלחיהון

ופי דלא יהנון להון
-וחמודיהם 44:9

ופי בשביא אזלו- ונפשם 46:2

פלחן

דהואה פי* ביה 32:14

דפלחן

מלכוון דפי* לטעותא 10:10

אתפלח - עבד

די אי בך 14:3

יתפלחון - יעדרון

די במעדר יי 7:25

מפלח

שלטון דהוה מי ביה - הנגש 9:3

דהוה...מי בתקוף - רדה 14:6

דהוה...מי ולא מנע -מרדף

שלטון דהוה מי בכון- מכך 14:29

מפלחין

עממיא דהוו מי בהון-מכהו 10:20

דמפלחין - עבדי

ותוריא...דמי בהון 30:24

ומפלחי

ומי צדקתא - ועבדת 32:17

ומי כרמיכון - וכרמיכם 61:5

פלכא

פלכהא - שבטיה

רבני פי 19:13

פלשתאי

לממחי פי - פלשתים 11:14

פי כולכון - פלשת 14:29,31

ופלשתאי - ופלשתים

ופי ממערבא 9:11

כפלשתאי - כפלשתים

ועננין כפי 2:6

פנא

אתפניאו - שגו

אי בתר מיכל בסים 28:7

יתפני

לא יי לבנא מדחלתך 63:17

דיתפני - ופנה

ויי לעילא 8:21

יתפנון - יפנו

גבר לעמיה יי 13:14

אתפנו

אי...למימרי - הקשיבו 28:23

אי למימרי - פנו 45:22

פנו - פנו

פי אורחא קדם עמא דיוי 40:3

דיתפניין - ונהרו

ויי למפלח עלוהי 2:2

אפנו - פנו
אי לב עמא ל... 57:14;62:10

פנק
פניקית - רוממתי
פי בתולן 23:4
ומפנקא - וענגה
רכיכא ומי 47:1
מפנקתא - עדינה
וכען שמעי דא מי 47:8
ומפנקין
ומי כלבלבי עסב 44:4
ומפנקיהון - וגאונו
יקיריהון ומי 16:6
דתתפנק - ותתענג
ותי בדדהין נפשכון 55:2
תתפנק - תתענג
בכין תי קדם יוי 58:14
תתפנקון - תתימרו
וביקרהון תי 61:6
דתתפנקון - תינקו
בדיל דתי 66:11
ותתפנקון - וינקתם
ותי על גסטין תתנטלון 66:12
תתפנקין - תינקי
ובביזת מלכיהון תי 60:16
מתפנקין - תתענגו
על מן אתון מי 57:4

פסולא
דכפסולא - מקבת
וכפ' מגוב ריקן 51:1
לפסולא - לסיגים
כספיך הוה לפי 1:22

פסילא
פסילן - נפץ
דמשיציא פי 30:30

פסיקא
פסיקיא - חגורה
ואתר דהואה אסרן פי 3:24

פסך
מפסכין - בסוחים
כובין מי 33:12

פסל
אתפסילתון - נקרתם
וכפסולא מגוב ריקן אי 51:1

פסק
מדורי פי - חדל 38:11
פסקת - שבת
פי חדות כינרא 24:8
פסקו - שבת
פי עדי אורחן 33:8
יפסוק/יפסוק
לא יי דוכרנכון 48:1
לא יי - יכרת 48:19
דלא יי - יכרת 55:13
דלא יי - יכרת 56:5
ולא יי דכרנהון 62:7
יפסקון
ולא יי עדי אורחא 35:8
פסיק
לא פי 62:6
פסקא
דלא פי 35:10;51:11
פסקין
כמבוע דלא פי מוהי 33:16
דלא פי מוהי - יכזבו 58:11
לא פי - יחשו 62:6
פסקן
מחן דלא פי - סרה 14:6
דלא פי 54:8
דאתפסיק
על תרנהון דאי 33:23
דאתפסיקו - נטשו
לספינא דאי חבלהא 33:23
יתפסיק - יסור
וניריה מעל...יי 14:25
תתפסיק - נתק
ולא תי ערקת מסניה 5:27

אתפסקו - התפתחו
אי חנקי צוריכון 52:2
יתפסקון - ינתקו
וכל אטונוהי לא יי 33:20
דיפסיק - וחדל
וי' יקר כל מלכותא 53:3

פצחא
פציחין/פצחין
קרוי פי 25:2
פי ייתבון מדבר- חצרים 42:11

פציח
כשחין פי על שמש- צח 18:4

פצידא
מפציד - מגבא
ולמזלח מיין מפי 30:14
פצידין - פלגים
פי נגדין מיין 30:25
בפצידי - כפלגי
בפי מיא 32:2
פצידוהי - כפלגי
ויסיק על כל פי 8:7

פקד
פקידית - צויתי
אנא פי למזמני 13:3
תפקדונני - תצוני
ועל עובד גבורתי תי 45:11
תתפקיד - תפקד
מן קדם יוי צבאות תי 29:6
פקיד - צוה
יוי פי על כנען 23:11
אפקיד - אצוה
ועל נבייא אי 5:6
אפקדיניה - אצונו
ועל עמא דעברו על...אי 10:6
פקיד - צו
פי לביתך 38:1

אתפקד - יבין
ומן אי למסבר 28:9
אתפקדו - צו
אנון אי למעבד אוריתא 28:10
דאתפקדו - צו
ומא דאי לא צביאו 28:10,13
ועל דאי למעבד אוריתא 28:13

פקודא
לפקודי
אילו אציתתא לפי 48:18

פקח
ופקח - ופקח
ופי בר רמליה 7:1

פרא
דפרן - כיונק
הא כלבלבין דפי 53:1

פרד
פרדו - פתח
פי כנשת רשעא 58:6
מפריד - מדח
ויהי כתבי מי 13:14

פרח
דפרח
כאבקא דפי - יעלה 5:24
כדוקא דפי - יטול 40:15
דאפרחוהי - נודד
כעופא דאי מקיניה 16:2
לאפרחא - פרח
אילנא לאי 18:5
ומפרח
ומי ית דוקא 28:28

פרידא
כפרידוהי - כמעתיו
ובני בנך כפי 48:19

פריע
בפריע
בפי מלך...ייתי- מהרה 5:26
איתי להון בפי 18:4
ויתקבל אלפנהון בפי 32:2
בפי תסק - מהרה 58:8

פרישא
פרישן
ארי עבדתא פי - פלא 25:1
אף פי לא יכלון למעבד 26:18
פי דיתעבדון לנא 53:8
וישראל לא עבד לנא פי 63:16
פי לא סברנא - נוראות 64:2
פרישתיה - מעשהו
יגלי פי 5:19

פרך
אתפריכו - אמללה
ארי אי גופניא 24:7

פרנוס
ויהי פי וטב - דשן 30:23

פרנס
תפרניס - פרס
הלא תי לכפנא מלחמך 58:7
יתפרנסון
יי כל צדיקיא - יאכל 7:22
יי צדיקיא - ירעה 30:23
ויתפרנסון - ורעו
ויי צדיקיא 5:17
ויי חשיכי עמא 14:30

פרנסא
פי הדין - הסכן 22:15
פרנסך
קל פי - צפיך 52:8
ואשוי פי שלם - פקדתך 60:17
פרנסיהון - שריהם
ואמני ינקיא פי 3:4

פרס
ופרסיה - ויפרשהו
ופי חזקיה קדם יוי 37:14
ופרסינון - וימתחם
ופי כמשכן 40:22
יפרוס - יהל
ולא יי תמן ערבי 13:20
למפרס - פרשו
ולא אפשר למי עלוהי 33:23
פרסא
אידא פי קלעהא 60:9
פרסין - ובפרשכם
וכד כהניא פי ידיהון 1:15
ופרסי - ופרשי
ופי מצדן על אפי מיא 19:8
פריסין
וקלעיהון פי 18:1

פרסא
פרסין
ארבע מאה פי 10:32
ארבעין פי

פרסתא
פרסת
פי סוסותיה - פרסות 5:28
פי ענותניא - פעמי 26:6
על פי רגלך - כפות 60:14
בפרסת - בכף
וטפחית בפי רגלי עמא 37:25

פרע
אתפרע/אתפרע
אי מניך - אקח 47:3
אנא אי - אריב 49:25
לא לעלמא אי - אריב 57:16
ואתפרע - וראה
ואי ועביד פורענו 37:17
לאתפרעא
עתידא לאי מנהון - נטויה 5:25;9:11,16,20;10:4
ואתגלי לאי מנהון- וקמתי 14:22

לאי ממצרים 19:1
לאי מנהון - יפקד 27:3
לאי מרשיעיא 28:21
לאי מ...
לאי בתקוף מ... 59:17
דיתפרעון
ויי מנהון רוגזי 13:3

פרעה
מרות פי 10:26
בתקוף פי - פרעה 30:2
תקוף פי - פרעה 30:3
פי מלכא דמצרים 36:6
פי מלכא דמצרים - פרעה
פי ומצראי 43:2
פי ומשריתיה 51:9
כפרעה
כפי מלכא קדמאה 27:1
לפרעה
דמלכוהי לפי - פרעה 19:11
תימרון לפי - אל פרעה
מא דעבדית לפי 37:26

פרק
פרק - גאל
ארי פי יוי יעקב 44:23
פי יוי עבדוהי 48:20
יוי...פי ירושלם 52:9
דפרק - אשר פדה
יוי...דפי ית אברהם 29:22
פרקינון - הושיעם
ומלאך...פי 63:9
ופרקנון - ותושע
ופי בדרע תוקפיה 59:16
פרקית - והושעתי
אנא פי יתכון ממצרים 43:12
פרקתך - גאלתיך
ארי פי 43:1;44:22
ופרקתינון - ותושע
ופי בדרע תקפי 63:5
יפרוק - יושיע
דחלא דלא יי 45:20

יפרקניה - יושיענו
לא יי 46:7
דיפרקינכון - וישעכם
הוא יתגלי ויי 35:4
יפרקננא - יושיענו
יוי מלכנא הוא יי 33:22
דיפרקיננא - ויושיענו
הא אלהנא...ויי 25:9
אפרוק - אושיע
וית בנך אנא אי 49:25
יפרקוניך - יצילך
אם יי עבדי שקריך 57:13
דיפרקוניך - ויושיעך
יקומון כען ויי 47:13
פרוקנא - הושיענו
יוי אלהנא פי מן ידיה 37:20
למפרק
למי ית שארא - לקנות 11:11
וכען עתדנא למי 52:5
אמר למי לתבירי לבא 57:15
סגי קדמי חיל למי- להושיע 63:1
מלמפרק - מפדות
אתקפדת גבורתי מלמי 50:2
למפרקה - להושיעה
למי בדיל מימרי 37:35
למפרקנא - להושיעני
יוי למי אמר 38:20
ולמפרקהון
ולמי משעבוד מלכותא 42:7
פריק
דהוה פי לכון 2:6
וישלח להון פי- מושיע 19:20
ולית...פי - מושיע 43:11
אלהא דישראל פי- מושיע 45:15
ואתין...פי - תשועה 46:13
וייתי לציון פי- גואל 59:20
דפריק - מושיעך
לית דפי ליך 47:15
ופריק - ומושיע
אלה דזכו ופי 45:21
לפריק
והוה לי לפי - לישועה 12:2

והוה...לפי - למושיעה 63:8
פרקך
אנא יוי...פי - מושיעך 43:3
יוי פי - גאלך 48:17
דפרקך - גאלך
כדנן אמר יוי דפי 44:24
פרקיך
אנא יוי פי - מושיעך
49:26;60:16
אמר פי יוי - גאלך 54:8
הא פי מתגלי - ישעך 62:11
ופרקיך - וגאלך
ופי קדישא דישראל 54:5
פרקיה - גאל
יוי פי דישראל 49:7
ופרקיה - וגאלו
מלכיה דישראל ופי 44:6
פרקנא/פריקנא
אף פי בעדן עקא -ישועתנו 33:2
פי יוי...שמיה -גאלנו 47:4
יוי...פריקנא - גאלנו 63:16
פריקכון - גאלכם
כדנן אמר יוי פי 43:14
ופריקכון - וגאלך
אמר יוי ופי 41:14
פריקין - גאולים
ויהכון פי 35:9
פריקיא - גאולי
פי* דיוי 62:12
ופריקיא - ופדויי
ופי דיוי יתכנשון 35:10;51:11
אתפריק - נושע
ישראל אי במימרא דיוי 45:17
תתפריק
ציון...תי - תפדה 1:27
פירוק תי - התמוטטה 24:19
עד לא מיתי...תי- ילדה 66:7
למתפרקא
כד ישלים עלמא קציה למי 10:32
ואתפריקו - והושעו
אתפנו למימרי ואי 45:22
יתפרקן - תמוטנה
ורמתא יי 54:10

תתפרקון
בכין ת' במימר דחילא 26;4
דתתובון לאוריתי..ת'
- תושעון 30:15
ולא בכסף ת' - תגאלו 52:3
מתפרק - יצען
כמשכנא דלא מ' 33:20
מתפרקין
לית אתון מ' - מהושיע 59:1
אנחנא מ' - ונושע 64:4

פרש
ויפרש - ופרש
וי' מחת גבורתיה 25:11
יפרשניה - יקבנו
דבמימריה דיוי י' 62:2
פריש
פ' להון ית נבואתא 21:11
פ' להון מא דעתיד למיתי
דמפריש - יפרש
כמא דמ' שייטא למישט 25:11
ומפריש - ופרשיו
ומ' ית עיבורא 28:28
מפרש
כתב מ' - בחרט אנוש 8:1
מפרשן
מחן מ' 29:14
דאתפרשו
מעדן דא' עממיא 48:16
אתפרשו - סורו סורו
א' א' פוקו מתמן 52:11
יפרשינני - יבדילני
אפרשא י' יוי 56:3
אפרשא - הבדל
א' יפרשינני יוי 56:3
מפרשין - מבדלים
חוביכון הוו מ' 59:2

פרשא
פרשיא - פרשים
ועל פ' ארי תקיפין 31:1
פרשין - פרשים
זוג פ' 21:7,9;22:6
ופרשין - והפרשים
רתיכין ופ' 22:7
ולפרשין - ולפרשים
לרתיכין ולפ' 36:9

פרת
על פ' - הנהר 11:15
מכיף נהרא פ' 27:12
נהר פ' 48:18;59:19;66:12

פרת
מפרית - מעופף
כחיוי מ' 14:29
מפרתין
וחיוון חרמנין מ'- מעופף 30:6
חיוון חרמנין מ' - אפעה 59:5

פתא
ויפתי - ורחב
וי' לביך 60:5
אפתיאת - הרחיבה
בכין א' שאול נפשה 5:14
אפתית - הרחבת
א' אתר בית משרך 57:8
אפתא - הרחיבי
א' אתר בית משרך 54:2
ולאפתאה - הרחב
ולא' מדורה 30:33

פתא
אקפות פ' - מקשה 3:24

פתאה
פתאי - רחב
מלי פ' ארעך ישראל 8:8

פתגמא
פ' דיוי - דבר
1:10;28:13,14;39:5,8;66:5
ואולפן פ' דיוי - ודבר 2:3
מלילו פ' - דבר 8:10
פ' שלח יוי - דבר 9:7
דין פ' - הדבר 16:13;37:22
פ' הדין- הדבר 24:3;38:7
ואדנן ישמעון פ'- דבר 30:21
ולא אתיבו...פ' - דבר 36:21
בפתגמא - בדבר
בפ' הדין 30:12
ופתגמא - ודבר
ופ' דאלהנא קיים ל... 40:8
כפתגמא - כדבר
ויימרון לכון כפ' הדין 8:20

פתגם
פ' נבואה - הדבר 2:1
פ' נבואה - דבר 38:4
אם יתיבון פ' - דבר 41:28
מקים פ' עבדוהי- דבר 44:26
נפק...פ' - דבר 45:23
פ' טובי - דברי 55:11

פתגמי
מן קדם פ' 1:2
ומשתוי לקביל פ' - דברי 66:2

פתגמך
בתר פ' 45:14

פתגמיא
פ' האלין - הדברים 36:12
על כל פ' - בדברים 37:4
מן קדם פ' - הדברים 37:6
אלין פ' - הדברים 42:16

פתגמי
פ' אוריתא 5:20;29:21
פ' נבואתי - זה 6:7
פ' אלהי - אלהי 7:13
פ' מלכא - דברי 36:13
פ' רב שקה - דברי 36:22;37:4
פ' סנחריב - דברי 37:17
פ' רעותיה - עצתו 40:13
פ' נחמתא 41:27
פ' ברוהי 45:9
פ' נבואתי - דברי 51:16
פ' שקר - דברי 59:13
פ' רעותיה - דברו 66:5

בפתגמי

בפי אוריתי 27:5

ובפתגמי

ובפי נביי - ופי 30:2

ופתגמי

ופי אוריתא 32:6

ופי חשיכיא - ובדבר 32:7

ופי נבואתי - ודברי 59:21

כפתגמי

כפי ספרא דחתים- כדברי 29:11

לפתגמי

לפי אוריתיה 40:29

לפי ברכן ולוטין 48:8

לפי אוריתיה - דבר 50:4

פתגמוהי

וית פי לא בטיל- דבריו 31:2

ושוי פי בפומי 49:2

ופתגמוהי

ופי כשלהביתא - וקדושו 10:17

לפתגמוהי

ובדנתנהי לפי 53:5

פתורא

פתורהון - שלחנות

כל פי מלן מיכל מגעל 28:8

פתורין

סדרו פי - השלחן 21:5

דמסדרין...פי - שלחן 65:11

פתח

לא פי תרעא - פתח 14:17

ועד לא פי פומיה - יפתח 53:7

ופתחת - ופערה

ופי פומה 5:14

ויפתח - ופתח

ויי ולית דאחיד 22:22

תפתח - תפתח

תי ארעא 45:8

ואפתח - אפתח

ואי להון 41:18

תפתחון - תרחיבו

וקדם מן תי פומכון 57:4

פתחו - פתחו

פי תרעיא 26:2

פתח - יפתח

ולית לקבליה פי פומיה 53:7

דפתח - פתח

וייעוד ולית דפי 22:22

ופתח - ופצה

ופי פומיה 10:14

לפתחא

לפי עיני בית ישראל-לפקח 42:7

לפי קדמוהי דשין- לפתח 45:1

יתפתחן

אם יי - יפתח 28:24

יי עיני בית ישראל-תפקחנה 35:5

אם אדני חייביא 50:4

ויתפתחן - ופתחו

ויי תרעך 60:11

אתפתחא - פקוח

אי אדניכון 42:20

פתיות

לארע פי ידין - רחבת 22:18

פי ידין - רחבי 33:21

פתכרא

פתכריה - במלכו

וילוט ויבזי שום פי 8:21

פתן

על חור חיוי פי- פתן 11:8

פתרוס

ומפתרוס - ומפתרוס

דישתאר מאתור...ומפי 11:11

צ

צבא

בצבין - בחצן

וייתון בנך בצי 49:22

צבא

צביאו

לא צי למעבד 28:10,13

אצבי - אבחר

אף אנא אי בתברהון 66:4

דצבי - צמא

יי כל דצי למילף 55:1

צביא - חפצתי

ובדלא צי 65:12;66:4

בדצביא - באשר חפצתי

ומתרען בדצי 65:4

צבן

ולא צי למתב 5:3

לא צי דיילפון בה 8:16

ולא צי לקבלא 34:12

למידע...צי - יחפצון 58:2

לאתקרבא...צי - יחפצון

צבאות

צבאות - צבאות

1:9,24;2:12;3:1,15;5:7,9,16,24;6:3,5;8:13,18;9:6,12,18;10:16,23,24,26,33;13:4,13;14:22,23,24,27;17:3;18:7(2×);19:12,16,17,18,20,25;21:10;22:5,12,14(2×),15;23:9;24:23;25:6;28:5,22,29;29:6;31:4,5;37:16,32;39:5;44:6;45:13;47:4;48:2;51:15;54:5

צבענא

כצבענין - כשנים

כתימין כצי 1:18

צבר

יצבור - ישפך

ולא יי עלה מליתא 37:33

ואצבר - והקימתי

ואי עלך מליתא 29:3

צדא

ותצדי - שממה

וארעא תחרוב ותי 6:11

יצדון

ופרסי מצדן...י'- אמללו 19:8

י' ויסופון כחדא 42:14

וצדי

כדו חרוב וצ' 32:14

וצ' מתנן וכרמלא- ונער 33:9

צדיא

ארעכון צ' - שממה 1:7

ותהי צ' - תאניה 29:2

לא יתאמר עוד צ'- שממה 62:4

ירושלם צ' - שממה 64:9

צדיתא - שוממה

ירושלם צ' 54:1

דצדין

מדינן דצ' 43:20

ירותן דע' - שממות 49:8

וקרוין דצ' - נשמות 54:3

צדית - שממות

צ' קדמאי 61:4

צ' דר ודר

צדיאת

ובחוביכון צ' - ושממה 1:7

צ' חרובת תבל - אמללה 24:4

איתברת קרתהון צ'-תהו 24:10

צדיאו - נשמו

צ' כבשיא 33:8

וצדיאו - ויאשמו

וצ' דיתבין בה 24:6

צדיאה - עזב

המון קריא...צ' 32:14

ויצדון

וי' ויסופון - ואנו 3:26

וי' מיא מימא - ונשתו 19:5

וי' נהרותא - והאזניחו 19:6

וי' צידי נונייא - ואנו 19:8

וי' ויסופון - ובשפלה 32:19

דיצדיין - אשר אם שאו

עד די קרויא 6:11

ויתצדון - ונוקשו

וי' ויתאחדון 8:15;28:13

אצדי - מרעיש

אי* מלכוותא 14:16

צדו

בית צ' 14:23

אשתאר בקרתא צ'- שמה 24:12

לצדו

לצ' יהון - לשמה 5:9

לשואה ארעא לצ'- לשמה 13:9

לצ' יהון - משמות 15:6

ותהי לצ' - שממה 17:9

צדידא

בצדידא - בפוך

האנא כביש בצ' 54:11

צדיותא

ותסגי צ' - העזובה 6:12

בצדיותא

אשוי...בצ' - בישמון 43:19

יהבית...בצ' - בישימן 43:20

דצדיותא - בהו

ומשקולתא דצ' 34:11

וצדיותיך - ושממתיך

חרבותיך וצ' 49:19

צדיקיא

ויתפרנסון צ' - כבשים 5:17

צ' יחסנון - גרים

ברם צ' די יהון ב... 5:30

צ' דישתארון - הנותר 7:22

ויהון צ' - צדק 11:5

כין ישתארון יחידין צ' 17:6

כדין ישתארון...צ' 24:13

רגלי צ' 26:6

אורחת צ' - לצדיק 26:7

עובדי אורחת צ'- צדיק

בה יגיחון צ' - עגל 27:10

טובי צ' - כל 30:18

יתפרנסון צ' מגיתיהון 30:23

ויהון צ' - איש 32:2

עיני צ' - ראים 32:3

לא יתאמר...צ'- נדיב 32:5

נפש צ' - רעב 32:6

טוביכון צ' 32:20

שמעו צ' - רחוקים 33:13

יתותבון בה צ'- צדקות 33:15

שאר צ' - שארית 37:32

ויתרבון צ' 44:4

עבדוהי צ' - עבדו 44:26

לאקמא צ' 49:8

דלא יבהתון צ' 49:23

ולא ימותון צ' לחבל 51:14

ויתרבא צ' קדמוהי 53:2

יתקיימון צ' - ברוש 55:13

צ' מיתין - הצדיק 57:1

מתכנשין צ' - הצדיק

אבהתך צ' 62:6

עבדך צ' 63:17

לעמך צ' 64:3

אבהתנא צ' - צדק 64:4

אבהתנא צ'

עבדי צ' - עבדי

65:8,13(3×),14

ועבדי צ' - ועבדי 65:9

ולעבדוהי צ' - ולעבדיו 65:15

קבילו פתגמא דיוי צ' 66:5

לעבדוהי צ' - עבדיו 66:14

עד דימרון עליהון צ' 66:24

וצדיקיא

וצ' דהימינו 28:16

וצ'...יתרבון - ולשרים 32:1

וצ'...מתמלכין- ונדיב 32:8

וצ' עבדי מימריה- ואיש

וצ' עבדי מימריה- ואיש 40:13

לצדיקיא

אמרו לצ' - צדיק 3:10

במיתי נהורא לצ' 5:20;24:15

אית אגר לצ' 21:12

תושבחא...לצי - לצדיק 24:16

רז אגר לצי 24:16

כין...לצי - עריצים 25:4,5

לצי דמשלהן לפתגמי אוריתיה - ליעף 40:29

לאלפא לצי 50:4

שלמא יתעביד לצי 57:19

בסרו...לצי 62:10

צדקא

מבחירי צי - הישועה 12:3

אברהם בחיר צי- צדק 41:2

צדקתא

ועבדי צי - וצדקה 32:16

עבדי צי - הצדקה 32:17

ומפלחי צי - תצדקתה

ועבדו צי - צדקה 56:1

צהא

יצהי

ואם יי ולא ישתי מיא 44:12

יצהון - יצמאו

ולא יי 49:10

תצהון - תצמאו

ואתון רשיעיא תי 65:13

אצהינון - צמאו

ולא אי 48:21

צהונא/צהורנא

ובית צי - וצמאון 35:7

וארע בית צי - ציה 41:18

ארע בית צי - צמא 44:3

בצהותא

בבוצרתא בצי - צמא 5:13

וימותון בצי - בצמא 50:2

צהיא

לאפי צי - צמא 21:14

בארע צי - בציון 25:5

וכמא דיחלום צי- הצמא 29:8

בארע צי - בציון 32:2

בארע צי - וציה 35:1

כצהיא

כצי למיא - צמא 32:6

הא כצי למיא 41:17

צואר

מרימן צי - גרון 3:16

עד צי - צואר 30:28

צורך - צוארך

תעדי...וניריה מעל צי 10:27

צוארי

צי סוסותיה 10:32

צוריכון - צוארך

חנקי צי 52:2

צוריהון - שכמו

וניריה מעל צי יתפסיק 14:25

צוח

וצוחו - ותזעק

וצי יתבי חשבון 15:4

יצוח - יצעק

לא יי 42:2

יצוחון - צעקו

יי במרר 33:7

תצוחון - תצעקו

ואתון תי מכאב לב 65:14

צוחי - זעקי

צי על קרוך 14:31

אצוחי - בזעקך

אי כען אם יפרקוניך 57:13

מצוחין

כלהון מיללין מי- ירד 15:3

מזרזי מואב מי - יריעו 15:4

ובאר אילים מי - יללתה 15:8

ומואבאי...מי - ייליל 16:7

מי על חמרא - צוחה 24:11

דמצוחין

וקל דמי - זעקה 65:19

ומצוחא - תזעק

ומי בחבלהא 26:17

צוחתא

ארי אקיפת צי - הצעקה 15:8

צוחת - זעקת

צי תבירי קרב יבסרון 15:5

צום

צימין

למא אנחנא צי - צמנו 58:3

אתון צי - תצומו 58:4

צור

דציירין - נצורה

כקרתא דצי עלה 1:8

צירא - חקתיך

את צי קדמי 49:16

צור

לאשקאה ית צי - צר 23:1

ההדא לכון תקיפתא צי 23:7

מן מלך דא על צי- צר 23:8

ותתרחק צי - צר 23:15

דצור - צר

דוכרנה דצי 23:17

לצור - לצר

יהי לצי כ... 23:15

צוראי

זער כד שמעו צי- צר 23:5

צורכא

צרוך

כמא דלית בה צי 9:4

לא טעון דאית בהון צי 37:19

לטעוון דאית בהון צי 41:23

לאבני צי - חפץ 54:12

צורכך/צרכך

למעבד צי - חפציך 58:13

ומלטופקא צי - חפצך 58:13

לְצוּרְכֵיה - למעשהו
ומפיק מנא לצ׳ 54:16
צוֹרְכֵיכוֹן - חפץ
אתון תבעין צ׳ 58:3

צורתא
בְּצוּרַת - במעלות
בצ׳ אבן שעיא 38:8

צות
אֲצִיתַת - האזינו
לא א׳ 64:3
אֲצִיתָא - הקשבת
אילו א׳ לפקודי 48:18
אֲצִיתִית - והקשיב
א׳ אצתא 21:7
יְצִית - יאזין
מן בכון י׳ דא 42:23
יְצִיתוּן
ואדני...י׳ - תקשבנה 32:3
ואודניהון...י׳- תפתחנה 35:5
וַאֲצִיתַי - והאזיני
וא׳ ארעא 1:2
אֲצִיתוּ
א׳ לאוריתא - האזינו 1:10
א׳...בליש - הקשיבו 10:30
א׳ ושמעו - האזינו 28:23
א׳ למימרי - החרישו 41:1
וַאֲצִיתוּ - והאזינו
וא׳ כל דבסיפי ארעא 8:9
אֲצִיתָא
א׳ למימרי - האזינה 32:9
ומלכותא א׳ - הקשיבו 34:1
וכנשתי...א׳ - האזינו 51:4
וַאֲצִיתָא - והקשיבו
וא׳ מלכון מרחיק 49:1
אֲצָתָא - קשב
אציתית א׳ 21:7

צחח
וְצַחְצָחוּ - משחו
מריקו וצ׳ זינא 21:5

בְּצַחְצָחָן
למללא בצ׳ - צחות 32:4

ציב
צ׳ חד 5:18
צ׳ חד כזעיר - מעט 10:25;16:14;29:17

צידא
צֵידֵיה - טרפו
כמא דמכלי...על צ׳ 31:4

צִידוֹן
תגרי צ׳ - צידון 23:2
דְבְצִידוֹן - צידון
לעמא דבצ׳ 23:12

צִידוֹנָאֵי
בהיתו צ׳ - צידון 23:4

צִיוֹן
צ׳...תתפריק - ציון 1:27
בנת צ׳ - ציון 3:16,17;4:4
יתיב צ׳ - ציון 10:24
יוי שכליל צ׳ - ציון 14:32
לממלי צ׳ - ציון 33:5
תחזי...צ׳ - ציון 33:20
על צ׳ - לציון 41:27
על דאמרת צ׳ - ציון 49:14
לנחמא צ׳ - ציון 51:3
אתגלי לבשי...צ׳- ציון 52:1
צ׳ דאתרעי בה - ציון 60:14
לאבלי צ׳ - ציון 61:3
צ׳ מדברא הות - ציון 64:9
דתתנחם צ׳ - ציון 66:8
בְּצִיוֹן
האנא ממני בצ׳- בציון 28:16
עמא בצ׳ - בציון 30:19
דזיהור ליה בצ׳- בציון 31:9
אתברו בצ׳ - בציון 33:14
מן ידור לנא בצ׳
ואתין בצ׳ - בציון 46:13

לדדירין בצ׳ - לציון 51:16
דְבְצִיוֹן - ציון
בית מקדשא דבצ׳ 10:32
דְצִיוֹן
כנשתא דצ׳ - ציון 1:8;12:6;16:1;37:22;52:2
טורא דצ׳-ציון 4:5;29:8;31:4
בטורא דצ׳ - ציון 8:18;10:12;18:7;24:23
עולבנה דצ׳ - ציון 34:8
מטורא דצ׳ - ציון 37:32
לכנשתא דצ׳ - לציון 52:7
לכנשתא דצ׳ - ציון 62:11
לְצִיוֹן
יתוב לצ׳ - בציון 4:3
וייעלון לצ׳ - ציון 35:10;51:11
דמבסרין לצ׳ - ציון 40:9
כד יתיב...לצ׳- ציון 52:8
וייתי לצ׳ - לציון 59:20
עד דאעביד...לצ׳- ציון 62:1
מִצִיוֹן - מציון
מצ׳ תיפוק אוריתא 2:3

צַיָּדִין
ספינת צ׳ - שיט 33:21
צַיָּדַי - הדיגים
צ׳ נונייא 19:8

כְּצִימוּח
כצ׳ דסליק על 40:31

צִיפּוּנָא
מן צ׳ - שמאול 9:19
בסיפי צ׳ - צפון 14:13
כרוח צ׳ - מצפון 41:25
לְצִפּוּנָא
אימר לצ׳ - לצפון 43:6
וּלְצִפּוּנָא - ושמאול
לדרומא ולצ׳ תתקפין 54:3
מִצִיפּוּנָא - מצפון
מצ׳ פורענא אתי 14:31
והא אלין מצ׳ וממערבא 49:12

צירא

וכל דייעול לכרכי צי 13:15

בצירא

בצי עמכון 36:12

צלא

וצלי - ויתפלל

וצי חזקיה 37:15

וצי קדם יוי 38:2

צליתי - וחכיתי

על דא צי קדם יוי 8:17

יצלי - יקרא

ודין יי בשום יעקב 44:5

תצלי - תקרא

בכין תי 58:9

יצלון

ארי יי - יצעקו 19:20

עד לא יי קדמי- יקראו 65:24

צלו - קראו

צי בשמיה 12:4

לצלאה

לצי עליכון 1:15

כד אתון מסגן לצי - תפלה

נפשי מחמדא לצי קדמך 26:9

מצלי

מי בשמי - קרא 65:1

דמצלי

לית דמי בקשוט- קרא 59:4

ולית דמי בשמך- קורא 64:6

יצטלי - ימוט

צילם דלא יי 40:20

דלא יי 41:7

צלותא

צלו - תפלה

בית צי 56:7

בצלו

ותתחנן בצי - תפלה 37:4

שפכית דמעתי בצי 38:17

צלותי

יוי קביל צי 38:14

בבית צי - תפלתי 56:7

צלותך

קל צי - זעקך 30:19

שמיעא קדמי צי- תפלתך 38:5

ויוי יקביל צי 58:9

צלותכון

לקבלא צי 1:13,15

אנא מקביל צי - עניתיך 49:8

לא מתקבלא צי 59:1

מלקבלא צי 59:2

צלותהון

ויקביל צי - ונעתר להם 19:22

אנא...אקביל צי- אענם 41:17

אקביל צי - ואני אענה 65:24

צלח

אצלחת

אי במלכותא 57:9

ואצלחית - והצליח

ואי אורחיה 48:15

יצלח

הא יי עבדי - ישכיל 52:13

לא יי - יצלח 54:17

יצלחון - יצלח

ברעותיה יי 53:10

באצלחותה

ירושלם באי 33:20

דמצלח

כחתנא דמי בגנוניה 61:10

ומצלח - והצליח

ומי לדשלחנא ליה 55:11

דמצלחין

לרשיעיא דמי בעלמא 5:20

צלמא

צי נגרא עביד - הפסל 40:19

עבדי צי - פסל 44:9

אתכיה צי - פסל 44:15

דצלמא

וצי אתיך - ופסל 44:10

לצלמא

לצי סגיד - לפסלו 44:17

צילם

לאתקנא צי - פסל 40:10

לצילם

דאמרין לצי - למסכה 42:17

וצלמי - ופסלי

וצי ומתכי אתיכונון 48:5

צלמהון

אע צי - פסלם 45:20

צלמיא/צלמניא

לפלחי צי - לפסילים 42:8

פלחי צי - בפסל 42:17

פלחי צי - צירים 45:16

צלמי

וכל צי טעותהא- פסילי 21:9

צי כספכון - פסילי 30:22

צי פחרא 45:9

צלמנא

ולצלמניא

לטעותא ולצי -ולעטלפים 2:20

ולצי דבה -ולעצביה 10:11

צלמניהון - עצביהם

הרו צי דמות חיון 46:1

וצלמניהון - ופסיליהם

לטעותא וצי 10:10

צמח

יצמח

ולא יי - ואיננו 19:7

צמחא

צמחה - צמחה

כארעא דמפקא צי 61:11

צנפא

בריש צי - אמיר 17:6

צער

למערק עד צי - צער 15:5

צערא

מצערך - מעצבך

דיניח יוי לך מצי 14:3

צַפְרָא

עד לא הוה צ׳ - בקר 17:14

נהימית עד צ׳ - בקר 38:13

בְּצַפְרָא - בבקר

יי דמקדמין בצ׳ 5:11

ואקדימו בצ׳ 37:36

בְּצַפַּר בְּצַפַּר - בבקר בבקר 28:19;50:4

לְצַדְבָא

ויהון לצ׳ - לבער 6:13

צרך

צְרִיכָה

בארעא דהות צ׳ ליה 53:2

תִּצְטְרְכִין

לא ת׳ עוד לניהור 60:19

צרף

צְרַפְתָּךְ - צרפתיך

הא צ׳ 48:10

לְמִצְרַף

למי ולדכאה ית שארא 53:10

ק

קבורתא

בְּקְבוּרָא - בקבורה

לא תהי כחד...בק׳ 14:10

קביל

לְקֳבֵיל - ל... 47:15;53:6

לִקְבֵיל - ל... 56:11

לקביל - לנגד 60:3

לקביל - נגד 61:11

לקביל - על 66:2

לקביל - אל 66:5

לקביל ; 10:32;16:6;28:11; 30:33;45:9

וּלְקֳבֵיל- ונגד 5:12

מִקֳּבֵיל - מנגד 1:16

לְקֳבְלִי - נגדי 49:16

לְקֳבְלָךְ - נגדך 59:12

לְקֳבְלֵיה 53:7

לְקֳבְלְכוֹן - לנגדכם 1:7

קבילתא

קְבֵילַת

עבידו ק׳ ארמלתא 1:17

וּקְבֵילַת - וריב

וק׳ ארמלתא לא עלת 1:23

קבל

קְבֵיל

יוי ק׳ צלותי 38:14

דְּקַבֵּיל - לקח

ובפומיה ממלל דק׳ 6:6

וְקַבֵּיל

וק׳ אוריתא עלוהי 9:5

קַבֵּילַת - לקחת

ארי ק׳ כס תנחומין 40:2

דְּקַבֵּילַת - אשר שתית

ירושלם דק׳...ית כסא 51:17

קַבֵּילְתָא - ידעת

אף לא ק׳ אולפן אוריתא 48:8

קַבֵּילִית - לקחתי

הא ק׳ מן ידיך ית כסא 51:22

קַבִּילוּ

ולמילי נבייא לא ק׳ 28:10

ולא ק׳ אלפן - שמעו 42:24

אתנביאו ולא ק׳ - עונה 50:2

אתנביאו ולא ק׳ - שמעו 66:4

קַבֵּילְתּוּן

ולא ק׳ אלפן - ישמע 42:20

ולא ק׳ - עניתם 65:12

יְקַבֵּיל

קל צלותך יי - כשמעתו 30:19

יי ויסבר לסופא - יקשב 42:23

ויוי יי צלותך - יענה 58:9

וִיקַבֵּיל - ונעתר להם

ויי צלותהון 19:22

אֲקַבֵּיל

אי צלותהון - אענם 41:17

אי צלותהון - ואני אענה 65:24

יְקַבְּלוּן - ילמדו

יי אולפן 29:24

וִיקַבְּלוּן

ויי אולפן 28:24

ויי אולפן - לשמע 50:4

תְּקַבְּלוּן

ולא תי למימרי- ומריתם 1:20

ואם לא ת׳ 8:14

ולא ת׳ - תשמעו 36:16

וּתְקַבְּלוּן

ותי למימרי - ושמעתם 1:19

ותי אלפן חדת - ושאבאם 12:3

קַבֵּיל

ק׳ בעותי יוי 38:3

ק׳ פתגמא דיוי- שמע 39:5

קַבִּילוּ

ק׳ פתגמא דיוי- שמעו 1:10;28:14;66:5

ק׳ למימרי - שמעו 46:3,12;51:1,7

ק׳ מרועא - קחי 47:2

ק׳ למימרי - שמע 48:12

ק׳ נגוון - שמעו 49:1

ק׳ למימרי - הקשיבו 51:4

ק׳ קבלא למימרי - שמעו 55:2

וְקַבִּילוּ

וק׳ למימרי - ושמעו 28:23

וק׳ למימרי - ולכו 55:3

קַבָּלָא - שמוע

קבילו ק׳ למימרי 55:2

לְקַבָּלָא

לק׳ צלותכון 1:13,15

רחמין לקי שוחדא - שחד 1:23

ולא אבו לק׳ - שמוע 28:12

דלא אבו לק׳ - שמוע 30:9

ולא צבן לק׳...מלכו 34:12

לקי למלי נבייא 35:5
לא ארכינתא אודנך לקי 48:8

מלקבלא

מלקי שוחדא - מתמך 33:15
מלקי צלותכון - משמוע 59:2

מקביל - עניתיך

אנא מי צלותכון 49:8

מקבלת

מי עולבן 54:11

מקבלין

ארי לא מי 8:16

דמקבלין - שחד

דמי מניה ממון דשקר 5:23

מקבלי

מי עולבן 29:19
מי אולפן - שמעים 32:3

ויתקבל

ויי אלפנהון בפריע 32:2

מתקבל

ועד לא פתח פומיה מי 53:7

מתקבלא

לא מי צלותכון 59:1

קבל

קבלין - הגידו

וחטאיהון...קי לא מנעין 3:9

ומקבלין - וקרא

ומי דין מדין 6:3

קבל

יקבל - חשך

יי שמשא במיפקיה 13:10

קבלא

בקבלא

כיד בי - בחשך 9:1
כד בקי - במחשך 29:15
ועולי בקי - בחשך 47:5
כד בקי - בחשך 49:9
כיד בקי - קדרות 50:3
דמהליך בקי - חשכים 50:10
כד בקי - באפלות 59:9
כמא דמתקבלין בקי 59:10

וקבלא - וערפל

וקי למלכותא 60:2

קבל

עקא קי ובידור- ואפלה 8:22
כאסירי קי - חשך 42:7
אשוי קי...ל - מחשך 42:16
באתר ארע קי - חשך 45:19

ומקבל - ומאפל

ומק'...יחזיין 29:18

וקבלך - ואפלתך

וקי יהי כטיהרא 58:10

קברא

מקברך - מקברך

ואת אתרכינתא מקי 14:19

קברייא/קבריא

כמא דאחידין קי 59:10
מעפר קי - בקברים 65:4

קדישא

קי דישראל - קדוש/קדש
1:4;5:24;10:20;12:6;17:7;30:11,12,15;31:1;37:23;41:14;43:3,14;45:11;47:4;48:17;49:7;54:5;60:14

ואלהא קי - הקדוש 5:16
קי קדם יוי - קדש 23:18
במימר קי ד...- בקדוש 29:19
קדיש קי דיעקב- קדוש 29:23
יאמר קי - קדוש 40:25

בקדישא - בקדוש

בקי דישראל 41:16

דקדישא

דקי דישראל - קדוש 5:19

וקדישא - וקדוש

וקי דישראל 41:20
וקי שכינתיה 57:15

לקדישא - לקדוש

לקי דיוי 58:13

ולקדישא - ולקדוש

ולקי דישראל 55:5;60:9

קדיש

עם קי 1:4
קי יתאמר ליה - קדוש 4:3
קי בזכותא - נקדש 5:16
ואמרין קי...קי...קי
- (3×)קדוש 6:3
תימרון קי - תקדישו 8:13
ויימרון קי - והקדישו 29:23

וקדיש - וקדוש

וקי שמיה 57:15

קדישיה - קדושו

יוי פרקיה דישראל קי 49:7

וקדישיה - וקדושו

מרי נהוריה ד...וקי 10:17

קדישכון - קדושכם

אנא יוי קי 43:15

קדישין - שרפים

שמשין קי 6:2

קדלא

קדלך - ערפך

וקשי כברזלא קי 48:4

קדם

יקדמנה - יקדמנה

ולא יי בתריסין 37:33

לקדמות

לקי אחז - לקראת 7:3
לקי מיתך - לקראת 14:9

ואקדימו - וישכימו

ואי בצפרא 37:36

מקדים - יעיר

בצפר בצפר מי לשלחא 50:4

דמקדמין - משכימי

יי דמי בצפרא למשתי 5:11

קדם

מיומי קי -קדם 23:7;37:26
כיומי קי - קדם 51:9

מלקדמין

מלקי - מקדם 2:6;45:21
מלקי - מרחוק 22:11;25:1
מלקי - קדמתה 23:7
מלקי - למרחוק 37:26
מלקי - מראש 41:4

מלקי - לרחוק 57:19

מלקי 13:19;33:13;41:27

דמילקי - קדם 19:11

דמלקי - ממרחק 30:27

דמלקי - עולמים 51:9

דמלקי 43:10;44:6;48:12

ומלקי - ומלפנים 41:26

ומלקי - ומקדם 46:10

קדם/קדם/ק

מן קדם - מפני ;2:10,19,21 7:2,16;10:27;16:4;17:9;19:16, 17,20;20:6;21:15(2×);30:17 (2×);31:8;37:6;51:13;57:1

מן קדם/ק - ל... ;2:12;28:2 34:2,6;58:5

קדם - אל ;3:8;10:21;19:20 30:29;32:6;37:15,23;38:2

מן קדם - מן/מ... ;7:4;24:18 29:15;40:2,27;51:17

מן קדם - מעם 7:11;28:29;29:6

קדם - את ;7:12;19:21 49:4(2×);62:6,9

קדם - לפני ;8:4;17:13;23:18 36:7;37:14

קדם/ק - ל... :8:17;12:4;19 19(2×),20,21; 22:5;23:18;27: 13;34:6,8;42:10,12;44:5;55: 13;61:2(2×);66:20

קדם - מעם 8:18

מן קדם - לפני 17:13

מן קדם/ק- מאת 21:10;28:22;38:7

ומן קדם - ומפני 21:15(2×)

ואלפן מן קדם - ואת 31:1

קדם - באזני 36:11

ומן קדם - ומי... 40:27

קדם - בעיני 49:5

קדם - על 58:14

קדם - ביד 62:3

קדם - בכף

מן קדם/קדם/ק ;1:2;5:9,30 6:6;9:5,12,18;11:2;13:6,9,13; 21:2;22:2,3,14;24:6;25:4;26: 17;28:17;29:1;31:9(2×);32:2 (2×),15;38:4,13,14;40:2,7;42: 24;51:1,9,20(2×);53:4;58:8; 59:1,11;61:1;62:4

קדם/ק ;3:8;12:5;21:8;24:15 27:12;37:4;38:11;40:3(2×),18, 21,26;41:2(2×);58:10;59:15; 61:6;66:16

ומן ק/ קדם 53:6,10;64:5

דקדם - לפני 53:7

וקדם - ונגד 24:23

וקדם - ועל 37:23

וקדם - ול... 38:16

וקדם - ולפני 48:7

וקדם 57:4,11

לקדם - ל... 18:7

לקדם 23:17

קדמי - פני 1:12

קדמי - לי ;1:13;8:2;27:4 29:2;43:10,23,24;44:7,21;45: 23;54:9;66:1

קדמי - עלי 1:14

קדמי - ביני 5:3

קדמי - אתי/אותי ;29:13;37:6 63:3

קדמי - אלי 37:21,28

קדמי - בעיני 43:4;65:12;66:4

מן קדמי - מפי 45:23;55:11

מן קדמי - מלפני 48:19

קדמי - בי 50:2

מן קדמי - מאתי 51:4;54:17

קדמי - בלבי 63:4

קדמי - באפי 65:5

קדמי - לפני 65:6;66:22,23

קדמי ;1:11(2×),15;10:8,9 19:25;27:3;29:13,16;30:8;37: 26;28;38:5(2×);40:25;41:28; 43:10,12,20,23,24(2×);44:8 (2×);45:4,5;46:5(2×);48:4,8; 49:16;50:1;57:18;58:2;61:8; 62:6;63:1,3,5(2×);65:3,7(2×), 24;66:1,2

מן קדמי ;1:18 10:5;45:11;58:2;65:1,24

מן קדמי - מעיני 65:16

וקדמי - ואותי 58:2

וקדמי 66:18

לקדמי - באזני 37:29

לקדמי - אלי 55:11

ולקדמי - ואותי 57:11

קדמך - לפניך 9:2;38:3

קדמך - מפניך 26:17;45:2;58:8

קדמך - בעיניך 38:3

מן קדמך - מפניך 63:19;64:1,2

קדמך ;12:1(2×);25:3;26:9,19 37:17(2×),26;38:17(2×),18, 19;63:17;64:4,8,10

מן קדמך 25:3;38:17;64:4,8

וקדמך 58:3(2×)

קדמוהי - לו ;6:2;40:10,17,18 42:24;49:5

מן קדמוהי - לו 8:17;62:7

מן קדמוהי - מפניו 19:1

קדמוהי - לפניו ;40:10;41:2 45:1(2×);53:2;62:11

קדמוהי ;2:3;10:32;13:5;37:4 38:11,15(2×);40:12,22;42:24; 58:13;59:1,15,16(2×);63:9

מן קדמוהי ;30:27;40:14;55:6 58:9;63:9

מן קדמנא - מפנינו 30:11

קדמיכון - לפניכם 52:12;55:12

קדמיהון - לפניהם 42:16

מן קדמיהון - מפניהם 63:12

קדמיהון 49:11

לקדמיהון - אליהם 1:23

קדמאה

מלכא ק' 27:1

אבוך ק' 43:27

קדמי

כעידן ק' - הראשון 8:23

קדמאי

צדית ק' - ראשנים 61:4

בקדמיתא

כיד בק' - כבראשנה 1:26

בק' כד עבדתון בימא 43:2

נחת עמי בק' - בראשנה 52:4

פרסא...בק' - בראשנה 60:9

ואתין...בק' - ראשנה 65:7

קדמיתא/קדמיתא

ק' מא אנון חדו - הראשנות 41:22

ק' הא אתאה - הראשנות 42:9

לא תדכרון ק' - ראשנות 43:18

אדכרו קי - ראשנות 46:9
קי...חויתי - הראשנות 48:3
עקתא קי -הראשנות 65:16
ולא ידכרן קי -הראשנות 65:17
וקדמייתא - וראשנות
וקי יבסרוננא 43:9

קדש
וקדישתנון - ויעזקהו
וקי ויקרתינון 5:2
יקדשון - יקדישו
י שמי 29:23
דאתקדש - התקדש
דאי ביה חגא 30:29
דאתקדשתון - נטעך
באתר דאי למהוי עם 17:11

קדשא
וקדשיא - ובתי הנפש
וקי וחליטתא 3:20

קוא
כקוין - קוריהם
הא כקי דעכוביתא 59:6
וכקוין - וקורי
וכקי דעכוביתא מחיא 59:5

קודשא/ קדשא
רוח קי 40:13
רברבי קדי - קדש 43:28
תולדת קי 53:2
ויהי דין קי זיויה
דמנצבת קדי 57:3
דקודשא
זרעא דקי - קדש 6:13
בטורא דקי - הקדש 27:13
אורחא דקי - הקדש 35:8
בקרתא דקי - הקדש 48:2
קרתא דקי - הקדש 52:1
לטורא דקי - קדשי 56:7
עמא דקי - הקדש 62:12

קודשי/קדשי
ממדור דקי - במכוני 18:4
רוח קי - רוחי
42:1;44:3;59:21
בדרת קדי - קדשי 62:9
דקודשי - קדשי
טורא דקי
11:9;57:13;65:11,25;66:20
ביומא דקי 58:13
קודשך/קדשך
ונכסת קדי - וזבחיך 43:23
נכסת קי - זבחיך 43:24
ממדור קי - קדשך 63:15
קרוי קדי - קדשך 64:9
דקודשך
עמא דקי - קדשך 63:18
קודשיה/קדשיה - קדשו
דרע קי 52:10
נביי קדי 63:10
נביי קי 63:11
קודשיא
דם נכסת קי 29:2
קדשין
בנכסת קי - זבח 19:21
קדשנא
בית קי - קדשנו 64:10
קודשיכון
נכסת קי - זבחיכם 1:11
קדשיהון
ונכסת קי - וזבחיהם 56:7

קולמזמסא
וקולמזמסיא - והקשרים
וקי וקדשיא 3:20

קום
קם
עלה קי מניד ברישיה 10:32
וקם
אתא וקי בנוב - לעמד 10:32
וקי במזקת - ויעמד 36:2
וקי רב שקד - ויעמד 36:13

קמת - תעמד
וזכותא מרחיק קי 59:14
קמו
ולא קי - יקומו 43:17
קי כחדא - יעמדו 48:13
דיקום
בר...דעתיד די- עמד 11:10
וכל לישן די - תקום 54:17
ולית אנש די 59:16;63:5
תקום - תקום
לא תי ולא תהי 7:7
היא תי 14:24
יקומון
דלמא יי - יקמו 14:21
דלא יי - יקמו 26:14
כולהון יי - יעמדו 44:11
יי כען - יעמדו 47:13
ויקומון
ויי רברבין - וקמו 49:7
ויי נוכראין - ועמדו 61:5
נקום - נעמדה
ני כחדא 50:8
קומו
קי רברביא - קומו 21:5
לכתים קי גלו - קומי 23:12
קומי
קי כען - עמדי 47:12
קי ירושלם - קומי 51:17
קי תיבי - קומי 52:2
קי אנהרי - קומי 60:1
קומא - קמנה
קי שמעא קלי 32:9
למקם
ולא תוסיף למי- קום 24:20
יי דמדמי למי 45:9
לא יכילת למי 51:19
קאים
אנא קי תדירא - עמד 21:8
וקאים - ויעמד
ומחתין ליה באתריה וקי 46:7
קימין
קי קדמי - עמדים 66:22

קיים

ק' יו' צבאות - נשבע 14:24

ק' יו' בימיניה- נשבע 62:8

דקיים

כמא דק' להון במימריה 63:1

דקיימתא

דק' להון במימרך 63:17

וקיימתא

בכין איתיתא וק' 25:1

איתיתא וק' בעדניה 33:6

וקיימתני - והחיני

ואחייתני וק' 38:16

קיימית

במימרי ק' - נשבעתי 45:23

כין ק' - נשבעתי 54:9

דקיימית

כמא דק' ליה 43:12

דק' במימרי-אשר נשבעתי 54;9

וקיימתינון - ויטעהו

וק' כמיצב גפן בחירא 5:2

יקיים

י' גבר - יחיה 7:21

וכל רעותי י' - ישלם 44:28

י' באלהא קיימא- ישבע 65:16

תקיים

ת' כל לישן - תשבע 45:23

אקיים - אחטם

ותשבחתי א' לך 48:9

לקיימא

לק' מינהון זרעא 6:13

לק' עמא 51:16

לק' רוח מכיכין- לחהיות 57:15

בדיל לק' עלמא 65:8

מקיים - גדר

מ' אורחא דתקנא 58:12

ודמקיים

ודמ' בארעא - והנשבע 65:16

מקיימי

מ' אוריתא 37:32

ומקיימן - ונשבעות

ומ' בשמא דיו' צבאות 19:18

יתקיים

ודעבד אוריתא י' 4:3

ולא י' - יקום 8:10

לא י' לעלם - יקרא 14:20

לא י' - יראה 17:8

לא י' - תקום 28:18

מלכי י' - תקום 46:10

כין י' זרעכון- יעמד 66:22

דיתקיים

סברו די' להון 28:10

ותתקיים

ות' נפשכון - ותחי 55:3

יתקיימון

י' בנא 8:18

לא י' - יקמו 27:9

ואנון...י' - יקום 32:8

בדיל דלא י' 53:9

י' צדיקיא - יעלה 55:13

י' דחלי חטאה - יעלה

תתקיימון

ארי לא ת' - תאמנו 7:9

ואקים - וקם

וא' על בית מבאשין 31:2

דאקימית

קימי דא' עמכון 48:8

אקימו

א' מכרסותהון - הקים 14:9

א' חזיתהא - הקימו 23:13

אקים

א' סכואה - העמד 21:6

אקימו

א' סכואין - צפה 21:5

לאקממא - להקים

לא' ית שבטי יעקב 49:6

לא' צדיקיא 49:8

מקים

את מ' - יקומון 26:19

מ' פתגם עבדוהי - מקים 44:26

אנא מ' פורקן 49:8

תקמים - תקומם

יסודי דר ודר ת' 58:12

אקמים - אקומם

וחרבתהא א' 44:26

יקממון - יקוממו

צדית קדמאי י' 61:4

קומא

ורמי ק' - הקומה 10:33

קופדא

תמן תקנין ק' - קפוז 34:15

קופדין

לירותת ק' - קפד 14:23

וקפדין - וקפוד

ויחסנונה קתין וק' 34:11

קוץ

דקץ - מאס

חלף דק' עמא הדין 8:6

קצו

ק' בדחלת קדישא- נאצו 1:4

ק' באוריתא דיו' - מאסו 5:24

דקצתון - מאסכם

חלף דק' בפתגמא הדין 30:12

קוץ

למקץ

למק' ליה ארזין - לכרת 44:14

קורא

וקוריהון

וק' ינצפון 34:15

קושטא/קשטא

קש' הוה...בה - צדק 1:21

דייני ק' 1:26

ק' יתאלפון - צדק 26:9

ק' מתמלכין - נדיבות 32:8

רדפי ק' - צדק 51:1

ידעי ק' - צדק 51:7

עבדי קשי - אמת 59:14

עבדי קשי - האמת 59:15

רברבי קש' - הצדק 61:3

בקושטא

וידין בק' - בצדק 11:4

בקי יוי - אמנם 37:18
בקי ביך אלהא 45:14
בקי את אלהא - אכן 45:15

דקושטא
קרתא דקי - הצדק 1:26
קרתא קדי 38:11

לקושטא - לצדק
הא לקי ימלוך מלכא 32:1

קשוט
ועביד קי - צדק 16:5
יעבדון קי - צדק 26:10
ולמימר קי דדין- משפט 28:6
דכל אלין קי - אמתך 38:19
ונימר קי - צדיק 41:26
ויימרון קי - אמת 43:9
אנא...ממליל קי- צדק 45:19

בקשוט
ויסתמכון...בקי- באמת 10:20
ויתיב...בקי - באמת 16:5
ית דפלחית...בקי- באמת 38:3
בחיר צדקא בקי 41:2
אנא...רביתך בקי- בצדק 42:6
איתיניה...בקי - בצדק 45:13
ותכיונון קדמי בקי 46:5
האל קיים...בקי - באמת 48:1
לית דמצלי בקי - בצדק 59:4
ואתין אגר...בקי- באמת 61:8
למעבד רעותך בקי- צדק 64:4

דקשוט
למדן דין דקי 28:6
עבדי דין דקי 33:5
דין דקי - צדק 58:2

וקשוט - ואמת
יהי שלם וקי ביומי 39:8

קושטי - צדקי
אף אחדינך בימין קי 41:10

לקושטיה - לאמת
לקי יפיק דינא 42:3

קושטיהון - נדיבות
ואנון על קי יתקיימון 32:8

קטולא

קטולין
כן איתי קי על טבמה 16:9
מיד קי - להבה 47:14

קטולי - מרצחים
וכען אינון קי נפשן 1:21

קטול
יוי...רמי קי - פארה 10:33
דהויתא קי - חולש 14:12
אתקינו ל...קי- מטבח 14:21
כין יסגי קי ב... עממיא 63:3

כקטול - כהרג
כקי קטילוהי אתקטיל 27:7

קטל

וקטל - ויכה
וקי במשרית אתוראה 37:36

קטילו - הלמו
קי שלטוניהון 16:8

וקטלו - ותלהטהו
וקי בהון 42:25

קטלוהי - הכהו
בנוהי קי בחרבא 37:38

יקטול - יגלח
יי יוי בהון 7:20

דיקטלונונון
כין יתון...עממיא...ויי 9:4

כקטיל - מכה
כקי גבר 66:3

דקטלין
מן קדם דקי בחרבא 31:8

קטילין
קי תתרמון - הרוגים 10:4
חפי קי - הרגים 14:19
דם קי 15:9;29:2
יתרמון קי קדם יוי 27:12
ערעית מנהון קי 30:7
רמא כעפרא קי 41:2
מדם קי 63:2

קטיליא - חללי
וסגיאין קי קדם יוי 66:16

קטילי
קי רישי משרית גיבריא 33:18
קי גיבריהון 63:6

קטילך - חלליך
קי לא אתקטילו בחרבא 22:2

קטילוהי - הרגיו
כקטול קי אתקטיל 27:7

קטילתא - הרוגיה
ולא תכסי עוד על קי 26:21

וקטיליהון - וחלליהם
וקי יתרמון 34:3

אתקטיל - הרג
כקטול קטילוהי אי 27:7

אתקטילו/אתקטלו
לא אי בחרבא - חללי 22:2
אי כחדא - נדדו 22:3

אתקטלא - אמלל
אי סיעת שבמה 16:8

יתקטיל
כל דישתכח בה יי - ידקר 13:15
יי בחרבא - יפול

דמתקטיל
כמא דמי בחרב חריפא 7:20

קטילתא - הרגת
עמך קי 14:20

יקטיל
ושאר עמיך יי - יהרג 14:30
תקיפין יי 30:28

ויקטיל
ויי וישיצי - ובערה 10:17
ויי גיברי משריתיה- ונקף 10:34
ויי שלטוני עממיא - וכרת 18:5
ויי ית מלכא - והרג 27:1
ויי משרית עממיא 32:19

תקטיל
תי עממיא 41:15

ואקטיל
ואי שפר גיבריהון- ואכרת 37:24
ואי עממיא - ואבוס 63:6

ואקטילנון - ואדרכם
ואי ברוגזי 63:3

נקטיל - הרג

נ׳ תורין 22:13
יתקטלון - יפלו
בחרבא י׳ 3:25
ויתקטלון - וירדו
וי׳ גיברין 34:7
תתקטלון - תאכלו
בחרב סנאה ת׳ 1:20

קטלא

קים עם ק׳ - מות 28:15
קימכון דעם ק׳- מות 28:18
ארי ק׳ קדם יוי- זבח 34:6
וקטלא - וחמה
וק׳ על כל משריתהון 34:2
לקטלא
מסרנון לק׳ - לטבח 34:2
ואמסר לק׳ - לחרם 43:28
לק׳ תתמסרון - לטבח 65:12

קטמא

פלגה ק׳ - אפר 44:20
וקטמא - ואפר
ועל סקא וק׳ באית 58:5
קטם - אפר
למיתן...כליל חלף ק׳ 61:3

קטף

דקטפוהי
בתר דק׳ 1:8
אתקטיף
א׳ נבו - קרס 46:1
אתקטיפו
א׳ כחדא - כרעו 46:2
ויתקטיף - ונגדעה
וי׳ ויפול 22:25
יתקטפון - גדועים
ורמי קומא י׳ 10:33

קטף

בתר ק׳ - בציר 24:13
קטפיך - קצירך
ועל ק׳ בזוזין נפלו 16:9

קטר

קטירי
דבני מלכין ק׳ תגא 10:32

קטרא

קטרי
לעם ק׳ משרית גיבריא 7:18
שרי ק׳ - אגדות 58:6

קיטא

עד לא ק׳ - קיץ 28:4
בקיטא - וקץ
בק׳ יהי שרי עלווה 18:6

קיטול

מן קדם ק׳ - חרובת 21:15
ביום ק׳ רב - הרג 30:25
וקיטול
וק׳ קדם יוי - ומבוכה 22:5

קיימא

דיוי ק׳ - חי 37:4,17
באלהא ק׳ - אמן (2×) 65:16
קיים
הוא ק׳ 2:22
עד דאנא ק׳ 8:18
ק׳ עלמיא - אבי 9:5
באתר ק׳ - נאמן 22:23,25
ק׳ לעלמין - יקום 40:8
ק׳ אמר 40:12;41:4
מימרי ק׳ 46:4
הלא ק׳ מימריה 48:1
ק׳ אנא - חי 49:18
ומימרי ק׳ 52:6
קיימין
כל יומין דהוו ק׳ 26:10
מוהי ק׳ - נאמנים 33:16
ועד דאתון ק׳ 43:12
עד דאתון ק׳ 55:6

קימא/קיימא

ק׳ דמן עלמא - ברית 24:5
על דאשניאו ק׳- ברית 33:8
לקימא - לשבועה
ותשבקון שומכון לק׳ 65:15
קים
ק׳ אבהתהון 27:3
ק׳ עם קטלא - ברית 28:15
דגזיר להון ק׳ 48:1
גזרית ק׳ עם אברהם 48:15
ק׳ עלם - ברית 55:3
וגזרת ליך מנהון ק׳ 57:8
וקים - וברית
וק׳ שלמי 54:10
וק׳ עלם 61:8
לקים - לברית
דאתנינך לק׳ עם 42:6;49:8
קימי
ק׳ דאתקימית עמכון 48:8
דין ק׳ עמהון - בריתי 59:21
בקימי
ומתקפין בק׳ - בבריתי 56:4,6
קימכון - בריתכם
ויבטל ק׳ דעם קטלא 28:18

קינא

כקינא - כקן
ואשכחת כק׳ ידי 10:14
מקיניה - קן
כעופא דאפרחוהי מק׳ 16:2

קינאה

ק׳ מאחיד ליה - צורף 40:19
דמתקיף נגרא עם ק׳ - צרף 41:7
אגרין ק׳ - צורף 46:6
וקינאה - וצרף
וק׳ בדהב מחפי ליה 40:19

קלא

ארימו ק׳ להון- קול 13:2
ארימת ק׳ - קול 37:23
ק׳ מהיכלא - קול 66:6
קל
ק׳ מימרא דיוי- קול 6:8;66:6

ק׳ המון בטוריא- קול 13:4
ק׳ אתרגושת מלכוון - קול
ק׳ משרין דאתין 21:8
ק׳ צלותך - לקול 30:19
ק׳ מימריה - קולו 30:30
ק׳ דמכלי - קול 40:3
ק׳ דאמר - קול 40:6
ק׳ פרסנך - קול 52:8
ק׳ גבורא 64:3
ק׳ דבכן - קול 65:19
ק׳ אתרגושא - קול 66:6

בקל - בקול

ואכלי בק׳ רב 36:13
בק׳ תשבחא 48:20
בק׳ עבדוהי 50:10

וקל - וקול

וק׳ סגי 29:6
וק׳ דמשבחין 51:3
וק׳ דמצוחין 65:19

כקל

כק׳ שופרא - כשופר 58:1

מקל - מקול

מק׳ מלולא 6:4
מק׳ מימרא דיו׳ 30:31
מק׳ המון 33:3

קלי - קולי

ושמעו ק׳ 28:23
שמעא ק׳ 32:9

קלך - קולך

ארים ק׳ 58:1

קליך - קולך

ויהי כאוב מארעא ק׳ 29:4

קליה - קולו

ולא ירים בברא ק׳ 42:2

קלכון - קולך

ארימו ק׳ 10:30
ארימו בחילא ק׳ 40:9

קלהון

עד...אשתמע ק׳- קולם 15:4
אנון ירימון ק׳-קולם 24:14
ירימון ק׳ 42:11
דמרימין ק׳ - קול 52:8
לאשמעא ב...ק׳- קולכם 58:4

מקלהון - מקולם

מק׳ לא מתבר 31:4

קליל

ק׳ כרוחא 26:18
כעוף ק׳ 46:11

קלילין

כעננין ק׳ - קל 5:26
וגלגלוהי ק׳ 5:28
אזגדין ק׳ - קלים 18:2
ועל ק׳ נרכוב - קל 30:16
על כין יהון ק׳ רדפיכון - יקלו
הא כאילין ק׳ 35:6
כעננין ק׳ 60:8

קלל

לאקלא - להקל

לא׳ כל יקירי ארעא 23:9

קלקילתיך

היא ק׳ - שובבתך 47:10

קלקילו - בלעו

ואורח שבילך ק׳ 3:12

קלקילתון

ק׳ עובדיכון - תשגשגי 17:11

מקלקיל

ודעתהון מ׳ - ישכל 44:25

מקלקלין

ועובדין מ׳ אסגית- זר 17:10

קלן

וגלן ערות ק׳ מצרים 20:4

בקלן

יתובן בק׳ - קלון 22:18

לקלן

ותהי להון לק׳ 25:6

קלניך - חרפתך

אף יתחזי ק׳ 47:3

קלע

למפרם עלוהי ק׳- נס 33:23

קלעהא

פרסא ק׳ בקדמיתא 60:9

וקלעיהון

וק׳ פריסין כנשרא 18:1

קמא

כמכנש חצד ק׳ - קמה 17:5

קמיתא

משריתא ק׳ 10:32

קמצא

כקמצין - כחגבים

חשיבין קדמוהי כק׳ 40:22

קמתא

וקמתא - ומצבה

וק׳ בסטר תחומה 19:19

קנא

יקנון - יקנא

לא י׳ בדבית יהודה 11:13

קנא

דקנו

שאר נכסיהון דק׳ 15:7

נקני - נחליף

ודשפירין מנהון נ׳ 9:9

תקנין - קננה

תמן ת׳ קופדא 34:15

קנאתא

ותעדי ק׳ מ...- קנאת 11:13

קניא

סמך ק׳ רעיעא - הקנה 36:6

קני

ק׳ וגומא - קנה 19:6
ק׳ וגומא - לקנה 35:7
ק׳ בסם - קנה 43:24

דכקני

דכק׳ רעיע - קנה 42:3

קסומא

וְקִסּוּמִין - וקסמים

וקי משגיש 44:25

קסמא

קִסְמָךְ - חבריך

בתקוף קי לחדא 47:9

בְּקִסְמָךְ - בחבריך

קומי כען בקי 47:12

קפד

אִתְקְפַדַת - קצרה

האתקפדא אי גבורתי 50:2

הַאִתְקַפְּדָא - הקצור

האי אתקפדת גבורתי 50:2

קפופא

וְקִפּוּפִין - וינשוף

ויחסנונה קתין...וקי 34:11

קפידותא

מְקַפִּידוּת - קצרה

לא מקי יד מן קדם יוי 59:1

קפל

אִתְקְפַלוּ - קפדתי

אי כנחל גידודין חיי 38:12

קצא

קְצִיה

כד ישלים עלמא קי 10:32

קְצְחָא/קִצְחָא

מדרכין קי - קצח 28:27

בחוטרא חבטין קי- קצח

כְּקִצְחָא

הא כקי - קצח 28:25

קצץ

אִתְקַצִּיצוּ

יומי אי 38:12

אי אתקטיפו כחדא- קרסו 46:2

אֲקַצֵּיץ - אגדע

ועברין דברזל אי 45:2

קצר

אִתְקְצַר

אי חילהון - קצרי 37:27

יִתְקְצַר

יי חילהון - ביבש 27:11

יי חילון - קצר 28:20

קצרא

קְצָרַיָּא - כובס

חקל משטח קי 7:3;36:2

קרא

וּקְרָא - ויקראהו

<u>וקי</u> <u>חדא</u> <u>מנהון</u> 37:14

קְרֵיתִי/קְרֵית

קי להון בנין 1:2

קי אנא להון - קרא 48:13

וּקְרֵית - ואקרא

וקי לך בשמך 45:4

יִקְרֵי - יקרא

יי שמא אוחרנא 65:15

וְתִקְרֵי - וקראת

ותי שמיה עמנא אל 7:14

יִקְרוּן - יקראו

לא תיספון יי ליך 47:5

דְּיִקְרוּן - יקראו

לא תיספון דיי ליך 47:1

וְיִקְרוּן

ויי לך - וקרא 58:12

ויי ליך - וקראו 60:14

ויי להון - וקרא 61:3

ויי ליך - וקרא 62:2

ויי להון - וקראו 62:12

קְרֵי

קי שמיה - קרא 8:3

קי כען דין - קרא 29:11,12

מִקְרֵי - קרא

עד לא ידע עולימא מקי 8:4

לְמִקְרֵי - לקרא

למי לדשבן חירו 61:1

למי שנת רעוא 61:2

קְרֵי - יקרא

לכולהון בשמהן קי 40:26

קְרַן - תקרא

הלהדא אתון קי 58:5

אִתְקְרֵי - נקרא

לא אי שמך עליהון 63:19

דְּאִתְקְרֵי

לארעא דאי שמא יוי 18:7

דאי שמי עליהון- הנקרא 43:7

וְאִתְקְרֵי - ויקרא

ואי שמיה 9:5

דְּאִתְקְרִיאוּ

וי על דאי עם קדיש 1:4

יִתְקְרֵי

בתר כין יי ליך- יקרא 1:26

יי שמך עלינא - יקרא 4:1

יי לה - יקרא 35:8

יי לך - קרא 48:8

אלה כל ארעא יי- יקרא 54:5

ליך יי עבדי - יקרא 62:4

וליך יי - יקרא 62:12

יִתְקְרוּן

יי עבדי 42:19

יי עבדיא דיוי

תִּתְקְרוּן - תקראו

ואתון כהניא דיוי תי 61:6

מִתְקְרַן

וכדו דתבו מי עמי 19:25

דאתון מי עבדי 49:6

דְּמִתְקְרַן - הנקראים

דמי בשמא דישראל 48:1

קְרָבָא

ולא יתאלפון...קי- מלחמה 2:4

<u>לאגחא</u> <u>קי</u> עלה - למלחמה 7:1

ואגיח קי 20:1

לאגחא קי 21:10

תקוף קי - מלחמה 21:15

קי תקיפא - ובמלחמות 30:32

אעביד קי - למלחמה 36:5
מגיח קי 37:8
לאגחא קי - להלחים 37:9
למפקך לאגחא קי 37:28

בקרבא

ועבדי נצחנך בקי -במלחמה 3:25
יוי...ממני...בקי - מלחמה 13:4
בקי לא מיתו - מלחמה 22:2
לדנפקין בקי - מלחמה 28:6

קרב

וגבר עביד קי - מלחמה 3:2
קי כרכי עממיא 8:23
נצחי קי 9:2
תבירי קי 15:5
ויגיחון קי 19:2
עבדי קי - קשת 21:17
למעבד עמך קי 41:12

קרביה

ועבדי קי - וכרמלו 10:18
ועבדי קי -והלבנון 10:34
ותקוף עבדי קי- מלחמה 42:25

קרבנא

קי קדם יוי - מנחה 66:20
כמא דייתון...ית קי- המנחה

קרבן/קרבן

קי מרחק הוא - קטרת 1:13
מסקי קי - מנחה 66:3
קי מתנתהון

קורבניה

ודין יקריב קי- ידו 44:5

קרבנין/קורבנין

הוו מיתן לה קי 23:7
אסיקת קי - מנחה 57:6

בקורבנין - במנחה

לא אסגיתי עלך בקי 43:23

ובקרבנין - ומנחה

ויפלחון ב...ובקי 19:21

וקורבנין - ומנחה

וקי לות חזקיה 39:1

קרדו

לארע קי - אררט 37:38

קרוא

קרויא

עד דיצדיין קי- ערים 6:11
קי דבית יהודה- ערי 36:1

לקרויא - לערי

אמורו לקי דבית יהודה 40:9

ולקרויא - ולערי

ולקי דבית יהודה 44:26

קרוין

חמיש קי - ערים 19:18
קי סגיאין 32:15
קי כריכן - ערים 37:26
קי דהואה חרבן- ערי 61:4

וקרוין

וקי דיתבן בה - ועריו 42:11
וקי...ייתבון - וערים 54:3

לקרוין

לקי סגיאין 29:17

קרוי

קי תוקפהון - ערי 17:9
קי פצחין - מעיר 25:2
קי קודשך - ערי 64:9

וקרוי

וקי תושבחתהון- ועתידתיהם 10:13
וקי ארעיך 54:2

קרוך

צוחי על קי - עיר 14:31

וקרווהי

וקי פגר - ועריו 14:17

קרווהא - פתחיה

תרעי קי 3:26

קרויכון - עריכם

קי יקידת נור 1:7

מקרויכון

ובר מקי קטילין תתרמון 10:4

קרויהון

שביקן קי - ערי 17:2

ובקרויהון - ובמשכנות

ובקי שליוא 32:18

מקרויהון

אתרחקו מקי - ערים 33:8

קרטיסא

וקרטיסיא - והסדינים

ומחזיתא וקי 3:23

קריא

ברחובי קי - הבתות 7:19
קי תקיפא - קריה 26:5;32:13
המון קי - עיר 32:14

קרי

קי בקרי - עיר 19:2

בקרי

קרי בקי - בעיר 19:2

קרית

קי כהניא 10:32
קי* עממין - קרית 25:3
קי תוקפא לנא - עיר 26:1
קי זמננא - קרית 33:20
קי תוקפהון 37:24

קריב

ויקרב - ותקרב

ויי וייתי מלכיה 5:19

תקרב - תגש

לא תי בי 65:5

תקרבון - תגעו

לא תי 52:11

קריב

ארי קי יומא - קרוב 13:6
קי גבורתי - קרובים 33:13
קי פרקני - קרובה 56:1
דתבו...קי - ולקרוב 57:19

וקריב

וקי למיתי - וקרוב 13:22

ומקריב

ומקי בסרך 58:7

קרביה

בקשוט קי - יקראהו 41:2

קריבא

קי זכותי - קרבתי 46:13

ק׳ זכותי - קרוב 50:8;51:5
דקריבתך - אשר החזקתיך
דק׳ מזרעית ארעא 41:9
קריבתיה
ק׳* לפלחני 48:16
ק׳ לפלחני 51:2
יקריב
וגלות יהודה י׳ - יקבץ 11:12
ודין י׳ קורבניה - יכתב 44:5
י׳ גלותנא - לקח 53:8
ויקריב
וי׳ יתהון 28:25
ויקרבניה - והריחו
וי׳ לדחלתיה 11:3
אקריב
א׳ גלוותהון 41:18
א׳ גלותך - אקבצך 43:5
א׳ גלותיך - אקבצך 54:7
א׳ גלותהון - אקבץ 56:8
מנהון א׳ - אקח 66:21
אקרבניה - אתמך בו
הא עבדי א׳ 42:1
תקרבין - תגלי
ומבדריא לא ת׳ 16:3
קריבו - קרבו
ק׳ דינכון 41:21
לקרבא
אף עתיד את לק׳ 26:15
ולקרבא
ולק׳ טבא - ובחור 7:15
ולק׳ טבא - ובחר 7:16
מקרבין
חקל...בחקלתהון מ׳ - יקריבו 5:8
מ׳ ליה - אזור חלציו 11:5
אתון מ׳ - תנגשו 58:3
דמקרבין
כמא דמ׳ דין לסטר דין 1:31
יתקרב
ובשמא דישראל י׳ - יכנה 44:5
וישראל...י׳ - יאסף 49:5
י׳ לותי - יגש 50:8

יתקרבון
ומלכון...י׳ - יגשו 41:1
י׳ וייתון - קרבו 41:5
י׳ ויחוון לנא- יגישו 41:22
יתקרבן - קבצו
וברעותיה י׳ 34:16
ויתקרבן - ויאספו
וי׳ מלכון 43:9
תתקרבון - תלקטו
ואתון ת׳ חד לסטר חד 27:12
נתקרב - נקרבה
לדינא נ׳ 41:1
אתקרבו
א׳ עממיא למשמע - קרבו 34:1
א׳ כחדא - תתנגשו 45:20
א׳ למימרי - קרבו 48:16
ואתון א׳ - קרבו 57:3
ואתקרבו - והגישו
חוו וא׳ 45:21
לאתקרבא - קרבת
כאלו לא׳ לדחלתא דיוי 58:2

קריבא
קריביה - זרעו
נכסי ק׳ 9:19

קרסולא
וקרסולין
סירין וק׳ 34:13

קרסנא
בקרסנא
עם דמטפח בק׳ 41:7

קרתא
ק׳ מהימנתא - קריה 1:21;26
ק׳ ירושלם 1:24;62:6
ק׳ דקושטא - עיר 1:26
ק׳ בית שמש - עיר 19:18
על ק׳ דיתבא בחילתא 22:1
ק׳ משבחתא - עיר 22:2
ק׳ דדויד - עיר 22:9
ק׳ דהות כ...-עיר 23:16;27:10
ק׳ דמדבחא בה - אריאל 29:7
ק׳ הדא - העיר 36:15;37:35;38:6(2×)
ק׳ דקושטא 38:11
ק׳ דקודשא - עיר 52:1
ק׳ דאמרין עלה 54:11
ק׳ דיו׳ - עיר 60:14
ק׳ דלא אתרחקת- עיר 62:21
בקרתא
בק׳ דדויד - באהל 16:5
בק׳ דיתבא בחילתא 22:5
אשתאר בק׳ צדו- בעיר 24:12
בק׳ ירושלם 25:2
בק׳ דשרא בה - קרית 29:1
בק׳ דקודשא - מעיר 48:2
כקרתא - כעיר
כק׳ דצירין עלה 1:8
לקרתא
לק׳ דמדבחא בה- לאריאל 29:2
לק׳ הדא - אל העיר 37:33
דלקרתא - לעיר
דלק׳ ספרוים 37:13
ולקרתא - ואל עיר
ולק׳ הדא 37:34
מקרתא - מעיר
מק׳ ירושלם 66:6
קרתי - עירי
הוא יבני ק׳ 45:13
קרתהון - קרית
איתברת ק׳ 24:10

קשא
כקשא
בכין יתאכלון כק׳- קש 5:24
כק׳ רדפנון - כקש 41:2
הוו חלשין כק׳- כקש 47:14
לקשא
לק׳ ישיצי יתכון - קש 33:11
לק׳ יבדר יתהון - כקש 40:24

קשוט
כקשוט
כק׳ כלתא 49:18

קשט
דמתקשטא - תעדה
וכלתא דמי בתקונהא 61:10

קשלא
פולחנא קי - הקשה 14:3
נבואה קי - קשה 21:2
קשי - קשה
רבון קי 19:4
וקשי
וקי מלסוברא - וכבד 30:27
וקי כברזלא - קשה 48:4

קשת
יקשית - יורה
ולא יי תמן גיר 37:33

קשתא
מן קדם מחת קי- מקשת 22:3
בקשתא - קשת
דנגדין ושדן בקי 66:19
קשת - קשת
ומן קדם קי מתיחא 21:15
קשתיה - קשתו
קדם קי 41:2
ובקשתן - ובקשת
בגררין ובקי יהכון 7:24
קשתתיה - קשתתיו
וכל קי מתיחן 5:28
וקשתתהון - וקשתות
וקי עולימין יבזען 13:18

קתין
ויחסנונה קי - קאת 34:11

קתרוס
קי ואבובא - תף 5:12

ר

רבא
ארי רי אמר - גדול 12:6
אפי רי - הלוט 25:7
בשופרא רי - גדול 27:13
רי דישראל - שכרי 28:1
רי בישראל - שכורי 28:3
וככהנא רי 61:10
רב/רב
רי חמשין - שר 3:3
רי תהי עלנא - קצין 3:6
לא תמנוני רי - קצין 3:7
לוח רי - גדול 8:1
יומא רי 10:32
ביום קיטול רי- רב 30:25
ומצראי אנש ולא רי - אל 31:3
רי שקה/שקי - רב
36:2,4,12,13,22;37:4,8
בקל רי - גדול 36:13
רי לעממיא מניתה - עד 55:4
דרב - הלוט
דרי על כל עממיא 25:7
לרב
לרי שקי - אל רב 36:11
רבתה/רבתא
עגלת תלתום רי 15:5
בחרביה רי - הקשה 27:1
במחשבת דעתיה רי 28:29
ובורני רי - אדיר 33:21
רבה - רבה
מי תהום רי 51:10
רברביא
קומו רי - השרים 21:5
מרברביא
מרי ועד דעדקיא 22:24
רברבין
רי וטבין - גדלים 5:9
דתגריה רי - שרים 23:8
במיפל רי - מגדלים 30:25
מתרב כלים רי - אילים 34:6

ויהון רי - סריסים 39:7
ויקומון רי - שרים 49:7
רברבן
לבך יחשיב רי - אימה 33:18
למללא רי 57:4
רברבי
רי ישראל 8:14
רי מואב - גאון 16:6
רי טאניס - שרי 19:11,13
רי קדשא - שרי 43:28
רי קשטא - אילי 61:3
רברבך - שריך
רי מרדין 1:23
רברבוהי - שריו
הוו בטאניס רי 30:4
ניסא רי 31:9
ברברבוהי - במשמניו
ישלח..יוי..ברי מחא 10:16
דרברבוהי - ומאשריו
ורי מסלעמין 9:15
רברבהא
אפי רי 24:1
וכל רי - שריה 34:12
רברביהון
כל מעבר רי 30:32

רבא
רבי
מן רי לי - ילד 49:21
ואלין מן רי - גדל
דרבי - משח
חלף דרי יוי יתי 61:1
דרביאת
מכל בנין דרי - גדלה 51:18
רביתי - גדלתי
ולא רי 23:4
רביתיה
אף רי - קראתין 48:15
רביתך
אנא יוי רי - קראתיך 42:6
רי בשמך - קראתי 43:1

דרביתך 174 רוגזי

דרביתך - הקורא
אנא יוי דרי בשמך 45:3
ירבי - יגדיל
יי לעבדי אוריתיה 42:21
ארבי - אשים
אי במישרא 41:19
ואירבי - וקראתי
ואי לעבדי 22:20
ירבון - ילדו
ולא יי למותא 65:23
מרבי - יגדל
ומטרא מי 44:14
ומרבי - והולידה
<u>ומי</u> <u>לה</u> 55:10
מרביא - תצמיח
דזרועהא מי 61:11
יתרבי/יתרבא
ומשיחא..יי - יפרה 11:1
יי בעממיא שמי- ידע 52:6
דיתרבא - ויעל
ויי צדיקיא קדמוהי 53:2
יתרבון
וצדיקיא..יי - ישרו 32:1
יי בארעא בניהון 40:24
דיתרבון
יתובון ויי 32:2
ויי צדיקיא - וצמחו 44:4
ויי בעממיא בניהון - ונודע 61:9
תתרבון
ועל רכובין תי- תשעשעו 66:12
אתרבא - התעוררי
אי אי קומי ירושלם 51:17

רבב
דאתררב/דאיתררב
חלף דאי מלכא דאתור 10:16
על מלכא דאי כפרעה 27:1
חלף דאי עמא הדין - נגש 29:13
אתררבתא
<u>ועל</u> <u>מן</u> <u>אי</u> - וגדפת 37:23

ואתררבו - וידעו
ואי עמא הדין כולהון 9:8
דאתררבא - גבהו
חלף דאי בנת ציון 3:16
יתררב - יתגדל
אם יי מסרא 10:15
ומאתרברבותהון
ומאי לא תתברון- ומגדפתם 51:7

רבו
סגי רי לעבדי אוריתא 9:6
ברבו - בגאוה
ברי ובתקוף לב 9:8
לרבו - לגאון
ועבדי אוריתא לרי 4:2
רבות - גאון
רי רשיעין 13:11
רבות - גאון
תושבחת רי כסדאי 13:19

רבוא
מאתן ושתין אלפין רי 10:32

רבון/ריבון
<u>רי</u> <u>עלמא</u> - האדון
1:24;3:1;10:16,33;19:4
ריי קשי - אדנים 19:4
רבוני - אדני
שלחני רי 36:12
רבוניך - אדניך
כדנן אמר רי יוי 51:22
רבונך - אדניך
יקר בית רי 22:18
העל רי 36:12
רבוניה - אדניו
דשלחית מלכא דאתור רי 37:4
כריבוניה - כאדניו
ויהי...עבדא כרי 24:2
רבונין - אדנים
למהוי עלנא רי 26:13
רבוני
רי מלכא דאתור- אדני 36:8

רי זעיריא - אדני 36:9
לרבונכון - <u>אל</u> <u>אדניכם</u>
כדין תימרון לרי 37:6

רבי
רי אתיליד לנא- ילד 9:5

רבנא
רבני
ימני רי משריתיה 10:28
רי פלכהא - פנת 19:13

דרבתנא
מלכא דרי - הגדול 36:4,13

רגגא
רגגנא - מחמדינו
וכל רי הוה לחרבה 64:10

רגזא
רי דיוי - אף 5:25
רגז
בתקוף רי רצין- אף 7:4
ותקוף רי - אף 13:9
יגלי בתקוף רי- אף 30:30
רי מן ק יוי - קצף 34:2
דהוה רי מן קדמך- קצפת 64:4
לא יהי רי מן קדמך- תקצף 64:8
ברגז
מתגלי ברי - אף 42:13
ברי זעיר - ברגע 54:7
רוגזי
שולטן רי - אפי 10:5
ויתפרעון מנהון רי- לאפי 13:3
אשלח רי ומחתי 27:4
וידלק רי ברוחצן 28:17
ארחיק רי - אפי 48:9
דלא יחול רי עלך - מקצף 54:9
ולא...<u>יהי</u> <u>רי</u> - אקצף 57:16
הוה רי עליהון- ואקצף 57:17

בְּרוּגְזִי

ברי אלקיתיך - בקצפי 60:10

ואקטילנון ברי- באפי 63:3

ואקטיל עממיא ברי- באפי 63:6

וְרוּגְזִי

ורי על עממיא - אפי 10:25

רוּגְזָךְ/רגזך

הוה ری עלי - אנפת 12:1

כדו יתוב רי מני - אפך

כד שלחת רגי 64:1

רוּגְזֵיה

דיתוב רי מנהון/מינהון- אפו 5:25;9:11,16,20

די יתוב רי מינהון - אפו 10:4

וביום תקוף רי- אפו 13:13

תקיף רי - אפו 30:27

רי ישלח בהון - נשף 40:24

חימת רי - אפו 42:25

תקוף רי - אפו 66:15

רֻגְזְהוֹן

אלין רי כתננא קדמי 65:5

רגיז

רְגֵיזִית - קצפתי

רי על עמי 47:6

דְּאַרְגֵּיזְתָּא - התרגזך

וית דאי קדמי גלי 37:28

חלף דאי על מימרי 37:29

וְאַרְגֵּיזוּ - ועצבו

ואי על מימר נביי 63:10

מַרְגְּזִין

מי קדם יקריה 3:8

דאנון מי קדמי 27:3

על פלחן שמי מי- מנאץ 52:5

מי ליך - מנאציף 60:14

דְּמַרְגְּזִין - המכעיסים

עמא דמי על מימרי 65:3

מַרְגְּזָן - תעכסנה

וברגליהון מי 3:16

רגלא

רַגְלָךְ - רגלך

אם תתיב...רי 58:13

רַגְלָא

ושירי רי - והצעדות 3:20

רַגְלִין - רגל

ידושינה רי 26:6

בְּרַגְלִין - ברגלים

ברי יתדש כתרא 28:3

רַגְלַי/רַגְלִי

רי צדיקיא - רגלי 26:6

בפרסת רי עמא - פעמי 37:25

רי מבסר טב - רגלי 52:7

רַגְלָךְ - רגליך

ומסנך תשלוף מעל רי 20:2

רַגְלָךְ/רַגְלָךְ

ועפר רי - רגליך 49:23

על פרסת רי - רגליך 60:14

בְּרַגְלוֹהִי - ברגלין

חילת אורח ברי לא עלת 41:3

רַגְלֵיהוֹן

מימי רי - שיניהם 36:12

רי...רהטן - רגליהם 59:7

וּבְרַגְלֵיהוֹן - וברגליהם

וברי מרגזן 3:16

רגף

דְּאִתְרְגֵיפַת

ארעא דאי מן קדם פתגמי 1:2

רגש

אַרְגֵּישִׁית

אי כל משריתי 10:32

מִתְרַגְּשִׁין - ישאון

מיין...מי 17:12,13

רדם

רְדִימִין - נדמה

ואינון רי 15:1

רדף

רָדְפָנוּן/רָדְפִינוּן

רי קדם קשתיה - נדף 41:2

רי עדא שלם - ירדפם 41:3

רָדְפִין - ירדפו

חמר עתיק רי 5:11

רָדְפַי - רדפי

רי קושטא 51:1

רָדְפֵיכוֹן - רדפיכם

יהון קלילין רי 30:16

וְיִתְרְדִיף - ורדף

ויי כמוץ טוריא 17:13

רהט

יִרְהֲטוּן - ירוצו

יי ולא ילאון 40:31

יי לאסקא לך מסין 55:5

דִּרְהֲטִין

דרי קדמוהי 10:32

רְהַטָן - ירצו

רגליהון לְמעבד דביש רי 59:7

רוא

רְוֹו

ואף אלין בחמרא רי- שגו 28:7

רי מן עתיק - שגו

רי ולא מן חמר- שכרו 29:9

וְתִרְוֵי - ורותה

ותי ארעהון מדמהון 34:7

וְתִרְווֹן - והתענגתם

ותי מחמר יקרה 66:11

תִּתְרְוֵי - ישכרון

חית ברא מדמהון תי 49:26

וְנִתְרְוֵי - ונסבאה

וני מן עתיק 56:12

לְאִתְרְוָאָה - למסך

לאי מן עתיק 5:22

דְּמִתְרַוֹּן

וכמא דמי מיחמר מרית 49:26

אַרְוֵינוּן - אריוך

אי דמעתא 16:9

מרוי - תרוה
אלהין מי ית ארעא 55:10
דמרויא - רוח
כגינת שקיא דמי 58:11

רובא
רוביה
ייבש רי דנהרא 19:7

רוח
רי לי - גשה 49:20

רוח
רי מן קדם דשכינתיה 38:14

רוחא
מן קדם רי - רוח 7:2;17:13
רי דמצראי - רוח 19:3
כין ניח רי לצדיקיא 25:5
האנא יהיב ביה רי- רוח 37:7
רי מן קדם יוי- רוח 40:7
יטול רי - רוח 57:13
ולמכיכי רי - רוח 57:15
ורוחא - ורוח
ורי תטילנון 41:16
יהיב נשמתא...ורי ל... 42:5
כרוחא
קליל כרי - רוח 26:18
כרי אתנטילנא - כרוח 64:5
רוח
רי חיין 2:22
רי מן קדם יוי- רוח 11:2
רי חכמא וסכלתנו - רוח
רי מילך וגבורא - רוח
רי מדע ודחלתא דיוי - רוח
רי דטעו - רוח 19:14;29:10
בעלעול רי - קטב 28:2
רי דסוכלתנו - רוח 29:24
בשר ולא רי - רוח 31:3
עד דיתי...רי - רוח 32:15
רי קודשא - רוח 40:13

רי קודשי -רוחי 42:1;44:3
ועיקת רי - רוח 54:6
רי מכיכין - רוח 57:15
רי קדשי - רוחי 59:21
רי נבואה 61:1
רי משבחא - רוח 61:3
ומתבר רי - רוח 65:14
ומכיך רי - רוח 66:2
וברוח
בעלעול וברי - וסערה 29:6
כרוח
כרי ציפונא 41:25
רוחי
אף רי במעי - רוחי 26:9
אחייתא רי - רוחי 38:16
רוחהון
ולא משבחין רי 41:17
חלף רי - רוח 61:3
רוחי
מארבע רי ארעא- כנפות 11:12
רי מיתיא - רוח 57:16

רווקא
ורווקי - ובחורים
ורי רשיעיא 40:30
רויא
כמא דטעי רי - שכור 19:14
דרויא - ושכרת
דרי מן עקא 51:21
כרויא - כשכור
אשתדאה תשדי...כרי 24:20

רום
יראם - ירום
יי ויסגי ויתקף לחדא 52:13
יראמון
כל חיליא יי - ינשא 40:4
וכבשיא יי - ירמון 49:11
דרמין
כמא דרי שמיא - גבהו 55:9
דרמי
ורי ליבא - ורם 2:12

ורי קומא - ורמי 10:33
וארים - ויט
ואי מחת גבורתיה 5:25
ארימתא - הרימותה
וקדם מן אי קלא 37:23
ירים
ויוי יי - יטה 31:3
ולא יי...קליך- ישמיע 42:2
וירים - והניף
ויי מחת גבורתיה 11:15
ארים
אי נסי - ארים 49:22
ירימון
יי קלהון - ישאו 24:14
יי קלהון - יצוחו 42:11
ארים
אי קלך - הרים 58:1
ארימו
אי קלכון - צהלי 10:30
אי קלא - הרימו 13:2
אי בחילא קלכון - הרימו 40:9
אי לא תדחלון - הרימו
אי אתא - הרימו 62:10

לארמא
לאי עממיא - להנפה 30:28
כארמא - כהניף
כאי חוטרא לממחי 10:15
ארמות - תנופת
אי גבורתא דיוי 19:16
מרים - מניף
דהוא מי עליהון 19:16
ומרים - ועשה
ומי נופיה לעילא 37:31
דמרימין - נשאו
קל פרנסך דמי קלהון 52:8
מרימן - נטוות
בנת ציון אזלן מי צואר 3:16
מרממא
גבורתא די מי - הנטויה 14:26
וגבורתיה מי - הנטויה 14:27

גבורתיה מ' - נטה 23:11
אתרמם - ארומם
כען א' 33:10
אֱרֹמֵמֶנְךָ - ארוממך
יוי אלהי את א' 25:1

רוֹמֵא
מן ר' - משמים 14:12
יתבי ר' - מרום 26:5
בתקוף ר' 40:22;45:15
בְּרוֹמֵא
בר' קדמוהי - עמדים 6:2
אתר אתקין בר'- מרום 22:16
בר' שרי - מרום 57:15
לְרוֹמֵא
לר' אסיק - השמים 14:13
וזקפתא לר' עינך - מרום 37:23
זקופו לר' - מרום 40:26

רוֹמִי
מבני ר' 54:1
דְּרוֹמִי
נחלה דר' 34:9

זְרוֹק
מאחרגער ור' - ורק 50:6

רוקן
דְּתִתְרוֹקֵן - ונקתה
ות' ארעא 3:26

זְרוֹקְנָא
ותהי צדיא ור' - ואניה 29:2

וְרוֹחְצָנָא
מא ר' הדין - הבטחון 36:4
בְּרוֹחְצָן - מחסה
וידלק...בר' כדביכון 28:17
לְרוֹחְצָן/לְרוֹחְצָן
לרחי ישרון - לבטח 14:30

תשרון לר' - ובבטחה 30:15
דשרן לר' - בטחות 32:9,10,11
וישרון לר' - ובטח 32:17
ויתבון...לר' - מבטחים 32:18
דשרן לר' 33:24
דיתבא לר' - לבטח 47:8

רוֹחְצָנָא
אתר בית ר' - מבטנו 20:6
שוינא בכדב ר'- מחסנו 28:15
רוֹחְצָנְהוֹן
בית ר' - מבטח 20:5
אתר בית ר' - חשקי 21:4
אלהא דישראל ר'- נסמכו 48:2

רושמין
ר' דמחא - נקפה 3:24

רזא
רז - רזי
ר'...איתחזי לי 24:16
ר'...אתגלי לי

רחובא
בְּרחוֹבָא - ברחוב
ארי איתקילו בר' 59:14
בְּרחוֹבֵי - בנחלי
בר' קריא 7:19
וּבְרחוֹבֵיהוֹן - וברחבתיה
ובר' כלהון מיללין 15:3

רחילא
וּבְרחֵילָן - ובצבים
וייתון...ובר' 66:20

רחים
רֹחֵמֵת - אהבת
ר' אתר בית משכבהון 57:8
לְלֹמֵרחֹם - ולאהבה
ולמ' ית שמא דיני 56:6
מֹדֹרֹחֹים- אהבו
יוי מֹדֹרֹי ליה לישראל 48:14

רֹחֵמִי
זרעיה דאברהם ר' 5:1
תושבחת ר' - דודי
זרעיה דאברהם ר' - אהבי 41:8
רֹחֵמִין
כולהון ר' ל... - אהב 1:23
ר' למדמך - אהבי 56:10
רֹחֵמֹהָא - אהביה
כל ר' 66:10
רֹחֵמָא
אתכניו בזרעא ר' 1:4
רֹחֵימְנָא - אהב
ארי אנא יוי ר' 61:8
רֹחֵימְתָא - אהבת
לאתתא דר' על בעלה 57:8
רֹחֵימְתָךְ - אהבתיך
ואנא ר' 43:4
דְרָחֵים
לא י' - ירחו 9:16
ארי יוי יוי - ירחם 14:1
לא י' עליהון - ירחמנו 27:11
רחמא י' עלך - יחנך 30:19
ועל ענותנוהי י' - ירחם 49:13
דְיִרָחֵים - לרחמכם
ותקיף הוא די עליכון 30:18
וְיִרָחֵים - וירחמהו
ורי' עלוהי 55:7
וּתְרָחֵים - ותנחמני
ותי' עלי 12:1
אֲרָחֵים - רחמתיך
א' עלך 54:8;60:10
וַאֲרָחֵים - ואנחהו
ואי' עליהון 57:18
דִּרְחֵמוּן - ירחמו
לא י' 13:18
רָחֵים - חננו
יוי ר' עלנא 33:2
רַחֵמָא - חנון
ר' ירחים 30:19
לְרָחֵמָא
דעתיד לר' עליהון -מרחמם 49:10
דעתיד לר' עלך - מרחמך 54:10

מלרחמא - מרחם
מלרי על בר מעהא 49:15

רחיץ
ודרחיץ - והחוסה
ודרי על מימרי 57:13
רחיץ
אנא רי - אבטח 12:2
דאת רי ביה - בוטח 37:10
ורחיץ
ורי דייטבון ליה 45:9
רחיצין - נזכיר
אנחנא רי 26:13
ואתרחיצת - ותבטחי
ואי בבשתיך 47:10
אתרחיצתא - בטחת
על מן אי 36:5
הא אי על 36:6
דאתרחיצתא - אשר בטחת
מא רוחצננא הדין דאי 36:4
ואתרחיצת - ותבטח
ואי לך על מצראי 36:9
אתרחיצו - בטוח
ארי במימרך אי 26:3
ואתרחיצתון - ותבטחו
ואי בשקרא 30:12
אתרחיצנא - בטחנו
על מימרא דיוי אי 36:7
יתרחצון - יחסו
ובה יי 14:32
אתרחיצו - בטחו
אי על מימרא דיוי 26:4
ולאתרחצא
ולאי בטלל - ולחסות 30:2
ולאי בטלל - והחסות 30:3
מתרחיץ - יבטח
מי בשמא דיוי 50:10
מתרחצין - בטוח
מי על למא 59:4
דמתרחצין - הבטחים
לכל דמי עלוהי 36:6
ומתרחצין - ויבטחו

ומי על רתיכיא 31:1
ירחיץ - יבטח
ולא יי יתכון חזקיה 36:15

רחיקא
מארע רי - מרחק 13:5;46:11
מארע רי 18:1
מארע רי - מרחוק 23:7
מארע רי - רחוקה 39:3
מירחיק/מרחיק
ויזקוף...מי - מרחוק 5:26
ויערוק מרי - ממרחק 17:13
מי ערקו - מרחוק 22:3
איתו בנייא מרי - מרחוק 43:6
ואציתאו...מי - מרחוק 49:1
אלין מרי ייתון - מרחוק 49:12
עד מרי - מרחוק 57:9
מרי קמת - מרחוק 59:14
בנך מי ייתון- מרחוק 60:4
לאיתאה בנך מרי - מרחוק 60:9
דמירחיק - ממרחק
דמי ייתי 10:3
רחיקיא - הרחקים
נגוותא רי דלא שמעו 66:19
דרחיקין - הרחוקים
דרי מן זכותא 46:12

רחלא
וכרחלא - וכרחל
וכרי דקדם גזזהא שתקא 53:7

רחמין
לא אתמלית...רי- רחמים 47:6
וברחמין - וברחמים
וברי סגיאין 54:7
ורחמין - וחל
פורקן יתסם...ורי 26:1
רחמך - ורחמיך
וסגיאות רי 63:15
דרחמך
את...דרי עלנא (2×) 63:16
וכען יוי דרי עלנא 64:7

ורחמך
באורח טובך ורי 64:4
ברחמוהי
אשאר לנא שיזבא ברי 1:9
כרחמוהי
דגמלינון כרי - כרחמיו 63:7
דרחימין
דרי מכל עממיא 28:9;46:3

רחמתא
ברחמתיה - באהבתו
פרקינון ברי 63:9

רחק
רי להלאה - קרב 65:5
רחקני - שכחני
ויוי רי 49:14
רחיק - שנאה
רי מימרי 1:14
רחיקתיך - עזבתיך
ברגז זעיר רי 54:7
ירחקניך - אשכחך
מימרי לא יי 49:15
תרחקיננא - תתענו
למא תי יוי 63:17
רחיקו - נאצו
וית מימר קדישא דישראל רי 5:24
ארחיקתא - השלכת
ארי אי...כל חטאי 38:17
ארחיק - אאריך
בדיל שמי אי רוגזי 48:9
ארחקינך - מאסתיך
ולא אי 41:9
ארחיקנון/ארחיקנינון
לא אי - אעזבם 41:17
ולא אי - עזבתים 42:16
ירחקון
יי בני אנשא - ישליך 2:20
יי גבר - ימאסון 31:7
תרחקונונון
תי כמא דמרחקין 30:22
כין תי - תזרם

רֹיֹקֹן		אֹרֹחֹיקְתֹון		לרחקא	
מגוב רי	51:1	אי יום תיובא	17:11	לֹרַחָקָא	
דיתוב...רי - ריקם	55:11	אֹרֹחֹיקֹו - השביתו	7:16	לרי בישא - מאוס	7:15
		אי מן קדמנא	30:11	לרי בישא - מאס	7:16
רֹיֹקָנֹו		וֹיֹרֹחֹיק - ורחק		לרי כל רשיעיא- רחקת	26:15
ברמות רי - שרא	30:28	ורי יוי ית בני אנשא	6:12	מֹרָחָק	
דֹרֹיֹקָנֹו				מי* נפשיה מן אנוסין	33:15
ורי סעדהון - וריק	30:7	רֹחַשֹא		מֹרָחָק	
לֹרֹיֹקָנֹו		ועיל מינך רי - תולעה	14:11	קרבן מי הוא - תועבה	1:13
לא לרי ברה - תהו	45:18			מי קדמי שקרא - שנא	61:8
לרי תבעו דחלתי - תהו	45:19	רֹטִיבֹין		וכלבוש מי - עדים	64:5
לרי לאיתי - לריק	49:4	ועד כען אינון רי	6:13	דמֹרַחֲקֹין - דוה	
לא יהלון לרי- לריק	65:23			כמא דמי ית טומאתא	30:22
		רטיש		מֹרַחֲקֹון - מנדיכם	
רֹישֹא		אֹתרֹטִישֹתֹא - נגדעת		מי בדיל שמי	66:5
הוא רי - הראש	9:14	אי לארעא	14:12	אֹתרַחֲק	
רֹיש		תֹתרֹטֹיש - תעזב	58:2	וליבהון אי - רחק	29:13
כל רי מרע - ראש	1:5	תי ארעא	7:16	לא אי - עזב	58:2
למהוי רי - חבש	3:7			אי דינא מננא - רחק	59:9
גֹיזֹוז רֹי - קרחה	3:24	רֹטִישֹין		לפרקנא אי מננא - רחקה	59:11
רי ארם דמשק - ראש	7:8	ואשונינון רי - בתה	5:6	אֹתרַחֲחַת	
רי והגמון - ראש	9:13;19:15			קרתא...אי - נשכחה	23:16
ולֹגֹיזֹוז רֹי - ולקרחה	22:12	רטפא		ארי אי - שלחתיה	50:1
דעל רי חילא - ראש	28:1,4	ורֹטֹף - ופרק		אי כנישתהון - שלחה	
על רי טורא - ראש	30:17	ורי פיגור במניהון	65:4	קרתא דלא אי - נעזבה	62:12
בֹרֹיש - בראש				דֹאֹתרַחֲחַת - תמאס	
ברי טוריא	2:2	רֹיגֹוש		וכאית עלומין דאי	54:6
ברי צנפא	17:6	יום רי - מהומה	22:5	אֹתרַחֲח - מאס	
ברי כל שוקיא	51:20	ולֹרֹיגֹוש		אי מקרויהון	33:8
רֹאֹש/רֹיֹש - וראש		ולרי עקא - ולשואה	10:3	לֹתַרַחֲק - תמוס	
ורי דמשק	7:8			וקים שלמי לא יי	54:10
ורי אפרים שמרון	7:9	ריחוקא		תֹתרַחֲק - תרחק	
ורי שמרון בר רמליהו	7:9	לֹרֹיחֹוק - לטרח		לא תי	46:13
מֹרֹיש - מראש		הוו קדמי לרי	1:14	דֹתֹתרַחֲק - ונשכחת	
מרי טוריא	42:11			ותי צור	23:15
רֹישֹיה - ראשו		ריחתא		יֹתרַחֲחֹון - ימשכו	
הלכיך רי כאמגמון	58:5	בֹרֹיחֹתֹא - ברחת		ויומחא לא יי	13:22
בֹרֹישֹיה		דידרא ברי ובמדריא	30:24	יֹֹתֹתרַחֲחֹון - ורחקו	49:19
מניד ברי	10:32			ורי מסלעמך	
רֹישֹהֹון		רֹימֹה		אֹתרַחֲקֹי - רחקי	54:14
בתרך רי מנידין - ראש	37:22	תחותך ישוון רי- רמה	14:11	אי מעושקא	
רֹשֹיֹא				מֹתֹרַחֲק - מאס	33:15
				מי מממון דשקר	

	רֵמָא						

ורמחין — right column, center column (180), רישי — left column

Left column (רישי):

1:6	ראש - ר' ועד
9:9	לבנים - ר' גלו
	רֵישֵׁי
33:18	ר' משרית גיבריא
	בֵרֵישֵׁי
22:5	בר' טוריא
	רֵישֵׁיכֹון - ראשם
35:10	יהי מטל על ר'
	רֵישֵׁיהֹון
15:2	בכל ר' מרט - ראשיו
51:11	יהי מטל על ר'- ראשם
	רכב
	נִרכֹוב - נרכב
30:16	ועל קלילין נ'
	רֵכֹבֵין - רכבים
36:8	אם תכול למיתן לך ר'
	רֵכֵיב
21:7	ר' על חמר - רכב
	ר' על גמל - רכב
	רֵכֹובֵין
66:12	ועל ר' תתרבון - ברכים
	וֵרֵכֹובֵין - וברכים
35:3	ור' דרעלן חסינו
	רֵכֹיכֵא
47:1	דיקרון ליך ר' - רכה
	רֵכֹיכֵין
30:23	שמן ר' ופטימין
40:11	ובחניה מסובר ר'
44:4	ויתרבון צדיקיא ר'
	רכן
	אתרֵכֹינֵתֵא - נפלת
14:12	איכדין א' מן רומא
14:19	ואת א' מקברך - השלכת
	אֵרֵכֹינֵתֵא
48:8	לא א' אודנך - פתחה
63:19	לא...א' שמיא - קרעת
	אֵרֵכֹינֵו
55:3	א' אדנכון - הטו

Center column:

19:14	יוי ר' ביניהון- מסך
29:10	ר' ביניכון יוי- נסך
34:17	והוא...ר' - הפיל
41:2	ר' כעפרא קטילין- יתן
	רֵמֹו
10:32	כד ר' יתיה לגו אתון
	יֵרמֵי
10:24	ומרותיה י' עלך - ישא
25:12	וכרך...י' - השפיל
	יֵרמֵינֵה - ישפילה
26:5	י' עד ארעא
	דֵמֵי
10:33	יוי...ר' קוטל- מסעף
	רֵמֹן
19:8	כל דֵהוו ר' - משליכי
51:10	ר' בריש כל שוקיא -שכבו
	רֵמֹן
26:19	כל דֵהוו ר' - שכני
	יֵתֵרֵמֹון
10:34	על ארעא דישראל י'- יפול
27:12	י' קטילין - יחבט
34:3	וקטיליהון י' - ישלכו
54:15	בגויר י' - יפול
56:9	בגויר י'
	יֵתֵרֵמֹון - יפלו
10:4	קטילין ת'
	דֵאֵרֵמֹי
63:6	וא' לארעא - ואוריד
	רֵמֵא
30:25	ועל כל ר' - גבעה
57:15	כדנן אמר ר' - רם
	דֵרֵמֵא - וגבעה
40:4	וכל טור ור' ימאכון
	רֵם
2:15	במגדל ר' - גבה
5:1	בטור ר'
6:1	על כורסי ר' - רם
10:12	על עובדי ר' ליבא - גדל
30:25	על כל טור ר' - גבה

Right column (ורמחין):

33:16	באתר ר' ומנטל
40:9;57:7	על טור ר' - גבה
	דֵמֵתֵה - גבעתה
31:4	על טורא דציון ועל ר'
	דֵמֵלֵא
2:14	כל טוריא ר' - הרמים
5:15	ועיני ר' - גבהים
	ורֵמֹן - וגבעות
42:15	אחריב טורין ור'
	דֵמֵתֵא
30:17	וכאתא על ר' - הגבעה
	מֵדֵרֵמֵתֵא
2:2	ומנטל מיר' - מגבעות
	דֵמֵתֵא - הגבעות
2:14	ועל כל ר' מנטלתא
65:7	על טורא ועל ר'
	דֵרֵמֵתֵא
	ור'...כיד במוזניא- וגבעות
40:12	
54:10	ור' יתפרקן - והגבעות
55:12	טוריא ור' - והגבעות
	רמותא
	דֵרֵמֹות
2:11,17	ר' אנשא - גבהות
10:12	ר' עינוהי - רום
	דֵרֵמֹות
30:28	בר' ריקנא - בנפת
	רמז
	מֵרֵמֵז - שלח
58:9	מר' באצבע
	דֵרֵמֵלֵה/רֵמֵלֵיהו - רמליהו
7:1	ופקח בר ר'
7:4,5;8:6	ובר ר'
7:9	וריש שמרון בר רמליהו
	רמחא
	דֵרֵמֵחֵין
10:32	ואחדי סיפין ור'

רמש
מרמשין
מי על שויהון - בנשף 5:11

רמשא
לעידן ר' - ערב 17:14
ברמשא - בערב
בחורשא בר' יביתון 21:13

רמתא
יתבי ר' - הרמה 10:29

רסס
מרססא
כמחא מ' - טריה 1:6

רעא
ירעון - ירעו
דיבא ואימרא י' כחדא 65:25
וירעון - ורעו
וי' ענכון 61:5
ירעין - תרעינה
ותורתא ודובא י' 11:7
רעי
כרעיא ד...ר' - ירעה 40:11
דרעי
כמשכן דר' - רעי 38:12
כרעיא
כר' דעדריה רעי - כרעה 40:11
כר' לעניה - רעי 63:11
רעין - רעים
דיר ר' 31:4
ורעין - ורעים
ור' לא ישרון תמן 13:20

רעא
דרעינא
ית דר' - אשר חפצתי 55:11
דר' בה - אבחרהו 58:5,6
רעי - חפץ
יוי ר' 42:21
דרען
ולמינס מא דר' 10:2
דאתרעי
דא' ביה מימרי- רצתה 42:1
ציון דא' בה 60:14
ואתרעי
וא'...לאטבא - ואביטה 18:4
וא' בך - ויבחרך 49:7
אתרעיאת - חפצה
ובשקוציהון נפשהון א' 66:3
אתרעיתא
ואת א' בחיי 38:17
אתרעיתי - בחרתיך
עבדי את א' בך 41:9
דאתרעיתי
יעקב דא' בך - אשר בחרתיך 41:8
ועבדי משיחא דא' ביה
- אשר בחרתי 43:10
דא' ביה - בחירי 43:20
דא' ביה - בחרתי 44:1,2
אתרעיאו
אנון א' - בחרו 66:3
ובדלא צבינא א'- בחרו 66:4
ואתרעיאו - ומשוש
וא' ברצין 8:6
אתרעיתון - בחרתם
ובדלא צבינא א' 65:12
דאתרעיתון - יבחר
תועיבא דא' לכון 41:24
ויתרעי - ובחר
וי' עוד בישראל 14:1
מתרעי - מתעורר
מי לאיתקפא בדחלתך 64:6
מתרען - יחפצו
ודהבא לא מ' ביה 13:17
ומתרען - ובחרו
ומ' בדצבינא 56:4

רעוא
לא ר' קדמי 1:11
לא ר' קדמי בהון - חפצתי
לא ר' קדמי 1:15
ומן ק יוי הות ר' 53:6
ומן...הות ר' - חפץ 53:10
שנת ר' - רצון 61:2
ר' מן קדם יוי- חפץ 62:4
ובדין ר' קדמי 66:2
דרעוא
ויומא דר' - רצון 58:5
לרעוא
ותקון לר' - לרצון 56:7
יתסקון לר' - רצון 60:7

רעותא
ברעות
בר' נפשהון 28:10,13
רעותי
למעבד ר' 28:10,13
וכל ר' יקיים - חפצי 44:28
וכל ר' אעביד - חפצי 46:10
דאתון עבדין ר' - רצון 49:8
עבדי ר' בה - חפצי 62:4
ובמימר ר' סעדתינון 63:5
וברעותי - וברצוני
ובר' ארחים עלך 60:10
רעותך
דחדיאו למעבד ר' 64:4
רעותיה
פתגמי ר' - עצתו 40:13
יעביד ר' בבבל- חפצו 48:14
ובמימר ר' סעדינון 59:16
פתגמי ר' - דברו 66:5
ברעותיה
בר' יצלחון - בידו 53:10
וברעותיה
ובר' יתקרבן - ורוחו 34:16
ובר' פליג - וידו 34:17

רעל
דרעלן - כשלות
ורכוכין דר' חסינו 35:3

רעמא
ברעם - ברעם
תתפקיד בר' 29:6

רעע

רעיעא - הרצוץ

על סמך קניא ר׳ 36:6

רעיע - רצוץ

ענותניא דכקני ר׳ 42:3

רפא

אתרפו - התמהמהו

אי שהו אשתגישו 29:9

רצין

ר׳ מלכא דארם - רצין 7:1

ר׳ וארם - רצין 7:4

וראש דמשק ר׳ - רצין 7:8

ותקיף יוי ית...ר׳- רצין 9:10

ברצין - את רצין

ואתרעיאו בר׳ ובר רמליה 8:6

ורצף

וית הרן ור׳ - ורצף 37:12

רצפתא

רצפתיך

אבני ר׳ 54:11

רקבא

דלא אחיד ר׳ - ירקב 40:20

דאחיד ביה ר׳ - סס 51:8

רשא

רשיא

ויהי...ר׳ - כנשה 24:2

דרשי - נשא

ויהי...כמן דר׳ ביה 24:2

רשיעא

יהי מאית ר׳ - רשע 11:4

מית ר׳ - חציר 40:8

ישבוק ר׳ אורחיה- רשע 55:7

לרשיעא - נבל

ויהיב מצנפת לר׳ 28:1

דיהיב מצנפת לר׳ 28:4

רשיעיא

כין יסופון ר׳ 1:31

ונכסי ר׳ - מחים 5:17

אתון ר׳ - רע 5:20

דאם יבעון ר׳ סעיד 5:30

ועל ר׳ - רשעים 13:11

מלי ר׳ - עריצים 25:4

כד ימאכון ר׳ - עריצים 25:5

יחזון ר׳ 26:11

לרחקא כל ר׳ - קצוי 26:15

על ר׳ נפיק לוט 30:27

מן קדם ר׳ 32:2

ר׳ רשעא ממללין- נבל 32:6

עתידין ר׳ לאידדנא 33:14

כל ר׳ כעסבא - הבשר 40:6

כעסבא חשיבין ר׳ בעמא 40:7

ורווקי ר׳ - ובחורים 40:30

ר׳ דאנון כחרשין 42:18

הלא אם יתובון ר׳ 42:19

ר׳ עתידין לאשתלמא

וימסר ית ר׳ - רשעים 53:9

חלף ר׳ - הנעצוץ 55:13

תקלת ר׳ 57:14

מתיב ר׳ לאוריתא 58:12

ואתון ר׳ תכפנון 65:13

ואתון ר׳ תצהון

ויהון מידדנין ר׳ 66:24

דרשיעיא

תוקפהון דר׳ 1:31

בעובדיהון דר׳ 59:6

לרשיעיא

וי לר׳ 1:24

וי לר׳ - לרשע 3:11

יי דאמרין לר׳- לרע 5:20

יחשוך לר׳ - לחשך

וייתי מררא לר׳- מר

ואית פורענו לר׳ 21:12

רז פורענו לר׳ 24:16

יהבתא...ארכא לר׳- רשע 26:10

לא יתאמר...לר׳ - לנבל 32:5

אחדתנון לר׳ - חנפים 33:14

ואת מיתי מררא לר׳ 38:17

לית שלמא...לר׳- לרשעים 48:22;57:21

ואת יהיב ארכא לר׳ 64:11

ורשיעיא

ור׳ די יהבתא להון 26:19

ור׳ דעובדיהון- וכלי 32:7

ור׳ כימא - והרשעים 57:20

מרשיעיא

לאתפרעא מר׳ 28:21

רשיעין

רבות ר׳ - זדים 13:11

תקוף ר׳ - רשעים 14:5

גברין ר׳ - לצון 28:14

רשיעי

ר׳ ארעא - הארץ 2:19,21;10:23;13:5

רשיעך

כל ר׳ - סיגיך 1:25

רשל

דרשלן - רפות

תקיפו ידן דר׳ 35:3

יתרשלן - תרפינה

כל ידיא י׳ 13:7

רשם

רשום - חקה

ועל שטין דספר ר׳ 30:8

דרשמין - החקקים

יי דר׳ רשמין דמינס 10:1

רשמא

רשמין - חקקי

ר׳ דמינס 10:1

רשמי

ר׳ כתמה 9:4

רשע

דרשע

עשתונין דר׳ 33:11

תתרשעון - תתלוצצו

לא ת׳ 28:22

רשעא

ר' ממללין - נבלה 32:6

כנשת ר' - רשע 58:6

דרשעא

אורחיה דר' 55:7

בכורמיזא דר' - רשע 58:4

ברשע

וזכות זכיא בר' מעדן 5:23

כל...בר' - ברעש 9:4

רתך

ר' אנש - רכב 21:7,9

ברתך - ברכב

בר' אנש 22:6

רתיכין - רכב

אתמליאו ר' 22:7

דאפיק ר' 43:17

רתיכי - מרכבות

ר' יקרך 22:18

רתיכיא

ומתרחצין על ר' - רכב 31:1

וברתכין

בסוסון ובר' - וברכב 66:20

לרתכין

לר' ולפרשין - לרכב 36:9

רתיכי - רכבי

בסגיאות ר' 37:24

רתכוהי - מרכבתיו

וכעלעולא ר' 66:15

לרתכוהי - למרכבתיו

ולית סוף לר' 2:7

ש

שבמה/סבמה

אתקטלא סיעת ש' - שבמה 16:8

כן איתי...על ס' - שבמה 16:9

שפות

ראה ספות

שקא

ראה סקא

שרה

ובשרה - ואל שרה

ובש' דעדיאתכון 51:2

ש

שאול

ראה גבעת שאול

שאול

אפתיאת ש' נפשה - שאול 5:14

ש'...זעת לך - שאול 14:9

אהך בתרעי ש' - שאול 38:10

דבשאול - שאול

לא דבש' מודן קדמך 38:18

לשאול

איתחת לש' - שאול 14:11

לש' תיתחת - אל שאול 14:15

עד לש' - שאול 57:9

שאיל

ושאילתינון - ואשאלם

וש' אם יתיבון פתגם 41:28

שאילו - שאלו

לא ש' 30:2

לדלא ש' מן קדמי 65:1

אשאיל

לא א' - אשאל 7:12

שאל

ש' לך אתא - שאל 7:11

ש' דיתעביד לך נס

שאלין

ולא ש' בנביי 30:1

אתון ש' מן קדמי - שאלוני 45:11

ש' מן קדמי - ישאלוני 58:2

אשתאלית - נדרשתי

א' במימרי 65:1

משתאיל

האנא מ' תדירא 65:1

ומשתאיל - וקסס

וספר ומ' ורב 3:2

שאר

אשתאר - נשאר

א' בקרתא צדו 24:12

דאשתאר - הנמצאה

על שארא הדין דא' 37:4

ואשתאר - ונשאר

וא' אנשא כזעיר 24:6

ואשתארת - ונותרה

וא' כנשתא דציון 1:8

אשתארית - נשארתי

האנא א' בלחודי 49:21

ישתאר - יותר

לא י' מדעם אמר י"י 39:6

דישתאר

די' יתוב לציון - הנשאר 4:3

שארא דעמיה די' - אשר ישאר 11:11

לשארא דעמיה די' - אשר ישאר 11:16

אשאר - הותיר

א' לנא שיזבא 1:9

לאשראה

לא' שכינתיה בגויך 12:6

ישתארון

כין י' יחידין צדיקיא 17:6

י' יחידאין צדיקיא 24:13

י' כזעיר ביני עממיא 28:13

דישתארון - הנותר

כל צדיקיא די' ב... 7:22

דישתארון

וי' בה - ועוד 6:13

ו'י ביה - ונשאר 17:6
ו'י כאילן - הנשארה 37:31
דתשתארון - נותרתם
עד אם דת' כבעורא 30:17

שארא
ש' דישראל - שאר 10:20
ש' דבית יעקב - שאר 10:21
ש' דעמיה - שאר 11:11
ש' דארעהון - ולשארית 15:9
על ש' הדין - השארית 37:4
ש' דבית ישראל- שארית 46:3
ולדכאה ית ש' דעמיה 53:10
לשארא - לשאר
לש' דעמיה 11:16;28:5

שאר
ש' דלא חטו - שאר 10:21,22
ש' נכסיהון - יתרה 15:7
ש' צדיקיא - שארית 37:32
לית להון ש' 47:14
בשאר - בסבכי
בש' עמא 9:17
ושאר
את וש' דלא הטו - ושאר 7:3
וש' עם משריתיה -ושאר 10:19
שום וש' - ושאר 14:22
וש' עמיך - ושאריתך 14:30
וש' ציב חד - ושאר 16:14
וש' יחידאין - ושאר 17:3
וש' תקוף - ושאר 21:17
משאר
מש' עמא - מכף 1:6
ושאריה
וש' ל...עבד - ושאריתו 44:17
וש' ל...אעביד- ויתרו 44:19
ושארהון - והאחרון
וש' מלך תקיף יגלי 8:23

משבא
מש' ייתון - משבא 60:6

שבא
ראה שבתא

שבא
דשבו - שבי
ואם דש' זכאין 49:24
אף דש' גיברין אתיב 49:25
ישבי - ישא
י' ית נכסי דמשק 8:4
שבן - שבים
ויהון ש' לשביהון 14:2
לדבשן - לשבוים
למקרי לדבי חירו 61:1
לשביהון - לשביהם
ויהון שבן לש' 14:2

שבוי
ש' כנשתא דציון- שביה 52:5

בשביא
בש' אזלו - בשבי 46:2
שבי - שבי
ש' מצרים 20:4

כשבז
כש' יהי - כמק 5:24

שבח
שבחך - פארך
ארי ש' 55:5;60:9
ישבח - ישאו
י' מדברא 42:11
וישבח - ותרן
ו'י לישנהון 35:6
אשבח - אפאר
ובית תושבחתי א' 60:7
אשבחיה - אשירה
א' כען לישראל 5:1
ישבחון
י' בשמא דיוי - ירנו 24:14
י' תושבחא הדא- יושר 26,1
י' בית ישראל 30:32
י' מתיא - ירנו 42:11
צדיקיא י' - ירנו 65:14
וישבחון
ו'י קדמך - ורננו 26:19
ו'י קדם יוי - והללו 62:9
שבחי - רני
ש' ירושלם 54:1
ושבחי - ורני
בועי וש' כנשתא דציון 12:6
שבחו
ש' קדם יוי - זמרו 12:5
ש' לה - ענו 27:2
ש' ק יוי - שירו 42:10
ש' שמיא - רנו 44:23;49:13
ושבחו - רננו
בועי וש' כחדא 52:9
לשבחא - לפאר
לש' אתר בית מקדשי 60:13
משבחא - תהלה
רוח מ' 61:3
משבחך - מאשרך
עמי מ' 3:12
משבחיה - מאשרי
והון מ' דעמא הדין 9:15
משבחין
לא מ' לך - יהללך 38:18
כחדא מ' - ירננו 52:8
יהון מ' - תהלה 60:18
דמשבחין - זמרה
וקל דמ' 51:3
משבחתא - הומיה
קרתא מ' 22:2
ישתבח - יתפאר
ובירושלם י' 44:23
דישתבח - היתפאר
האפשר די' חולילא 10:15
תשתבח - תתהלל
בקדישא דישראל ת' 41:16
אשתבח - אתפאר
ישראל דבך א' 49:3
וישתבחון - ויתהללו
ו'י כל זרעא דישראל 45:25
לאשתבחא - להתפאר

עובד גבורתי לאי 60:21
עמיה דיוי לאי 61:3

משתבחין

מי אמר יוי - יהילילו 52:5
עממיא דהוון מי- ירנו 61:7

שבטא

ש' דבית יהודה 7:1;37:10;38:9
שבטיא - תולעת
ש' דבית יעקב 41:14
שבטי - שבטי
ש' יעקב 49:6
ש' אחסנך 63:17
לשבטיהון
ויקריב יתהון...לש' 28:25

שבילא

דאתקין...ש' - נתיבה 43:16
שבילך - ארחתיך
ואורח ש' קלקילו 3:12
בשבילך - בנתיבות
בש' דלא איליפו 42:16
שבילהון - נתיבותיהם
ש' עמיקו 59:8

שביסא

ושביסיא - והשביסים
ית תושבחת מטניא וש' 3:18

שבנא

לות...ש' - שבנא 22:15
וית ש' - שבנא 37:2
ושבנא - ושבנא
וש' ספרא 36:3,22
ואמר אליקים וש' 36:11

שבע

ש' נשין - שבע 4:1

שבעה

ש' יומיא - שבעת 30:26
לשבעה - לשבעה

וימחיניה לש' נחלין 11:15

שבעין

ש' שנין - שבעים 23:15(2×),17

שבק

שבקת - שכחת
ארי ש' אלה פורקניך 17:10
שבקו - עזבו
ש' ית פולחנא דיוי 1:4
ודשבקו - ועזבי
ודש' אוריתא דיוי 1:28
שבקתון
ש' דחלת תקיפא- נטשתה 2:6
ש' פולחני 17:11
ש' פלחנא דיוי- עזבי 65:11
ישבוק - יעזב
י' רשעא אורחיה דרשעא 55:7
תשבוק - תשא
ולא ת' להון 2:9
אשבוק - אסבל
אף אנא א' לחוביהון 46:4
ואשבוק
וא' להון - וארפאהו 57:18
וא' להון - ואפאתיו 57:19
תשבקון - תעזבו
ואיכא ת' יקרכון 10:3
ותשבקון - והנחתם
ות' שומכון 65:15
שבוקו - שעו
ש' מני 22:4
למשבק
אסגיתי למ' - נשא 1:14
הות רעוא למ' 53:6
שביק
ש' לחוביהון - נשא 33:24
אנא...ש' לחובך- מחה 43:25
שבקין
לא ש' מזדונהון- זרו 1:6
לא ש' חוביכון 1:13
שביקא - עזובה
כאיתא ש' 54:6
חלף דהוית ש' 60:15
לא יתאמר ליך עוד ש' 62:4
ושביקא - ונעזב
תהא מטלטלא וש' 27:10
ושביקין - ושית
ויהון מטלטלין וש' 5:6
שביקן - עזבות
ביען ש' 10:14
ש' קרויהון 17:2
דאשתביק - עזבו
ואי מן קדם בני ישראל 17:9
אשתביקו - נרצה
ארי אי לה חובהא 40:2
ישתביק
אם י' חובא - יכפר 22:14
ולמרודיא י' ליה 53:12
וישתביק - ורפא
וי' להון 6:10
ישתבקון
י' כחדא לעופא- יעזבו 18:6
בדא י' - יכפר 27:9
חובנא י' לנא - נרפא 53:5
ישתבקן
ועויתנא בדיליה י' 53:4

שבתא/שבא

יטר שבתא - שבת 56:2
כל דיטר שבתא - שבת 56:6
וכזמן שבא בשבא- שבת 66:23
בשבא - בשבתו
וכזמן שבא בש' 66:23
לשבתא - לשבת
ותערעה לש' 58:13
משבתא - משבת
אם תתיב מש' רגלך 58:13
שביא - שבתותי
יומי ש' דילי 56:4
ושבין - ושבת
ירחין וש' 1:13

שגת - נעדרה

חדא מנהון לא ש׳ 34:16

שגר

משגרא

והואה נבילתהון מ׳ 5:25

שגש

משגיש - יחולל

וקסומין מ׳ 25:44

אשתגישו - השתעשעו

א׳ ואשתמימו 29:9

שדא

ושדן

דנגדין ושי בקשתא 66:19

תשתדי - תנוע

אשתדאה ת׳ ארעא 24:20

אשתדאה - נוע

א׳ תשתדי ארעא 24:20

כאשתדיות - כנוע

כא׳ אילני חורשא 7:2

שדוך

שדוכת - שקטה

נחת ש׳ כל ארעא 14:7

שדי

מן קדם ש׳ ייתי - משדי 13:6

שהא

שהו - ותמהו

אתרפו ש׳ 29:9

שוא

ראשתוי - ויעף

וא׳ לותי 6:6

ומשתוי - וחרד

ומ׳ לקביל פתגמי 66:2

דמשתון - החרדים

צדיקיא דמי לקביל 66:5

שוי

ש׳ תבל כמדברא- שם 14:17

ש׳ כליליא טוליך- שיתי 16:3

ש׳ בכיפא בית מדוריה - חקקי 22:16

דשויני - וישימני

דש׳ כגיר בחיר 49:2

ושוי - וישם

וש׳ פתגמוהי בפומי 49:2

שויתא - שמת

ש׳ קרוי פצחין לגלין 25:2

שוית - שמת

עד לא ש׳ אלין 47:7

ש׳ אתר בית משרך 57:7

ש׳ דוכרן טעותיך 57:8

לא ש׳ דחלתי על לביך 57:11

שויתי

ש׳...בפומך - נגע 6:7

ש׳ אפי תקיפין- שמתי 50:7

ש׳ עומקי ימא - השמה 51:10

דשויתי - אשר שמתי

דש׳ בפומך 59:21

דשויתי - ואשים

וש׳...בפומך 51:16

שויתכון - שמתיך

הא ש׳ למורג תקיף 41:15

שויאו - ישים

ולא ש׳ דחלתיה על לב 42:25

שויוהא - שמה

ש׳ לדמחמרא 23:13

שוינא - שמנו

ש׳ בכדב רוחצננא 28:15

דישוי - ישים

ועד די׳ ית ירושלם 62:7

וישוי - וישם

וי׳ מדברה כעדן 51:3

תשוי - תשים

ומלכוותא כמוצא ת׳ 41:15

אשוי

א׳ כורסי מלכותי - ארים 14:13

א׳ מדברא ל... - אשים 41:18

א׳ קבל...לניהור - אשים 42:16

א׳ במדברא אורח - אשים 43:19

א׳ נהרין מדברא - אשים 50:2

וכסקא א׳ כסותהון- אשים 50:3

ואשוי - ושמתי

וא׳ דינא תקין 28:17

וא׳ שירין בלסתך 37:29

וא׳ נהרין לנגוון 42:15

וא׳ טוריא כבישין 49:11

וא׳ כמרגולין אעך 54:12

וא׳ פרנסך שלם 60:17

וא׳ בהון אתא 66:19

ואשוינך - ושמתיך

וא׳ ליקר עלם 60:15

ואשוינה - ושמתיה

וא׳ לירותת קופדין 14:23

ואשוינון - ואשיתהו

וא׳ רטישין 5:6

ישוון

תחותך י׳ רימה- יצע 14:11

אם י׳...אפיהון 27:4

אם י׳...אפיהון - שוה 28:25

י׳ קדם י״י יקרא- ישימו 42:12

מלכין י׳ ידיהון על 52:15

וישוון

וי׳ דחלתי - וישימו 41:20

ותשוון

ולמן תדמון...ות׳-ואשוה 40:25

לדמן תדמון קדמי ות׳- ותשוו 46:5

ונשוי - ונשימה

ונ׳ לבנא 41:22

ונשוינון - ונבקעה

ונ׳ עימנא 7:6

לשואה - לשום

לש׳ ארעא לצדו 13:9

בשויותיה - בשומו

בש׳ כל אבני איגורא 27:9

ולשויותיה - ולשימו

ול׳ לדיש כסין שוקין 10:6

משויותי - משומי

מש׳ עמא דמן עלמא 44:7

דמשוי - שם

דמ׳ דחלתי על לב 57:1

שובכא
שובכיהון - ארבתיהם
כיונין דתיבין לגו ש' 60:8

שובלתא
שובלין
ש' יחצוד - שבלים 17:5
ויהי כמלקיט ש'- שבלים
למהוי ש' - קמח 37:27

שוחדא
לקבלא ש' - שחד 1:23
מלקבלא ש' - בשחד 33:15

שוט
למישט - לשחות
כמא דמפריש שייטא למי 25:11

שוט
ודשיט - והנקלה
ויתגרון...ודש' בדיקר 3:5

שויא
שוי
לא ש' להון 16:6
שוין - ר...
אלף...ש' אלף מנן כסף 7:23

שויא
שויהון
מרמשין על ש' 5:11

שולטן/שלטן
ש' עקתיה - מטה 9:3
ש' רוגזי - שבט 10:5
שלי חייבין - שבט 14:5
ויבטל שלי - מבצר 17:3
יעדי ש' עממיא 53:8
ושלטן
וש' בית דוד 22:22
דבשלטן - בשבט
אתוראה דבש' מחי 30:31

ושלטנך - וממשלתך
וש' אתין בידיה 22:21
שלטניה - ממשלתו
ובכל ארע ש' 39:2
בשולטניה - בשבט
בש' ימחינך 10:24

שוניא
שוניין - מהתלות
אשתעו לנא ש' 30:10

שופרא
וכמתקע ש' - שופר 18:3
כקל ש' - כשופר 58:1
בשופרא - בשופר
יתקע בש' רבא 27:13

שוקא
כשוק - וכחוץ
והוית כש' לעדן 51:23
שוקיא - חוצות
בגו ש' 5:25
בריש כל ש' 51:20
בשוקיא - בחוצות
מצוחין על חמרא בש' 24:11
שוקין - חוצות
כסין ש' 10:6
בשוקיהון - בחוצתיו
בש' ייסרון שקין 15:3

שורא
ש' דירושלם 10:32
לתקפא ש' - החומה 22:10
דעל ש' - החומה 36:11
על ש' - החומה 36:12
שור - וקיר
ועל ש' 22:6
בשור - חומה
בש' כריך 2:15
כשור
כש' מקף - כדור 22:18
כש' מתקף - בחומה 30:13

שוריא - החמתים
בין ש' 22:11
ושוריא - והדורים
וש' אכביש 45:2
שורך - חומתיך/חמ'
ש' לקבלי תדירא 49:16
ויבנון בני עממיא ש' 60:10
על ש' 60:18
שורהא - חומות
פורקן יתסם על ש' 26:1

שושיפא
ושושיפיא - והמעטפות
כיתוניא וש' 3:22

כשושניא
ויזהרון כש' - כחבצלת 35:1

שותפתא
ושותפין
וש' לגנבין - וחברי 1:23
שותפן - נגאלו
ידיכון ש' בדם זכי 59:3

שחא
דשחו - נצים
כאתרגושת גלין דש' 37:26

שחין
שחינית - חמותי
אח ש' 44:16
שחין - יחם
אף ש' 44:16
ושחין - ויחם
ונסיב מנהון וש' 44:15
ומשחנן - והזורה
ומ' ומפקן חיוון 59:5

שחנא
בשחין - בחם
כענן טל בש' 18:4
כשחין - כחם

כשי פציח על שמש 18:4

שחר

דשחר - שחר

לית ליה מן דשי 8:20

שחר

משחרין - שקדי

כל דהוו מי למינס 29:20

שטא

שטיא - הותל

לביה שי 44:20

שטין

ועל שי דספר 30:8

שטין

ארזין שי והדסין - שטה 41:19

שטח

משטח

חקל מי קצריא 7:3;36:2

ישתטחון - ישתחוו

על ארעא יי 49:23

וישתטחון - והשתחוו

ויי למבעי מניך 60:14

שטף

שטפין

כזרמית מיין תקיפין שי - שטפים 28:2

נהרין שי 33:21

שטר

וישטרון - וימרחו

ויי על שטרא 38:21

שטרא

על שי - השחין 38:21

שידא

ושידין

ושי יחיכון תמן -ושעירים 13:21

ושי...יחייכון - ושעיר 34:14

שיזבתא

שיזבא - שריד

אשאר לנא שי 1:9

ושיזבת

ושי בית יעקב - ופליטת 10:20

ושי מקמיי אוריתא - ופליטה 37:32

לשיזבת - לפליטת

לשי ישראל 4:2

לשי מואב 15:9

שיזיב

ושיזיב

ושי ממרר נפשי 38:15

שיזיבא - הצילו

שי ית שמרון מן ידי 36:19

דשיזיבא - אשר הצילו

דשי ית ארעהון 36:20

השיזיבא - ההצילו

השי דחלת עממיא 36:18

השי יתהון 37:12

שיזיבו

נפשהון לא שי 20:6

ישיזיב

יי יוי - יציל 36:20

ולא יי ית נפשיה - יציל 44:20

יי נפשהון 53:11

וישיזיב

וייחוד...ויי - ויפליט 5:29

יגין ויי - והציל 31:5

ישיזיבינון - גאלם

הוא יי 63:9

וישיזיבנון - והצילם

וישלח להון פריק...ויי 19:20

ישיזבננא - יצילנו

שיזבא יי יוי 36:15

יוי יי 36:18

ותשיזיב - ותמלט

תמן תקנין קופדא ותי 34:15

אשיזיב - ימלט

ודעדו תקיפין אי 49:25

אשיזבינך - אצילך

ומיד מלכא דאתור אי 38:6

ישיזבון - יצילו

לא יי ית נפשהון 47:14

שיזבני - הצילני

ואמר שי 44:17

שיזבא - הצל

שי ישיזבננא יוי 36:15

לשיזבא

לשי יתכון - להציל 36:14

לא יכילו לשי - מלט 46:2

לית...חיל לשי- להציל 50:2

משיזיב - מציל

ולית דמן ידי מי 43:13

דמשיזיב - מציל

ולית דמי 42:22

ומשיזיב

לית להון שאר ומי 47:14

ומשיזביך - וגאלך

ומי תקיפא דיעקב 49:26;60:16

משיזבין - פליטים

ואשלח מנהון מי 66:19

משיזביא

מי דבית יהודה- פליטת 37:31

למגז מי - גאולים 51:10

משיזבי - פליטי

מי עממיא 45:20

אשתיזבו - נמלטו

ואנון אי לארע קרדו 37:38

ישתיזב - ימלט

ואם דשבו זכאין יי 49:24

ישתיזבון

מחן דילא יי מנהון 25:6

לא יי 66:4

נשתיזב - נמלט

ואיכדין ני אנחנא 20:6

לאשתיזבא

לאי מן קדם - להנצל 20:6

ואת מדמי לאי - תנצל 37:11

אף לא אתר לאי בה 47:14

שיחורא

בשיחורין

ונפח נור בשי - בפחם 44:12

נפח נור בשי - פחם 54:16

שיליטא

כמא דמפריש שי- השחה 25:11

שילוחא

כמי שי - השלח 8:6

שימושא

ומשימושך - וממעמדך

ומשי אמגרינך 22:19

שימע

שי גבורתי - שמעי 66:19

שיצי

ושיצי

ושי יוי - ויכרית 9:13

ושי מן ציפונא- ויאכל 9:19

שיציתי

חילי שי - כליתי 49:4

שי פרעה ומשריתיה 51:9

שיציאונון

עממיא...שי - שרפתם 47:14

ישיצי

ית שלטוניא...יי - תספה 7:20

ארי יי יוי - יבצע 10:12

נפשהון עם פגרהון יי- יכלה 10:18

וחייבהא יי מינה - ישמיד 13:9

יי יתכון - תאכלכם 33:11

וישיצי - ואכלה

ויקטיל ויי שלטונהי 10:17

תשיצי

חטאיא וחייביא תי - לאכל 9:17

לבעלי דבבך תי- תאכלם 26:11

תשיציניה - לאכלנו

וחרב לא אנש תי 31:8

ותשיצי

ותי סגי משריתא- ויתאבכו 9:17

תקטיל עממיא ותי- ורחק 41:15

ותשיצינון - ותשמידם

ותי ותוביד כל דכרנהון 26:14

ואשיצי

ואי לבבל - והכרתי 14:22

ואי סגי משריתהון 37:24

אשיצינון

ולא אי 27:3

ואשיצינון

ואי כמא דמשיציא אשתא 27:4

ישיצון - תבער

לא יי יתכון 43:2

ושיצאה

גמירא ושי - ונחרצה 10:23;28:22

גמירא ושי - ותהו 40:17

לשיצאה

לשי אמר בליביה- להשמיד 10:7

ואתבבינה לשי - השמיד 14:23

לשי תוקפהא - לשמד 23:11

לשיציותך - הכרתיך

דלא לשי 48:9

לשיציותהון

עבדי תבלא לשי 10:25

דמשיציא

כמא דמי אשתא הובאי 27:4

אשא דמי - אוכלה 29:6

אישתא דמי - אוכלה 30:30

אשתיצי - כלה

אי בזזא 16:4

ואשתיצי - וכלה

ואי בזזא 29:20

אשתיצנא - דמינו

וכיתבי עמרה אי 1:9

ישתיצי - ישמר

ולא יי שמיה דישראל 48:19

ישתיצון

ודשבקו אוריתא דיוי יי

- יכלו 1:28

ודמעמיקין לדבית יהודה יי

- יכרתו 11:13

כולהון יי - יכליון 31:3

ועממיא אשתיצאה יי-יחרבו 60:12

אשתיצאה - חרב

ועממיא אי ישתיצון 60:12

שירותא

שירו - משתה

ויעביד יוי...שי 25:6

שירותנא

ותהי שי דמחר טבא מ... 56:12

שירת

שי בני דדן - ארחות 21:13

שי ערבאי - שפעת 60:6

שירין

ואשוי שי בלסתך - חחי 37:29

ושירי

ושי ידיא - והשירות 3:19

ושי רגליא - והצעדות 3:20

שישלתא

בשישלן - בזקים

יהכון בשי 45:14

ושישלן - ורחקות

ושי דכסף 40:19

שיתא

שי גפין לחד - שש 6:2(2×)

שתין - ששים

שי וחמיש שנין 7:8

ושתין

מאתן ושי אלפין 10:32

מאתן ושי אלפין רבוא חסר חד

שכח

וישכחן - ומצאה

וי להון ניח 34:14

דאשתכח

כל דאי בך - נמצאיך 22:3

כל דאי - אשר ימצא 39:2

כמא דאי - כאשר ימצא 65:8

ישתכח - ימצא

ולא יי בדיקוקיה חסף 30:14

ביע וחדוא יי בה 51:3

דישתכח - הנמצא

כל די בה 13:15

ואשכח - וימצא

ואי ית מלכא דאתור 37:8

דאשכחת - כאשר מצאה

כמא דאי ידי מלכוון 10:10

ואשכחת - ותמצא

ואי כקינא ידי 10:14

אשכחו

לא אי מיא למשתי 10:32

ישכחון

ביע וחדוא יי - ישיגו 35:10

ביע וחדוא יי - ישיגון 51:11

תשכחינון - תמצאם

ולא תי 41:12

משכחין

ולא מי 41:17

ישתכחון - תמצא

לא יי תמן 35:9

שכיב

שכיבתא - שכבת

מעידן די שי 14:8

שכבין

כל מלכי עממיא...שי - שכבו 14:18

נימין שי - שכבים 56:10

דשכבין

צדיקיא דשי עפרא 49:8

ישתכבן - תשגלנה

ונשיהון יי 13:16

שכינתא

אתר בית שי - מקראה 4:5

שי תהי מגנא עלוהי

על ארע שי דיוי 14:2

שי בבית מקדשא- מוריך 30:20

זיהור שי כאישא אכלה 33:14

בארע בית שי 38:11

אפי שי - בנים 53:3

ערעת שי דיוי 54:6

לשכינתא

דשרן...סחור סחור לשי 33:24

שכינת

לבית שי אלהיה דיעקב 2:3

יקר שי מלך...יוי 6:5

יקר שי מלך...יחזין 33:17

דאשרי ב...שי יקריה 40:22

שי יקרך יוי 64:3

שכינתי

אפי שי - עיני 1:15

אסליק שי מנהון - משוכתו 5:5

עלתון לארע בית שי 17:11

כזעיר הוה...שי תמן 28:10

אעילתיה לארע בית שי 48:15

אפי שי - פני 54:8

ובארע בית שי - ובחומתי 56:5

סליקית שי מנהון - הסתר 57:17

אפי שי - פנים 59:2

בית אשריות שי- רגלי 60:13

בית אשריות שי- מנחותי 66:1

שכינתך

אשריתא בתקוף רומא שי - מסתתר 45:15

אתיב שי לעמך 63:17

אפי שי - פניך 64:6

שכינתיה

קדיש ב...בית שי 6:3

לסלקא שי - פניו 8:17

לאשראה שי בגויך 12:6

די שי בטורא דציון 18:7

מאתר בית שי - ממקומו 26:21

שי מבית מקדשא- מוריך 30:20

יוי דאשרי שי ב... 33:5

ופרסינון כ...לבית שי 40:22

סליק יוי שי מני 49:14

כד יתיב שי לציון 52:8

וקדישא שי 57:15

וביך ישרי שי דיוי* 60:2

דשכינתיה

דשי על כורסי יקרא 6:6

יוי...דשי בטורא דציון - השכן 8:18

דשי בשמי מרומא 32:15;38:14

יוי...דשי שריא עיל 37:16

שלהביתא/שלהוביתא

בשלהביתא - להבה

וכעמירא בשי 5:24

כשלהביתא

ופתגמוהי כשי - ללהבה 10:17

ומלכון דחסינן כשי- ולהבה 43:2

בשלהובית

בשי אשתא - בלהבי 66:15

שלהוא

דשלהוי - מעוף

כפן ושי 8:22

שלהובא

שלהובין - להבים

אפי שי אפיהון 13:8

דשלהובי - ולהב

ושי אשא 29:6

ושי** אישתא 30:30

שלהובי

כאישא שי בליליא - להבה 4:5

שלהי

לשלהאה - להריק

לשי נפש צדיקיא 32:6

משלהי - עיף

והוא מי 29:8

יהי מי - וייעף 44:12

דמשלהי - עיף
לית דמי 5:27
משלהן - לעיפה
ואינון מי 46:1
דמשלהן
לצדיקיא דמי - לעיף 40:29
לצדיקיא דמי - יעף 50:4
משלהיא
בארע מי - בציון 25:5
ונפשיה מי - שוקקה 29:8
בארע מי - עיפה 32:2
רוחהון בסגופא מי - נשתה 41:17
ישתלהי - מועף
לא י' 8:23
ישתלהון - ייעפו
ולא י' 40:31
וישתלהון - ויעפו
וי' עולימין חייבין 40:30

שלו
בתכיף ש' - לפתע 30:13

שלוק
דשלוק - ושדימה
וכעסב איגריא דש' 37:27

שלח
פתגמא ש' יוי - שלח 9:7
כד ש' יתיה - בשלח 20:1
ש' מרדך בלאדן- שלח 39:1
ושלח - וישלח
וש' מלכא דאתור 36:2
וש' ית אליקים 37:2
וש' אזגדין לות חזקיה 37:9
וש' ישעיה 37:21
דשלח - אשר שלח
דש' לחסדא עמא דיוי 37:17
שלחני
ועלך ש' רבוני- שלחני 36:12
יוי אלהים ש' - שלחני 48:16
יוי אלהים ש' - פתח לי 50:5

ש' לתקפא - שלחני 61:1
דשלחיה - אשר שלחו
דש' מלכא דאתור 37:4
שלחת
כד ש' רגזך באשתא 64:1
ושלחת - ותשלחי
וש' אזגדיך 57:9
שלחית
דנביי ש' עליהון - אשלח 42:19
מדין ש' נביי - באתי 50:2
ש' נביי - פרשתי 65:2
דשלחית - קראתי
חלף דש' נביי 65:12;66:4
שלחו - פשטה
ש' ואתערטלו 32:11
וישלח - וישלח
וי' להון פריק ודיין 19:20
אשלח - אשלח
ית מן א' לאתנבאה 6:8
ואשלח - ושלחתי
וא' מנהון משיזבין 66:19
שלח - שלחני
ש' יתי 6:8
שלח
דהויתא ש' ומעיק להון 27:8
לדשלחנא - אשר שלחתיו
ומצלח לדי ליה 55:11
שליח
ומלאך ש' מן קדמי 10:5
ומלאך ש' מן קדמוהי 63:9
שליחוהי - מלאכיו
ומילך ש' משלים 44:26
ישלח
י' רבון עלמא - ישלח 10:16
רוגזיה י' בהון- נשף 40:24
וגלות עמי י' ישלח 45:13
אשלח
א' רוגזי...בעממיא 27:4
אשלחינניה - אשלחנו
בכינשא חנפא א' 10:6
לשלחא
לש' נביוהי 50:4

משלח - השלח
די מי בימא אזגדין 18:2
דמשלח
דמי שרשוהי - הנשארה 37:31
דמי שורשוהי 44:4;53:2
משלחין - משלחי
מי לאדרכא 32:20

שלט
שליטו
ש' ביה - משלו 3:12
ש' בנא - בעלונו 26:13
דשליטו - משלו
עממיא דש' ביה 52:5
ושליטו - ותבער
וש' בהון 42:25
ישלוט - ימשל
ומלך תקיף י' בהון 19:4
דתשלוט - ותצת
ות' בשאר עמא 9:17
ישלטון
וחלשיא י' בהון - ימשלו 3:4
י' עולימא בסבא - ירהבו 3:5
שלטא - משלה
ש' קדמוהי 40:10

שלטון
ש' דהוה מפלח - שבט 9:3;14:29
ש' ואיטרון - כפה 9:13;19:15
דשלטון
וש' מעיק - והמסכה 28:20
וש' מעיק - ופריץ 35:9
שלטוניא
קבילו...ש' - קציני 1:10
ית ש'...ישיצי- הזקן 7:20
שלטונין
ש' תדיאו עלך - ברושים 14:8
דמסר ש' לחולשא - רוזנים 40:23
דשלטונין
מדם מלכין וש'- ועתודים 34:6
וש' עם טורנין- ופרים 34:7

לשלטונין - משלים
לדהוו עבדין לשי 49:7

שלטוני
שי עממיא - הזלזלים 18:5
שי עמא הדין - משלי 28:14
שי עממיא - סגנים 41:25
שי תקפך 47:15

כשלטוני
כשי סדום 1:10

משלטוני - עבדי
משי רבוני זעיריא 36:9

שלטוני - שרי
הלא כל שי 10:8

שלטונך
כל שי - קציניך 22:3
איתברו שי 47:2

ושלטונך
ושי תקיפי - ויתדתיך 54:2
ושי בזכו - ונגשיך 60:17

שלטונוהי - שיתו
וישיצי שי וטורנוהי 10:17

ושלטוהוני - וסלעו
ושי מן קדם דחלא יעדון 31:9

שלטונהא - כנעניה
שי יקירי ארעא 23:8

שלטוניהון
שי...מטו - שרוקיה 16:8
מבחר שי - ברשיו 37:24

שליא
כרכא יתיב שי - נשפה 13:2
דיתבן שי - שאננות 32:9
דיתבין שי - שאננות 32:11
ובקרויהון שי - שאננות 32:18

בשליותא - שאנן
באצלחותה בשי 33:20

דשליט
דשי על כל מלכותא 14:26;25:7
על דשי בהון 37:26

ושליט - ומצוה
מלך ושי על כל מלכותא 55:4

שלים

שלימת - ערבה
שי כל חדותא 24:11

שלימו - תשלימני
יממי ולילוותי שי 38:12,13

ישלים
כד יי עלמא קציה 10:32

וישלמון - ושלמו
ויי יומי אבליך 60:20

ישלים
גמלא יי - ישלם 59:18
דלא יי יומוהי- ימלא 65:20

דאשלים
דאי לך בדינך 1:23

ואשלים
ואי קדמוהי - אדדה 38:15
ואי תנחומין להון - ואשלם 57:18

וישלמון - ושלמו
וינדרון נדרין...ויי 19:21

דמשלים - משלם
מימרא דיוי דמי גמלא 66:6

ישתלמון - יאכלו
פירי עובדיהון יי 3:10

ישלים - ישלם
גמלא יי 59:18

משלים - ישלים
ומילך שליחוהי מי 44:26

לאשתלמא
רשיעיא עתידין לאי 42:19

שלים
בלבב שי 26:2,3
ובלבב שי - שלם 38:3

דשלים - מתם
לית בהון דשי בדחלתי 1:6

שליפא
חרב שי - נטושה 21:15

שלמא
ולנטרי שי - ולשלום 9:6
יסגי שי בארעא 11:6
נטרו שי - שלום 26:3
שי יתעביד להון - שלום 26:3
יוי תתקין שי - שלום 26:12
יתעביד שי להון - שלום 27:5
שי יתעביד להון - שלום 27:5
עבדנא שי - חזה 28:15
עבידו עמי שי - ברכה 36:16
סגי שי קדמך - לשלום 38:17
לית שי...לרשיעיא - שלום 48:22;57:21
שי יתבעיד לצדיקיא - שלום 57:19
אורח שי - שלום 59:8
לא ידע שי - שלום

ובשלמא - ובשלום
ובשי תתובלון לארעכון 55:12

דשלמא - שלום
משיחא דשי 9:5

ושלמא - שלום
ושי יתעביד לתביא 57:19

שלם
ויהון...שי - שלום 32:17
ויתבון...שי - שלום 32:18
לבסרא שי - שלום 33:7
יהי שי - שלום 39:8
רדפינון עדא שי - שלום 41:3
עביד שי - שלום 45:7
משמע שי - שלום 52:7
וסגי יהי שי בנך -שלום 54:13
יהכון שי - שלום 57:2
ואשוי פרנסך שי - שלום 60:17
האנא מיתי לה...שי-שלום 66:12

בשלם
לאתבותהון בשי לבתיהון 28:6

שלמי - שלומי
וקים שי 54:10

שלמך - שלומך
והוה פון כ...שי 48:18

שלמיה - שלומנו

ש' יסגי עלנא 53:5

ושלמכון - וחזותכם

וש' דעם מחבלא 28:18

שלמן - כתמם

כד ש' ייתין עלך 47:9

שלף

תשלוף - תחלץ

ומסנך ת' רגלך 20:2

משתלפין - יסע

ולא מי סיכוהי 33:20

שמא

ש' דיוי - שם 18:7;24:15;30:27;56:6;59:19

ש' חדתא - שם 62:2

ש' אוחרנא - שם 65:15

בשמא

בש' דיוי 19:18;24:14

בש' דישראל - בשם 48:1

בש' דיוי - בשם 50:10;48:1

ובשמא - ובשם

ובש' דישראל יתקרב 44:5

לשמא - לשם

לש' דיוי 60:9

שום/שום

ש' פחבריה 8:21

ש' ושאר - שם 14:22

ש' עלם - שם 56:5;63:12

ש' תשבחא - שם 63:14

בשום - בשם

ודין יצלי בש' יעקב 44:5

ושום - ושם

וש' טב 56:5

לשום - לשם

לש' לאת עלם 55:13

שמי

יקדשון ש' - שמי 29:23

אנא יוי הוא ש' - שמי 42:8

דאתקרי ש' עליהון - בשמי 43:7

בדיל ש'- למעני 43:25;48:11

בדיל ש' - שמי 48:9;66:5

אדכר ש' - שמי 49:1

על פלחן ש' - שמי 52:5

יתרבא בעממיא ש' - שמי 52:6

בשמי - בשמי

אגברניה בש' 41:25

לעם דלא מצלי בש' 65:1

שמך - שמך

יתקרי ש' עלינא 4:1

אודי ש' 25:1

מעלנא ש' 63:16

לא אתקרי ש' עליהון 63:19

להודעה ש' 64:1

בשמך - בשמך

בש' אנחנא מודן 26:13

רביתך בש' 43:1

אנא יוי דרביתך בש' 45:3

וקרית לך בש' 45:4

ולית דמצלי בש' 64:6

לשמך - לשמך

לש' ולדוכרנך 26:8

שמיה

ותקרי ש' - שמו 7:14

קרי ש' - שמו 8:3

ואתקרי ש' - שמו 9:5

ארי תקיף ש' - שמו 12:4

יוי צבאות ש' - שמו 47:4;48:2;51:15;54:5

ש' דישראל - שמו 48:19

וקדיש ש' - שמו 57:15

יקר ש' 63:11

בשמיה - בשמו

צלו בש' 12:4

שומכון - שמכם

ותשבקון ש' 65:15

ושומכון - ושמכם

זרעכון וש' 66:22

בשמהן - בשם

לכולהון בש' קרי 40:26

שמיא

שמעו ש' - שמים 1:2

מסיפי ש' - השמים 13:5

כוכבי ש' - השמים 13:10

ש' אזיע - שמים 13:13

מן ש' - משעיר 21:11

כל חילי ש' - השמים 34:4

מתחות ש' - השמים

את עבדתא ית ש' - השמים 37:16

ומשחת ש' - ושמים 40:12

דמתח כזעיר ש'- שמים 40:22

חילי ש' 40:26

יוי דברא ש' - השמים 42:5;45:18

שבחו ש' - שמים 44:23;49:13

תלית ש' במימרי- שמים 44:24

ישמשון ש' - שמים 45:8

בגבורתי תלית ש'- שמים 45:12;48:13

למזלת ש' - שמים 47:13

אכסי ש' - שמים 50:3

ש' כתננא דעדי - שמים 51:6

דתלא ש' - שמים 51:13

ככוכבי ש' - שמים 51:16

כמא דרמין ש' - שמים 55:9

מן ש' - השמים 55:10

מן ש' - משמים 63:15

ארכינתא ש' - שמים 63:19

ש' חדתין - שמים 65:17

ש' כורסי יקרך - השמים 66:1

בשמיא

את בש' - למעלה 7:11

בש' אתעבידא - ממרום 24:18

תתגלי בש' חרבי- בשמים 34:5

דשרי בש' 57:15

דשמיא

כל עופא דש' - העיט 18:6

לכל עופא דש' 49:26

כמא דש' חדתין- השמים 66:22

לשמיא - לשמי

דזקופו לש' עיניכון 51:6

בשמי

בש' מרומא 6:1,3,6;32:15;33:5;38:14

שמינא

בארע ש' - שמן 5:1

חילא ש' - שמנים 28:1,4

שמם

ואשתמימו - ושעו

אשתגישו ואי' 29:9

שמן

ש' ודבש - חמאה 7:15,22

ייכול ש' - חמאה 7:22

ש' רכיכין ופטירין 30:23

שמע

כד ש' מלכא - כשמע 37:1

ארי ש' - שמע 37:8

כד ש' - וישמע 39:1

מן ש' כהדא - שמע 66:8

ושמע - וישמע

וש' ושלח אזגדין 37:9

שמעת - שמעו

לא ש' אודן 64:3

שמעתא - שמעת

הא את ש' 37:11

הלא ש' 37:26

אם לא ש' 40:28

ש' האתגליאת 48:6

אף לא ש' 48:8

דשמעתא - אשר שמעת

מן קשם פתגמיא דש' 37:6

שמעית - שמעתי

ש' מן קדם יוי 28:22

דשמעית - אשר שמעתי

דש' מן קדם יוי 21:10

ושמעית - ואשמע

וש' ית קל 6:8

שמעו

כמא די ש' - שמע 23:5

כד ש' צוראי - כשמע

ודלא ש' - שמעו 52:15

דלא ש' - שמעו 66:19

שמעתון - תשמעו

הלא ש' 40:21

שמענא - שמענו

ש' רברבי מואב 16:6

תושבחא ש' לצדיקיא 24:16

וישמע - ושמע

וי' בסורא 37:7

תשמע - תשמע

ת' ארעא ומלאה 34:1

ישמעון

ובאודנהון י' - ישמע 6:10

ואדנך י' פתגמא - תשמענה 30:21

דישמעון

וי' בעדנא ההוא - ושמעו 29:18

ויזכון וי' - וישמעו 43:9

תשמעון - תשמעו

ת' פורקן 18:3

שמע - שמע

וכען ש' יעקב 44:1

שמעי - שמעי

וכען ש' דא 47:8

בכין ש' כען דא 51:21

שמעו

ש' שמיא - שמעו 1:2

ש' כען - שמעו 7:13

ש' צדיקיא - שמעו 33:13

ש' פתגמי מלכא- שמעו 36:13

רשיעיא ש' - שמעו 42:18

ש' דא - שמעו 48:1,16

איתו ש' - שברו (2×) 55:1

ש' ותתקיים נפשכון - שמעו 55:3

ושמעו - ושמעו

אציתו וש' קלי 28:23

אתכנשו כולכון וש' 48:14

שמעא - שמענה

ש' קלי 32:9

משמע - שמוע

דשמעין מ' 6:9

למשמע - לשמע

ולא למ' 11:3

אתקרבו עממיא למ' 34:1

מלמשמע

איטפשו מלמי' - משמע 21:3

מטמטים אודנוהי מלמי' - משמע 33:15

עמיק ממללהון מלמי' - משמוע 33:19

ולא מדיקיר קדמוהי מלמי' - משמוע 59:1

שמע

באודני הויתי ש' 5:9;22:14

דשמע - שמע

לית דש' למליכון 41:26

דש' בקל עבדוהי 50:10

שמעין

לסהדו ש' אנחנא 8:20

ש' אנחנא - שמעים 36:11

דשמעין - שמעו

דש' משמע 6:9

שמיעא - שמעתי

ש' קדמי צלותך 38:5

שמיע - ישמע

מא אם ש' ק יוי 37:4

ושמיע

וש' על תרהק - וישמע 37:9

וש' קדמך - ושמע 37:17

דשמיען - אשר שמע

פתגמיא דש' קדמוהי 37:4

אשתמע - נשמע

עד יחץ אי' קלהון 15:4

ואשתמע - ונפל

ואי' בישראל 9:7

ישתמע - ישמע

לא י' עוד 60:18

ולא י' בה 65:19

ומשתמע

ואמר ומי' 3:3

אשמע - השמיע

יוי א' לסיפי ארעא 62:11

אשמעית - והשמעתי

אנא א' יתהון 43:12

וישמע - והשמיע

וי' יוי ית זיו קל 30:30

לאשמעא - להשמיע

לאי במרומא קלהון 58:4

משמע - משמיע

מי שלם 52:7

מי פורקן

ישתמעון - משמעתם

ובני עצון יי למון 11:14

ישתמען - ידרשו

ליה מלכון יי 11:10

שמרון/שומרון

וריש אפרים ש'- שמרון 7:9

וריש ש' בר רמליה - שמרון

וית עדי ש' - שמרון 8:4

ויתבי ש' - שמרון 9:8

שיזיבא ית שו'- שמרון 36:19

לשמרון

כין אעביד לש'- שמרון 10:9

הלא כמא דעבדית לש' - לשמרון 10:11

ומשומרון - שמרון

מא שנו מירושלם ומש' 10:10

שמשא

יקבל ש' - השמש 13:10

כניהור ש' - החמה 30:26

וניהור ש' - החמה

האגא מתיב...ש' - בשמש 38:8

ותב ש' - השמש

וייתי כמפק ש'- שמש 41:25

ממדנח ש' - שמש 45:6

וממדנח ש' - שמש 59:19

לניהור ש' - השמש 60:19

ושמשא - ושמש

לא ילקינון שרבא וש' 49:10

לשמשא - החמה

ויתכנעון דסגדין לש' 24:23

שמש - אור

כשחין פציח על ש' 18:4

שמש

קרתא בית ש' - ההרס 19:18

שמש

ישמשון - הרעיפו

יי שמיא 45:8

ישמשוניך

ומלכותהון יי - מיניקתיך 49:23

דכרי נבט יי - ישרתונך 60:7

ומלכיהון יי - ישרתונך 60:10

לשמשותיה - לשרתו

דמתוספין...לש' 56:6

משמשין

ובתרין מי - יעפף 6:2

מי באתר קיים 22:23,25

דמשמשין- משרתי

דמי קדם אלהנא 61:6

לדמשמשין - לישבים

ארי לדמי קדם יוי 23:18

שמשיא

חד מן ש' - השרפים 6:6

שמשין - שרפים

ש' קדישין 6:2

שנא

ראה שתא

שנא

שנו

מא ש' 10:10

ואשני

ואי דיניך מבני אנשא 47:3

ישתנין - יחורו

לא מכען אפיהון יי 29:22

אשניאו - הפרו

אי קימא 24:5

דאשניאו - הפר

על דאי קיימא 33:8

שנויא

בשנוי - בלעגי

בשי ממלל 28:11

שעא

אשתעיאו - ספר

דלא אי להון 52:15

אשתעי - ספר

אי את 43:26

אשתעו - חזו

אי לנא שווניין 30:10

לאשתעאה - ישוחח

מן יכול לאי 53:8

משתען

בתושבחתי יהון מי - יספרו 43:21

בתשבחתא דיוי יהון מי - יבשרו 60:6

שעבודא

בשעבוד - קמח

ועולי בשי 47:2

משעבוד

משי תקיף - מהתרע 28:20

משי מלכותא 42:7

משי עממיא - מעמל 53:11

בשעולא

כטיפא בשי - בשעלו 40:12

שעיעותא

בשעיעות - בחלקי

בשי כיף נחלא חולקיך 57:6

שען

ישענון - ימחאו

וכל אילני חקלא יי 55:12

שעתא

בשעתא

בשי ההיא 5:30

בשעא - בשצף

בשי זעירא 54:8

שעיא

אבן שי - המעלות 38:8

בצורת אבן שי - במעלות

שען - מעלות
עסר ש' (2×)38:8

שפירא
ודשפירין - וארזים
ודש' מנהון נקני 9:9

שפך
ושפך - וישפך
וש' עלוהי חימת רוגזיה 42:25
שפכית
ש' דמעתי 38:17
למשפך - לשפך
למ' דם זכי 59:7

כשפע
כש' נהר פרת - כנהר 48:18;59:19
כש' נהר פרת - כנהר 66:12

שפרא
בבירנית ש' - החמדה 2:16
שפר
ש' גיברך - מתיך 3:25
ש' מישרך - מבחר 22:7
ש' גיבריהון - קומת 37:24
כשפר - כנגה
עד דיתגלי כש' ברא 62:1
בשפרהון - יופי
ארי טעאה בש' 3:24

כשפרפרא
יתגלי כש' נהורך- כשחר 58:8

שקא
לאשקאה
לא' ית... 13:1;15:1;17:1; 19:1;21:11,13;23:1
לא' גלות עמי - להשקות 43:20
משקי - אשקנה
אנא מש' להון 27:3

שקוצא
ובשקוציהון - ובשקוציהם
ובש' נפשהון אתריאת 66:3

שקט
ישקטון - השקט
ומפלחי צדקתא י' 32:17
תשקטון - בהשקט
ת' תשרון לרוחצן 30:15
אשקיט - אשקוט
לא א' למלכותא 62:1
דאשקיט - אשקוטה
וא' להון 18:4

שקי
ראה רב שקי

שקיא
וכגינת ש' - וכגנה 1:30
לדזרעין על ש'- כל מים 32:20
כגינת ש' - רוה 58:11
וכגינת ש' - וכגנה 61:11

שקיפא
בשקיף - בצור
בש' עורב 10:26
שקיפי - סעפי
תחות ש' כיפיא 57:5
ובשקיפי
ובש' כיפיא - ובסעפי 2:21
ובש' כיפיא - ובנקיקי 7:19

שקף
דשקפא
כזרמית דש' בכתול 25:4

שקץ
ומשקץ
מיכל מגעל ומש' 28:8

שקצא
דשקצא - והשקץ
בסר חזירא וש' 66:17

שקר
שקרין
הוו ש' 26:10
תשקר - תבגוד
דשקרא* ת' 48:8
ישקרון - ישקרו
לא י' 63:8
דשקרא - בגוד
דש'* תשקר 48:8

שקרא
הלא ש' עבדת ימיני-שקר 44:20
זרעא ש' - שקר 57:4
מרחק קדמי ש' - גזל 61:8
בשקרא - בעשק
ואתרחיצתון בש' 30:12
שקר
וספר מליף ש' - שקר 9:14
וכל...ממללין ש' - נבלה 9:16
ליאות ש' - און 31:2
למעבד ש' - חנף 32:6
במלי ש' - שקר 32:7
שפותכון ממללן ש'- שקר 59:3
וממללין ש' - שוא 59:4
וליאות ש' - חמס 59:6
והוינא ממללין ש'- עשק 59:13
פתגמי ש' - שקר
בשקר - בתהו
ואסטיאו בש' 29:21
דשקר
ממון דש' - שחד 5:23
מומי דש' 24:6
מממון דש' - בבצע 33:15

שקריך
עובדי ש' 47:15
עבדי ש' 57:13
שקרין - ובשק
ובגין ש' איטמרנא 28:15

שרא

דשרא - חנה

בקרתא דשי בה דויד 29:1

ישרי

ונמרא עם גדיא יי - ירבץ 11:6

וביך יי שכינתיה - יזרח 60:2

תשרי - תשכן

ולא תי עד דר ודר 13:20

דתשרי - ונחה

ותי עלוהי רוח 11:2

ישרון

כחדא יי בניהון - ירבצו 11:7

ורעיין לא יי תמן- ירבצו 13:20

ועותניא...לרוחצן יי - ירבצו 14:30

ועורבין יי בה - ישכנו 34:11

לדר ודר יי בה - ישכנו 34:17

על אורחן יי - ירעו 49:9

ועבדי צדיקיא יי תמן - ישכנו 65:9

דישרון

ויי כולהון - ונחו 7:19

ויי ולית דמניד - ורבצו 17:2

ויי במדברא - ושכן 32:16

ויי לרוחצן - ובטח 32:17

ישרין - הרגיעה

ברם תמן יי לילין 34:14

דישרין/ דישרין

ויי תמן תמוון- ורבצו 13:21

ויי תמן בנת נעמיין - ושכנו

תשרון - ובבטחה

תי לרוחצן 30:15

שרי - התר

שי קטרי כתבי דין מסטי 58:6

למשרי - לצבא

למי על טורא דציון 31:4

שרי - אשכון

ברומא שי 57:15

דשרי - שכן

דשי בשמיא 57:15

ושרי

ושי כא 10:14

שריא - ישב

דשכינתיה שי עיל מן 37:16

דשרן

ועל כל דשי 2:15,16

דשי לרוחצן -בטחות 32:9,10,11

לעמא דשי לרוחצן 33:24

ויבועון דשי במישרא 35:1

ודשרן - ושכני

ודשי בארעא 18:3

שרין

דהואה ירורין שי תמן 35:7

דהואה שי ירורין 3:20

שרי

יקרא דיוי שי - ישב 6:1

בקיטא יהי שי - וקץ 18:6

ישתרי - נפתח

ולא יי זרז חרציה 5:27

דמשרן - משכי

יי דמי למחטי 5:18

דאשרי

יוי דאי שכינתיה - שכן 33:5

דאי בתקוף רומא - הישב 40:22

אן דאי ביניהון - השם 63:11

אשריתא

אי בתקוף רומא 45:15

דישריניך - והרכבתיך

ויי על תקפי ארעא 58:14

ישרינון - ינהלם

ועל מבועי מיא יי 49:10

דישרינון - והניחם

ויי על ארעהון 14:1

אשרי - אפתח

וחרצי מלכין אי לפתחא 45:1

ואשרי - וחניתי

ואי עלך משרין 29:3

לאשראה

לאי שכינתיה בגויך 12:6

אשריות

ואתר בית אי שכינתי 60:13

אתר בית אי שכינתי 66:1

ושראצר

ואדרמלך ושי - ושראצר 37:38

שרבא

ויהי שי - השרב 35:7

לא ילקינון שי ושמשא-שרב 49:10

כשרב - כחרב

כשי כארע צהיא 25:5

משרב - מחרב

לאטלא עלה בימם משי 4:6

כטלל משי 25:4

שרונא

הוה שי כמישרא- השרון 33:9

ויהי שי לבית - השרון 65:10

ושרונא - והשרון

ככרמלא ושי 35:2

שרשא

שרשוהי/שורשוהי

כאילן דמשלח שרי - שרש 37:31

כאילן דמשלח שי 44:4

וכאילן דמשלח שי - וכשרש 53:2

בשתא

בשי דאתנגע בה - בשנת 6:1

בשי דמית מלכא אחז-בשנת 14:28

בשי דאתא תרתן - בשנת 20:1

בשי הדא - השנה 37:30

ובשתא - ובשנה

ובשי תנייתא 37:30

ובשי תליתיתא

בשנא - שנה

בשי ביך חגין יבטלון 29:1

שנת - שנת

שי תושלמא 34:8

שי רעוא 61:2

ושנת - ושנת

ושי פורקן עמי 63:4

שניא

בסוף שי - שנה 21:26

כל שי - שנותי 38:15

שְׁנִין

שתין וחמיש ש׳- שנה 7:8
בתלת ש׳ - שנים 16:14
תלת ש׳ - שנים 20:3
שבעין ש׳ - שנה 17,(2×)23:15
ימין עם ש׳ - שנה 32:10
בארבע עסרי ש׳- שנה 36:1
חמיש עסרי ש׳ - שנה 38:5
בר מאה ש׳ - שנה (2×)65:20
בְּשְׁנֵי - בצחצחות
בשי בוצרתא 58:11
כְּשְׁנֵי - כשני
כשי אגירא 16:14;21:16
שְׁנֵי - שנותי
איתוסף על ש׳ 38:10

שתא

שְׁתִית - שתית
פיילי כסא דלוטא ש׳ 51:17
שְׁתוֹ
ש׳ מא דהוו בירדנא 10:32
וּשְׁתוֹ
ושי מיא (2×)10:32
יִשְׁתֵּי - שתה
ולא י׳ מיא 44:12
יִשְׁתּוֹן - ישתי
לא י׳ 24:9
ואם י׳ 62:8
עבדי צדיקיא י׳ 65:13
יִשְׁתּוֹנֵיהּ - ישתהו
י׳ בדרת קדשי 62:9
דְּתִשְׁתּוֹן - תמצי
בדיל דת׳ 66:11
וְנִשְׁתֵּי
ונ׳ חמר - ושתות 22:13
ניכל ונ׳ - ושתו
וּשְׁתֵי - ושתי
ושי גבר מי גוביה 36:16
שְׁתוֹ - שתה
אכולו ש׳ 21:5

לְמִשְׁתֵּי
למי חמר 5:11
למי חמר - לשתות 5:22
לא אשכחו מיא למי 10:32
וּלְמִשְׁתֵּי - ולשתות
ולמי ית מימי רגליהון 36:12
לְמִשְׁתֵּהִי - לשתותה
לא תיספין למי עוד 51:22
שְׁתֵי
בית ש׳ מיא - שתתיה 19:10
כל ש׳ חמר 24:7
והא ש׳ - שתה 29:8
וּשְׁתֵי - ושתיתי
ושי מיין 37:25
לְשָׁתוֹהִי - לשתין
יימר עתיקא לש׳ 24:9

שתיק

וּשְׁתִיקוּ - ויחרישו
וש׳ ולא אתיבו 36:21
יִשְׁתְּקוּן
עלוהי י׳ מלכין 52:15
שְׁתִקָא
תיבי ש׳ - דומם 47:5
וכרחלא...ש׳ - נאלמה 53:7

ת

תבב

וְאִתְבַּבִינָהּ
ואי לשיצאה 14:23

תבל

תֵּבֵל - תבל
שוי ת׳ כמדברא 14:17
וימלון אפי ת׳ 14:21;27:6
חרובת ת׳ 24:4
ת׳ וכל דדירין בה 34:1
בְּתֵבֵל - תבל
ואסער על דדירין בת׳ 13:11
כל דיתבין בת׳ 18:3
דדירין בת׳ 26:9,18

תַּבְלָא

עממיא עבדי ת׳ 10:25

תִּבְנָא

ואריא...ייכול ת׳ - תבן 11:7;65:25
כמא דמדדש ת׳ - מתבן 25:10

תבע

תְּבְעִית - נמצאתי
ת׳ אולפן אוריתי 65:1
תְּבְעוֹ
לא ת׳ - דרשו 9:12;31:11
לדלא ת׳ דחלתי- בקשני 65:1
דִּתְבְעוֹ - אשר דרשוני
לעמי דת׳ דחלתי 65:10
וְיִתְבְּעוּן - ודרשו
וי׳ מן טעון 19:3
תְּבְעוֹ
ת׳ דינא - דרשו 1:17
ת׳ מן בדין - דרשו 8:19
ת׳ מעל ספרא - דרשו 34:16
ת׳ דחלתי - בקשוני 45:19
ת׳ דחלתא דיוי- דרשו 55:6
תָּבַע - בקש
מן ת׳ דא מידכון 1:12
דְּתָבַע - ודרש
ות׳ דין 16:5
תָּבְעִין
ת׳ חייא - ידרש 8:19
אלפן ת׳ - ידרשון 58:2
אתון ת׳ צורכיכון 58:3
תְּבִיעְתָא - דרושה
וליך יתקרי ת׳ 62:12

תבר

יתבר - ישבור
ענותניא...לא י' 42:3
ואתבר - ויז
ואי תקוף תקיפיהון 63:3
למתבר
למי רשיעי ארעא - לערץ 2:19,21
למי אתוראה - לשבר 14:25
ותבר
ותי כל גרמי חיותא 38:13
תביר
ויהי תי ועריק- כמסס 10:18
תבירין - נדכאים
ולמסעד לב תי 57:15
תבירי - שבר
תי קרב 15:5
לתבירי
למפרק לתי לבא- דכא 57:15
לתקפא לתי לבא- לנשברי 61:1
איתבר
אי כיום מדין - החתת 9:3
ארי אי שלטון - נשבר 14:29
איתברת - נשברה
אי קרתהון 24:10
איתברו/אתברו
אי יתבי רמתא - חרדה 10:29
אי אנש מדמנה - נדדה 10:31
אי דיתבין - חרדו 32:11
אי עממיא - נדדו 33:3
את'...חייבין - פחדו 33:14
אי ובהיתו - חתו 37:27
אי שלטונך - חשפי 47:2
איתברתון - נמוג
אי פלשתאי כולכון 14:31
איתבר - תשתע
לא תי ארי אנא אלהך 41:10
תבר
תי יוי תקוף - שבר 14:5
ומלכין תי - ירד 41:2
תברית - המחצבת
תי גיבריא 51:9
אתבר - אשבר
דשין דנחש אי 45:2

מתברין - ישבר
כין מי מן קדם דוונא 38:13
יתברון
יבהתון...י' - תשברנה 27:11
י' עממיא - נטשו 33:23
י' ויבהתון - יפחדו 44:11
ויתברון
וי' מרודין - ושבר 1:28
וי' ויחצדון - ונשברו 8:15;28:13
וי' עממיא - וחבל 10:27
ויזועון וי' - ופחד 19:16
וי' ו...מכוש - וחתו 20:5
וי' מן קדם ניסא- וחתו 31:9
ויתברן - ונעו
וי' טעות מצראי 19:1
תיתברון/תתברון
ולא תי - תרהו 44:8
לא תתי - תיחתו 51:7
איתברו - דמו
אי יתבי ניסא 23:2
ואיתברו - וחתו
אתחברו עממיא ואי 8:9
איתקפו ואי (2×) 8:9
מתבר - יחת
מי אתוראה 30:31
מקלהון לא מי 31:4

ותברא
בזא ותי - ותהו 41:29
בזא ותי - והשבר 51:19
ביזא ותי - ושבר 59:7
בזא ותי - ושבר 60:18
ותחברא - וממחתה
אתרחקי מי...ומתי 54:14
תבר
על תי כנשתא דעמי- שד 22:4
לתבר
לתי ולתקלא - לפח 8:14
הוה להון לתי - לחרדה 21:4
ומתבר - ומשבר
ומתי רוח תיללון 65:14
ותבריה - ושברה

ותי כתיבור מן דחסף 30:14
תברה
עידן תי דבבל 13:22
ייתי תי - שברה 30:13
תברכון
יום תי 17:11
בתברהון - בתעלליהם
אף אנא אצבי בתי 66:4
לתברהון - למס
וגיברוהי לתי 31:8

תגא
דבני מלכין קטירי תי 10:32

תגרא
תגרי
תי צידון - סחר 23:2
ותגרי - וסחר
ותי כוש 45:14
דתגרתהא - סחריה
דתי* רברבין 23:8

תדין
על תי ספדין - שדים 32:12

תדירא
תדירא - תמיד 21:8;49:16;51:13
58:11;60:11;62:6;65:3
תדירא 65:1
ותדירא - ותמיד 52:5

תהום
מי תי רבה - תהום 51:10
תהומיא - בתהמות
דברינון בין תי 63:13

תוב
ותב
ותי רב שקי - וישב 37:8
ותי סנחריב - וישב 37:37
ותי שמשא - ותשב 38:8
תבתא/תבת
ולא תבתא 37:26

ולקדמי לא ת' - תיראי 57:11

תבו

איכדין ת' עובדהא 1:21
בכל דא לא ת' - שב
5:25;9:11,16,20;10:4
ועמא לא ת' ל...- שב 9:12
ולא ת' כל יומין 26:10
ת' למהוי בכן 33:7
ולא ת' 42:24
שלחית נביי ולא ת' 50:2
ולא ת' - עונה 66:4

דתבו

וכדו דת' מתקרן עמי 19:25
דת' לאוריתא קריב 33:13
דת' לאוריתי קריב 57:19

ודתבו - ישוב

ודת' מחטאה 7:3;10:21,22

תבתון - עניתם

דשלחית נביי ולא ת' 65:12

יתוב

ויהי דישתאר י' לציון 4:3
די י' רוגזיה מינהון 10:4
י' רוגזך מני - ישב 12:1
י' ויכניש יתהון 28:25
באורחא ד...י'- ישוב 37:34
העל אלין י' מימרי 57:6

דיתוב

די' רוגזיה מנהון
5:25;9:11,16,20
לא אפשר...די'- ישוב 55:10
לא אפשר די' - ישוב 55:11

ויתוב

וי' לבנן ל...- ושב 29:17
וי' לארעיה - ושב 37:7
וי' לפלחנא - וישב 55:7

ותתוב - ושבה

ות' לאתרה 23:17

יתובון

י' לה בזכו - ושביה 1:27
שארא דבית יעקב י' 10:21
כולהון י' - יענו 14:10
דאם י' לאוריתך 26:10
דאם י' 28:10
י' ויתרבון 32:2
דאם י' לאוריתא 42:14
אם י' רשיעיא 42:19
ברם אם י' יתקרון

ויתובון

וי' וישתביק להון - ושב 6:10
וי' ויהון ל... - שבה 6:13
וי' לארעהון 6:13;27:6
דאם יחזון וי' 8:18
וי' לפולחנא - ושבו 19:22
וי' לאתרהון 33:24

יתובן

ולתמן...י' בקלן 22:18

תתובון

בכין כד ת' לאוריתא 1:18
לתקלתכון ת' - תשכבון 50:11
דאם ת' 57:11

דתתובון - בשובה

דת' לאוריתי 30:15

תוב - שובה

ת' לפלחני 44:22

תובו

ת' לאוריתא - רחצו 1:16
ת' עד ד...יכלין- שבו 21:12
ת' לאוריתא - שובו 31:6

דתובו - עברו

ות' בתרעיא 62:10

למתב

לא אסתכל למ' לאוריתי 1:3
ולא צבן למ' 5:3
עד דאתון יכלין למ' 21:12
אמרת למ' 57:10
לא סברת למ'

תיבין

אם ת' אתון - תבעיון 21:12

לדתיבין

ראה לדיתבין 28:6

תבא

ודעו ת' 33:13

לתבא

ושלמא יתעביד לת' 57:19

דתיבן

הא כיונין דת' 60:8

ואתיב

ואי ואמר - ויען 21:9

אתיבו - ענו

ולא אי יתיה 36:21

יתיב/יתיב

י' בעידנא ההוא- ישא 3:7
כד י' שכינתיה - בשוב 52:8

דיתיב - חבש

ביומא די' יוי 30:26

ויתיב

וי' נקמא ל... 59:17

יתיבניה - יענה

אף יבעי מניה ולא י' 46:7

דיתיבינה - ישיבנה

ולית די' 14:27

תתיב - תשיב

אם ת' משבתא רגלך 58:13

אתיב - יקח

אף דשבו גיברין א' 49:25

ואתיב

וא' נקמא לבעיל דבבא 1:24
וא' מחת...עלך- ואשיבה 1:25

ואתיבינך - והשיבתיך

וא' באורחא דאתיתא בה 37:29

אתיבינה - ישיבנה

אעבדינה ולא א' 43:13

יתיבון - וישיבו

אם י' פתגם 41:28

תתיבוניה - תענהו

לא ת' 36:21

אתיב

ולית דאמר א' - השב 42:22
א' שכינתך לעמך - שוב 63:17

ואתיבו - השיבו

וא' מרודין על לב 46:8

לאתבא/לאתבא

אנא עתיד לא' 8:2
לא' ית אפי - תשיב 36:9
לא' דבית יעקב- לשובב 49:5
וגלות ישראל לא' - להשיב 49:6

אנא עתיד לאי 57:16
לאי תקוף... - להשיב 66:15
ולאתבא - לשבי
ולאי מרודיא 59:20
לאתבותהון
לאי בשלם לבתיהון 28:6
מתיב
האנא מי ית טוב- משיב 38:8
ולא מי לליביה - ישיב 44:19
מי חכימיא - משיב 44:25
מי רשיעיא - משובב 58:12
ומתיב
ומי ואמר 40:6
יתתב - יעשה
גמלא דידיהון יי להון 3:11
מיתותב - נענה
בעי והוא מי 53:7

תובא
בתוביה - בקיאו
ומידשדש בתי 19:14

תובל
למדינת תי - תבל 66:19

תוגאלת
תי בנת ציון - צאת 4:4

תודתא
מעלי תי - תודה 51:3
בתודתא
כמא דנגדין בתי 30:29

תולדת
כין יסגין תי קודשא 53:2

תולעבא
בלישן תי - אחרת 28:11

תועיבא
תי דאתרעיתון לכון - תועבה 41:24
לתועיבא - לתועבה
ושאריה לתי אעביד 44:19

תופין
בטילת חדות תי- תפים 24:8
בתופין - בתפים
ויהי...בתי ובכנרין 30:32

תוקפא
חילות תי - המרום 24:21
קרית תי לנא - עז 26:1
בתוקפא - במרום
דיתבין בתי 24:21
תקוף
תי גוברין - איש 2:9;5:15
תי גברין - רום 2:11,17
וביום תי רוגזיה - הרון 13:13
ספ תי חייבא - מדהבה 14:4
תבר יוי תי רשיעין - מטה 14:5
ומן קדם תי קרבא - כבד 21:15
תי עבדי קרב - מספר 21:17
לית תי עוד - מזח 23:10
ספו תי עמא - מרום 24:4
הויתא תי ל...- מעוז 25:4
וכרך תי...ימגר - משגב 25:12
ויהי...תי פרעה - מעוז 30:3
איתיתא...תי ופורקן - חסן 33:6
ולית לה תי 33:23
ולית להון תי - אונים 40:29
ולאחוהי יימר תי- חזק 41:6
דמן קדמי מתיהיב...תי 44:8
לבשי תי - עז 51:9
תי ופרקן ייתי 59:17
ולא יהי להון תי קדמי 63:3
ואתבר תי תקיפיהון
לאתבא תי רוגזיה- בחמה 66:15
בתקוף
בתי רגז רצין - בחרי 7:4
בתי ידי עבדית - בכח 10:13
ואחיתית בתי - כאביר
דכבשית בתי ידי 10:32
דהוה מחי...בתי - בעברה 14:6
מפלח בתי עממין - באף
דיתיב בתי ימא - מעוז 23:4
לאיתקפא בתי פרעה-במעוז 30:2
בתי רגז - בזעף 30:30
בתי כרכהא - במבצריה 34:13
יוי...בתי מתגלי- בחזק 40:10
דאשרי בתי רומא 40:22
ועביד ליה בתי - בזרוע 44:12
אשריתא בתי רומא 45:15
בתי קסמך לחדא - בעצמת 47:9
לאתפרעא בתי 59:17
ובתקוף
ובתי לב - ובגדל 9:8
ובתי דרע גבורתי- וזרעי 51:5
ותקוף
ותי רגז - וחרון 13:9
ותי תקיפין אמאיך-וגאות 13:11
ותי דרע גבורתיה -ונחת 30:30
ותי דרע גבורתיה שלטא
-וזרעו 40:10
ותי עבדי קרביה- ועזוז 42:25
ותי דרע גבורתיה - וזרעו 48:14
ותי דרע גבורתא - וזרוע 53:1
לתקוף - מרום
אנא סליקית לתי כרכיהון 37:24
ולתקוף - ואל זרעי
ולתי דרע גבורתי 51:5
תוקפי/תקפי
תי ו...דחילא - עזי 12:2
בדרע תקי - זרעי 63:5
תקפך
שלטוני תי...גלו 47:15
תוקפיך - עזך
לבשי תי ציון 52:1
תוקפיה
ועל תי לא תימרון 8:12
בדרע תי - זרעו 59:16
קיים ב...ובדרע תי - עזו 62:8
תוקפנא
בית תי - עפל 32:14
חוי תי - זרעם 33:2

תקפכון

והוא ת׳ - מערצכם 8:13
מחוזי ת׳ - מעזכן 23:14

תוקפהון/תקפהון

ת׳ דרשיעיא - החסן 1:31
מסגי ת׳ - ירפה 5:24
על אנש כרך ת׳- חרשת 16:7
על אנש כרך ת׳- חרש 16:11
קרוי ת׳ - מעזו 17:9
קרית ת׳ - מרום 37:24
וכל תקי כמוצא- חסדו 40:6

מתקפהון

יתברון עממיא מת׳ 33:23

תקפי

על ת׳ ארעא - במותי 58:14

תוקפהא

לשיצאה ת׳ - מעזניה 23:11

בתוקרבא

ייתוניה* בת׳ - שי 18:7

תורא

ידע ת׳ זבניה - שור 1:3

כתורא - כבקר

ואריא כת׳ ייכול תבנא 11:7;65:25

תור - השור

נכיס ת׳ כקטיל גבר 66:3

בתורא - השור

לאדרכא בת׳ 32:20

ותוריא - והאלפים

ות׳ וחמריא דמפלחין בהון 30:24

תורין

ודם ת׳ ואמרין- פרים 1:11
עגלת ת׳ - בקר 7:21
נקטיל ת׳ - בקר 22:13

דתורין

בקרן דת׳ - שור 7:25
בקרן דת׳ - בקר 65:10

תורבינא

תורבינך - אמניך

ויהון מלכיא ת׳ 49:23

תורז

ונסיב ת׳ - תרזה 44:14

תורנא

תרנהון - תרנם

ולית לה תקוף על ת׳ 33:23

תורתא

ותורתא - ופרה

ות׳ ו...ירעין כחדא 11:7

תושבחא/תשבחא

יבעו ת׳ - רנה 14:7
ת׳ שמענא - זמרת 24:16
ת׳ הדא - השיר 26:1
ת׳ תהי לכון - השיר 30:29
מא אמליל תש׳ 38:15
תש׳ חדתא - שיר 42:10
בועו טוריא תש׳- רנה 44:23
בקל תש׳ - רנה 48:20
ודוצו טוריא תש׳ - רנה 49:13
בועי תש׳ - רנה 54:1
יבועון...תש׳ - רנה 55:12
תש׳ בארעא - תהלה 62:7
שום תש׳ - תפארת 63:14

בתשבחא - ברנה

וייעלון לציון בת׳ 35:10;51:11

דתשבחא

ולכתר דת׳ - תפארת 28:5
וכתר דת׳ - מלוכה 62:3

ולתושבחא - ולתפארת

יהי..לרבו ולת׳ 4:2

תושבחת

ת׳ מסניא - תפארת 3:18
ת׳ רחמי - שירת 5:1
ת׳ רמות עינוהי - תפארת 10:12
ת׳ רבות כסדאי- תפארת 13:12
ת׳ זמרך - המית 14:11

בתושבחת

בת׳ יקרך יוי - גאות 26:10

כתושבחת/כתשבחת

כת׳ נפקת ברא - כשירת 23:15
כתש׳ איתתא - כתפארת 44:13

תושבחתי/תשבחתי

תקיפי ת׳ - גאותי 13:3
לישראל ת׳ - תפארתי 46:13
ובית ת׳ - תפארתי 60:7

בתושבחתי - תהלתי

בת׳ יהון משתען 43:21

ותושבחתי/ותשבחתי

תוקפי ות׳ - וזמרת 12:2
ות׳ לפלחי צלמיא - ותהלתי 42:8
ות׳ אקיים לך - ותהלתי 48:9

ותשבחתך - ותפארתך

ממדור קדשך ות׳ 63:15

תושבחתיך - תפארתך

לבשי לבושי ת׳ 52:1

לתשבחתיך - לתפארתיך

ואלהיך לת׳ 60:19

תושבחתיה/תשבחתיה

דבית מקדשא ת׳- תפארתו 28:1,4
זיו תש׳ דאלהנא - הדר 35:2
וניגון ת׳ נגנין- ונגנותי 38:20
אמרי ת׳ - תהלתו 42:10
דרע ת׳ - תפארתו 63:12

בתשבחתיה - ביפיו

בת׳ יחזין עינך 33:17

ותשבחתיה - ותהלתו

ות׳ בנגוון יחוון 42:12

ותשבחתה - ותהלתה

ות׳ דירושלם 61:11

ותשבחתנא - ותפארתנו

בית קדשנא ות׳ 64:10

תושבחתהון/תשבחתהון

וקרוי ת׳ בזית 10:13
ומן מצראי ת׳ - תפארת 20:5
בספיני ת׳ - רנתם 43:14

תושבחתא

בתי ת׳ - הנהללים 7:19
ת׳ דיוי - תהלת 63:7

בתשבחתא

בתי דירי - ותהלת 60:6

ובתשבחן - ובכרכרות

וייתון...ובתי 66:20

תושלמא

שנת תי - שלומים 34:8

תחום

תי מואב - גבול 15:8

תחומך - גבולך

וכל תי 54:12

בתחומך - בגבוליך

בזא ותברא בתי 60:18

תחומה - גבולה

בסטר תי 19:19

ותחומהון - ופקדתם

ותי על ימא 15:7

תחומין - גבלתו

על תי 28:25

תחות

תחות - תחת (2×) 3:6;24:5;57:5

ותחות- ותחת 10:16

מתחות 34:4

תחותך- תחתיך 14:11;43:3,4

תחותוהי - תחתיו 37:38

תחפנחס

עד תי מטו - חנס 30:4

תחרותא

לתחרו - לריב

הא לתי...אתון צימין 58:4

כתיבור

כתי מן דחסף - כשבר 30:14

תיובא

יום תי 17:11

לתיובא

ולא מחמדין לתי 1:6

תיובתהון - דרכיו

אורח תי 57:18

תינא

מיתינא - מתאנה

וכנבלת מיתי 34:4

תינין - תאנים

דבילת תי 38:21

תינוהי - תאנתו

פירי תי 36:16

ותינחתא

דוונא ותי - ואנחה 35:10;51:11

תיקון

ראה תקון

תכיל

תכלא - שכולה

ואנא תי 49:21

בתכיף

בתכיף - לפתע 29:5

בתכיף - פתאם 47:11;48:3

דבתכיף - פתאם 30:13

תכל

תי וארמלו - שכול 47:9

תכלו

ולא אדע תי - שכול 47:8

תלא

דתלא - נוטה

יוי...דתי שמיא 51:13

תלית

תי שמיא - נטה 44:24

תי שמיא - נטו 45:12

תי שמיא - טפחה 48:13

ותלנון - ונטיהם

יוי דברא שמיא ותי 42:5

תלגא

ותלגא - והשלג

כמא דנחית מטרא ותי 55:10

כתלגא - כשלג

כתי יחדרון 1:18

תליתאי

יהי ישראל תי - שלישיה 19:24

תלמידא

תלמידך - בנך

את ושאר דלא חטו...תי 7:3

תלסר

דבתלסר - אשר בתלשר

ובני עדן דבתי 37:12

תלת

יעביד תי סאין- איפה 5:10

ועבד תי אונין 10:32

תי שנין - שלש 20:3

תי מאה ארבעין ותלתה 30:26

בתלת

בתי שנין - בשלש 16:14

תלתא

תרין תי גרגרין- שלשה 17:6

ותלתה

תלת מאה ארבעין ותי 30:26

תליתיתא/תליתיתא

משריתא תי 10:32

ובשתא תי -השלישית 37:30

תלתום

עגלת תי רבתא - שלשיה 15:5

תמה

יתמהון - יתמהו

גבר בחבריה יי 13:8

תמורן

וישרון תמן ת׳ - צ׳ים 13:21
ויערעון ת׳ - צ׳ים 34:14

תמן

תמן - שם 7:23;13:20(2×),13;21(3×);23:12;28:10(2×);34:14;35:8,9(2×);37:33;52:4
תמן - שמה 22:18;34:15;65:9
תמן 17:11(2×);27:6;35:7;57:6
לתמן - שמה 7:24,25
לתמן - שם 20:6;28:13;34:15;57:7
ולתמן - ושמה 22:18;55:10
מתמן - שם 33:21
מתמן/מיתמן - משם 52:11;65:20
מתמן 48:16
דמיתמן 24:16
דמתמן 38:11

תמנן

ותמנן - ושמנים
מאה ות׳ וחמשה אלפין 37:36

תנורא

ותנור - ותנור
ות׳ בער ליה דאישא 31:9

תנחומין

אתנבו ת׳ על עמי - נחמו נחמו 40:1
כס ת׳ 40:2
ואשלים ת׳ להון - נחמים 57:18
תנחומהא - תנחמיה
מביזת ת׳ 66:11

תניתא

משריתא ת׳ 10:32
ובשתא ת׳ - השנית 37:30
בתנייתא
אף בת׳ כד תהכון 43:2

תניבא

מותא ת׳ 22:14;65:15
מלכא ת׳ 27:1
למותא ת׳ 65:6

כתניבא

דתקיף כת׳ בימא - התנין 27:1
דהוו תקיפין כת׳ - תנין 51:9

תנינות

יוסיף יוי ת׳ - שנית 11:11

תנן

מתננייא - העשנים
כאודיא מ׳ 7:4

כתננא

שמיא כת׳ דעדי - כעשן 51:6
רגזהון כת׳ קדמי - עשן 65:5
תננה - עשנה
לעלם יסק ת׳ 34:10
תננהון - באשם
יסק ת׳ 34:3

תעבורא

בתעבור - בערת
בת׳ מן קדם יוי 9:18
בת׳ מן קדם יוי 13:13
ותעבור - ועברה
ות׳ ותקוף רגז 13:9

תעניתא

ההדא היא ת׳ - צום 58:5
הלא דא היא ת׳ - צום 58:6
תעני - צום
אתון קרן ת׳ 58:5
תענין
לא תתענון ת׳ 58:4
תעניתכון
ביום ת׳ - צמכם 58:3

תפנוקין

ותהי נפשך מליא ת׳ 58:11
בתפנוקין - ענג
ותערעה לשבתא בת׳ 58:13
תפנוקיהון - ענג
בבית משרי ת׳ 13:22

תפקידת

ת׳ מלכא היא - מצות 36:21
כתפקידת - מצות
כת׳ גברין מלפין 29:13

תקון

ת׳ מתכת דהבכון - אפדת 30:22
דתיקון
כיבש אורח ות׳ 35:8
בתקונהא - כלית
וככלתא דמתקשטא בת׳ 61:10

תקיף

ת׳ רגזא דיוי - חרה 5:25
ת׳ רוגזיה 30:27
ותקיף
ות׳ יוי - ונשגב 2:11,17
ות׳ הוא 30:18
ות׳ חיל - ואמיץ 40:26
לאיתבאה זכוון ות׳ - ועז 45:24
ויתקף - וגבה
וי׳ לחדא 52:13
ויתקפן - והחזיקו
וי׳ שבע נשין 4:1
תקפו - חזקו
ת׳ לא תדחלון 35:4
כמתקף - כחזקת
כמ׳ נבואתא 8:11
למתקף
תיספון...למ׳ - לעלוז 23:12
תיכלין למ׳ - תערוצי 47:12
דתקיף - וישגב
ות׳ יוי ית סנאיה 9:10
דתקיפתון - בערתם
ובחרב דת׳ 50:11
אתקפינך - אמצתיך
א׳ אף אסעדינך 41:10

תְּקִיפַי - חזקי
ושלטונך תי 54:2
תְּקִיפוּ - חזקו
תי ידן דרשלן 35:3
לִתְקְפָא
לתי שורא - לבצר 22:10
לתי לתבירי לבא - לחבש 61:1
מַתְּקִיף - מחזיק
אנא יי...מי ימינך 41:13
דמַתְּקִיף
דמי נגרא - ויחזק 41:7
ולית דמי בידה- מחזיק 51:18
ומַתְּקִיף
ומי עליהון 27:8
ומי ליה - ויחזקהו 41:7
מַתְּקְפִין
ועד כען מי מרדיהון 5:25;9:11,16,20;10:4
מַתְּקְפֵי - מאזרי
מתי חרב 50:11
מַתְּקַף - נשגבה
כשור מי 30:13
דִיתְקַף
עמא די - נורא 18:2
ולעמא די - נורא 18:7
ובר אנש די בה - יחזיק 56:2
יִתְקְפוּן - יחזקו
דלמא יי 28:22
וִיתְקְפוּן - וכבד
ויי עלה חובה 24:20
תִּתְקְפִין - תפרצי
לדרומא ולצפונא תי 54:3
אִיתְקְפוּ - התאזרו
אי ואיתברו (2×) 8:9
ואִיתְקְפוּ - והתאששו
ואי ואתיבו 46:8
לאִיתְקְפָא
לאי בתקוף פרעה- לעוז 30:2
מתרעי לאי - להחזיק 64:6
ומַתְּקְפִין - ומחזיקים
ומי בקימי 56:4,6
אִתְּקִיפְתָּא - הוגעתני
אי קדמי בעויתך 43:24
אִתְּקִיפְתְּ - הכבדת
אי מרותיך לחדא 47:6
אִתְּקִיפִית - הוגעתיך
ולא אי עלך בלבונתא 43:23
דאִתְּקִיפִית - אשר החזקתי
דאי בימיניה 45:1
ואִתְּקִיפִית - ואחזק
ואי בידך 42:6
ויִתְּקִיף - ויאדיר
ויי בהון 42:21
אִתְּקִיפְנִיה
אי ואחסניניה 28:16
יִתְקְפוּן - יחזק
או אם יי בפתגמי 27:5
מַתְּקִיף
ובמקובין מי ליה 44:12
תְּקִיפָא
תי דישראל - אביר 1:24
דחלת תי 2:6
ודחלת תי - מעזך 17:10
תי דישראל - צור 30:29
על קרבא תי 30:32
תי דיעקב - אביר 49:26;60:16
תְּקִיף
לא תימרון תי 8:12
מלך תי 8:23
מימריה תי כאישתא 10:17
ארי תי שמיה - נשגב 12:4
ומלך תי - עז 19:4
כרך תי - בצורה 25:2
עם תי - עז 25:3
תי עלמיא - צור 26:4
מלך תי - בחן 28:16
משעבוד תי 28:20
יימרון תי - יעריצו 29:23
תי יי - נשגב 33:5
עם תי - נועז 33:19
למורג תי - חרוץ 41:15
ודחלש לעם תי - עצום 60:22
דתְּקִיף
דתי על דהוה כמדברא 16:1
ויקטיל ית מלכא דתי 27:1
מלך דתי כרוח ציפונא 41:25
ולית דתי אלהין 44:8
ודתְּקִיף
ודתי בהון - ועלז 5:14
ותְּקִיף - ויגבה
ותי יי צבאות בדינא 5:16
תְּקִיפַיָּא
ועל כל תי - נשא 2:12
תי וחסיניא - הרמים 2:13
תי וחסיניא - העצומים 8:7
ותְּקִיפַיָּא - והגבהים
ותי ימאכון 10:33
תְּקִיפִין
כטינרת תי 5:28
דאינון תי כדבריתא 7:18
יתבי כרכין תי 10:13
ותקוף תי אמאיך- עריצים 13:11
מיין תי - כבירים 17:12;28:2
אתרגושת תי - עליזים 24:8
אתרגושת תי - זרים 25:5
אתרגושת תי - עריצים 29:5
תי יקטיל 30:28
ארי תי לחדא - עצמו 31:1
לא יתאמר תי - שוע 32:5
ובמיין תי - עזים 43:16
ודעדו תי - עריץ 49:25
שויתי אפי תי כטינרא 50:7
דהוו תי כתנינא 51:9
נכסי כרכין תי- עצומים 53:12
דתְּקִיפִין/דתְּקְפִין
עד דתי כגדילת עגלתא 5:18
עממיא דתי כאישתא 9:4;47:14
עממיא דתי כאשתא 43:2
תְּקִיפֵי
תי תושבחתי - עליזי 13:3
תי מדאי - צורי 21:2
תי לבא - אבירי 46:12
תי עממיא 53:7;57:9
תי נפשך - עזי 56:11
תְּקִיפֵיהוֹן

וית תי יעדי - הנטישות 18:5
ואתבר תקוף תי 63:3

ותקיפיהון

כל מעבר רברביהון ותי 30:32

תקיפתא - עליזה

ההדא לכון תי צור 23:7

ותקיפתא - והגדולה

בחרביה רבתא ותי 27:1

תקיפא

קריא תי - נשגבה 26:5
קריא תי - עליזה 32:13
פורענא תי 63:1

תקיפת/תקיפת - גברת

תי מלכון 47:5
תי מלכוון 47:7

תקיפן

מחן תי וחסינן 28:2

תקל

תתקלון - תשקלו

למא תי כספכון 55:2

מתקל

וטוריא כאילו מי תקילין 40:12

תקלין - ישקלו

וכסף במאזניא תי 46:6

תקילין

וטוריא כאילו מתקל תי 40:12

תקל

אתקילו/איתקילו

אי יתבי ירושלם - כשלה 3:8
איתי ברחובא - כשלה 59:14
אינון לא איתי - יכשלו 63:13

אתקילנא - כשלנו

אי בטיהרא 59:10

ויתקיל - וכשל

ויי סעיד 31:3

אתקלא - כשול

אי יתקלון 40:30

מיתקיל

לא מי 63:13

דמיתקיל - כושל

ולית דמי ביה 5:27

יתקלון - יכשלו

ורווקי...אתקלא יי 40:30

דיתקלון - וכשלו

ויי בהון סגיאין 8:15
ויי לאחרא 28:13

דמתקלין

כמא דמי בקבלא 59:10

תקלא

ויעדי תי בארעא 8:21
בען ליה תי 29:21
תי למלכין 30:25
כאבן תי 62:10

לתקלא

ודא הות לך לתי 37:26

ולתקלא - ולמוקש

לתבר ולתי 8:14

תקלת - מכשול

תי רשיעיא 57:14

תקלתכון - עצביכם

וכל תי אתון מקרבין 58:3

לתקלתכון - למעצבה

לתי תתובון 50:11

תקן

אתקין - אישר

וכל אורחתיה אי 45:13

תקין

תי כחוט בבינא 28:17
תי פתגמא דיוי- טוב 39:8
תי הוא - טוב 41:7

ודתקין - והטוב

ודתי קדמך עבדית 38:3

תקנא

באורח תי 41:18
לאורח תי 57:14;62:10
באורח לא תי - טוב 65:2

דתקנא

אורחא דתי 28:26;30:21;58:12
מאורחא דתי 30:11

תקנין

דייני קושטא תי 1:26
דדינך תי 26:9

תקנן

ולא אורחתכון תי 55:8
כין תי אורחת טובי- גבהו 55:9

דתקנן

מאורחן דתי קדמוהי - מדרכין 2:3
באורחן דתי קדמוהי - בדרכין 42:24
אורחן דתי 58:2
מאורחן דתי קדמך - מדרכיך 63:17

תקין

מן תי - תכן 40:13

ואתקניניך - ואצרך

ואי ואתנינך לקים 42:6;49:8

ומתקין - ויאמץ

ומי ליה 44:14

מתקנין

כזרתא מי - תכן 40:12
מי ונטירין קדמי 62:6

דמתקנין - כונן

כמא דמי לחבלא 51:13

מתקן

מי יהי טור - נכון 2:2
יהי מדברא מי קדם יוי 19:19

יתקן

יי...כורסוהי - והוכן 16:5

דיתקן - יוצר

כל זין דיי עלך 54:17

דיתקין

עד דיי...דינא- ישים 42:4
עד דיי - יכונן 62:7

תתקנין

בזכותא תי - תכונני 54:14

יתקנן

ומחשבתי יי ממחשבתכון 55:9

דמתקן

וככהנא רבא דמי 61:10

אתקין - חצבי

אי ברומא אתריה 22:16

דאתקין

דאי עלמא 28:29

יוי דאי בימא אורח - הנותן 43:16

דאי ניהור - יוצר 45:7

דאתקנני - יצרי

יוי דאי 49:5

ודאתקנך - ויצרך

ודאי ישראל 43:1

ודאי ממעין 44:2

ודאי ממעיין 44:24

ודאתקניה - ויצרו

יוי קדישא דישראל ודאי 45:11

אתקנה

מלך עלמיא אי - הוכן 30:33

הוא אי - כוננה 45:18

לאסגאה עלה..אי-יצרה

אתקינת - תצבת

ארי אי לך כא אתר 22:16

אתקינתה

ואף אי - ויצרתיה 37:26

אי אף אעבדינא- יצרתי 46:11

אתקינית

אי גלותהון 43:7

עמא דין אי - יצרתי 43:21

אתקינתך

אי למהוי עבד - יצרתיך 44:21

אי ולא ידעתא - אכנך 45:4

ודאתקינא - ואשר עשו

ודי אצבעתיה 17:8

לדאתקינא- לאשר עשו

לדאי אצבעתהון 2:8

אתקין

אף...תי - תפלס 26:7

יוי תי שלמא - תשפת 26:12

אתקינו

אי לבניהון - הכינו 14:21

לאתקנא - להכין

לאי יתה 9:6

לאי צילם 40:20

דמתקנין - כונן

כמא דמי לחבלא 51:12

תקע

וכמתקע - וכתקע

וכמי שופרא 18:3

יתקע - יתקע

יי בשופרא 27:13

תרבא

ותרב - וחלב

ותי פטימין 1:11

ותי נכסת קודשך 43:24

מתרב - מחלב

אידהנת מתי 34:6

מתי כלית רברבין

מתרבהון - מחלב

ועפרהון מתי ידהון 34:7

תרהק

תי מלכא דכוש - תרהקה 37:9

תרין

מן קדם תי מלכיא - משני 7:4

מן קדם תי מלכהא - שני 7:16

תי תלתא גרגרין - שנים 17:6

תי אלפין סוסוון 36:8

על חד תי - כפלים 40:2

על חד תי 61:7(2×)

בתרין - בשתים

בתי מכסי אפוהי 6:2

ובתרין - ובשתים

ובתי מכסי גויתיה 6:2

ובתי משמיש

לתרין - לשני

לתי בתי רברבי ישראל 8:14

תרויהון - שניהם

ודלקין תי כחדא 1:31

תריסין

ועל שור דבקו תי - מגן 22:6

בתריסין - מגן

ולא יקדמנה בתי 37:33

תרך

יתרך - יקלל

בר מאה שנין יי 65:20

תרע

ותרעתון - ותתצו

ותי בתיא 22:10

איתרע - פרץ

אי בית מקדשיהון 5:5

תרעא

לא פתח תי - ביתה 14:17

תרעיא

פתחו תי - שערים 26:2

בתרעיא - בשערים

ותובו בתי 62:10

תרעין

ופרשין ממנן על תי - השערה 22:7

ואתרגושא בפיגור תי 24:12

ותרעין - ושערים

ותי לא יתאחדון 45:1

תרעי - פתחיה

תי קרוהא 3:26

בתרעי - בשערי

אהך בתי שאול 38:10

תרעך

אילילי על תי - שער 14:31

ויתפתחן תי - שעריך 60:11

ועל תי יהון משבחין - ושעריך 60:18

ותרעך - ושעריך

ותי לאבני גמר 54:12

בתרעוהי - פתחי

וייעלון בתי 13:2

תרתין

תי אלין - שתי 47:9

תי עקן - שתים 51:19

ותרתין - ושתי

ותי ען 7:21

תרתן

בשתא דאתא תי - תרתן 20:1